外国人亲历的

辛亥革命

·丛 书·

李育民　李传斌

主　编

2021年主题出版重点出版物

国家"十二五"重点图书出版规划项目

Selected Translations of
Foreigners' Personal Experiences of
the 1911 Revolution in
Different Places of China

来华外人在各地经历的辛亥革命选译

李传斌　编译

李群　校

湖南师范大学出版社·长沙

图书在版编目（CIP）数据

来华外人在各地经历的辛亥革命选译 / 李传斌编译. —长沙：湖南师范大学出版社，2022. 4

（外国人亲历的辛亥革命丛书 / 李育民，李传斌主编）

ISBN 978 - 7 - 5648 - 4531 - 5

Ⅰ. ①来… Ⅱ. ①李… Ⅲ. ①辛亥革命—史料 Ⅳ. ①K257. 06

中国版本图书馆 CIP 数据核字（2022）第 065006 号

来华外人在各地经历的辛亥革命选译

LAIHUA WAIREN ZAI GEDI JINGLI DE XINHAIGEMING XUANYI

李传斌　编译

◇出 版 人：吴真文
◇策划组稿：刘苏华　黄　林
◇责任编辑：黄　林　胡艳晴
◇责任校对：吕超颖
◇出版发行：湖南师范大学出版社
地址/长沙市岳麓山　邮编/410081
电话/0731 - 88873071　88873070　传真/0731 - 88872636
网址/https：//press. hunnu. edu. cn
◇经销：湖南省新华书店
◇印刷：天津画中画印刷有限公司
◇开本：710 mm × 1000 mm　1/16
◇印张：25. 75
◇字数：356 千字
◇版次：2022 年 4 月第 1 版
◇印次：2024 年 8 月第 3 次印刷
◇书号：ISBN 978 - 7 - 5648 - 4531 - 5
◇定价：93. 00 元

丛书总序

呈现在读者面前的，是部分来华外国人有关辛亥革命记载的一套丛书。辛亥革命是一次震惊世界的伟大事件，不仅改变和影响了中国的历史进程，而且在国际上产生了重大反响。对这一重大事件，人们从不同的角度做了大量叙述和诠释，揭示了革命的全过程及其意义。然而，作为一次波及整个中国、牵涉世界各国的革命，辛亥革命还存在大量需要深入认知的空间。自鸦片战争之后，随着对外开放的扩大，各类外国人大量涌入中国，他们对中国发生的各种事件均做了记述，其中对辛亥革命尤为关注。这些来华外国人所撰著作，记载了亲身经历的所见所闻，既补充了辛亥革命的史实，又阐发他们的相关评析，为我们进一步认识这场伟大革命提供了一个新的视角。正唯如此，值辛亥革命爆发110周年之际，我们编译了这套丛书，以冀扩展对这一重大历史事件的了解，推进这一领域的研究。

这套丛书译自各类来华外国人当时记述辛亥革命的著作，包括五种独立出版之著作，及一种选译汇编。作者来自英、美、法、奥匈等国，有领事、记者、商人、传教士、教育家、旅行家等。他们或已驻华多年，或临时来华访问，或常年在各地传教，或参与外国人救援活动，或以记者身份在各交战区域采访，或正在中国旅行而从南到北追随诸事件的进程，等等。事后，他们随即将自己在革命中的见闻整理成著作，在英、美、法以及中国以英、法等文字出版，向西方世界介绍辛亥革命。其步履和笔触遍及湖北、湖南、广东、陕西、云南、山东、江苏、浙江、安徽、山西、甘肃、河南、河北等省，以及武汉、上海、南京、西安、广州、长沙、天津、北京等重要城市，宜昌、滁州、徐州、扬州、潍县、汕头等中等城市，既包括革命进程中世人瞩目的中心，又伸展到内地和边远之地。

这些著作从不同角度记载了武昌起义及全国对其的响应，或对辛亥革命做了宏观整体的陈述，或以某个城市为重心的同时兼及其他区域，或介绍外国人援救寓华侨民的行动，或陈述上海的二次革命，等等。如《经历中国革命》一书，分析了革命爆发的原因，叙述了革命起始到善后大借款的过程，涉及云南、上海、北京等地。《中国革命记（1911—1912）》着重讲述了武昌起义以及武汉三镇的保卫战，同时还叙述了从南北议和到清帝退位的过程，并论及四川光复和孙中山、袁世凯等重要人物。《中国的二次革命》记载了1913年7—8月间上海及周边地区二次革命的经过，包括江南制造局、吴淞炮台周围等处的战斗。《身陷中国革命》和《清朝的覆亡》两书均以救援陕西外国人为主题，但内容详略和叙述范围存在差异。前者除了救援行动之外，还涉及西安起义、屠杀满人、哥老会内部争斗等内容。后者篇幅较大，除了上述问题之外，还设置专章介述沿海各地及北京、太原等地情形，并涉及山西、甘肃、河南、蒙古、直隶、北京、武汉、上海等其他地域。《来华外人在各地经历的辛亥革命选译》系《教务杂志》和各种个人著述的选译汇编，记述了作者在辛亥革命中的经历，范围涉及全国各地，如湖北、湖南、广东、陕西等省，除了武汉、上海、广州、西安、长沙等大城市外，还有宜昌、滁州、徐州、扬州、潍县、汕头等中等城市。就地域而言，这些叙述颇有代表性地反映了全国的革命风暴，作者将它们汇集起来，展现了一幅从南到北、自东至西的全景画面。

作为外国人，他们从自己的视角做了观察，提供了有关的细节，同时提出了各种看法，反映了西方国家对辛亥革命的认识和态度。例如，关于辛亥革命的发生，不少在华生活的外国人在武昌起义前便预感到大风暴的来临。如医学传教士胡美说，“清王朝正在解体”，当光绪帝和慈禧太后在1908年死去，“我们就隐约认识到了这一点”。随后1910年4月长沙抢米风潮发生，“我们已清楚地认识到了这一点”。到1911年初，“人们普遍认识到，一场严重的政治颠覆即将爆发”。英国驻华领事许立德在1910年也有同样的预感。或对革命的原因做了分析，认为有三个因素：一是经太平天国起义、戊戌政变、义和团运动等事件的累积，“这个国家发生巨变的时机已经成熟”。二是清政府“腐烂不堪”，已不能照旧统治下去。三是由于与外部世界的接触，中国已出现了“新一代觉醒的、训练有素的人”。

身处这场历史事变之中，这些来华外国人在当时便对辛亥革命的影响做了预测，认为：“或迟或早，世界上所有的国家必定会感受到中国革命的影响，在过去两年，它已经震动了亚洲大部分地区。”由于便捷的交通手段，人口几乎占全人类四分之一的中国所发生的事件，“不能不对整个世界产生深刻的影响”。革命对中国社会亦产生了非常大的影响，它既是政治性的，又是社会性的。“在中国一切都变了，包括构成人们社会和家庭生活的风俗习惯”，以及政治斗争及其格局，等等。他们对这场革命做了肯定的评论，同情和理解中国革命，肯定革命者的奋斗和献身精神。这些著述的作者们，均肯定中国建立民主共和制度的意义。如“遵纪守法”，“行为清白”；“所有人都充满活力”，而非“战战兢兢，犹豫不决，三心二意”；革命队伍“组织有序”，“运转流畅”；等等。从自己的经历中，他们看到或感受到中国的未来。如认为，哥老会和革命党有“良好的一面”，中国农民头脑清醒、克勤克俭、谨守本分，有助人精神，“蕴藏着一个真正伟大民族的元素”，“是这个民族的脊梁”。他们指出，“悲观看待中国未来的立场是错误的”，年轻的革命党“有希望建立一个稳定的政府”，这个政府“有能力开发国家的资源，帮助人民”，“一个统一的新生中国必将出现”。或者祝愿革命党人为自由而进行的斗争及其做出的牺牲，“将预示着中国正义和真理之日的到来”。

对革命军的缺陷和不足，他们也不讳言，做了客观的评论。如各省相互戒备，有着“狭隘的地方意识”，在陕西，“‘中国人的中国’这个口号在这里已经蜕变为‘陕西人的陕西’”。西北的青年革命者，几乎把全部精力“倾注在了破坏上”。他们有一种模糊的认识，“认为只要把旧势力清理干净，就可以在国内引进西方文明，建立西方式的政权”，却没有思考民众“接受和消化这种外来文明和制度”的可能性和意愿。“对满人的大屠杀是一个可悲的错误”，哥老会的抢掠行为等恶行，“留下了难以抹去的污点”，而共和政府却无法与他们“完全撇清关系”，这是革命派的“软肋”。其他如缺乏政治经验、招兵和军纪问题等，“未经训练”，“对战争技巧一无所知”，战斗中“毫无组织”，“全无秩序”，人人“随心所欲”，是一群“乌合之众”，等等。对革命对立面的长处，他们亦做了相应的分析，由此揭示了革命军的不足。如指出，北洋军在某些方面体现出明显的优势，有“最科学的战术”，“受过严格训练”，“学习了军事课程”，具有“坚韧不屈，无畏艰险，纪律严明，拥有丰富的军事常识”等军人素质，其战斗力强于革命军，等等。

评论中，不可避免地要论及辛亥革命中的各种人物，褒贬之间，反映了他们对这场革命的了解和态度。如黎元洪被认为是“中国带给世界的最伟大的改革家”，“如果没有他，中国可能就不会有革命”。袁世凯被认为具有“政治家的手腕”，“自始至终忠诚于自己的理想，追求一个目标，即谋求国家和民族的最大利益”，因此“要想拯救现在的局势，非袁莫属”。“袁世凯可能是当今中华帝国最伟大的人”，“并有能力使整个国家团结一致”。他还有极高的军事才能，北洋军“受过正当训练，拥有先进装备，具有良好纪律”，“成为一支不可小视的军事力量”。关于革命领袖孙中山，他们的看法是矛盾的：一方面认为他是“中国最有成效的革命家”，几乎为革命理想“奉献了一生”，“是一个有足够力量在中国建立一个稳定政府的人物”；另一方面又认为，西方人“根本无法理解”孙中山“密谋策划革命活动”，笑话他是个骗子，企图利用大动荡谋取私利。此外还涉及各省的各类人物。

著述中还涉及对某些国家的看法，如英国人丁格尔所著《中国革命记（1911—1912）》。其中谈到，英国在中国“比其他任何国家都更有优势”，这种优势“就在于他们取得了中国人的信任”。中国人普遍“相信英国人，相信英国的商品”，认为“英国是世界上最好的国家”。英国“仍然控制着中国大部分的贸易”，“没有一个国家像英国这样为中国的发展做这么多”，它“已打下了基础，播下了种子，现在只有他们才应该收获果实”。但英国遇到强劲的对手，即德国和日本，“他们正在斗争着”。关于德国商人，“不是依靠政治上的影响力，不是依靠关税或者欺骗性的手段，而是纯粹依靠对生意的专注和努力”，以“大规模的计划”和“良好的行为规范”为基础，“从而获得日益增长的贸易的最大份额”。这是因为，“普通的德国人都读中国历史，了解中国的自然特征、内陆人民及他们的生活，了解他们所拥有的及想要的是什么”，正是德国人对中国的深入了解和吃苦耐劳精神，使得“德国商人遍布每个港口”。关于日本，是英国“最强大的对手”，它“正在大批量地生产劣质产品”，“在这片土地上到处散播那些价廉质劣的东西”。所有日本人都赋有“寡廉鲜耻这种特有的德行”，“为了争第一，他们什么事情都做得出”。在华日商“没有什么信誉可言，人们需要小心提防着他”。日本人不择手段，“已经使自己成为中国的最优惠国”。现在日本人在中国内陆省份“秘密地勘探矿物，开采闲置浪费的金矿、铁矿”，他们“无处不在，却很少获得信任”。“没有哪两个国家能像大不列颠和美利坚合众国这么有希望获得中国新的贸易机会”。再如，法国人费南德·法金奈尔所著《经历中国革命》，较为注重辛亥革命与法国的关系，如革命对法属殖民地安南的影响、法国人与云南革命的关联、革命期间上海法国人的情况、法国对善后大借款的态度与政策、在华法国人对这场革命及其前景的不同观点，等等。

总之，来华外国人通过自己的亲身经历，揭示了鲜为人知的某些史实，丰富了对辛亥革命的认识，并反映了西方各国对华立场及其形象。但是，由于立场观点的不同，以及其他种种局限，这些记述又存在不同程度的缺陷和不足。例如，这些书贯注着西方优越的思想，或以所谓实录的方式丑化中国和中国人，或宣传西方思想尤其是基督教教义。如丁格尔在《中国革命记（1911—1912）》借他人之口提出，要把基督教文明的“真理和价值”传授给中国未来的统治者，“把中国融入”西方文明，使“中国人珍视”西方的“崇高道德准则”，如是，“中国可能就会在基督教文明的光辉照耀下成为一片乐土”。在对各类人物的评析中，亦体现了他们的思想倾向，如对袁世凯的赞许和对孙中山的褒贬，等等。关于辛亥革命爆发原因的分析有欠客观准确，或强调基督教的影响，认为“基督教在中国的传播与引发辛亥革命有着很大的关联”，因为“基督教在其教义和精神上是平等的”，当革命爆发之时，“乡村的偏远角落都有这种平等精神的表现”；或归之于某个人的作用，如认为“黎元洪是中国带给世界的最伟大的改革家”，“如果没有他，中国可能就不会有革命”。这些错谬的产生，既有个人主观倾向的因素，又反映了他们对中国或相关史实缺乏深入了解而出现误判。与后者相似，或因信息不准确，或因史料歧异，书中在各种问题上均或多或少存在某些错误。诸如此类，读者在阅读时需予以鉴察。

李育民

2021 年 6 月

译者序

辛亥革命时期，遍布中国各地的许多外国人亲身经历了这次伟大的民主革命。当时，他们或以书信、日记等方式记录下了自己的经历，或在事后以回忆、著述等方式记录了自己的经历。这些都为我们提供了有关辛亥革命的丰富信息。

本书选译的内容除《教务杂志》外，其余均属个人著述或传记。涉及人物主要有17人，他们是胡美、许立德、司督阁、师顾德、荣安居、罗德存、姜感恩、邵涤源夫人、李提摩太、苏亚拿、夏洛特·郝维斯、克劳、查尔斯·W. 艾略特、大来、S. S. 哈夫、弗里德里克·麦考密克、吴板桥。这17位外国人中，有女性3人，即邵涤源夫人、苏亚拿、夏洛特·郝维斯，其他均为男性。就职业身份而言，他们当中有领事1人（许立德），传教士11人（胡美、司督阁、师顾德、荣安居、罗德存、姜感恩、苏亚拿、邵涤源夫人、李提摩太、夏洛特·郝维斯、吴板桥，其中前7位均是医学传教士），记者2人（克劳、弗里德里克·麦考密克）、商人1人（大来）、教育家1人（查尔斯·W. 艾略特）。他们的身份和职业涉及政府与民间、宗教和社会等多个领域，具有一定的代表性。

以上这些外国人在华时间长短各异。有的已来华生活多年，如李提摩太1870年来华，辛亥革命发生时在华已有41年之久，他们与中国社会各界有着广泛的接触，对中国社会了解较多；有的是临时来华访问，如查尔斯·W. 艾略特是受美国卡内基基金会派遣于1912年来华，对中国有着不同程度的接触和认识。因此，他们深切地感受到了辛亥革命的发生及其所产生的巨大影响，这正是他们写传记、日记、报告、新闻报道、著作记述这次革命的重要原因。而且，由于他们居住地或活动范围较为广泛，他们所经历的辛亥革命涉及中国南北各地，如东北、天津、北京、上海、山东、江苏、浙江、广东、安徽、湖南、湖北等。

这些外国人所记录的经历涵盖了辛亥革命的爆发、经过、影响等，对于我们从整体上和地域上了解辛亥革命在各地的发生有一定的意义。

关于辛亥革命的发生。在1911年以前，在华生活多年的外国人均认识到了革命发生的必然性，如1905年来华的雅礼会医学传教士胡美在自传中就写道："清王朝正在解体。1908年，当光绪帝和慈禧太后在同一周内死去后，我们就隐约认识到了这一点。那时，我们医院为此挂了一个月的白色挽联。当1910年4月长沙抢米风潮发生时，我们已清楚地认识到了这一点。""到1911年初，人们普遍认识到：一场严重的政治颠覆即将爆发……甚至医院的苦力们也告诉我说：现在离革命的爆发不远了。"1910年，英国驻华领事许立德也预感到了中国将会发生重大的事情。

关于辛亥革命的过程。这些外国人除关注武昌首义的发生外，对自己在各地所经历的辛亥革命都做了记述。他们的记述除涉及人们熟知的武昌、上海、广州、西安、长沙等地的辛亥革命外，还记录下了宜昌、滁州、徐州、扬州、潍县、汕头等中等城市的辛亥革命。例如在陕西传教的荣安居、罗德存、姜感恩等人的经历就为我们提供了西安及其周围地区辛亥革命发生的具体经过。值得注意的是，这些记述大多较为客观，他们对中国革命的爆发大多抱以同情和理解，对革命者的奋斗和献身精神给予了肯定。同时，他们也指出了革命中存在的问题，如革命者缺乏政治经验、革命军的招兵和军纪问题等。

关于革命的影响。这些外国人在著述中从不同层面对革命的影响给予了关注。他们均肯定了民主共和制度在中国建立的意义，但是，对于如何实现真正的民主共和政体，有的外国人认为它需要经历一定的时间，并指出了当时共和政体实施的困境。而且，他们对革命成功后中国政局的演变有所关注。除孙中山让位袁世凯等重大事件外，有的外国人还描述了扬州、汕头、广州、滁州、潍县等地的政局，其中有些内容为我们提供了革命政策实施的若干细节。以剪辫为例，许多外国人均有记述，大多记述的是和平的事实。然而，夏洛特·郝维斯所述史实令人震惊：当时潍县附近的一个地方因为剪辫而引发冲突，结果导致64 人死亡。政治之外，这些外国人还记述了革命对中国的思想观念、文化、风俗习惯等的变迁所产生的影响，为我们了解民国初年的社会变迁提供了若干有价值的史料。

这些著述在若干方面，还为我们了解历史的细节、历史人物、地方社会等提供了有价值的信息。如有的外国人对孙中山、袁世凯等重要政治人物，以及赵尔巽、张作霖、徐宝山、张勋、王和顺等地方政治人物做了生动的描述，有助于我们进一步认识和了解这些人物。而且，由于这些记述都出自外国人之手，所以这为我们认识辛亥革命时期中外关系的变化提供了若干史料。如不少外国人在著作中指出了中国人对待外国人、西方宗教和文化的态度变化。同时，这些著作在某些方面表明了外国人在中国革命中的政治态度和心态，这为我们了解和研究在华外国人也有所帮助。

不过，我们应当看到这些记述是有一定倾向的。有的传教士就强调基督教与辛亥革命的关系，如师顾德就认为："毫无疑问，基督教在中国的传播与引发辛亥革命有着很大的关联。"有的传教士就特别关注它对中国人改变信仰的影响，吴板桥在其著作中谈论辛亥革命的影响时，就十分强调革命后中国对待基督教态度的变化。不仅如此，有的外国人还在政治态度上表现出了某种倾向性，表现出了某种西方优越感。对于这些内容，我们均按原文译出，读者在阅读中应予以注意。

而且，这些著述在若干方面不可避免地存在错误或差异。如有的外国人对史实的叙述存在明显的错误，我们一般作注加以说明；有的史实，不同的外国人记述多有不同。如陕西辛亥革命中的某些史料，不同的记述会有所差异，这是信息来源不同所致。对此我们很容易鉴别，故书中均按原文译出。

本书毕竟只是部分外国人在各地经历的辛亥革命的文献选译，由于受语言、文献来源、时间等的限制，许多有价值的文献选译有待以后进一步努力。

本书由李传斌负责编译，李群校。需要说明的是，英文原稿由李传斌选出，各部分译者译出初稿后，李传斌作了校译。所译内容在忠实于原文格式的同时，根据编译的需要增加了序号，并作了适当的注释，而原文既有注释则用"＊"号标明。所用图片若未说明，均出自原书。由于我们水平有限，不当之处欢迎批评指正。

李传斌

2021 年 5 月

目录

◎一、 胡美辛亥革命前后在湖南的经历①

（一）伟大的太平门

从在医院里接触的病人，我很快觉察到中国正激荡着即将到来的政治变化。从北京到广州，新旧派别之间的关系充满着紧张和仇恨。1910 年初，在清朝统治者的统治走到尽头时，他们在守旧的地方绅士支持下，又一次把人们对他们的敌对转移到反对所有的外国人上。

在长沙，形势突然变得很紧张，米价飞涨。街市上的人甚至买不到最低限度的生活必需品，他们集聚到布政使衙门前，叫嚷着官员们应对此负责。不可调

---

① 胡美（Edward H. Hume，1876—1957）：美国雅礼会医学传教士。1905 年，受雅礼会的派遣到长沙从事医学传教。次年，创办雅礼医院。随后，创办雅礼学堂（雅礼大学的前身）。1911 年，创办雅礼护病学校。1914 年后，胡美任湘雅医学院教务长兼湘雅医院院长。1920—1923 年，胡美任雅礼会总干事。1927 年，胡美离开湖南省回国。此后，他继续与中国医学教育界保持密切的关系。1935 年，任国民政府卫生署和教会医院间的联络干事。胡美主要著述有《中国之医道》（Edward H. Hume. The Chinese way in medicine ［M］. Baltimore：The Johns Hopkins Press，1940.）；《道一风同》（Edward H. Hume. Doctors east doctors west：an American physician's life in china ［M］. New York：W. W. Norton & Company Inc，1946.）等。本书内容选译自《道一风同》一书的第十六章《伟大的太平门》、第十九章《“他赶走了瘟疫”》。

和的老绅士叶麻子[1]抓住了这个机会。他与他的朋友一起鼓动乱民，使他们愤怒地采取排外行动。在医院里，我们一直在观望着事态的发展，虽然没有很惊慌，但却在想后面将会发生什么事。

4 月 14 日凌晨 1 点钟，一阵粗鲁的敲击卧室门的声音将我们惊醒。门口站着看门人，他的眼睛睁得又圆又大。

“医生，医生！”

“发生什么事？”我问道，一下子也清醒了过来。

“您必须赶快跑。”他大声说道。暴乱的民众正冲向这条街，他们已经在不远处的挪威教堂[2]放火，已将位于学院街的内地会[3]捣毁了。我们正处在两者之间，看门人虽然已经把里面的门都闩上了，但是乱民们会破门而入。

“告诉唐师傅去给妇女们请轿子。”我喊道，“让她们抱着小孩，男人们就步行。”

“不，先生！不，先生，那不行！您不能在这条街上出现，您必须马上逃走。”

马上逃走，但又不能走到街上去？我们又没有地道。接着，一个方案突然出现在我的脑际——我们可以从太平门经过，这是一个秘密的门。它经常被用泥堵起来，又用白灰刷得像是庭院后面的一段多余的墙。每个中国人的住宅后面都有这样的潜在的门，并尽可能地远离前门。这可能是因为，中国家庭建房时会认为火灾、水灾或暴徒的袭击时刻都会发生，而位于房屋后面的邻居的房子常常会提供安全的庇护。逃避危险的一种通常方式就是通过这种太平门，而不是通过前门，或是跳过防火墙，从一个屋顶爬到另一个屋顶。

---

① 即叶德辉（1864—1927）。

② 此处指挪威信义会教堂，该堂于 1902 年由挪威信义会传教士原明道、倪尔生、戈德白租黎家坡民房所建。

③ 此处是指内地会福音堂。该堂于 1902 年由美籍内地会传教士葛荫华所建。

我们告诉看门人，我们将从太平门过去。他点头同意，并跑下楼去，召集其他的仆人。

院子里住着我们一家人，有三个孩子，分别是6岁、4岁和3岁。另外还住着三个美国大人和一个小孩。没有时间开会了。我从住在同一个院子里的人那里接到指令：准备好吃的，只带上钱。我妻子在一个野餐用的篮子里放了几罐浓缩牛奶和装有开水的暖水瓶，并为孩子们准备了几件暖身的衣服。幸运的是，4月14日这天春光明媚。就我而言，我从自己书房里的保险箱中拿出了我的所有现金——50金元，并拿了足够的红色名片。名片有8寸见方，是辛亥革命前每个人都使用的。正如事态发展所证明的，没有别的更明智的选择了。院子里的帮工唐师傅从厨房里给我拿来一把斧头、一对锤子，以便在穿过太平门时开路用。凌晨一点半，我们一穿过“太平门”，就感到我们的邻居是多么的友好和热情。我们对他们一点也不了解，我们也从未相互拜访过，他们的前门和我们的前门开在并行的两条街道上，两街之间的间隔有两百码，事实上，他们和我们生活在不同的城区，然而，午夜闯入的外国人却受到了欢迎。

后来，我们发现，他们知道美国医生与他们是一墙之隔，住在他们北边的朋友在几个月前还向我咨询过。当时一个年轻的母亲在分娩时几乎要死去，她的康复和孩子的健康，使那个城区的所有人都对西方的接生术交口称赞。然而，当他们提及医生时，他们总是说：“为什么一个男医生会在半夜里接受邀请，去救治一个生孩子的妇人呢？他应该知道那是稳婆做的事！”

这个邻居的家人都出来迎接我们，他们看到我们抱着小孩，就冲到他们的卧室，从床上抱起自己的小孩。他们劝我们让小孩穿上他们小孩冬天所穿的中国小棉衣。“赶快！”他们敦促说，“暴徒们可能正穿过你们的房屋。闯过太平门，他们就会发现你们都待在我们的过道里，赶快让你们的孩子穿上这里的衣服，并让他们躺在这些床上，我们将会用厚厚的被子把他们蒙上，没有一个暴徒能认出他们是外国人。你们这些大人就穿上这样的旧长袍，在小孩子睡觉时就静静地坐在屋里，我们将为你们放哨。”

很难想象，当旁边的街道陷入火海时，美国人的邻居能在午夜对另一个种族的人如此热情。他们可能也想到了为我们提供庇护是危险的，也可能已经听说事态发展到了排外，却无从知晓官方能否控制局势。然而，当我们进入他们家时，他们行动起来好像一切都是按传统习惯来做的。

我们把孩子们放进被窝，把煤油灯的灯光调暗。虽然我们的孩子因午夜的这一幕而兴奋，但是坐等天明却不是容易的事。

我请来姓唐的厨师，把我在长长的红名片上写好的五个紧急消息递给他。我告诉他一定要设法把它们迅速地发送出去。一个是发送给英国轮船船长的，请他不要一大早就驶往汉口，而应等到我们安全得到保证之后再离开；两个是送给我们的学校和医院同事的；一个是送给英国领事（在1915年以前，我们在长沙没有美国领事）的；一个是送给杨将军①的，他指挥着帝国的几营士兵驻扎在浏阳门外。

我知道消息能够送到，因为厨师是地道的本地人。每一个能给我带来回复的信使都将得到1金元的报酬——这在当时已是很多的钱了。我们坐在那儿焦急等着、想着，我们无法知道长沙的中国人是否会起来反对我们。

在一个小时以内，唐厨师给我们带来了第一个回复，阿格兹船长答应，在得到我们的音信之前不会起航。长沙其他一些差会的友人也为我们捎来了信。事实上，他们所有的财产都遭到了破坏，有的被完全捣毁，其他的则是屋内被完全毁坏。

就在天亮时，我们听到士兵行进的声响。房主人来告诉我们：杨将军已经派了100名带枪的士兵，枪都上了刺刀，来护送我们到城东的营地，他们正在门外等我们。在我们起身前，我们热情的朋友用热茶款待我们，帮助妇女和儿童坐进已经为他们准备好的轿子。随后，男子们在轿子后面步

---

① 杨将军即长沙协副将杨明远。

行，走过静静的街道。在平常早市的时候，街道上是熙熙攘攘的人群。现在，完全是空空荡荡的。甚至在主要的街道上，警察的哨亭也是空空如也，并且已经被暴徒推翻。不久，我们到达了浏阳门，并且发现将军已发出命令，让我们不要耽搁，尽快通过城门。

我们很快就出了城门，穿过军道，看到了我们要去的军营。军号吹响了。我们一队人有三顶轿子，跟在100名步兵后面进了军营。在司令部，将军亲自走下台阶来迎接我们，并致以军礼。他请我们休息片刻，命令部下给我们在房中上茶，然后邀请我们在7点与他共进早餐。

多么丰盛的食物啊！杨将军一定是担心我们饿了几天，因此，他告诉厨子好好款待我们。

早餐后，我们又叫了轿子，在野外走了几英里路。春光灿烂，田野里冬小麦绿油油的，芥菜黄澄澄的，到处都是柔嫩的竹子，每处农舍看上去都好像建在种有牡丹树的花园中。远处的岳麓山，粉红色和红色的杜鹃花染红了整个山麓。

转过北面的城墙，我们转弯来到江边，很快就到了英国驻长沙领事馆。

下午早些时候，领事为我们弄来一艘小艇，然后小艇溯江而上把我们送到阿格兹船长的船在江中心抛锚的地方。我们沮丧地看到城内一个一个地方不断地升起浓烟，接着便火光冲天。我们一登上“湘潭号”（音译）轮船，就挤在靠近长沙城那一边的甲板上，惊恐地看着那可怕的景象。这座我们生活和工作了多年的城市看起来要被火焚毁了。我们至少看到有30处着火的地方。在前面的河滩，我们看到被毁的海关，在它旁边是两家英国轮船公司的劫后余灰。每次有新的地方燃烧起来时，我们都尽力猜是谁的财产被点着了火。

当我们的朋友一群又一群地坐着舢板离开河岸，并登上轮船时，轮船看上去像一个避难营。当我们围着船长坐在船上的餐厅里时，作为逃难者的经历也渐渐地显现出来。

在午夜前一刻，巡抚衙署被撞开，衙署内被完全破坏。接着，暴徒们冲向海关，并将其放火焚毁。阿格兹船长在夜里告诉我们：他船上的守望人一天就数出48处着火的地方。

英国领事是我们所有的人当中最不愉快的。“当然，”他说，“这意味着外国人将不能再次进入这个城市。”

那天下午，40多个避难者乘坐英国的轮船离开长沙前往汉口。妇女和儿童住在船舱里，男人们则只有毛毯，他们就成排地躺在甲板上。在到汉口的路上，我们很高兴遇到了美国“韦拉纳波士号”炮舰，它正赶往长沙执行巡逻任务。

三天后，男人们回到了长沙，像往常一样从事他们的工作。侯医生[①]有一个令人兴奋的故事，是关于那天晚上事件中所表现出来的友谊的力量。

我们发现，官方命令将雅礼学校和雅礼医院封起来，并派官兵保护。我们医院所有房屋没有一扇门被撞开，没有一块窗玻璃被打破。我们的衣服和装饰品原封不动地放在那儿，正像我们那晚匆匆逃离时留下的一样。很明显，我们并没有出现在官员们的黑名单上。

在西牌楼街，雅礼学校的看门人用泥巴将界石上所刻的雅礼学校几个字给蒙上了，从而掩盖了学校是外国人所办的迹象。没有一个经过的人停下来把泥巴挖掉，显出盖在下面的名字。

最富有戏剧性的经历发生在雅礼医院的门前。一群暴徒涌向西牌楼街，找官方和外国人的财产来破坏。当他们到达雅礼医院门前的栏杆前时，其中的一些人喊道：“这是外国人的房子！我们进去把它毁了！”

暴徒们突然停止行进，使劲地摇门，试图撞开门。这时人群中一个膀大腰圆、身材高大的人喊道：“停下来！两年前，正是在这所医院，他们从

---

① 雅礼医院的中国籍医生侯公孝，曾在北方某教会医院学过西医，随后被派到雅礼医院做医生，是胡美早期行医的重要助手。

我的腿上取出一颗子弹。如果动乱继续进行的话，那肯定会有枪击，而且我们当中可能会有人腿上中弹。出于紧急情况，我们必须离开医院，我们可能需要它。走!”

他说话如此具有权威性，暴徒们都听从了，然后继续沿街前行。此人就是那个被我们医院救治的人，即我们的第一个外科病人——一个姓黄的土匪!①

在检查过医院后，我们因医院没有遭到一点儿破坏而感到庆幸。侯医生把我领进办公室，他说：“这是那天晚上的独特经历，我想它对每一个人都是一样。当然，作为一个中国人，我像街上的其他中国人一样没有遇到危险。当时，我离开自己的房间，待在外面。不过，请看一下这个东西。”他打开一张粗糙的黄纸单，大约有2英尺见方——这告示是他在动乱那天在医院前面发现的。告示上用汉字写着这些话：

雅礼医院　实系佃居
见此时局　迁徙空虚
街邻封闭　防备不虞
接行平粜　救荒恤无
筹款十万　共乐捐输
预为布告　断不支吾

药王街
公启
西牌楼

那方形的黄纸成了我们的一个无价之宝。

---

① 关于治疗姓黄的土匪的经过，可参见《道一风同》的第七章《第一批住院病人》。

在医院前发现的告示①

① 上图采自饶怀民、藤谷浩悦编《长沙抢米风潮资料汇编》（岳麓书社，2001 年）所附图片。

（二）“他赶走了瘟疫”

颜博士①到医院，来得正是时候。即便在他的帮助下，我们也无法完全满足病人的需求。清王朝正在解体。1908 年，当光绪帝和慈禧太后在同一周内死去后，我们就隐约认识到了这一点。那时，我们医院为此挂了一个月的白色挽联。当 1910 年 4 月长沙抢米风潮发生时，我们已清楚地认识到了这一点。

到 1911 年初，人们普遍认识到，一场严重的政治颠覆即将爆发。给官员们拜年时，我们的轿夫告诉我们，在去年年终前的几个星期里，处决的人比以往 20 年里处决的人还要多。每次我去衙门给人看病时，轿夫们都会得到一些关于发布镇压叛乱的严厉措施的消息。甚至医院的苦力们也告诉我说，现在离革命的爆发不远了。当然，革命的策划是在孙中山博士的领导下进行的。虽然革命志士们知道清廷有暗探在各地监视着孙中山，但是各地的革命志士都还是集聚在了他的领导之下。

在医院里，我们有绝好的机会来了解新兴的中国是如何反应的。一种严重的传染病在长沙最好的一所官办学校中传染开来。学校的校长是我们的好朋友，他让家长把他们的儿子送给我们治疗。我一开始给他们做检查，他们就委屈地哭了起来。他们的教师非常气愤，因为巡抚没有组建起一个卫生部门。他们学校的名称叫作华光中学②，他们用的是现代教科书。但是，他们的政府在公共卫生上却毫无举措。他们从书中得知，在美国，每个学生都要接种牛痘，要接受每年一次的健康检查。教师们说：清王朝应

---

① 即颜福庆（1882—1970），1909 年获耶鲁大学医学博士学位，1910 年受雅礼会邀请到长沙雅礼医院工作。

② 原文作 Light of China Middle School，此处为直译。然而，1912 年以前长沙办有 14 所官、私立中学，并无取名“华光中学”者，待考。

该对中国不能进步负责任，这样的朝廷应该被立即推翻。他们引用一句古老的话说："防民之口，甚于防川。"

著名的周南女校的学生们留着短发出现在我们医院的门诊部——这在旧礼仪制度下是不可能有的事——而且，她们常常是在没有人陪护的情况下三三两两地来的。旧中国的贵妇人认为姑娘们在没有人陪伴的情况下上街是最不应该的。但是，家长们却无力阻止这种行为。"我们当然是自己来的，"女孩子们说，"我们知道这是个好医院，我们知道穿过街巷到这里来的路，所以，为什么不能来呢？不久，北京将会出现一个新政府的。"

所有号召活动中最活跃的是在湖南教育会主会堂举行的反满集会。会堂建筑本身就是新时代的标志，因为它就建在原来湖南省贡院的旧址上。几个世纪以来，学子们都来这里接受使人精疲力竭的传统考试。一小片考试用的小房子还保留着，那成了一种使市民回忆起他们的古老传统的文物标本。

浏览一遍集会的人群，看看会堂前面留下的一大片做"体育运动"的空地，看到这一切就好像吸了一口清新的空气。我们预见，湖南再也不能继续生活并停留在雅礼学堂创办的时代。那时我们问一个学生："你做什么体育运动？"他回答说："我用我的筷子吃饭。"

有时，包括许多绅士在内的一群朋友问我，他们是否能在门诊的候诊室里召开秘密会议。他们说："在您进行上午的门诊时，我们是不会来的。"一天下午，当我从候诊室的门前经过时，我听到一个人在说话，他的话音抬得异常的高："是的，我们都知道清朝的皇帝是艺术和文学的支持者。而且，欧洲人知道那是因为他们聘用杰出的西方科学家去校正律历，并使中国了解新知识。"

"是的，是的。"另一个人非常激动地插话说，"但是，他们从来没有着手改善国家的卫生状况，别的国家都在所有的大城市里设有卫生部门，我们长沙有什么呢？"

我们医学工作者多年以来的实验研究就是致力于找到消灭肆虐中国的瘟疫的办法，公共卫生意识的觉醒就是一种回报。一天，我们的助手——年轻的小曹通过显微镜发现了新的东西，我清楚地记得自己当时的兴奋劲儿。在门诊病例中发现的所有的一般虫卵中，小曹都能够一下子认出钩虫和蛔虫的虫卵。当然，他对每一个显微镜的载片都要进行认真的检查。不过，他对疟疾寄生虫还缺乏了解。但这次，他自己都感到烦恼，他强调说："这个虫卵在大小和外形上与其他的都不同。"

它的确是个不同于一般的显微镜载片。病人来自湘江下游 64 公里的湘阴，我们当时知道那地方有某种神秘的疾病。许多从那里来的病人都有腹部肿大、发热，以及其他寄生虫感染的症状。几个奇怪的虫卵就在小曹所准备的载片上。第二天，又来了一个从湘阴来的病人，他也带有这种虫卵。检查两例病人血液中的白细胞，结果表明其嗜曙红的含量是一般病人的六七倍。显然，他们患有某种严重的寄生虫传染病。

然后，人们听说了其他的病例。胡恒德①在芜湖发现了此类病人，而且罗感恩②在洞庭湖西部以产粮为主的城市——常德也发现了此类病人。不久后，我们得知这种奇怪的传染病广泛流行于长江流域。有的人称之为"九江热"，有的人称之为"宜昌热"。《中华博医会报》开始刊登已发现的病例报告。1910 年夏，一个美国少年在长沙以北 160 公里的岳州严重地感染了这种病。他是美国人中第一例感染此病的人。

同时，《英国热带医学杂志》刊登了一些这种虫卵的图片，并将这种寄生虫称为"日本血吸虫"。显然，这种我们在 1905 年以前还没有听说过的疾病有着相当广泛的分布。我们查阅了我们的每一期医学杂志，从中寻找

---

① 胡恒德是美国圣公会医学传教士，1906—1911 年任职于芜湖圣公会医院，后曾任北京协和医学院院长。

② 罗感恩是美国根本论会医学传教士，1898 年到常德从事医学传教，1901 年创办广济医院（即广德医院前身），并长期在常德从事医疗工作。

关于这种迄今为止尚未知晓的疾病的报告，并寻找有关实验程序的新建议。我们显然处于前沿的地位。

我们也被伤寒、霍乱和其他肠道疾病包围着。这些病症是由于感染者的粪便被用作肥料而传播的。那时，还有更多常见疾病，如肺结核、天花、麻疹等。

我们确信，肺结核在中国存在并没有很长的时间，因为人们一旦患了这种病就很少有或是没有抵抗力。大学预科的学生、年轻的教师、某些行业的技工很容易患“急剧恶化的肺结核”，一些年轻的中国朋友是很有前途的，但他们却因这种病而在很短的时间内就死去了。当然，他们不懂得个人和社区卫生，在家里和在街上吐痰是普遍的习惯。对于应邀到感染了肺结核的朋友家中去，我们常常犹豫不决。虽然我们的主人准备了丰盛的宴席，但是我们怎么能把自己的筷子放到公用的碗中去呢?

我们开始花更多的时间从事种痘的门诊，并在学校做有关“手指、食物、苍蝇”的讲座。官方对他们称之为“新科学”的东西完全表示感谢。我们经常遇到母亲抱着出了天花痘、正发着烧的孩子来到门诊部。我们常常设法给门诊里的每一个人种牛痘，但是许多人都很害怕。我想：通过这种方式，我们不知防止了多少天花的传染。

一次，我在产科病房做夜间巡查时，停下来与一位快要生孩子的母亲谈话。“先生，我正在发烧，”她说，“而且，我的额头上有许多奇怪的小红点，我刚才在镜子里看到了那些小红点。”她已染上了天花！给她种牛痘已没有用了，但是，与她住同一楼层的其他人都很快得到了保护。孩子安全地生了下来，而我们的病人也得到很好的隔离，她康复后也没有留下瘢痕。

像麻风病、斑疹伤寒、疟疾以及各式各样的肺炎一样，我们遇到的白喉常常是致命的。这是一种特别的门诊经历，不知道我们什么时候才能开始利用这种病例材料来教授学生。

1911 年冬，鼠疫在满洲爆发了，病死率是 100%，成千上万的人失去了生命。从英国归来的伍连德博士接受过全面的防疫学教育，他自愿投入扑灭这种传染病的战斗中。美军的理查德·斯庄医生加入了他的行列，奉天医科大学①的嘉克森医生也自愿与伍博士一同工作。经过几个星期勇敢的工作，嘉克森医生自己竟感染了致命的疾病。在中国的东南部，还有一位著名的医学传教士也死于鼠疫，各地都很害怕这种疫病，它能被阻挡在华中以外吗？

春天的时候，北边的湖北省向我们发来了要借用颜博士的紧急请求。鼠疫正从北京沿着铁路线向南传来，因而要想防止鼠疫就必须采取紧急措施。

我们很高兴把颜博士借给他们。现在，的确是开始给予公共卫生和社区医疗以新的重视的时候了。

颜博士与城里的耆老们一道接管了防疫的事，这些耆老深知中国人的思想观念。颜博士告诉这些耆老来自汉口的邀请，并告诉他们这将为公共卫生运动打开方便之门。他们坚称颜博士应当去，并且提醒他注意中国人的传统信仰：

上医医未病，中医医欲病，下医医已病。

1911 年初夏，颜博士去了汉口。那时，长沙还没有火车，但是从汉口到北京的铁路线却是忙碌的交通要道。他一到汉口，就认识到：他要做的远远超过了把鼠疫阻挡在华中以外，虽然那同样重要。他要把鼠疫从由北到南的铁路沿线消灭掉。他马上说服官员们和市民支持他的行动计划：铁路部门组织一个卫生机构，每一个相关的人都要注射哈夫金疫苗，在任何地方都做防鼠的工作，而且每抓 100 只老鼠就发给奖金。如果每抓到一只老

① 该校当时正在筹建中，1912 年 2 月正式成立。

鼠就发给奖金，那将诱使人们为了奖金而去喂养老鼠。

公众在许多方面助了我们一臂之力，从北京到汉口的主要车站都安排了侦察人员，在北方的主要车道沿线的城镇都设有监督员，黄河以南手推车和苦力们经过的路上也是如此。这是一场组织周密的伟大运动，它完全是由一位中国领导者组织并付诸实施的，这位领导者英勇无畏、为人谦虚，并为所有的人所接受。颜博士带着胜利的殊荣回到了长沙。他成为华中地区第一位公共卫生运动的领导者。

颜博士一回到长沙的岗位上，全面爆发的革命就震惊了湖南。10月10日，即“双十”这一天，中国陷入了战火之中。除了北京周围的北方地区外，许多省份都加入了革命阵营。在湖南，我们帮着组织红十字会工作。几个月后，我们医院应邀到离长沙仅数十公里的萍乡煤矿发起一场反钩虫的运动，颜博士和一位年轻的住院医生一同前往。他们研究了钩虫病在矿工中的发病率，并报告说这种疾病可以得到控制。我们获得做全面调查的权力，并发起了在两年内消灭这种疾病的计划。该计划的特别之处在于，我们医院的成员既是预防者，又是治疗者。

辛亥革命富于滑稽性的一面就是新的民国军队执行“剪辫子”的命令。农民们挑着沉甸甸的大米或蔬菜，或是推着他们沉重的手推车从乡下来到城门口。看他们对剪辫子的反应是很好笑的事。卫兵们冲上去，抓住每个男人的辫子，或是用剑斩断，或是用大剪刀剪掉。对许多人来说，失去辫子就像是失去了手脚，这辫子是他从少年时代就开始刷洗、编织而成的。我们看见他们当中的一些人跪下来，求卫兵们手下留情。有的则与卫兵们打斗起来，许多人试图逃跑。虽然，这些农民经过剪辫子后成为忠实的革命者，但是他们当中的许多人还在帽子里面另外盘了一条辫子，以备随时把辫子放下来，以重新表示对清王朝的效忠。一周过后，华中所有的城市居民和许多农民都去掉了这一清朝统治的标记。

在医院里，完全剃光或剪短的头发意味着少生皮肤病以及做手术前不用做更多的清洗。现在，官方发布了禁止妇女缠足的命令。缠足是妇女们长期珍爱的一种文雅的标志，它本已成为与妇女们联系在一起的一种传统，而今却成了清朝的一种遗留物。

妇女们在少年时代只知道阻止脚踝以下骨骼的生长和发育，除此之外，她们一无所知。现在，她们来医院要求做整形手术，她们当中有许多是很有影响的绅士夫人。她们坚决要求："我们再也不想忍受裹脚的耻辱了，我们一定要有像我们女儿那样的天足。"在民国建立的最初的几个月里，妇女们常对我们说："来自你们国家的女传教士创立了天足会①，我们那时要是注意到了她们的建议该有多好！"

时间一天天地过去了，当我们环顾医院四周时，我们发现辫子和裹脚消失了。与此同时，我们也注意到，反对进步的强大力量也正在起着作用，而且我们不知道孙博士②长期为之奋斗的那种民主制度是否能够最终出现。在中国，是不是会有一个有足够勇气的人真心想把它从帝制中解放出来呢？在那些充满希望的岁月里，思想开明的中国人总是引用这句格言："见义不为，非勇也！"

（李传斌　译）

① 1875年，传教士在厦门创立了近代中国第一个天足会。

② 指孙中山。

◎二、 许立德辛亥革命前后在中国的经历[1]

（一）1909，1910

1909年，我在水陆洲，即正对着长沙城的岛上，买好了领事馆的用地。建设工程部门为新建筑做好了设计，合同交给了一个湖北承包商。这带来了理解上的麻烦，因为对于一个湖南人来说，湖南是高高在上的，而湖北，恰恰不是别的省份，却是处于下风的。湖南的泥瓦匠和木匠们立刻在城里张贴揭帖，号召所有的人发动起来，阻止这一外来人的侵犯，并将从通商口岸来的承包商赶走。湖南谘议局也宣称："泥瓦匠声称不管他们的工作多么没有效率，他们有权在湖南做事，这是毋庸置疑的。"但是，我当然是不会容忍这种态度的，并且坚持我们有雇用任何工人的权利。

① 许立德（William Meyrick Hewlett，1876—1944）：英国驻华领事。1898年来华，1901年起先后任英国驻厦门、宜昌、成都、汉口、南京等地领事和总领事。著有《北京使馆被围记》《在华四十年》（该书封面中文题签"遗爱难忘"）等书。本书选译内容分别译自《在华四十年》（Sir Meyrick Hewlett. Forty years in China［M］. London：Macmillan& CO. LTD，1943.）一书的第七章《1909，1910》、第八章《1911，1912》和第九章《1912—1916》，记述了辛亥革命前后许立德担任英国驻长沙、宜昌领事时的经历。

我决定使用上海、汉口、广州有经验的工人，这成为引发骚乱的原因之一。我尽自己所能查禁这些煽动性的文件，友好的商人们为我提供了几份这样的文件。但是骚动迅速发展，完全失去了控制，并且得到了绅士们的热切鼓励，他们当中甚至有我很熟悉的人。泥瓦匠和工匠公会的领头人试图达成一项协议，但是他们没有提出任何可能成为和解基础的建议；虽然他们对外国建筑一点也不了解，但是却要求将建筑合同给他们。他们选派的代表造访了日本领事，请他出面与我调解，以便获得建筑合同，日本领事拒绝会见他们。然后，他们转而拜访英籍海关税务司，人家甚至根本没有请他们就座，并像对待淘气的男孩那样对他们说话。最后，他们来找我，于是我们一边喝着酒、抽着烟，一边商讨这件事。我告诉他们：在我能够得到有经验的工人时，却要去使用没有经验的工人，这就如同可以使用快刀却被要求使用钝刀一样，这是很荒谬的。我指出，湖南只有 3 年外国建筑的经历，上海有 70 年，汉口有 50 年，并告诉他们，我必须使用来自这些通商口岸的有经验的工人，虽然苦力自然而然地应当用湖南人。同样地，对于建筑房屋来说，我们需要新加坡的硬木、北京的石板瓦，等等，而且只有湖南的花岗岩对我们有用，我们不可能使用湖南的软松树和泥瓦。我提出让他们选派 10 个人去看房屋的房基到屋顶的情况，我甚至冒着被建筑部门拒绝的风险，把所有的计划给了他们。不过，他们虽然很有礼貌，并且非常感激所受到的接待，但是仅仅感谢我接待了他们，因而我知道他们并不满意。

排外情绪增长还有一个原因是大米短缺以及物价上涨。依照条约规定，任何省份因大米短缺而想禁止出口，必须要布告三周。载运着大量大米的英国航运公司坚决要求：当巡抚企图突然禁止大米出口时，条约应当得到遵守。出口得到了允许，但这进一步刺激了排外的骚乱。骚乱发生后，巡抚抱怨在长沙的我和在汉口的总领事在支持这些公司上对他的直接上司——总督造成的压力，声称以我们对中国的了解，加上知道大米极其短缺，我们很容易预见骚乱必然会因之发生。

排外情绪的表现变得越来越明显。小汽艇上的中国引水员在经过英国轮船时习惯性地拉响汽笛，并且辱骂经过的官员。我和巡抚的幕僚在一艘轮船上时，一艘小艇在狭窄的河道里试图横过我们的船头，使我们的船绕道走。很明显，他这是有恶意的，我告诉那位幕僚去看看他。然后，他故意撞向我们这一边，碰坏了自己的船头，在他的乘客中引起了恐慌，接着他调转方向，返回长沙，他在长沙报告说我们企图撞沉他的船。然而，说服巡抚了解事情的真相并不困难，巡抚以危害乘客性命为由，严厉地处罚了那个引水员，判他长期监禁，并取消了他的引水执照。

接下来，我收到来自一所中国学校的非常明确的警告，它用汉字写在从作业本撕下来的纸上，要求我离开，并撤走所有外国人，因为我们的生命正处在危险之中，并附加说："这是来自某校的严重警告。"很难确定这类文件有多么重要，但是我把它送交给了公使馆，并说明了我的担忧。我觉得这是真的，甚至认为这得到了公开排外的湖南绅士中我的一位朋友的鼓动，因为他知道我经常访问长沙的学校，并颇受欢迎。然而，这份文件在风暴来临前并没有送到公使馆。

4 月 13 日，即星期三的晚上，暴乱来得非常突然。我注意到领事馆的周围在整个下午以及夜幕降临时，都是可以感觉得到的平静——不祥的沉寂意味着某种麻烦，它使人想到未知的危险，期望发生什么事情以采取行动。接着，传来谣言说，有暴徒出现在南门（我们领事馆在北门外），要求大米降价。我派人请来一个小战船的指挥官，并允许他随意用我的电话，以让我了解事态的发展。因为我和妻子要到近两英里外的一艘江轮上用餐，把三岁的儿子和仆人留了下来，这里现在可能有麻烦。妻子和我分别坐上四人抬的大绿轿，两名私人卫兵提着标有我中文姓名和头衔的大灯笼走在前面。当经过道台衙门时，我看到庭院里有许多愤怒的人，大门外的街道上拥挤的人群在不断增加，没有一个是友善的。就在这个时候，抬我妻子的两个轿夫突然放下她的轿子。在这几秒钟内，我担心暴民会发起攻击，但是什么事也没有发生，于是我们上了轮船。然后，我去了海关署，与巡抚的幕僚和雅礼会的胡美先生进行了接触。从后者那里，我了解到形势的严峻，而且骚乱已经在南门口发生。按察使①亲自出马，并试图让人们平静下来，但是他告诉他们米价目前并不算贵，还会涨得更高，这只能激发他们的愤怒。他们听到这些话后，把他捆着脚吊在寺庙院子里的一棵树上，拔掉了他的胡须，让他毫无知觉地留在那里。最后他被自己的仆人们放下来，并为他们所救。

一回到轮船，我就告诉阿格兹船长不要离开，因为发生了重大麻烦，这可能意味着要让所有外国人离开这座城市，而且我们自己必须在用膳后立即离开。接着，我从我的战船指挥官来电中得到消息，他告诉我不要到长沙城附近的任何地方去，因为长沙城处在暴民的控制之下。这一消息被巡抚的幕僚郭（Kwok，音译）先生所证实，他在我任职长沙期间，对我一直是坦率和真诚的。我放弃穿过长沙城返回去的一切念头，把我们的轿子留在海关，与妻子一同乘坐海关税务司慷慨借给我们的海关船只，从水路返回领事馆；另外还有三个人跟我们一起。我提出给船夫们安排住宿，但是他们知道正在发生什么，并且愿意回到岛上税务司的住地。回到领事馆，我们开箱取出政府提供的在紧急情况下使用的 12 支步枪，所有在中国的领事馆都是如此准备的。我们走上阳台，试图听到显示城市里正发生什么的确切声响。我们不时地听到愤怒的暴民们远远发出的令人讨厌的咆哮声，但是由于附近池塘里数以百计的青蛙不停地鸣叫，使得我们不可能作出任何准确的判断。

我首次得知外国人正在被攻击是来自戈白医生的紧急消息，据称他们挪威的教会已经被毁，而且他和他的家人正在城墙上，他们的生命正处在

① 实为巡警道，即赖承裕。

极大的危险当中。这一消息是用毛笔急急忙忙地写在一张粗糙的中国纸上的。接着，华伦先生告诉我他们的循道会也着了火。我立即要求我忠诚的伙伴——战船的指挥官派人去找戈白一家，并把他们接到轮船上，进而为我向长沙城里的各个国家的外国人发送通知，敦促他们毫不迟疑、毫不耽搁地撤出——那些离轮船最近的去轮船那里，而那些离领事馆最近的来找我。我也通过汉口总领事发电报给公使馆，请求立即派海军支援。

4 月 14 日凌晨 2 点，我决定把我的妻子和小孩送到住在长沙城对面岛上的海关税务司，同时送去的还有 7 支步枪和一些弹药。我托付战船指挥官来做这件事，他忠实地去完成自己的任务。然而由于大雾，他花了好几个小时才到达目的地，这使得我的妻子极度焦虑，当时她正单独与我们的幼子在一起。

天亮时，我的朋友杨青（音译）① 将军派了一个小分队到领事馆，但是他们随后就撤走了，原因我后面再说。

10 点钟，我向一条路过的拖船打招呼，通过上下拉动领事馆的旗帜，让它停了下来。我警告他们现在发生了什么事情，并请他们把聚集在领事馆的外国人运送到阿格兹船长那里，他的船锚泊在城外一英里之外的公司码头。于是，我只能与其他三个英国人待在一起，这时我收到巡抚的亲信仆人送过来的私人信函，说他再也不能提供任何保护，并敦促我保护自己以及其他外国人。我向巡抚提出用他的快艇，结果如愿以偿，而且差不多使用了两个月。政府为此给了我特别的经费。下午 1 点钟，我决定离开领事馆，登上阿格兹船长的“沙市”（音译）号轮船。当遇到晚上已经到达的拉维瑞船长的“长武”号（音译）时，我告诉他解缆并锚泊到领事馆的对面。整个江边聚集着黑压压的人群，高喊着“杀！杀！”那种可怕的喊叫，1900 年我在北京听到过，是让人听了永远不会忘记的梦魇般的声音。登上阿格

---

① 即长沙协副将杨明远。

兹船长的“沙市”号，我了解到挪威教会和中国内地会都被毁了，循道会也严重受损，进而得知巡抚衙门正遭到攻击，而巡抚无能为力。由于我们在船上的人大约有92个，当时统计的所有在长沙城内的外国人也就这么多，为了保证有足够的供应，我强征了中国买办商店里的货物，仅仅给店主一纸书面承诺，日后再付款。当晚他的商店被焚毁，因此他比邻居要幸运一些，因为他后来得到了赔付。看着城里冲出的人群涌向码头，我告诉阿格兹船长转移到江中，于是我们非常迅速地离开了，并与领事馆对面的拉维瑞船长会合。接着，妇女和小孩们被转移到“长武”号上，然后开往汉口。拉维瑞船长因为没有他的轮船记录而反对航行，但是现在登陆是不安全的，所以我给了他一纸证明，这样虽然他没有记录，也可以正当地出港。就在这个时候，暴民们烧毁了巡抚衙门、美国圣公会，并且已经捣毁了伦敦会，来到了领事馆。

战船的指挥官现在指挥的战船有8艘，他问我是否可以射击，我说不行。村民们向暴民头子乞求不要触犯领事馆，我的中文书记员勇敢地混杂在暴民当中，因此他搜集了大量的信息。他告诉我说：他听到了使领事馆免遭毁坏的讨论，并且了解到除了村民们的乞求外，领头的泥瓦匠和木匠也建议不要破坏领事馆，我们在绅士当中的朋友们也引导着这些暴民。不管是什么样的原因，总之领事馆是除雅礼医院外唯一没有被毁坏的外国建筑，而雅礼医院是因为一个本地职员贴出捐米给饥民的告示而得以幸免的。

我喜欢并且将会一直思考：那些乞求时说“这个人只是个邻居，并不是外国官员”的村民，是因我前面所描述的两件小事情而生的感激之情，受此影响而说的。

我们的看门人是一个可爱的、忠实的老人，由于他脸上明显的缺陷，所以在长沙的皇家军舰上的水手都知道他叫“老瓶鼻子”，暴民们把他叫来后，问他这财产是谁的。在被告知是“英国领事的”后，他们命令他打开大门，他照做了。随后他们没有一个人进去，全离开了。我们从锚泊在领事馆对面的轮船上看到了这一场景。

接着，我们在“沙市”号上戴着墨镜观看破坏的过程，那是骇人听闻的场景。我们能说出破坏所及的每一个地方，如漂亮的天主教会、怡和洋行的房屋、海关署和门外工作人员的住所、太古洋行的财产，以及许许多多其他的，包括我朋友的商店，即我曾经买过货物的那位买办的商店。

第二天是星期五，即17日，我收到来自不同的中国朋友的警告：有两种方法都被考虑用来进攻轮船，一是从城墙上开炮，二是将帆船灌满煤油，把它们点燃后，将之顺流放下，以期烧着轮船。布政使是我亲密的私人朋友，他已控告巡抚逃走，也请求我离开。日本领事的住所已经被毁，那天下午他前往汉口时说：“这是一场革命，不是骚乱。”当他离开时，我如释重负，因为无论我采取什么行动，都不会出大错，而且我完全可以放手干。

然后，我在“沙市”号轮船上安置了瞭望哨。防备被证明是有效的，因为当天晚上中国人确实放下来一艘正在燃烧的帆船，它与我们乘坐的轮船相差50码，而且我也记得燃烧物掉到江里，在中流顺水而去。与此同时，太古洋行的“吉安”号到达，于是我雇用了12个人，派船上载有出口货物的“沙市”号去汉口，并行驶到下游大约6英里处看不到城市的地方，然后等待海军的援助。正如已指出的，为了求得援助，我直接发电报说骚乱开始了。“蓟花”号的指挥官贝利·汉密尔顿在星期天，即4月19日到达，我立刻转到该船上，并返回长沙。数以千计的人聚集在城外，确信我们将会为4天来的大肆破坏而进行直接的报复。布政使登上船，并请求说：在他花时间使难驾驭的人平静下来之前，不要有人上岸。道台是与我一直有着官方冲突的人，他憎恨外国人，他告诉我说，我应该为自己庆幸，因为如果不是采取了措施，任何被抓住的外国人毫无疑问都会被杀死。但是，最吸引我的是来自江边下层社会的代表，他们感谢我没有开炮并毁掉他们的房子。惩罚是要有的，惩罚也是应当的，但是并不是没有区别地杀戮那些普通人。这些人没有指引，而且他们甚至到今天都不知道他们遭受苦难的根本原因。

“蓟花”号到达后，巡抚借给我的快艇被一队海军操控着，并被取名为“蓟花种子”。内地排外的人很快就会采取行动，将传教士从内地营救出来的工作做得很好。这些营救工作中功劳最大的是杨将军，因为他派士兵为传教士从内地到长沙提供了安全的出路。挪威政府尤其感谢我们将其公民从内地营救出来所做的工作，并授予我圣·奥拉夫勋章。然而，我最珍惜的骚乱中的纪念品是下面这两封信。他们是在陈述自己的意见，我想他们会谅解我在这里引用这两封信。

1910 年 4 月 29 日麻木勒①先生第 128 号信的第二号附件

长沙的外国人团体致许立德先生

“吉安”号轮船，1910 年 4 月 17 日

亲爱的许立德先生：

我们在下面签名的人代表我们自己，也代表在长沙的所有美国人和欧洲人的团体，对于您在新近因 1910 年骚乱所导致的危机中为我们提供的服务，我们表示诚挚的感谢。

我们深深地感谢全能的上帝，在骚乱期间没有一个外国人失去生命。我们希望表达自己的看法：要不是您在上帝的指引下采取的睿智举措，令人高兴的结果是不可能取得的。

从星期三（即 4 月 13 日）晚上到星期天（4 月 17 日）上午“蓟花”号到达的这么长的时间里，您除了很少地睡几个小时外，日夜都不休息。如果这种压力使您不适应工作，那么我们不会感到惊奇，但是，您甚至没有突然改变您与我们平常交往中总是表现出的那种彬彬有礼。成功的结局是对您所做准备的睿智而最为全面的赞扬。对于您

---

① 英国外交官，1909—1911 年任英国驻华使馆参事。

在代表英王陛下政府而租用的船上所表现出的热情，团体中的非英国成员想表达特别的感谢。因为您的帮助而获救的英国人在所有获救成员当中并不占多数，这一事实本身就是重要的，但是，当我们谈及您对待我们所有人完全没有区别时，这一事实就更值得注意了。我们的愿望是，将这封并不足以充分表达我们谢意的信件呈递给美国、荷兰、德国、意大利、俄国和瑞典的公使馆，并代表瑞士，将之呈递给驻北京的法国公使以及驻上海的挪威总领事，要求所有因您的服务而受益的政府知道他们不得不感谢您的原因是什么。

我们有信心期盼您在高尚的服务中取得辉煌的业绩，这一服务与许多伟大的名字相连，我们将您与这些伟名联系在一起。

（接下来的是7名美国人、1名荷兰人、2名德国人、2名意大利人、3名挪威人、1名俄国人、1名瑞典人、1名瑞士人以及15名英国人的签名）

驻北京公使致英王陛下驻长沙领事许立德的传阅信件

1910年5月15日

许立德先生
英王陛下领事
长沙，中国

先生：

您在最近长沙骚乱中的壮举引起了我们的注意，我们感谢您对我们的国民提供的非常热诚、真挚的帮助和保护。将之传达给您所代表的政府是令人愉快和荣幸的，但是需要补充的是，我们认为应当让您知道我们个人对您最有效服务的赞赏，而且您应当接受我们对您的感谢。在危险和困难之际，您没有区别对待，而是将相同的支持和保护扩及英国人和非英国人，而且上帝允许您采取措施使外国团体免于丧命。由于危机的幸运结局，我们向您表示祝贺。并且，由于您不断的关照和守护，我们再次向您表示感谢。

（驻北京外交代表签名，起草这封信的美国公使嘉乐恒领衔）

我认为这样的一封私人信件几乎是特别的。“上帝允许您采取措施”这句话的朴实价值表明了引发谦恭的致谢之情的真实思想深度，这是有意说出许多谄媚之词所不能引发的。

秩序恢复的时候，杨青将军①告诉我他撤离军队的原因。在骚乱一开始，他就和自己的一团士兵从城外的军营进入城内。他们来到巡抚衙门，组成了一个警戒圈，以阻止已在外面庭院进行破坏活动的暴民。杨将军恳求巡抚下令开枪，但是巡抚犹豫不决。看到军队并没有干预他们，暴民变得更加大胆起来，并开始试图使用砖头和棍棒冲过军队的防线。杨将军一次又一次地恳求巡抚开火，然而前面已经被提到的那位 75 岁高龄的布政使②，跪在杨将军的脚下，请他打消这个念头。杨将军看着他的士兵摔倒，被石头和棍棒打倒，处处都显示了完美的自制力——没有开一枪。仅有的一枪是巡抚自己卫队中的一员打出来的，而且他被布政使下令击毙。巡抚逃走了。于是杨将军告诉布政使，他正将自己所有的部下撤回军营，并警告他如果军营受到任何攻击，他会使用武力抵抗，并劫掠长沙城。军营得以保留下来。

① 即长沙协副将杨明远。

② 即庄赓良。

骚乱后，湖广总督在炮舰护卫下派出大批军队前往长沙，湖南直到那时还是富有大人物的省份，它的这种荣耀却因为被置于湖北人的控制之下而遭到羞辱。因为那古老的俗话不是说，湖南与和湖北唇齿相依吗？湖北军队抵达后，我坚持仍然保留我的湖南卫队，因为杨青将军一直是我的朋友，并且我认识他的许多手下。湖北当局抱怨这是碍事的，甚至发电报到公使馆说他们希望将我撤职。个人的暴力威胁也出现了，没有强大的护卫队全面护卫我的轿子，杨将军决不允许我外出到公共场合。他甚至整个晚上都在我的卧室门口和我房间外面的走廊上安排了哨兵。这真令人厌烦，但是由于我坚持用他的军队，所以我认为他应当被允许采取他认为合适的措施。

我开始非常了解这支军队。很多个夜晚，我们都在一起观看壮丽的哈雷彗星。而且士兵们也告诉我，等到“大汉”建立时，一切都会变得更好，这坦率地暗示了来年将发生的革命。要求我离职的电文被发表在了当地的中国报刊上，与此同时我不幸患了非常严重的痢疾，并且不得不为自己的健康而调任。我最终回家了。然而，杨将军一听说我要调任，就认为那是湖北当局唆使的。他立刻拜访了我，并说由于我的政府没有公正地对待我，所以中国当局也不可能公正地对待他，因此他提请辞职。军队对总督代表对待我的方式也很愤慨，并且认为我自己的政府也没有公正地对待我，因为我在电报公布后不能为自己的去职辩护——生病在他们看来只是外交辞令，他们常常习惯于用谈论纯粹的汉人政府，即“大汉”来安慰我，他们曾宣称“大汉”将会建立，并补充说：“当‘大汉’建立时，您将会知道谁是您的朋友，而且您将没必要害怕了。”说这话时他们强调了“您”字。第二年，这些人在汉口英勇无畏地抗击帝国的军队。

我离开的那天是令人难忘的。杨将军派出了整整一营士兵到领事馆，以便在从江边到上轮船的 2 英里的路上护送我。我的老朋友“长沙”号船长阿格兹装点好舰船，杨将军的军乐队也出场了。通向浮动码头的台阶上成排地站满了来自那个团和战船上的军官，后者还提供了 4 名士兵护送我到汉口，而且在汉口又从正规军队中增加了 4 名士兵护送我。在我离开后，杨将军也起身回自己的云南老家了。

因此，我在长沙得到许多经验。我认识到可以从中国人那里赢得感激、尊重和喜爱，而且可以在很大程度上实现。这种经验贯穿我的职业生涯，并构成我快乐生活的基础。

1932 年，我再次访问长沙，并且受到了我的三位老仆人的亲切欢迎。我重访城里的领事馆，即便是过去了 22 年，那条路还很容易找到。我发现院子被分成很多块了，有一个看房子的老人居住在大门口的一间小门房里，我就坐下来同他聊天、喝茶。看到一个外国人如此喜欢这个地方，其实是他期望故地重游的自己 20 年前住过的地方，这个可爱的老人难以从自己的惊奇中缓过神来。在院内的另一个地方，我和一个小伙子进行了长谈，他很高兴听到了道听途说之外的自己闻所未闻的有关过去的故事，而且他也为下面的想法所感动，即一个外国人如此喜爱他的同乡人，以至于重游自己曾经住过的地方，以唤起对美好过去的回忆。在那个亲密交谈的快乐的半小时里，我们两个都忘却了悲伤的 1925—1927 年，联系也建立起来，我被看成是热爱湖南的人，而且所有的湖南人是团结在一起的这种说法在中国难道不是很出名吗？

当我在 1910 年 7 月离开长沙时，正如我已说过的，我正患有非常严重的痢疾，它发展成了慢性腹绞痛，到 1913 年我才真正地康复。事实上，在家里的整个那段时间我都是病人。

在离开的那段时间里，我思考了很多友好的湖南人的话，而且我越来越相信反对清王朝的暴动不仅是可以期待的，而且是难以避免的，我们在中国将要面对的危机是比义和团起义以来所发生的任何事情都要重大的。在与外交部门的地位较低的官员和其他人的交谈中，我都自由地表达了这些看法。我没有特别的东西来支撑我的预言，但是正如中国常常所发生的那样，我有一种难以抗拒的感觉：这些事情将会发生。当有人详细地询问我推断的依据是什么时，我真的不能回答，因为在最高政治圈里，仅仅湖南士兵的观点不可能被看作是严重警告的。当暴动真的发生时，我收到了外交部的一位朋友发来的信，他承认我是正确的，但却补充说，他甚至考虑到我没有预见暴动的地点；在这一点上，他是正确的。我觉得暴动要么将会发生在广州，要么是在中国的古都南京。在这方面，我完全错了，正如我将要在后面叙述的那样，它发生在汉口的姊妹城市武昌。

（二）1911，1912

1911 年 9 月底，我离家前往中国，并且经由西伯利亚旅行，到达哈尔滨时恰好听说武昌爆发革命的第一次通告。很多人觉得它将轻易被北方的军事力量镇压下去。吃大米的瘦弱南方人，怎么能对抗强悍的有组织的北方军队呢？这样想的人没有考虑到革命者的忍受能力和热情。与期望以消退的权威为代价实现自我扩张相比，对正义事业的信仰具有更大的力量。

抵达上海后，我得知自己被派往宜昌。这意味着我不得不经过敌对的中心——汉口。但这是很容易的，因为江轮仍在营运，我乘坐“隆武”号前往那里，于 10 月 21 日，即革命爆发后的第 10 天到达。我确定宜昌领事馆是空的，因为我的前任已经调任。密码和其他文件放在锚泊在汉口总领事馆对面的“蓟花”号上。这些东西很快被归还，而且由于海关税务司萨格登先生的大度，我得以使自己的全部财物快速地从汉口通过。我并不是在陈述汉口发生的事情，因为那属于历史，并不属于这些回忆录。

当我到达宜昌，我发现自己很受欢迎。团体中没有一个领事，并且需要引导。此外，有一个奇怪的事实，但它却是真实的，即总司令当时看起来并不认为宜昌需要有充足的海军保护。事实上，它作为四川省门户的重要性完全被忽视了，当时四川大约有 400 名外国人，他们和我一样对事态的可能发展一无所知。一艘军舰被派去照应宜昌和长沙，这就意味着在枯水期要花 10 天时间往返两地，而下游的口岸九江却被四艘军舰很好地保护着。此外，总司令可能认为形势绝对不重要，他有理由把浅水炮艇当作船宅，沉溺于鄱阳湖的狩猎旅行之中。对宜昌的缺乏保护导致了大量通信往来，虽然绝不是尖刻的话，但是总是绝对地达到了这一点，最终导致了一项调查，即领事署和长江上的海军当局之间的关系是否建立在充分满意的基础之上。当你作为领事被正式告知在三月到十月之间不要请求炮舰，因为请求会干涉军队调遣，你就很难准确地知道骚乱发生时该做什么，而骚乱威胁到整个外国团体的生命，并且在那个时候某些领事的请求毫无疑问地没有得到充分的注意。这些请求并不是建立在恐慌的基础之上的，而是建立在正确的意义之上。由于对宜昌缺乏保护而产生的结果，就是随后斐茨莫理斯舰长被任命为长江的永久高级海军军官。1914 年，我在上海见到他时，我们是真正的朋友。他告诉我说，他把他的任命归功于我，而且现在所有的误解都已完全消除。从他的任命产生出了对长江海军少将的任命，其中最著名的可能是大卫·默里·安德森先生，最近他死于新南威尔士州总督的任上。

目前，没有什么能超过在长江流域的海军和领事官员之间真正的亲密关系。过去几乎含泪播种，现在真正快乐地收获，这是非常真实的。

在宜昌，首先要面对的问题是如何处理 6000 多人的铁路苦力，他们都是北方人，对武昌革命的胜利十分惊慌。最大的问题是财政问题，即怎样给他们支付工资，并将之遣返回家。但是，经历了相当多的麻烦之后，这件事情解决了。

当革命爆发时，很少有外国人知道它将走向何方，特别是在美国人当中有一种对诞生新共和国的强烈的喜悦，美国教会发表了大量有关共和主义好处的演讲。青年、厨子以及苦力都被不加选择地鼓动去参加军队，虽然我们许多人都怀疑这项政策是否明智。因为，在中国失去一份工作比找到一份新工作要更容易，而且，人们禁不住会怀着强烈的担心来看待士兵们的未来，他们将会在许多情况下为了生存而变成土匪。然而，在这个时期，所有的关系都是非常的好。

由于满族是异族统治者，因此对其仇恨之情引发了革命。考虑到这些，虽不能说有过度的屠杀，但是很自然有这类野蛮行为发生。例如，一件常见的事情就是让人们在大街上数到十，之所以这样做，是因为在北方“十”这个字是以硬发音的方式说出来的，而南方同样的音却相当柔和。所以，通过这个字的发音可以立刻判断出一个人是不是来自北方。我担心仅凭这种方式发现的北方人被不断地杀掉了。宜昌附近也发生过野蛮的事情，当时来自内地城镇的道台家人在宜昌被野蛮地谋杀，他为了报复，就将他管辖城镇的学校中所有学生的手脚砍了下来。

但是，我相信这些事情是很少见的，而且在革命初期让我印象深刻的是一些领导革命的年轻人对学习的渴望，以及他们明显地对合作与友好的渴望。但愿这种精神能够延续下去，但是迅速的胜利从来都是自负之源。在宜昌相当长的时间里，仅仅有两个年轻人负责管辖这座城市。有一天，他们拜访了我。其中的一位只有21岁，自称将军；他介绍他的朋友是“都督”，后者大约比他还年轻两岁。我毫不迟疑地认真接待了他们，因为他们对形势是那样的焦虑，非常渴望我们的帮助和协作。他们穿得并不十分整洁，身穿肮脏的西装，戴着很脏的白领结，头戴形状怪异的圆顶硬礼帽。奇怪的是，圆顶硬礼帽当时在官方竟获得了重要地位。

他们的主要困难之一就是本城的两位女传教士。据我所知，这两个妇女曾经是英国圣公会、长老会和中国内地会的成员。她们也要求加入匹兹堡教会，发现没有一个机构符合她们的想法，于是决定独立传教。革命爆发后不久，她们来到了宜昌。我不知道事态会朝何处发展，北方的苦力们是否会洗劫宜昌，或者革命会不会像1900年那样被朝廷转变成排外的起义，我决定让她们住在我办公室上面的空房间里。她们在这里住得很舒适，每天都可以从园子里得到新鲜蔬菜。但是，她们认为自己简直是在做犯人和受罪。有一天，其中一位下楼来到我的办公室，说她们想搬出去，住到本地人的城里。我向她解释了我不让她这样做的原因，她回答说："上帝已经告诉了你，到上帝将要毁灭你的地方去。"我不十分确定她的意思是什么，所以我告诉她记住《圣经》的第三条戒律，并把她送出了房间。过了一段时间后，局势好像已经安定下来了，我告诉她们可以自由地出去，并居住在本地人的城市中，前提是如果遇到严重的威胁，她们要来外国人的聚居区。两人当中的主要代言人回答说："我不会屈从于领事当局的无耻青年。"对于这种愚蠢的话，我并没有太在意，并让她们走了。

然而，过了几天，"将军"就和他的朋友前来拜访，告诉我他们遇到了一个很大的困难。来自汉口的传闻很糟糕，看起来北方可能会获得明显的胜利。在这种形势下，宜昌的联系可能会被切断，而且考虑到宜昌靠近四川，它可能会处于一个更加危险的境地。此外，4 名北方军队的士兵因为企图炸毁司令部而被逮捕，他们在被杀前声称，他们并不介意自己的遭遇，因为北军就要来了。这说到了他们的痛处。为了友好，他们不希望外国人卷入宜昌突然遭遇的任何灾难，他们因此急切希望的是：所有外国人聚集到外国人的居住区，在那里得到自己炮舰的保护。然而（我预见到发生了什么事），他们不知道怎样处置那两位妇女。英国的领事馆她们是知道的，美国、德国、法国的领事馆她们也知道——但是天堂的领事馆是什么样的？并且，领事是谁呢？根据这两位妇女的说法，她们是属于天堂领事馆的。

我告诉他们我将会处理，他们对此表示感谢。

那天晚上，"山鹬"号舰长莫洛克正在和我就餐，这时我们听到外面有嘈杂声，接着那两位女士被带进来了。她们的手用军队的黑头巾轻轻地绑着，我被告知，她们曾经这样威胁：如果有一个男人碰她们，她们将会用自己桌上的刀子自杀。我不知道这离事实有多远。我请莫洛克船长到我的书房，并和两位女士待在一起，而我又要准备会见客人。然后，我来到自己的办公室，并且进行了初步的审问。我告诉两位女士中神情激动的那位，我不希望事情有更进一步的发展，而且我觉得正确的做法是：她愿意安静地回到苏格兰教会，并待在那里，直到知道北方的威胁是否严重。她回答道：“上帝命令说，‘对他回答说不’。”我丝毫没有“墙上的拉伯沙基”会怎样对待这个案子这样的概念，所以我判她受审。我向她的伙伴问了同样的问题，她回答说：“服从上帝而不是服从人。”她也被判受审。

由于我并不想把这两位女士送进领事馆监狱，所以我请“沙市”号的阿格兹船长在他的船上为她们提供一晚的住宿。承蒙莫洛克船长的许可，我获准用他的水兵做看守人。

审判于第二天举行，我下令她们应当被驱逐出境。在中国，驱逐出境的命令通常是由最高法庭的法官批准或取消。鉴于此，哈维兰·德·索斯马兹爵士非常大度地认识到案子的严重性，决定将之看作是一个全新的案例。事实上，我因这个案子而遭遇到超乎寻常的麻烦，因为我收到来自传教士朋友以及来自中国许多地方的信件，有些赞扬我的所作所为，有些就不那么友善了。事实上，有个人写到，在使我撤职之前，他将不会罢休。我常想他现在何处，他肯定相当地坐立不安。

在实际审判中，那位主要的女士为自己辩护超过了一个小时。她指控我涉嫌不公正、专横、侮辱、诡计多端、残忍和犯罪。一位朋友看到报纸上的报道后，写信告诉我，他可以容忍其他的一切，但绝不容忍说我“诡计多端”。

长时间的审判之后，法官维持驱逐出境的判决，虽然所有的劝说者都不主张这样做。被告坚称：当她们可以自由行动时，将抓住第一时机返回宜昌。法官大人再次尝试要求她们保证，但是却被这样的话所打断，即“我们应该服从上帝而不是你”。法官最后声明：由于不敬，他不会考虑她们所要求的直接与上帝沟通，这完全是粗鲁无礼的。她们被驱逐出境。

（三）1912—1916

官方的工作在宜昌进行得很顺利，我和民国当局的关系很好。此外，我和军事当局的关系尤为要好。领事馆是一个建得很好的、舒适的家庭住所，它靠近江边，在那时为坟场所包围，这是人人皆知的中国城郊的一个特征。中国的城市很少有可称颂之处。宜昌位于距著名的长江三峡几英里远的地方，在美丽的宜昌峡谷可以度过许多快乐的时光。这个地区周围都是山地，极其美丽，一个显著的地标是金字塔形的山①，当从长江上面看去，它所呈现出的样子在形态和高度上简直与一座埃及的金字塔完全一样。

在这里，我同样拥有一名优秀的本地职员——极其善良的船夫。一个重要事实就是，长江在高水位时是极其危险的。在他们的帮助下，我不止一次得以观看中国人用水獭捕鱼。这很吸引人。水獭从顶部的孔洞进入放在水中的一个网里，而且它总是会把鱼送给自己的主人。

当我离开宜昌时，我受到格外的礼遇，于（音译）将军派了一支仪仗队到浮动码头。在宜昌的经历使我的一种信念更进一步发展，甚至在官员的圈子里也发现了一种现象，就是许多困难问题都以友谊为基础得到解决。但是我开始越来越意识到，与愿意遵守条约相比，当局更多的是受到了私人关系的支配。严格地遵守本身就正确的条约权利，常常会遇到某种形式的反对，这种态度在民族运动发展时得到张扬，并在以后的岁月里造成紧急的形势。在我的经历当中，私人关系以及在友谊的基础上解决问题从未失败过。

1913 年 4 月，我离开宜昌，随行的有妻子、女家庭教师、两个小孩以

---

① 即磨基山，因形如埃及金字塔，又称金山。

及凤头鹦鹉和40吨行李，然后于1914年12月返回那里。在这期间，我担任了3个月的驻天津代理总领事、7个月的驻牛庄领事和8个月的驻上海领事。

在牛庄的那段时间因如下事实而变得有趣，即每一件未完结的案件都得以解决，统计起来共有15起之多。而且，在中国当局的帮助下，我为当地的俱乐部弄到了一个高尔夫球场。有些案子有四到六年的历史了。而且，当我收到我的上司以及最敬重的朋友朱尔典爵士的一封私人信函时，我的内心非常激动。信函中说："不胜感激您在牛庄所做的所有优秀工作，那真是太好了。"我是在乐民乐先生不在时担任代理领事的。团体的感激和乐民乐先生的赞美之词使信函成为富有感情的文件，它们将在我的整个职业生涯中激励我。在处理案件时，我总是要考虑到别人的情感，至少要确信他所代表的案子是正义的。在这方面，我在牛庄所学到的比以前所学到的都要多。人们有时会忘记，领事官员不情愿去强调这样的声明：如果每一个人可以被信赖会提出一个完全公正的案件，那么就很少需要领事的帮助了。虽然必须承认的是，甚至是在公正审判的案件里，中国当局都是不会接受任何理由的。我认为这是由于这样一个事实，即他们认为所有外国人的权利都是不公正的，这些权利建立在通过武力从中国获取的条约之上。中国将绝不会感到满意，直到其赢得了包括上海在内的所有领土的全部主权为止。

现在可以谈一谈解决牛庄的商业案件的秘密了。英国原告公司向我提交他们的上诉，我感到满意的是他们的诉求很合理。然后，我就问被告在赔偿提出后会作出什么答复。弄清这一反应后，接着我询问下一步该采取什么措施，以及被告对此又会有什么样的答复。我的诉讼程序是清楚明确的。我来后不久，便劝说法官让我和他一起出席审理混合案件，即有英国原告的案件。为维护他的"面子"，我告诉他并不需要一个审判室，他的办公室就很好，而且我不会提问题。在一个案子审问之前，我拜访法官，详细叙述案件，并说您可以如此这般地向他提问题，而且我认为您将会看到他作出如下回答。也就是上文所说的，从英国公司那里弄清楚的被告对他们的问题所作的回答。然后，我指出这样的回答是荒谬的，并提出第二个问题，又重复说可能的答复是什么，正如英国公司告诉我的那样。结果往往是相同的。法官恰当地问了那些问题，由于回答正如我所预料的，所以法官变得越来越生气。判决往往都是在规定期限赔钱或是监禁，而且在与相关的公司协商后，为了立刻获得赔偿，有时候我就减轻判决的严重程度，同时为法官赢得判决宽严相济的名声。

1914 年 4 月，乐民乐回来了，于是我前往上海担任法磊斯爵士的副手。在这期间，即 4 月到 12 月，我只能在办公室里拼命工作，并没有和中国官员有过接触。大战在 8 月爆发，工作量很大。这段时间我仍然受益匪浅，因为我每天都向领事馆所安排的最优秀的人学习，这种经历是非常珍贵的。夹杂着复杂的情感，我被告知必须再次回到宜昌。想到可以再次看到长江，我高兴了起来。长江拥有大量的各式中国帆船、闻名的江景、孩童负责照料的水牛以及渔夫，当轮船经过时，渔夫在江岸上耐心地撒下大网，很难看到他们会有所收获。我认为我喜爱乘坐江轮在长江上旅行，胜过在中国其他任何方式的休闲。

在 1914 年 12 月，返回宜昌并不是完全令人高兴的事。世界大战正处在激战的阶段，在口岸有一个德国领事和一个大的美国人团体，很自然美国人团体在观点上产生了分歧，然而除了两个最好忘掉的令人惋惜的事件外，在大多数情况下都保持着适当的中立。我们也停止了常常通过江上炮艇对那些小口岸进行的经常性的访问。

虽然异常情况在北京发生，但是宜昌到 1916 年还保持着完美的和平。这一年袁世凯派出三个精锐陆军师前往四川镇压反对他的起义，试图再次将这个富庶的省份置于他的控制之下。起义开始于云南，而且云南派出了一支军队进入四川以协助抵御北军。1915 年 12 月，正值袁世凯被推选为皇帝，我的妻子、我本人在来自天津的伊尔文医生及其妻子的陪伴下，有了一个不寻常的发现。当时伊尔文夫妇在宜昌峡谷返回的路上，决定对位于海关上游一英里的平山坝的一处大洞穴进行探险。这个大洞穴在当地被称为神龛祖。龛即为崇拜对象建立的壁龛或神龛，而且非常奇特的是“龛”这个汉字包含龙字。这个洞穴有许多传说，而且传闻有外国人深入里面，为了证实这一报道：它延伸许多英里，并通向龙王洞，龙王洞位于正对着宜昌城的内地山脉中。

我们已经深入了约一百码，当时我们的船夫在摇曳火光的照耀下走在前面，他跑了回来，大叫着：“那里有一条龙！”在新增加的竹条和灯笼的光照帮助下，我们就近观看，发现我们正在使自己保持平衡，以免跌进遍地都是的水坑里。我们不是站在岩石脊上，而是站在看起来或是石头做成的一些龙，或者是真正的化石上。但是，有人可能会立即说，大英博物馆会声明不赞成化石理论。虽然我没有听到他们的最终报告，他们的首次声明对我来说是足够的了。声明称：他们发现标本中有一块非常有趣的特殊构造物，很可能是石笋。

那时，我们和其他探访这个洞穴的人都确信它们是化石，它们大概有7个，最大的标本大约有60英尺长，离头12英尺远有两条腿，还有两条腿在约40英尺远的更后面。我们认为不管它们是什么样的构造物，它们都是特别有趣的。

我立即将这个发现告知了中国地方当局，并敦促采取措施保护这些迷人的构造物，以防观光者破坏。官员们对这种“龙”抱以极大的兴趣，拍下照片，并将之送到北京。毋庸置疑，官员们希望出现天赐之龙的宜昌地区会立即赢得皇帝的欢心。这个发现被报告给了未登基的皇帝，其言曰：最近，几个欧洲人在宜昌龛祖洞探险，并在洞里发现一条石龙，它超过50“丈”（500英尺长，某种龙）。人们已经发现它是一条古龙的化石。现在一个帝王如同一条龙一样地出现了，而且一个万年王朝的根基也奠定了下来。

天赐之龙的化石已经出现在了长江流域，这是上天保佑和民众喜庆的征兆。因此请求皇帝发一封电报，以引起公众对宜昌发现石龙的注意，并将这一事实呈交给国史馆，将之作为给后世的信息记录下来。因此，国家昌盛的天意将会受到重视，民意将会实现，等等。

对此，未登基的皇帝给出了一个极其明智的回答："从一开始，唯一能使任何一个王朝兴起的事情，就是政府在改善行政管理和增进民智方面所做出的努力。政府应为每个人在国家谋取职业。当人们开始自由地谈论如'灵鸟''黄龙'等天象时，政府就不会有进步。现在，科学得到发展，而且学者已试图找出所有事情的真正原因。因此，对人们不能理解的事情而激动，并试图将每一件事解释成和平与繁荣的征兆，这是很荒谬的。有人请求将上文提到的化石交国史馆记载下来并没有得到允许。然而，由于沉积在山洞的古化石可以充当研究材料，所以将军和巡按使命令地方官员负责对它加以保护。因此，学生可以前往那里着手从事调查。当我早晨很早起来工作和思考时，当我晚上躺下睡觉时，在我心中想得最多的是人民的福祉和苦难，我所看到的上天的唯一征兆就是人民的幸福。我希望我的所有将军、官员、学者以及绅士们能知道怎样来了解我的想法。"

虽然表现得很冷淡，袁世凯还是派出他的一名宫内官——张宗昌，到现场亲自做了调查。他宣布这条"龙"是一块化石，并对之感到非常高兴。照片被送到许多省的巡按使手中，以证明此事的真实性，而且有些令人吃惊的是，普通百姓把这个突然的发现看作新式政体的好兆头。第二年，发生在四川的灾难性战役以及袁世凯的死去，毁掉了这些希望，也冲淡了我分享这一发现的喜悦。

在此期间，除了北洋军强征帆船之外，我在宜昌的工作并没有遇到困难。在很多情况下，这些帆船装载着外国货物，顺利地驶过了三峡，到达它们的三到五个星期艰难旅途的终点，并且靠近重庆。事实就是：它们为此而装运，并要考虑到必然产生延期的后果；如果它们经过400英里被带回宜昌，这对于北洋军将军张敬尧就意味着一无所获。他意识到四川的局势毫无希望，唯一渴望的就是带着他掠获的、据说是大量的银子尽可能快地离开。使相关商人感到恐怖的是，他在每艘帆船上都安置了人手，他能够并且做到了将它们都带到宜昌。我在他到上游重庆去的路上见到过他，并有过一次有趣和愉快的会见，因而接近他很容易。我向他全面阐明了目前的形势，他送给我 20 万元，用这些钱我能够租一艘轮船进行十次旅行，并以最少的耽搁在重庆进行交货。

（卢高　译）

◎三、 司督阁经历的东北辛亥革命①

（一）奉天与革命

满洲的政府主官再次更换了，那个曾开启这些省份快速发展的人被任命回来做总督。赵尔巽②担任总督之职大约有一年半，这段时间被证明是满洲历史上最关键的时期。对于中国和满洲来说，奉天在此时需要有一位具有领悟力、态度谦和、手腕强硬和有政治眼光的人来管理事务——此人愿意摒弃个人的观点和

---

① 司督阁（Dugald Christie，1855—1936），英国苏格兰长老会医学传教士，1883 年来华，长期在盛京从事医学传教，创办盛京施医院以及奉天医科大学。著有《满洲十年》（Dugald Christie，Ten years in Manchuria：a story of medical mission work in moukden（1883—1893）［M］. Paisley：Parlane，1895.）。关于司督阁的生平事迹，其妻编有《奉天三十年》（Dugald Christie's Wife ed. Thirty yars in Moukden，1883—1913：being the experiences and recollections of Dugald Christie［M］. London：Constable and Company LTD，1914.）以及《满洲的司督阁——先锋和医学传教士》（Dugald Christie's Wife ed. Dugald Christie of Manchuria：pioneer and medical missionary［M］. London：James Clarke & Company，Limited，1932.）。本书选译内容（一）、（三）分别译自《奉天三十年》的第 27 章《奉天与革命》、第 29 章《革命以后》，（二）译自《满洲的司督阁》第四部分的第四节《在革命中》。

② 赵尔巽（1844—1927），清末汉军正蓝旗人，晚清封疆大吏，历任安徽、陕西按察使，甘肃、新疆、山西布政使，湖南巡抚、户部尚书、盛京将军、湖广总督、四川总督等职，1911 年任东三省总督。武昌起义后，在奉天成立保安会，阻止革命。民国成立，任奉天都督，旋辞职。1914 年，任清史馆总裁，主编《清史稿》。1925 年，曾任善后会议议长、临时参议院议长。

情感而努力去维持和平并为民众谋利。几年前，当赵尔巽在此任盛京将军时，他就不计较反对与偏见，通过完全真诚的工作使满洲民众相信了他的价值。民众回顾他任职的那个时期，视之为进步的开端，而且他的回归也受到了民众的热烈欢迎。他制订了许多发展满洲的计划，我们都对他的任期充满期望，但是他在这一年半里的工作与我们的期望有很大的差异。

自从中国在1895年被日本战败以及“戊戌政变”导致变法运动被镇压以来，全中国的青年知识分子中就一直存在着一股不断增长的不安情绪。教会学校进行的启蒙教育为越来越多的人所利用，从而为许多人思想的解放做了准备。成千上万的年轻人前往日本或其他国家留学，并且归国时推翻了旧的思想观念。康有为、孙中山以及其他人的学说结出了果实。那些容易受影响的孩童们，充满了对屠杀维新义士的愤恨，如今他们已长大成人，能够阅读广学会、商务印书馆以及其他公司不断出版的现代读物。全国各地的报纸也都尽其所能地用新的渠道来引导舆论。许多人的心中产生了一种对自由和自治的强烈渴望。

自1898年以来，改革者的立场已经发生了改变。尽管清帝颁布了一个又一个的进步法令，而且被取消的改革敕令中的大多数要点已得到承认，同时尽管摄政王①政府被迫答应有名无实的立宪政策，改革者们并不满意。他们现在的要求超过于此。就像过去的女巫，他们要的是迟延兑现所要付出的代价。皇权应当大方地将改革交给人民，这种说法已经不行了，人们声称，人民本身就是最高的权力，他们应当将自己的意愿施加给政府。

在遥远的南方省份，这与强烈的反满以及消除皇权主义的决心联系在一起。政府在支持义和团上的无知愚蠢之举，由此而给国家带来的沉重赔款负担，以及皇帝逃离北京所导致的威望的丧失，现在自然而然地都有了它们的结果。只要慈禧太后还活着，没有人愿意，也没有人敢采取行动。

① 指载沣。

但是，1908 年，她的暴君式的手段被消除了。当时摄政王表示自己愿意慢慢地向进步势力的压力让步，但是却不能作为那些力量的领导者制定出任何大胆的政策。不满和不忠的行为开始以更加公开的方式汹涌起来。国家没有一个强有力的掌舵者来引导这艘轮船安全地穿过这场风暴，因为一个表明自己有这种能力的人——袁世凯，已经被免职了。在对内、对外政策上，清廷犯了一个又一个的错误。政府在应该强硬的地方让步了，而在应该妥协的地方却又顽固不化。于是，革命因此而到来了。

满洲有着与中国其他地方略显不同的情感、利益和担忧。在南方城市里，满人的驻防使人们想到了他们的征服，这些满人穿着不同，言语不同，并且与当地的汉人分开居住。在北方，这种种族之间的差异几乎消失了，而且也不存在敌对情绪。多年来，满洲得到了相当好的治理，所以它对国家现状不满的理由比大多数地方更少。它的巨大的、现存的担心来自于外部。1911 年，南满很少有人不知道政治运动，正如很少有人没有意识到像朝鲜被日本吞并那样的危险一样。“帝制或共和制，有什么关系吗?”这是当时普通乡下农民的普遍感觉，“只要让我们是中国的一部分就行。”那就是革命运动爆发前让我们明显感觉到的。而且，当革命运动发生时，它主要是在城市里，尤其主要是发生在青年学生当中。

1911 年 10 月 10 日，起义的旗帜在长江之畔的武昌升起，形势迅猛发展。奉天的中文报纸每天都进行了全面的详细报道，人们都围着出售这些报纸的报摊。奉天城里的大部分人都或多或少地以支持态度看待这次革命，但是很少人愿意为之而战斗。11 月，从南方来的革命党间谍们开始四处活动，人们有一种普遍的感觉，那就是可能要出事了。11 月 9 日，教会的中国牧师收到了一份手写的通告，上面写着：“清朝在奉天的统治将要终结，但是基督徒们不用担心，因为民军将会保护他们和外国人，前提是他们不站在政府一边。”教会匆忙召开了理事会会议，并写下了一份有尊严的、谨慎的答复，声称：“基督教会热爱和平，而且它为了全中国人民的最高利益和进步而存在。”第二天早上，同一个信使，即那位小伙子，取走了这份答复。

整个城市充满了兴奋与巨大的担忧，我们害怕将会再次遭遇战争。人们普遍感觉这在很大程度上取决于总督所持的态度，他是众所周知的帝制分子。而且，因为军队中可能会有一半人支持帝制，而另一半人则渴望戴上革命的标记。如果总督反对妥协，那么满洲将可能会陷入战争。比纯粹流血更令人担心的事情是，大家都考虑到了日本和俄国会采取某些行动。

11 月 10 日，人们知道：装备很好的武装力量——警察已接到命令，在任何革命爆发情况下，他们要保持中立，致力于维持社会秩序和防止趁火打劫。同日，由所有主要的官员、商人和士绅参加的会议召开了，并提出建立由总督任会长的保安会。该会将努力防止任何变乱，保证满洲在冲突中的中立地位，并协调不同的派别。人们普遍相信：赵尔巽已承诺在革命爆发时不予抵抗。但是考虑到满洲的特殊情况，他力主推迟宣布成立保安会，直到中国的其他地方作出了决定。

但是，这不能让那些热心的革命者满意，他们当中有一位是军队中的重要将军。11 月 11 日下午，将军们开会讨论，而且据传他提议效法其他省份，杀死总督，然后宣布从清政府独立出去。这对于奉天和满洲来说是一个关键时刻。然而，幸运的是，其他将军尤其是张作霖将军反对他，并获得成功，于是决定支持赵尔巽和保安会。总督知道这个会议将要召开，因此把忠于他的卫队安置在了总督署，这些卫队已准备好誓死保卫他。天黑以后，来了两名军官，要求见总督，这是他所担心的最坏的情况，而军官在门口被礼貌地告知：他不在家。

“我们必须把我们的消息亲自告诉他，”他们再三问道，“他在哪里？”

“在省谘议局。”

那两名军官和他们的护兵骑马急驰而去，而警卫则带着极大的恐慌把发生的事情告知了总督。

“给我的马备鞍，我必须立刻跟上他们。”总督说，然后吩咐要他的马。他的手下准备陪他一起去，却被他阻止了。“我一个人去办这件事，我有可能回不来了。”

当他到达谘议局时，他发现自己被作为保安会会长受到了热烈欢迎，并得到军队支持的保证。11 月 14 日，保安会正式宣布成立，几个知名的革命者名列其中，赵尔巽则担任会长。此后，由于总督受到各阶层的信任和爱戴，骚动在一段时间内平息了下去。奉天人认为这在很大程度上归功于他的智慧、策略、谦让和胆识。

随着冬天的过去，赵尔巽等待政策的明智已变得很明显。满洲宣布自己中立。一切都照常进行，虽然持续有骚动、期待、密谋以及一次严重麻烦产生的临时威胁等所造成的影响。满洲没有发生流血事件，也没有给任何外国列强干涉提供“平定中国”的借口。袁世凯被战战兢兢的保皇派召回委以重任，长江流域的战斗经过非常少的流血牺牲后已经结束，而且革命正在以谈判而不是以刀剑的方式进行。就在年末，清廷发布的敕令宣称：对于是采取君主立宪还是共和制，皇帝将遵从人民的决定。1912 年才刚刚开始，看起来清帝逊位只是几周内就要发生的事情了。

在这种形势下，很难发现革命派在满洲通过进一步密谋反对总督和他的政府能获得什么。他们明显感觉事情发展得太慢，如果同样的官员被允许掌权，革命就将毫无价值，而且杀几个人对于庆祝民国统治是必要的。

那位在 11 月曾经强烈反对赵尔巽的将军已经离开了满洲，现在最重要的掌权者是张作霖将军。他只有 36 岁，却已经是一个有战争经验的人，也是一名公开的帝制拥护者。在中日战争中，他作为一名青年在平壤的左将军①部下当差。当俄国占据这片土地时，他带领一帮土匪，进行了一系列的游击战。后来，政府认识到了他的军事才能，邀请他回来为皇帝出力，并

① 指左宝贵，1894 年在平壤之战中阵亡。

将他的手下一同带回来。他的天生才能为他谋得了职位，而且他现在事实上就是总司令。对于他那样训练有素的人来说，绝对的权力当然是唯一正确的统治方式。不要期望他会同意如下观点，即每个农民和工人都有权利说国家应该怎样统治。他的士兵崇拜他，因为他对他们非常好，公正而且慷慨。但是，他们也惧怕他，他们知道他握有生杀大权，并且会毫不犹豫地使用这种权力。因此，赵尔巽作为保安会会长正使用各种各样的交际手段，以使两个极端的派别平静下来，并拖延行动，直到中央政府作出决定。此时的张作霖作为公众安全的监护人，正率领一支机警的军队关注着事态的发展。

没有人会比总督和将军更遭革命者痛恨了。一个密谋杀害二人的行动已经发动，然后就是立即宣布共和。很多拥护共和的杰出人士都被牵连进来，尤其其中一位是我们医院①的老朋友，他在保安会中也有重要的地位。关于“联合急进会”已经召开的会议的反叛性质，张将军②好像得到了秘密情报，于是他没有告知总督，就亲自去发现并挫败他们的计划。

1912 年 1 月 24 日晚，即离革命者确定的奉天革命的日子一周多一点的时间前，这位将军采取了行动。他果断出击，并且没有发出警报。在他看来，正式的拘捕、控告和审判都是多余的。很多策划革命的领导者在秘密集会后离开时被捕，并在大街上被他的士兵杀害。上文提到的那位保安会成员就是其中之一。士兵们闯进他的家里进行搜查，并杀害了他的兄弟。许多罪证被发现：遥远的南方革命领导人颁发的委任状，与承诺帮助相关的信函，在奉天各地同时起义的详细计划，一张包括总督、张作霖和另一名将军在内的杀人名单，一张取钱的汇票，而所有这些证据中最重要的是一份奉天 1500 名支持者的名单。

---

① 即盛京施医院。

② 指张作霖。

张作霖将军

天亮时，人们传言说，昨天晚上，张作霖将军的士兵闯进了一些人家中，并杀了人，但是没有任何人敢对此进行批评或质问。接下来的几天都充满了恐怖。报道自然被夸大了，但是肯定有数十人被杀害，大多数都是在夜间被害。据说天黑以后出门是不安全的，每个路口肯定都有士兵，并盘查所有的过往者。由于留辫子是满族人固有的习俗，而且是服从满人统治的一个象征，几乎奉天的每一个学生都剪掉了自己的辫子。但是，现在甚至在大白天，街上都看不到一个剪了辫子的人。总督据说到第三天都不知道发生了什么，然后他命令马上把革命者的黑名单烧掉。

在这段时间里，我们医院的助手和药剂师都非常恐慌。几天前，一位年轻人前来拜访我们，他曾经是我们医院的学生，但是没有圆满地完成学业，因为受到怀疑而离开了。现在他回来了，衣冠楚楚地穿着时髦的西装，并且十分傲慢地宣称他来自大连的由中国革命者创办的红十字会，来请我去做他们的会长。他说，如果我同意，那里的一位富有的中国绅士将给我一大笔钱。他也邀请医院的全体人员加入，而且当奉天被“占领”时，他们就会全都在一起工作。但是，这些助手们赞同我的意见，拒绝与他们所谓的“红十字会”发生任何关联。我劝告他在被逮捕之前尽早离开，并且不要扰动奉天，于是他为了保命立刻逃走了。后来，我的助手王医生被私下告知，他和其他两名医生的名字都出现在了谋反者家中发现的黑名单上，毫无疑问这是由那位不受欢迎的来访者提供的。一连几天，他们当中的任何一个人都不敢离开医院。

两周后，皇帝颁布了退位诏书，于是中国成为一个共和国。

在整个1月和2月，甚至进入了3月，张作霖将军的军队每晚都在奉天城内巡逻。一队士兵占据了我们的码头，或者说是堤岸，而且如果我们碰巧在天黑后经过那里去医院，他们会盘问我们。一天晚上，有一个人企图在墙影下，从隔壁溜回家，以免打扰他们，但是突然一把刺刀出现在他胸前，并要他站住。他们对我们都非常友好，并且他们被安排在那里事实上是为了保证我们的安全。在中国革命期间，中国任何地方都没有发生攻击外国人的事件。同样的是，没有一个皇室成员受到损害，而且共和国实际上是由皇帝的诏书宣布的，这一点尤其值得注意。

在革命开始之前，赵尔巽是一个强壮的、精力充沛的人。虽然他有69岁了，但看起来比自己的年龄要年轻，相信他那开朗、愉快的个性多年来对他是有用的。然而六个月后，他变成了一位老人。个人的和外在的严重压力击垮了他。他从不知道他的性命何时会被终结，或者自己会被监禁在政府公署里。他被迫与家人分离，他们已经被送离了危险。他弟弟①的死早于他，他是在四川总督的任上被自己的士兵们所杀的。他对皇族怀着强烈的个人忠心，废掉皇族是一件让他极为伤心的事，而且他确信对人民不能像一个共和国那样实行民治。他坚守自己的岗位，不遗余力地想把满洲从对他来说是致命的混乱威胁中解救出来。降下龙旗对他来说肯定是非常痛心的——而辞职或者完全逃离是多么地容易！但是在2月特定的那一天，他对满洲和平的忠诚与他一直以来对皇帝的忠诚是一样的，尽管民国的五色旗高高飘扬在了政府公署上空。

奇怪的是，在满洲发生的与革命有关的战斗大多发生在宣布共和之后。对于很多热情地赞成共和的年轻人来说，和平是无关紧要的，他们需要一场“革命”，需要推翻政府。的确，民国的旗帜事实上逐渐取代了每个衙门上的龙旗，而所有的地方官都在“民国”任职，“民国”就是中国人对共和国的称法。这些官员当中的一部分人接受这种改变肯定会很慢。

“他们都是假的!”那些顽固坚持革命的人强烈地谴责道，“他们并不是

① 指赵尔丰（1845—1911），1911年4月署理四川总督，镇压保路运动；成都光复后，被迫让权于大汉四川军政府，12月22日被都督尹昌衡派人所杀。

真心地忠于民国，把他们赶走！”于是，到处都发生了反叛。一支支自称“民军”的军队组建了起来，并由头脑发热的年轻人充当军官，同时在当地土匪的帮助下，攻打由民国发饷的士兵。

这年年初，我就已经被邀请设法建立一个红十字会分会。一个由奉天重要人物参加的会议召开了，他们得到了关于红十字分会的目标和运作方式的解释。总督同意做资助人，并且拨了一大笔钱给红十字会分会使用。一个属于中国人的小规模的执行委员会组成了，我被指定为会长。由于这一层关系，我与张作霖将军有了一次有趣的交谈，我发现他是一个非常热忱的人。当时他的一些伤兵在我们医院医治，而他认识每一个人，并按姓名询问伤兵的病情。他欢迎红十字会，承诺愿给予任何帮助和设备。“因为，”他悲观地说，“满洲将要流很多血。”这个悲观的预测并没有成为现实。总督的安抚态度占了上风，而且只发生了一些毫无结果的小冲突和起义。

其中一次冲突和起义发生在开原，一支“民军”进入县城，并且控制了衙门。我们收到了救治伤员的电报，红十字会所能做的是：辽阳的韦斯特沃特医生和我们盛京施医院的几名助手，在一支警卫队的护送下立即进城。官员和士兵们对红十字会的快速援助印象深刻。幸运的是，援助需要的时间并不长，革命者被驱散了，他们的领导人乘火车逃往南方，他们收买的盗贼中有许多人被政府军队收编，而且伤员被送往各个教会医院。

然而，除了一些年轻的狂热分子外，让全中国的人感到欣慰的是：革命相对而言是没有流血的——这是与其他所有革命的一个显著不同。因此，军队中有许多人感到自己被欺骗了。根据世界各国最古老的惯例，抢劫是征服者的特权。一支军队可以用现代的方式组织起来，但是根除那种观念并不容易，正如义和团时期联军在北京和其他地方进行了大量的劫掠所证明的那样。由于战斗很少，所以劫掠也就少，但是，这忽略了随后将要证实的一些团的行为。在清帝退位后的两周内，一个团发生哗变，并且大肆抢劫。在此后的六个月里，类似的起事在一个接一个的城市发生，有些是因为没有给士兵发军饷所致。6 月，奉天也发生了同样的事情，当时 1000 多名士兵发动兵变，这些人并不属于张作霖将军领导的部队。当局及时得到了警报，并迅速把城门关闭，于是劫掠者只是抢了北郊的银行和商店。张作霖将军的迅速行动挽救了局势，他召唤自己部下抗击兵变者，并经过一场短暂而激烈的战斗镇压了他们。很多伤员被送到了我们的医院。

秋天，当共和国已成为既成事实时，一次红十字会的会议在上海召开了，每个省都被邀请派出代表。我受赵尔巽邀请作为满洲代表参会。在我离开奉天之际，他一直向中央政府提出的辞职并最终被允许了。他累得疲惫不堪，满洲则安全地度过了它最危急的时刻。现在，他可以好好地休息了。就这样，中国曾经拥有的最有价值的公仆之一从公众的视线中消失了。

（二）在革命中

“每五年就会有大事发生”已成为人们谈论奉天时的口头禅。1895 年与日本发生战争、1900 年爆发义和团运动、1905 年爆发日俄战争、1910 年爆发鼠疫。但是，现在已经没有 5 年平静的间歇了，革命爆发前仅有 6 个月的间隔。

在抗击鼠疫期间，医学院的建设及其他活动都必须暂时搁置，但是现在一切都重新进行了。渐渐地，医学院看上去成形了，而且当司督阁夫妇于夏日的傍晚在那里散步时，看到雄伟的塔楼醒目地向天耸立，他们的心中油然升起对上帝的感激之情：经过了这么多的变动，这件事情实际上就要实现了。

新建筑还没有完成，就遭到了破坏的威胁，因为万国鼠疫大会的会场建筑在一天晚上失火了，那里与医学院仅有一条窄窄的街巷相隔。司督阁匆忙赶往现场。正在刮着的大风助长了火势。警察正尽力灭火，但是他们的灭火方法都太过时了，于是尽管有他们的努力，大火仍迅速地向医学院方向蔓延。医院的职员被组织起来前去帮忙。男人们在河边和井边排成线，一直排到危险的地方，一桶桶的水在手与手之间快速地传递着。最终的结果不能确定，并且非常令人焦虑。司督阁博士一家和其他人从医学院的窗户恐惧而忧虑地看着，主屋顶随着哗啦啦的一声响垮了下去，看起来好像什么都挽救不了街巷对面那向着医学院的大门了。从那里到新建筑只有一步之遥，如果大火继续蔓延，医学院就在劫难逃，谁能预料大火将在何处熄灭呢?

好在，风渐渐变小了，然后风向也突然变了。危险过去了。会议大楼被毁了，但是医学院没有遭受损害。

1911 年夏天，一个未曾预料到的殊荣降临到司督阁博士身上。他在抗击鼠疫和其他的国家危难中所做的工作已是家喻户晓，乔治国王陛下①授予他“最卓越的圣米迦勒和圣乔治大十字勋章”②。贺信纷至沓来，他在其中一封回信中写道：“我并不认为它是个人的荣耀，它意味着我和其他人所从事的医学传教工作得到了普遍的认同。”大约同时，中国皇帝授予他“帝国宝星勋章”③。

在筹备医学院开办的过程中，司督阁博士试图放弃许多人倾向于给他的个人负责制。这是一所合办的医学院，是不同教会合办的，也是与中国人合办的，并且最终它要成为完全属于中国人的医学院。由于过去悲伤的

---

① 即英王乔治五世，1910—1936 年在位。

② 最卓越的圣米迦勒和圣乔治大十字勋章，简称圣米迦勒及圣乔治勋章（Order of St Michael and St George），是英国荣誉制度中的一种骑士勋章。

③ 即宝星勋章，清朝末年对外国人授予的一种勋章。

经历，满洲人的心中产生了迫切培养训练有素医生的强烈愿望，而且很多旧的偏见已经被动摇。例如，尸体解剖已经可以自由进行，而不会引起严重的反对。当医学院即将进行入学考试的通知被送到当地的中文报社时，他们都免费予以刊出。而且奉天首要的日报用一篇有眼光的社论使人们注意它，并号召学生们积极应试。

赵尔巽以前在满洲干得很出色，现在他以总督的身份又回来了，其与司督阁博士的老关系又恢复了。在他离任前，他对医学院的发展非常感兴趣，并赠给医学院一块地用于扩建。对此，司督阁在致韦伯斯特的信中说道：

> 一直以来，我都对如何增加用于教学的临床医疗器材感到焦虑，因为我们只有110张病床，而且不可能向南、向东或向西扩建。北边是官地，而当我提出我们的需要时，总督将这块地给了我，你可以理解这是多么地让我舒心。

总督也对建立一所医学院的计划表示欢迎，他很爽快地答应作为资助人，并答应参加开幕仪式。在他设计的平稳发展计划中出现了一个截然不同的任务，这个任务摆在了他的面前。然而，对于满洲来说，幸运的是在下文讲述的危急的日子里，它拥有这样一个老练的领航员。

整个中国对现存政府的不满，随着时间的推移，不断发展和加深，并被义和团运动时期朝廷的愚昧和那种悲剧性的错误带来的严重后果所激化。在慈禧太后的压制措施下，革命宣传只能秘密地进行，但是它肯定是在更快地发展。特别是在痛恨满族统治的南方，反叛者孙中山的名字已是有口皆碑。如今慈禧太后已死，继位的新皇帝是个小孩，那些为他进行统治的官员对时代的迹象一无所知。在满洲，同样存在着对政府的不满和反感，尤其是在年轻人当中，但是却没有种族对抗情绪和广泛传播的反朝廷的情感。

革命运动秘密地从一个省传到另一个省，从一个团传到另一个团，最终在1911年10月10日于长江流域突然意外地爆发了。北京的政府认为这只是一次平常的叛乱，可以用常规方式予以镇压，但是它迅速地演变成没有任何力量能够阻止的、全国性的运动。

在满洲，尽管人们普遍地同情革命，但是主要的想法是强烈希望置身斗争之外。人们遭遇了太多的战争苦难，所以不愿意陷入战争，而且见多识广的人知道，动乱将会给日本人以机会。日本控制了采矿业，并且稳步地增强了其他工业，铁路也发展了，日本像吞并朝鲜那样侵吞满洲的可能性并不遥远。那才是满洲不得不担心的主要的事情。与之相比，实行帝制还是共和的问题算不得什么。

总督个人是忠于皇帝的，但是他更忠于中国这个国家。当这两种忠诚最终很明显地发生冲突时，他会毫不犹豫地决定选择一个。但是到现在为止，事态的结局如何还非常地不明确，于是他首先关心的就是维持和平和保持局外的中立。很自然，这不会让任何一方满意，但是他表现得很坚决，知道这是保证满洲安全的唯一方法。

整个10月，人们天天聚集在报社周围，以打听最新的新闻。有报道称遥远的南方发生了流血事件，因为汉人反对满人，年轻的激进者反对旧式的忠诚者。在奉天，有人谈论发动革命，推翻现有政府。重要的商人和其他的人同一些官员组成了一个“保安会”，它试图了解并缓和社区中革命分子的愤怒。

那时，满洲的军队里有一个很重要的将军，对冬天发生的事件以及此后满洲18年的历史演变发挥了重要作用。这个人的名字是全世界都知道的——张作霖。他早年是个没有读过书的乡村牧童，17岁就应征加入司督阁博士的朋友——左将军①的部队。不久，左将军就注意到他的才能和进取

---

① 即左宝贵。

心，提升他为自己的一名副官。就是在那时司督阁博士第一次见到了他。当左将军在与日本的战争中牺牲时，年轻的张就在左将军身边，他在从朝鲜艰难地撤回时，成功地笼络了一帮无人统率的士兵。由于左将军已经死了，没有人继续给他们发军饷，这些人没有了指望，于是他们当中的许多人开始上山当马匪，并以张为首领。由于战争的缘故，乡村都处于一种无法无天的状态，而且蒙古人的抢劫是很频繁的。张和他的属下从他们附近的农民和过路人那里索取保护费，作为回报，他们驱逐了所有的抢劫者，并且不允许其他的土匪靠近。

十年之后，张作霖在日俄战争中获得了很大的机会。他一次次下山向他的宿敌日本人发起突然袭击，日本人发现他是一个难以捉摸的、危险的敌人。然而，他渐渐地看到，胜利的希望是在日本人这一边的。因为对俄国人没有特别的兴趣，他决定加入到胜利者这一边，这样有助于结束日俄之间的战争。他给日本人提供的服务对他们是非常有价值的，因为他对每个山口和山谷都很熟悉，而且他的手下都是无畏的战士。

日俄战争之后，中国政府把他和他的许多部下招进军队，授予他陆军上校军衔。他的才干使他获得了迅速的升迁，他进行自学，并且与任何人相处都能够坚持自我。大约在这个时候，司督阁博士再次见到了他，并且对他更加了解。司督阁是这样描述他的："不可想象的是，此人很不像一个土匪——瘦长的身材，瘦弱的长相，生着一张没有胡须、苍白、文雅和年轻的面孔，笑容迷人，双手纤细、动作轻快，话音平静低沉，但是他的目光敏锐、讲话沉着，表明会做出冷酷无情的决定和采取决定性的行动。我曾经帮助过他的伤兵，而且他对此非常感激，他的一些家人生病也请我治疗。我们很快就成了好朋友，而且他的拜访总是非常有趣的。"

张作霖是总督的忠实支持者，并有一批强大的追随者，但是另外一位重要的将领是众所周知的热情的革命者，如果后者得势的话，赵尔巽及其他人就会被逮捕并被处死，这个地区将会陷入战争的恐怖之中。当局得知，11 月 11 日晚上是提议的奉天革命和行刺总督的日子。一切都取决于军队的态度，没有人知道哪一派会取得胜利。将军们将在那天开会以作出决定。

总督或其支持者的任何行动都将引发麻烦，所以他静待结果。晚上较晚的时候，两位将军在大批全副武装的警卫护送下，骑马来到总督的住处，并要求面见他。仆人们急于保护他，就说他不在家，因为他们确信逮捕并处死他是谋划好的。

“我们必须把消息亲自告诉他，他在哪里?”军官们坚持道。

“在省谘议局。”仆人们经过一番犹豫后最终说道，随后当这队骑兵在黑暗的大街疾驰而去，仆人们急忙告诉了总督，并恳求他逃走。

“给我的马备鞍，”总督说，“我必须立刻跟上他们。”他的一些随从准备陪同他前去，但是被他阻止，他说：“我一个人去办这件事，我有可能回不来了。”

当他到达谘议局时，人们高喊着欢迎他。在张作霖将军的影响下，忠于总督的一方获胜，而且军队将支持保安会以维持和平。两名将军事实上是被派去护送总督到谘议局的，保安会正在那里进行通宵会议。保安会得到重组和加强，有军队代表，也有革命党自身的代表，而且总督被推举为会长。当人们知道这件事后，每个人都赞扬赵尔巽的胆识，并宽慰地舒了一口气——这是一次和平的机会。

到 1 月中旬，清王朝的倒台已很明显，而且限制反对势力越来越困难。商业几乎停止，官办学校和学院都关闭了，土匪抢劫大量地增加，而且人们总想着会有一场战争爆发。众所周知，总督仅是在等待皇帝退位，到那时他将与中国其他省份保持一致，并在满洲宣布共和。但是，极端主义者却决定用暴力推翻现有政体，而不计后果地上演一场壮观的革命。

在那些令人焦虑的日子里，张作霖将军是仅次于总督的人物，他现在实际上是总司令，手中掌握着奉天和整个满洲的和平。由于他被认为是一个帝制分子，同时被人担心是一个不容忍任何反对的强硬人物，所以革命者对他特别地憎恨。如果秘密计划的革命爆发，他和总督将是第一批死掉的人。但是，张将军以更加隐秘和残忍的方式落实了他的计划，准备在革命预定时间的前几天内实施打击。

1 月 24 日夜晚，一位密谋革命的领导人在一个朋友家里秘密会见了其他几个人，而这位领导人也是保安会的一名重要成员。午夜后，他在回家的路上被张将军的士兵抓住，并被杀死在大街上。其他六人也遭遇了同样的命运。士兵们闯入房内并进行搜查，发现了大量的罪证，诸如来自遥远南方的革命领导者的指示、在奉天各地同时举义的详细计划、一份将要被杀死的政府官员的名单以及一份可能支持革命的人员的长长名单。

在接下来的几天里，奉天处于恐怖之中。没有人知道谁将是下一个被逮捕的人，也没人知道谁值得信任。军法统治一切，没有进行足够的审查，人就一个接着一个地被处死。那里的大多数人都害怕搜查者发现的那份名单，因为他们不知道上面有哪些人的名字，不知道这些名字是怎么来的，也不知道将会对他们采取什么行动。有一位官办医院的医生被逮捕了，此人在抗击鼠疫时与其他人合作，工作得很好。他是广东人，于是被怀疑是名单上的人。他的助手非常担心他的生命安全，急忙找到司督阁博士，请求他用自己的影响来救他。司督阁照此做了，指出这名医生工作优秀，如果没有任何确切的罪证就杀死他，这将会使中国蒙羞。他最终被释放了，而且他一直十分确信自己的命是司督阁博士救的。

2 月 12 日，退位诏书发布了，清王朝寿终正寝。几天后，东三省总督宣布共和，并升起了一面新旗帜。在南方，奉天被认为是帝制的大本营。然而，事实却是，奉天很少有不感到欢欣鼓舞的人。唯一对此不满的是那些极端的革命者，他们愤慨地抗议道："如果还是同样的人在掌权，那么革命有什么用?"他们特别想为那些被处死的人复仇，并杀掉张作霖将军，但是这超出了他们的能力。张作霖的强硬手腕阻止了奉天发生新的骚乱，而且乡村各地发生的小举事都被轻而易举地镇压了，尽管有些是通过流血的方式镇压的。在这个重要时刻，满洲幸运地拥有了像总督和总司令这样的强人。

奉天成立了一个红十字会，司督阁博士被官方任命为会长。该会好几次都即时向其他地方提供了帮助，而且几乎在满洲的每一所医院，伤员都得到了救治。奉天的医生们因为要治疗来自军队和乡下的病人而忙碌不堪。

在革命中开办一所新学院并不是特别合适的。那些可能申请入学的人表现得不安与兴奋，而我们担心没有多少人会来报名。然而，医学院却很有吸引力，申请入学的人数远远超出了我们的预料。报名截止时，已有来自满洲各地的 270 人在列。考试日期很早就确定在 1 月 22 日，虽然国家动乱，我们还是决定按期举行考试。这次入学考试与满洲以往的任何考试都大不相同。考试在 13 个考点连续进行了 3 天，由传教士来监考，应试者来自许多学校和学院，教会办和官办的都有。交通的困难阻止了许多人参加考试，而且有一些人看到试卷后就放弃了尝试。这些试题并不是那么简单，因为我们认为标准应当足够高，以保证招到聪明的、有能力的学生。142 个人完成了试卷，其中只有前 50 名能被录取。

在奉天，总人数中的一半参加了考试，考试几乎是仓促结束的。要是晚一天，考试就不可能顺利进行了。因为考试的第三天是这样的一天，当天人们的脸色是苍白的，都在低声议论 1 月 24 日晚上的屠杀。学生们安静地离开医学院，从后街偷偷地回家了。

医学院开学时间定在 1912 年 3 月 28 日，在此之前，奉天城已平静下来。让司督阁博士感到高兴的是，丹麦教会同意他们的资深医学传教士安乐克博士在医学院任教。这是医学院所得到的最有价值的帮助，因为他是一位有着杰出专业能力的人，是一位被自己的老师长期提及的爱丁堡大学毕业生，并且他是一位天才教师。他拥有在中国人中生活多年的经历，并且很好地掌握了中文，他怀着最坚定的愿望，把将要一起工作的满洲青年引向为基督服务。司督阁博士觉得他就是到学院来替代嘉克森①的。现在，他一直是医学院全体职员中的杰出人物，也是司督阁亲密的私人朋友。

毛乐尔医生是在去年的万国鼠疫大会期间到来的，而且他在语言方面进步是如此之大，以至于现在已经能够参与实际工作了。在接下来的几年里，他将证明他是医学院的顶梁柱，尤其是在病理学系。因此，教学工作开始时有四个教授，我们还期待第五个老师早点到来，以作为嘉克森医生的继任者。

过去一年半的过度劳累已经严重影响了司督阁博士的健康。鼠疫、革命、筹建和组织医学院以及其他所有的事情，已经使他的精力付出了沉重的代价。在戴利医生及其夫人的邀请下，他到牛庄休息了几天，希望在最后准备开幕仪式前康复。由于政治状况的原因，开幕仪式是平静而非正式的。他还没离开多久，就发来电报请他的妻子前去陪伴，因为他患上痛苦而严重的疾病已经有几周了。很明显，当医学院开幕时，他不能参加开幕仪式了，这对他来说是一个很大的遗憾。当 50 名成功的报考者聚集在医学院崭新的大楼里时，他正在戴利夫人漂亮的花园里静静地休养。那里没有庆典，只有歌唱、祈祷、一个人和另一个人的讲话。充满着许多希望和愿望的医学院开办了。

不久之后，他就能返回奉天了，那里有许多工作要做，以便使一切工作进入正轨，但是医生认为他必须尽快回国休病假，并在苏格兰度过夏季。对他来说，将工作交给这些能胜任的帮手是莫大的满足与宽慰。这段短暂的家乡时光对医学院的发展是非常有用的。很多人承诺每年都向医学院捐款，这样稳定的资助看来是可以得到保障了。9 月，他和他的妻子再次经西伯利亚铁路返回奉天，这次他没有带小孩，却为医学院带来了第六位教师，此人自己负担费用。

---

① 嘉克森（Arthur Jackson）：英国人，1910 年来奉天协助司督阁工作，次年 1 月在防治鼠疫中染疫身亡。

（三）革命以后

随着民国的建立，新的称谓和制度在政府事务中出现。我们的总督变成了军事首脑或称都督，而且他的权力受到了限制。赵尔巽的继任者是我的一位老朋友。我来奉天的第二年，被请去为城里张锡銮家一个快死的小孩看病，当时张锡銮是名低级官员。我对这个小病人无能为力，但是我说小孩活不过明早，而且我所说的是对的，这一简单的事实让我在他家中树立了名声。我们很快就成了朋友，张先生及其家人习惯于以非正式的方式偶尔来喝茶。后来，他在各地任职，而且我好几年都没有见到他，但是只要他回奉天，我们都会恢复友好的交往。在所有的任职中，他都向民众证实自己，当他被提名为都督被人所知时，他受到了拥戴。在这个边疆省份，担任都督并不是轻松的职位，但是他让和平得以维持，混乱得以避免。

满洲有自己特殊的期望和担忧，这是其他省份难以认识到的。在满洲眼里，“中国的完整”就意味着自己的不可分割。西藏和蒙古是不同的问题。满洲与中国其他地方拥有共同的语言、利益、忠心和政府，因此在满洲民众所遭到的打击中，没有比允许任何外国势力统治他们更大的了。那些偶尔乘火车经过的旅行者接受的是非常不真实的印象。他们从西伯利亚边境乘俄国火车旅行，穿过一个贫瘠的、人烟稀少的区域，然后得出结论：这事实上是俄国，感觉不到中国。接着，他转乘设备好的日本火车，会更加确信：除了名称以外，整个南满已经是日本的了，这仅仅是一个时间问题而已。但是，铁路并没有沿着人口分布线延伸，而且少有中国人居住在铁路附近，因此一英里一英里地过去，他们没有看到人口众多的乡村和城镇，也不知道那里是受俄国还是受日本的影响，是俄国人管理还是日本人管理；他们没有听说城市里的市民生活、教育的发展和有着深远影响的政府活动，而这些都是外国没有介入的事务。事实上，自从革命以后，满洲的中国人比以往任何时候都要多。

在目前的奉天，仅次于都督的最有权势的人就是张作霖将军，他对反对他的人残酷是出了名的，这对于保护和平起了很大的作用。人们畏惧他的同时，又相信他可以把国家从危机中挽救回来。只要皇帝在位，他就会奋力阻止任何企图将革命升级的行为，并且会与之斗争下去，即便没有其他将领支持他。现在，民国已取代了清帝国，他又效忠于民国，他认识到袁世凯是一个可以跟随的领导人。

由于张将军目睹了医院的情况，他决心要在自己的军队中组织一支医疗队，并且说需要一些医生。各式各样的请求蜂拥而至，但是春季里的一天，他有些愤怒地来找我。

“您能给我找一个可以信赖的受过外国训练的中国医生吗?”他说，“任何薪水我都可以给出来，但是我需要一个令人满意的人。我不需要那些一无所知的家伙，而且我不信任他们中的任何一个人。如果您能给我找一个像您自己的助手王医生那样的人，我将会非常满意。”我答应他尽力帮他找一个，但是这并不容易。

多年来，王医生已经成为我的得力助手。21 年前，他直接从学校来我这里，从义和团运动时期他一直是我的主要助手，我在一切事情上都依赖于他。的确，他一直做与外国传教士一样多、一样重要的工作，而且他那沉静、言行一致的美德拥有很好的影响。日俄战争后，清政府因他救治本国的伤员而授予他五品顶戴，而且他在整个奉天都很出名、受人尊敬。他一直不断地受到邀请去从事别的薪水丰厚的工作。几年前，有人通过我提出要聘请他，年薪是 150 英镑，而不是我们所能给他的每年 45 英镑。我完全让他自己作出决定，但是他甚至没有用一个小时来仔细考虑这件事。

“医生，”他说，“从我还是孩子的时候，您就已经是我的主人和老师，我所知道的一切都应归功于您的教导。只要您需要我，我就决不会离开您。”

王医生

然而，从那时起，情况已经发生了变化。现在我们医学院[1]和医院已经有很多外国医生，很多以前由王医生做的工作都可以由他们来承担。而且，由于学医的学生来医院实习，这将会更加明显。此外，医学院的学生正在学习比王医生所学的更为全面的科学课程，而且他们将在数年之后能够担任住院的内、外科医生。他对这些事情看得很清楚，并且同我谈到过。我不能为张将军找到合适的人选，所以就把张将军的提议摆在了他的面前，他经过一番考虑后决定接受这份差事。他被授予的官阶高于任何一个在满洲的医生，相当于总医官，而且他有组织一支全省军医队的自由权力，只对张将军一个人负责。在满洲，还没有一位医生拥有如此高的地位。像王医生这样真正的基督徒处在这一位置上，说他会产生巨大的影响，几乎不会是过誉的评价。

几天之后，张将军来拜访我，并且非常热情地感谢我为他物色了这么优秀的一个人。在交谈的过程中，X 光机的应用被提到了，这使他非常感兴趣。他想立刻看一看演示，但是他却失望地听到我们无力购买 X 光机的消息。

“马上把它买来，”他说，“而且，钱将由我来支付。”就这样，一套完整的 X 光设备现在正在运往奉天的途中，它对于医院和医学院来说是非常重要的，而且张将军给我一张 2000 元（约 170 英镑）的支票，用于支付购买的费用。

到目前为止，民国的历史一直是不安宁的，但是只有长江流域的流血冲突的影响传到了满洲。这里一切都保持平静。不过，事实上从过去少有人知道或关心发生了什么的时代以来，奉天城里几乎没有人将自己对于政治形势的观点多次地加以改变。在民国建立后的混乱不安中，有一位强人掌握国家权力对中国来说是再好不过的。这个人应该有足够的实力领导国

① 即奉天医科大学，1911 年由司督阁创办，后改为奉天医专、辽宁医专。

家躲过风暴，并把国家从如果他失败所会导致的混乱状态中拯救出来，这远比他拥有正确的政治观点和设计永远明智的措施显得更重要。袁世凯的政治才能和坚定取得了成功：国家没有分裂，南北有统一的机会，固定的政府得以建立，并得到列强的承认。

我们仍然焦虑地关注着不可预知的问题的出现，但是当局显然已做好了应对任何反抗的准备。可以期待的是，一段时间的休养生息将会为政府提供一个把统治建立在稳固基础之上的机会。袁世凯总统已表明他正是这种危机中所需要的人。现在他和由他会聚的有力内阁所面临的问题是：如何通过明智、公正的立法和政府，平息国内纷争，铲除革命煽动者的根基。

在过去的两年里，没有比公众对待基督教态度的彻底改变更引人注意的变化了。在清政府统治下，基督教仅仅是被容忍。在省谘议局选举中，基督教的神父和牧师是不允许有投票权的。在民意从来都不会被问及之际，做官的条件是基督教会的成员不能担任任何官职。基督徒实际上失去了参与国家公共生活和政府事务的权利。在促成革命的启蒙观念的发展过程中，基督教的书籍和教会学校发挥了很大作用。在会说英语的中国年轻人当中，有很大一部分人受到的教育至少有一部分来自传教士，而且在革命以及随后的发展过程中，重要领导人当中的绝大多数都是多少会说英语的年轻人。除此之外，成千上万的中国人热切学习的大多数关于历史、政治、经济等方面的中文书籍，都是站在基督教的立场上撰写的。

袁世凯一就任中华民国临时大总统，就明确地宣布基督徒没有资格做官的规定不再存在，而且所有人都享有宗教信仰自由和平等的权利。在许多地方，基督徒现在拥有重要的职位，而且许多不能称为基督徒的政府官员，都公开表明同情基督教的目标。大约有 60 名基督徒被选进国会，参议院的副议长就是一名基督徒，而且有一段时间是一名基督徒担任外交总长。1913 年 1 月，中华博医会在北京开会，袁总统非常热情地接待了 80 名与会代表，表达了他对所有医学传教士所做工作的感谢，以及他对传教士将继续帮助中国的信心。

有一个在中国各地都得到热情支持的教会团体——它被称为基督教男青年会，它与我们在英国所说的与青年俱乐部联系在一起的学生基督教联盟类似。“青年会”是它的通用中文名称，而且在每一个有青年会的城市，都有数以百计的年轻人聚集在青年会。自辛亥革命以来，满洲所有的城镇都想建立青年会的分会，但是由于人手不够，除了少数之外，分会还不能开始建立。一些大的中心城市，也有为青年女性建立类似团体的要求。

1913 年春，广州、北京和其他地方都举行了大规模的学生集会，聆听著名的穆德①博士演讲。在每个地方，当局都给予了善意的帮助，而且聚会的规模都很大。最后，穆德博士来到奉天。两周前，我就拜访了都督和教育厅长，向他们解释了将要举行的学生集会的性质，并向他们征求意见，请求他们协助找一处供此使用的大建筑。他们非常热情地参与了这一计划。

“这正是我们的学生所需要的，”厅长说，“每一个人都将出席。”

由于在奉天没有足够大的房子，所以政府在靠近古狐仙庙的一块空旷地上，自己出资搭建了一个巨大的席棚。3 月的某个周六的下午，5000 名奉天的优秀青年聚集在这里，有学生、教师以及众多官员。年龄稍大的中学男生随着乐队的伴奏和挥舞的旗帜列队进入会场，教育厅长主持了大会。穆德博士发表了充满活力的演讲，他号召学生们将生活与为自己的国家服务提高到一个更高的水平，并且强调说只有基督教可以净化人们的心灵，提升一个国家。接着，教育厅长也讲了几句，号召大家注意穆德博士的建议。

由于只能凭票入场，所以会场外还有很多失望的听众。这些演讲是在庙宇的台阶上进行的，庙里对狐狸的原始崇拜依然保存着。30 年前，传教士就在附近遭到人们的石头攻击。1900 年，正是在搭建席棚的地方，几名

---

① 穆德（J. R. Mott，1865—1955）：美国宗教家，世界基督教青年会领导人。

基督徒被义和团斩首。第二场学生集会在次日进行，没有任何仪式，还是由教育厅长主持。有1500名学生出席，其中有许多人开始学习福音，虔诚地听从降临在他们身上的荣光的指引。

根据安排，穆德博士拜访都督，都督礼貌地进行了回访。他热情地感谢穆德博士访问奉天及其向学生们发表的即时讲话。然后，他转向我，令人感动地说："穆德博士的教导来得正是时候，此时非常需要它将青年人引导向更高的准则，我希望它会有持久的效果。"

一个月之后，奉天的传教士和教堂里的中国牧师们同时收到了一封来自北京的电报，通告说：政府要求基督徒为中国祈祷一天。都督也收到如下电文：

> 要求为现在正在召开的国会、为新建立的政府、为将被选出的总统、为民国的宪法、为中国政府能被列强承认、为我们国家实现和平、为强有力的且有道德的人能当选官职、为政府能建立在一个坚实的基础之上而祈祷。收到这封电报后，要求你通知全省所有的基督教堂，将4月27日专门作为国家祈祷的日子。所有基督徒都要参加！

那个礼拜天，各个教堂里都挤满了人，东教堂专为官员们预留了专门的座位。都督外出不在家，但是派了一名代表前来，而且其他几位高级官员也出席了，其中包括省议会的副议长，还有很多以前从未到过教堂的人。每位祈祷者进入教堂时，都会领到一张写有仪式内容的单子，上面印有经常齐声重复的主祷文全文，还有赞美诗以及为这种场合写的专门的祈祷文，所有参加仪式的人都要颂此祷文。在刘牧师的一段异常动人的布道后，官员们一个接一个地说了些赞赏的话。所有这些当中值得注意的是提到了虔诚，这是一种真正的愿望，即灵魂世界的力量应当保护新的中国。那一天，那些人的心里都很充实，他们记得那天的小细节，当时一些被轻视的信徒们静静地聚集在简陋的房间里，为满洲的上帝王国的到来而祈祷。

伴随着对外国人带来的宗教的开放，以及对外国服饰、建筑和各种知识的渴求，新的民国产生了一种不情愿外国干涉的情感．这表现在接触的每个方面——这是一个新国家自然的敏感与旧的排外思想残余的结合。在满洲，传教士们一直在试图培养独立精神，所以教会中日渐增长的独立精神有了可以流通的渠道。

满洲在这方面是幸运的，即它有三个强有力的教会在工作，相反在有些省份只有大量弱小的教会，只能在中国人的心里产生一种不幸的对抗的印象。同年春天，也就是穆德博士访问奉天期间，一次有些特别的集会发生了。在他的邀请之下，来自满洲各地的基督教代表举行了为期三天的会议。与会的传教士有75名，苏格兰人、爱尔兰人和丹麦人约占传教士总人数的一半，此外还有超过百人的中国牧师、长老、布道师、教师和医疗助手，他们当中有男性，也有妇女。会议的主旨是团结——中国人与外国人、长老会与路德会，在其影响下产生的伟大兄弟之情将会吸引整个满洲。宗派主义不受欢迎。各个差会都将它们特殊的教堂管理形式，仅仅看作是在满洲建立基督教会过程中暂时使用的脚手架。教会是中国人的教会，而且中国人自己将决定其最终的形式。

在人间建立上帝之国的过程中，我们强烈期望中国扮演非常重要的角色。“中国的基督教会”不能长期处在西方教会的监护之下，她正在摆脱束缚，并奋力向前，而且仍需要国内基督教会对这一运动给予充满同情的、有准备的回应。将中国引入与上帝的目标相一致的工作正在快速地发展，只有这样才能确保西方和东方在这项工作中携手前进，这样中国就会成为一个永久的世界强国。

（朱小宝　译）

◎四、 师顾德记述的辛亥革命[①]

（一）传教士与革命

毫无疑问，基督教在中国的传播与引发辛亥革命有着很大的关联。基督教在其教义和精神上是平等的。传教士传布基督之道，所以他们宣传人类平等。基督宣称“你们都是兄弟”。在建立教会学校的过程中，教师没有把富人家庭的孩子、受过教育家庭的孩子和穷人家庭的孩子区别开来。医生在他的医院里试图一样地治疗所有的病人，他认为自己在这里是治病的，不管病人是贵族还是贫民。如果说有区别对待的话，那也是更倾向于下层阶级，而不是上层阶级。下层阶级很早就寻求传教士到来之后给予的医疗服务。马林[②]医生在长江下游地区受到了人民的广泛爱戴，他

---

① 师顾德（Elliot L. Osgood）：美国医学传教士，长期在安徽滁州行医传教，曾任滁州基督医院院长。选译内容（一）（二）（三）分别译自师顾德所著《中国在十字路口》（Elliot L. Osgood. China's crossroads［M］. Powell & White，1922.）一书的第五章《传教士与革命》、第六章《革命后的日子》、第七章《民国的政治功绩》。

② 马林（W. E. Macklin）：加拿大医学传教士，1886 年受基督会派遣来华，长期在南京行医传教，是南京鼓楼医院的创始人。

通过收留成千上万的流浪者和难民，并免费为他们治愈疾病，而获得了那种爱戴。

上帝之国的影响远在教堂门口之外，甚至不会到达个人与传教士的面前。病人们把他们被治愈的故事告诉他们的朋友，学校的孩子则把基督教的影响带回父母亲的家中。一份份《圣经》传播的范围远远超出了传教士的足迹所及。因此，当革命爆发之时，可以发现，乡村的偏远角落都有这种平等精神的表现。新军中的许多青年将领都知道上帝以及如何敬奉上帝，这一点并不缺乏证据。人们聚集到基督教的教堂去寻求帮助，而不是去寺庙里。基督教会的医生被邀请去组织红十字会的工作，用来支持他们这一工作的资金并不缺乏。

在其他方面，基督教的影响是一样的明显。在以前的战争中，军队依靠他们所经过的地方来生存。他们很少考虑为自己所吃的食物付款，他们从百姓家中拿取他们所要的东西。如果当地居民们的住房被保留下来，而且自己没有遭到伤害，那么他们会很感激的。征服者通过屠杀乡村里的居民来削弱对手的实力。一个地方被劫掠后理所当然地会被焚烧。如果他们饶了一个男人的命，那肯定是要把他变成苦役。如果他们救了一个女人，那肯定是为了不道德的目的。这在全世界一直都是事实，东方同样如此。

中国上一次大规模的起义仅发生在70年前。那是一次反抗腐败的清王朝的起义。① 一个与传教士略有接触的中国南方人认为，他相信自己是应上帝之召来除去满洲人和偶像崇拜的。他做梦，并产生了幻觉。受压迫的和不安宁的人聚集到他的旗下，数量不断地增加。起初，对上帝的礼拜在他的军营中每天都进行。在向长江流域北进时，他遇到的反抗不多，而当真正的战役猛烈进行时，他的军队总是取得胜利。成功使他变得骄傲自大，而且他使用了“基督的兄弟”的称号，后来又使用“上帝的兄弟”的称号。

---

① 即1851年爆发的太平天国起义。

当军队到达并占领南京，他建立了一个以自己为皇帝的新王朝，并以南京为都城。从那以后，他的军队变成了没有法律约束的队伍，肆意地烧杀抢掠。南京周围长江流域两岸好几英里的地区都遭到了蹂躏，甚至荒无人烟。他们没有想到保护无辜的人民。那些日子的恐怖从父传到子，又传给今天的人们。无知的母亲为了吓唬小孩安宁下来，就告诉他们说，如果他们不停止吵闹去睡觉，那些邪恶的头领就会把他们抓走。

“长毛叛贼”的行为不仅在故事传说中，而且在社会破坏中，都长期延续了下来。以滁州为中心的安徽东部地区，是整个中国东部人口最稀少的地方。这里以前的居民或是被赶走，或是被杀死。在起义被镇压下去之后，那些仍然活着的人回来，在废墟上重建家园。今天，这里的人口不超过被毁坏之前的一半，在这些人中，原住民的子孙后代不足 20%。穷人们听说这里地多人少，所以他们流浪至此，慢慢地在这块土地上繁衍。

在 1911 年的革命和 1913 年的起义中，南京又成为风暴的中心。南京每次都要抵挡住围攻，每次征服者和被征服者都要扫过江北地区，经过距江岸仅 30 英里的滁州。看到整个乡村仍然可见的大量被毁的村庄和农舍，想到每个人或多或少都熟悉的太平军的暴行，人们可以毫不费力地想到，这种新的战争方式在人们的心中，特别是在妇女和孩子们的心中，造成了多大的恐惧。

在发生大量最激烈战斗的汉口，清王朝的军队一开始认为，他们可以像在以前所有战争中所做的那样，肆意地进行抢夺和劫掠。正是这种行径促发了那里的第一次战斗。革命军队被这种残忍暴行所激怒，于是投入战斗阻止它。他们在布告和行动中都使人们知道：他们正在为保护无辜的人民和建立一个自由的国家而战斗。但是清王朝的军队组织得更好一些，并在大多数战斗中获胜。正是他们放火并焚烧了汉口华界的大部分。同多年来所遭受的侮辱相比，这种暴行更加使整个国家的人民反对清王朝。

双方发布的布告都要求保护所有的外国人。交战双方重视外国政府的影响，并希望得到它们的承认，这在他们的历史上很有可能是首次。除此之外，革命者还宣称，那些在买给养时没有公平对待商人和其他卖家的人将受到处理，那些滥杀无辜、烧杀劫掠的人将受到严厉的惩处。

然而，布告不能缓解普通百姓的恐惧心理。当他们的家位于军队的行经路线时，他们随时会发现自己门口有激烈的战斗。他们通过过去的故事知道了战争。当潮水般的交战军队真的开始席卷向他们的村庄和城市时，他们的恐惧的确令人同情。农村的人们涌向城市，携带着可供出售的货物，希望将之变成现金。家都搬进了城里，以获得古老城墙的保护。而城市里的人又涌向乡下，认为这样就可以躲过军队行军的路线。谷物、牲畜和家禽都是以原价的三分之一出售。城里有传教士们居住，他们认为如有可能，留下来是他们的职责。看到这些外国人四处做着自己的日常工作，人们的心在一定程度上平静下来。没有什么比听见传教士正在离开此地更让他们感到害怕的了。

我们不知道中国红十字会的创始者是谁。但是，教会医院并没有等那些在远处的人建立一个全国性的组织。由于没有与其他人交流的时间或机会，这些医院升起了红十字会的旗帜，并开始为救护队培训人员。教会学校因缺少学生而不得不关闭，教堂里不能允许有侵犯性的活动发生。因此，在组织起来应对这一紧急情况上，其他传教士和医生们团结在一起。在这一任务面前，旧式的中医是绝对帮不上忙的，只有西方训练过的人知道如何照顾受伤者。针对此种工作受过充分训练的中国人是相当之少，所以医学传教士发现他们的服务是很有必要的。

当把红十字会运动的计划和目的介绍给家园面临危险的有影响力的中国人时，他们立刻把握住了机会。他们看到了拯救自己家园以及伤兵生命的可能性。他们知道，在其他的国家，军队常常是尊重红十字旗的。他们听说，有影响的中国将军们已经告诫他们的士兵照此做了。他们推想：哪里有红十字会的旗帜，哪里就会是比较安全的。所以他们准备好了为这一工作提供资金。他们愿意担任这种职务，并且履行他们所负的这种职责。

他们的公子可以帮助急救，他们的小姐可以缝制绷带。有人开始前来请求给予特权，把装有贵重物品的盒子放在外国人的医院或住宅的阁楼上。几乎没有人告诉外国人，无人居住的学校房间里就住满了来自乡下基督教家庭的妇女和孩子，亲属也跟他们一起来了。当地妇女开始感觉到：一旦特殊的危险发生，外国人的居住区将是很好的避难之处。

长江和汉江把武昌、汉口和汉阳三座城市分隔开来。这里有六所教会医院和许多学校、教堂。这些医院为救治伤者而敞开大门。救护队在交战双方的后面工作，将他们可以处理的伤员集中起来。当医院房屋人满时，教堂和学校也被投入使用。中外女基督教徒负责包扎、敷裹伤口的工作。在有的日子里，这些并不充足的急救力量一次要照顾1000名伤者和病者。

张勋是清王朝的一名将领，满人的热情支持者，他突然将自己的军队从浦口过江转移到南京，把这个城市从摇摆不定的鞑靼将军和总督的手中夺了过来，拒绝不经一战就放弃此地。革命军队已从江苏省到广州的沿海招募起来，他们在沪宁铁路沿线集结，决心赶走长江流域的这个地区所有的清朝军队。他们有镇江、苏州和上海教会医院的支持。救护队跟在他们后面，将伤员集中，然后用专列将伤员送往这些医院。

南京仅有两所可用的医院，张勋的伤兵和受伤的百姓很快就占满了它们。张勋企图控制这座城市是很愚蠢的，因为革命者的人数是他军队人数的很多倍，并且装备着很好的枪支弹药。在这里，传教士进入了紧急状态，并决心阻止无用的屠杀，如果可能的话。马林医生的医院涌入的大多数是伤兵，他来到张勋的指挥部，劝说张勋交出这座城市。一开始，这位指挥官拒绝了。因为，那里有他自己的荣誉和清政府的荣誉，而且也要考虑居住于此的满人的生命。但是，马林医生和布朗先生、加勒特以及其他人表示愿意担任军队之间的中间人。

除了照顾受伤的士兵，传教士还肩负着其他重任。他们的学校和医院里满是难民，其中很多正受到张勋本人的保护。甚至在革命前两三年，许多年轻人就开始主动去掉了可恶的辫子，那是长期以来被清政府奴役的标记。张勋完全依靠已故的慈禧太后的宠幸，从一名马车夫升为军队的将军，他是最忠于清政府的。张勋把年轻一代的剪辫看作是公然直接地侮辱清政府。南京有一些这样的年轻人已经被逮捕并斩首，除了教会居住区的围墙，没有什么可以保护其他人。因此，传教士有双重理由希望清王朝的军队撤离这座城市。

最终，这位将军提出，如果他离开这个地方，必须给出的条件是什么。传教士立即作为中间人到了革命者的军营，并开始进行谈判。普通百姓的安全依赖于这些人谈判的成功，而且要来往几次才能完成这次谈判。最后，革命者确保那些不得不留在城内的所有满人的安全，并重新布置他们的军队，这样张勋可以带着愿意跟随他的军队逃走。一个团被留了下来，在传教士的带领（和保护）下，该团把城市转交给了革命者。尽管满族居民的生命和财产得到了保证，但是他们对士兵所怀的信任是如此之少，以至于许多妇女投护城河或投井，不愿把自己交到汉人手里，男人们则炸毁了他们居住区的一部分。

多年来负责贵格女医院的露西·盖娜医生，负责调查留在城里的满族妇女的状况。她们当中有许多人被迫去乞讨。基督教堂接受了露西·盖娜医生的建议，打开厨房，为一些人寻找工作，并在能力所及的范围内尽力帮助这些不幸的人。她们当中爆发了斑疹伤寒，于是露西·盖娜医生给她们安排了隔离房间，每天都去照顾她们。后来她感染了这一疾病，并失去了生命。但是她的死并不是徒劳的，其他传教士的工作也不是徒劳的。它为基督教赢得了汉人和满人的感激之情，并且将许多人引入了教堂。

张勋带着他那6000人的军队逃过江去。南京被围期间，津浦铁路多次中断。为了应付这种紧急状况，他们将自己的大部分车辆都发到铁路线上，以防被任何派别所征用。张勋将他的部队推进到滁州，他在那里找到了足够装载其半数士兵的车辆。为了说服外国工程师派出更多的车辆，他让自己的部下在滁州站停留了一天。

滁州已经关闭了城门，并且封闭了两天。清王朝的军队并不打算进城，因为他们的目的是使自己与可能追击他们的任何革命军队拉开更远的距离。他们在城外的人家和店铺里拿他们所能找到的食物来满足自己，然后聚集在火车站附近，等着所期待的火车到来。因此，他们被限制在了南门和东门附近的地区。

当清王朝的军队在这样聚集时，一支从城西农村新招募的革命军小部队从那边走了过来。城中的耆老知道这支军队的集结，而且已传去了紧急消息，让他们不要进入这一地区，至少要等到张勋的部队经过。尽管这样，他们还是来了，并发现城门对他们是关闭的。由于城市里没有防守的部队，他们发现，爬过城墙，然后打开西门进城是一件很容易的事。坚持帝制的人如果自己愿意，可能也会这样做，但是他们是旧式的军人，只顾抢夺和劫掠。由于城市中有革命军队，他们有足够的借口这样做，然而他们没有试图进城，这真是很幸运的事。

革命军队的指挥官几乎没有料到会这样突然地与清王朝的军队如此地接近。他的部下几乎没有现代装备，而且都只是些未经训练的新兵。由于他在城内，所以他和市民们一样，相信张勋会命令他的火车开往北方。直到那天下午过去，也没有火车开动的迹象，而且更多清王朝的军队不断地来到这里。城市里所有的人，包括士兵和百姓们都一样地开始担心张勋已经改变他的想法，并会要求进城。

绝望中，革命的领导者和城里的领头人派人去请了两名住在城里的传教士。外国人会愿意出城去劝说张勋把他的军列开往北方吗？城中的人，特别是妇女，都处于极度的恐惧之中。伴随着那天每个谣言的流传，每次都有很多人冲进医院以求安全。民众的要求被接受，于是传教士出了城。他们见到了张勋，把另有车辆来的消息也告诉了他。当夜幕降临时，火车北驶了。这一行动消除了中国人民和外国人之间一直存在的障碍。从此外国人被看作是当地的居民，而且从那天起他们也被邀请在市政当局所发起的一切新运动中进行合作。类似的事件还发生在中国的许多城市，使传教士与中国人民形成了全新的关系。

马林医生的一个早期信徒是长江流域最年长的宣教士之一，革命爆发前他应邀到宜昌参加一个特别会议。在汉口，他陷入了战争的陷阱之中，并待在那里经历了许多战斗。他看到了红十字会工作的开启，看到了救护队在外面跟在战斗人员的后面，带回受伤的人，也搜集和保护非战斗人员。途经南京回家时，这位宣教士发现：因为传教士在挽救人们的生命和家园中所做的事情，城里的人充满了感激之情。他回到自己在滁州的家里，他也在张勋走后，被用来安抚有冲突的革命领导者，并维持这个城市的和平。市政委员会的成员来请他在他们的能力和影响之外的事情上给予帮助，当这个基督教的老兵为上帝的领导和忠告而祈祷时，这些人站立着并鞠躬点头。然后，他们看着他和传教士一同去做他们所不能做的事，以及传教士没有他的机智和善辩可能不能做的事。毫不奇怪的是，后来这些城市的领导者也说：“上帝和您拯救了这座城市。”

在与红十字会的关系中，基督教徒与非基督教徒有着很大的不同。富人和受过教育的人以及通常有一定影响的人，认为这个组织只是拯救他们的家庭和财产的工具。城镇和村庄想组织分会，这样他们就可以在自己的区域内悬挂旗帜。会员珍视红十字会徽章，并不是将之看作服务的标志，而是看作护身符。在他们的头脑中，保护其他人是次要的。

另一方面，许多基督教徒拥有无私服务的精神。一位乡村传教士的妻子听说一名年轻人在回家途中被强盗抢劫了，这些绑匪在此混乱之际大量地出现。路过的士兵发现他半死不活，准备将他从痛苦中解脱，此时这位女基督教徒干预了。她找了一些挑夫，做了一个简单的担架，将他送到了20英里外最近的医院。她的信念得到的回报是他最终完全康复。

退却的清朝士兵失去了信心，四处溃散，他们卖掉武器和弹药，扔掉军服，逃回到了自己的家里。这些现代化的武器常常落入那些肆无忌惮的人手中，他们抓住这个混乱的时代，成为强盗。这些人攻击了乡民们的家，受伤的乡民被乡村里的牧师或基督徒找到，并送到了医院。中国基督徒在不稳定的乡村地区，非常忠于职守，他们通过拯救伤员和不幸的人而赢得了民心。他们不再被同一种族的其他人视为嘲笑的对象，而是被当作爱和服务的使者受到了欢迎。被送到医院的病人成了福音的忠实听众，而且那些能读书的人花了大量时间阅读发送到他们手里的《圣经》。

一些革命士兵曾经在教会学校受过教育。在战争激烈的日子里，他们学会了非常真诚地为胜利祈祷。这种对上帝的信仰影响了他们的同志，当他们被送到医院接受治疗时，他们在教堂和病房里急切地聆听着这种宣道。承认信仰基督常常是需要勇气的，但听到这些士兵如此公开地承认并不是不常见的事。

军队经常驻扎在学校和寺庙里。但是，他们发现寺庙里的许多空间都被神像占据了。所以，在南京，他们专门定下一天，将所有神像从它们的宝座上推下来。数以百计的砖块和泥塑的雕像散落在附近的田野里，呈现出了一幅散布着破碎骨骸的战场景象。对那些已用信仰唯一的上帝代替神像的人来说，这是令人欣喜的时刻；对那些除了木像和石像，再无其他信仰的人来说，那是可怕的一天。传教士担心地目睹了这一过程，因为他们知道，善男信女们一定会信仰一些东西。这些无知的、绝望的民众会受影响吗？会有比这些神像更糟糕的东西成为他们的信仰吗？在接下来的年月里，一些寺庙又重新安置了神像；然而，僧侣在数量上却少多了。

在我们的地区，人们有迎神赛会，并有专门拜神的日子，但是迷信依然对民众有很大的影响。我们发现上帝之名已经加进了他们所说的神当中。愚昧的农民开始相信上帝与他们的收成有关。他们当中少有人读书。他们不愿去参加可以获得新信息和知识的集会。如果民众曾被引向了基督，我们就必须前往他们那里，把《圣经》送到每个人的家里。

在紧接着这些令人兴奋的时光之后的日子里，难以预料和担心给基督教人员带来了欢乐与悲伤。神像已经证明了它们的无用，更多的人涌进了教堂。传教士和基督徒在他们当中有了一个新的位置，很多表示感激的东西被带来或送给了他们。例如，在南京周围积极进行红十字工作的30名传教士，就被占领该城的革命军将军授予勋章，在其他发生问题的城市里的传教士也被授予了类似的褒奖。石碑被安放在了医院，油漆的匾额被挂在了教堂，漂亮的卷轴挂在了传教士家中的墙壁上。表达感谢的那些人希望能被理解，他们不仅是感谢传教士们，而且希望他们自己的孩子不要忘记他们的家中所获得的救助，要心存感激地记住这些甘冒生命危险而救人的海外来客。

（二）革命后的日子

革命后的日子像一个不断变化的万花筒，新的、年轻的中国人占据了上风，并准备好引领其他的一切。他们计划、尝试并抛弃了革新与变更，使人们想到了拍卖人在广告最后所说的"不胜枚举"。任何对这些变化的描述都带有观察者所在地条件的特征，中国东南部可能比其他地区受到的影响更大，而内地的变动更为缓慢。事实上，北方仍处在旧制度的统治之下。

在街上，每天都可以看见变化不定的新的或复兴的服饰。其样式来自各地，从古老的圣贤到极端模仿外国的样式都有。这个新时代通常被称为"大汉"复兴的时代，"汉"即是基督时代统治中国的王朝。中国人将那个时代看作是东方的黄金时期。年轻人开始穿戴飘逸的衣服和奇怪的帽子出现在街道上，他们唯一缺少的就是胡子。上海和其他沿海城市的年轻人穿外国样式的服装已经有很多年了。现在，"旧东西"甚至在内地也开始出现。男人们参加集会时的穿着，就其合适性而言，可以使一个美国流浪汉都变得优雅起来。系着领带的衣领被围在脖子上，但是衣领之下并没有外国衬衣。因此，衣领看起来期望从各个角度看这个国家，并将围在脖子上开始旅行，一同前行的还有领带。聪明一些的中国人去找外国裁缝，而且能够使自己穿衣得体，因此避免了使自己滑稽可笑。其他人更聪明，他们继续穿着传统的中国服装。一段时间里，中国的无沿便帽消失了，而外国的帽子大量可见。在夏天，人们戴的是木髓遮阳帽和软木帽。然后，中国人恢复了他们的正确判断，以前的样式复归了，从此坚持了下来。

许多男人决定剪掉他们的辫子。这是1644年满人入关时，强加在汉人身上的一种归顺的标志。我们在前一章已经说到，在革命之前，青年人当中的冒险者已经剪掉了他们的辫子。革命之后，学生和新兵不仅在剪掉自己的辫子上，而且在剪掉普通人的辫子上，都起着引领作用。他们用刺刀以及为此目的而携带的剪刀，断掉了那些普通人的辫子。绅士和官僚阶层不得不效仿。甚至是袁世凯，尽管处于北方保守阵营，也屈服于这种流行的要求。大多数北方人在离开南方很久之后仍然留着辫子，今天大多数普通人仍然编辫子，并将之悬在自己的背后。南方落后乡村地区的人们发现，如果想要留住自己的辫子，就必须远离驻扎有士兵的城镇。像南京这样的新的中国要塞，那些冒失进入的人，甚至在渡过长江之前就一定会失去他们的辫子。有些人试图将辫子盘在帽子里，并且使头发布满整个头顶。但是，长江两岸的新士兵们发现，剪辫子是最鼓舞人心的运动，而且很少有长发可以在他们那里得以幸免。

在新的中国，士兵们将剪发当作他们工作的一部分。一天，我们正在内地的一座火车站，这时一辆装满士兵的列车进站了。几个农村的男孩站在月台上观看着这一场景，他们中的大多数仍留着辫子。一个年轻军官从火车站台上走下来，他不过十几岁，却对自己职位的重要性很自负，他与一名同伴突然冲向那几个乡下男孩。男孩子们猛地奔向了广阔的田野。随后，那个年轻的军官拿出一支大左轮手枪，命令这些男孩们回来。他们看见陪同的士兵们手上拿着一些剪刀，他们害怕这些剪刀如同害怕左轮手枪一样，不能立即服从这一命令。对这些男孩来说，情况看起来甚为严重，直到我们在一位有影响力的同伴陪同下，勇敢地走到士兵面前，告诉他们做好本职工作，不要干涉地方事务。这些乡村男孩们庆幸地躲过了剪刀，而且毫无疑问的是，他们以后在火车站附近闲逛都会更加小心。这个年轻的军官并不高兴，因为他失去了所有汉人（以及大多数其他民族的人）最喜爱的东西，即面子，或者说是自尊。

只有一个师的中国人仍留着辫子，就是张勋指挥的那个师。此前我们描述过他试图为清朝守住南京。他不仅留住了那些跟他一起逃走的人，而且还努力招募了许多其他留着长辫子的青年男子入伍。他的势力足够强大，而且国家仍旧如此地混乱，以至于政府并没有把他视为逃犯。他勉强地效忠于新秩序，但是后来的事情证明，这仅仅是为了争取时间，并保存自己的实力。事实正是：他仅招募那些留辫子的人，以示他对旧政府的忠诚。

他在江苏北部汇聚自己不断壮大的军队，并且像一个东方的王侯那样居住在帝王般豪华的居所里。政府必须提供资金给他的士兵发军饷。由于政府没有办法清点他所有士兵的数量，所以不得不以他的话为依据，结果整团整团地支付了他所没有的军队的薪金。因为他的军队和弹药都依赖于政府，所以政府能够控制他几分。同样地，政府也能要求他在任何需要的军事行动中予以配合。因为他所征募的军队大部分都来自乱糟糟的乡村，那里因粮食歉收而抢劫频繁，所以当士兵处于军事控制之下时，比他们散布在乡间更为安全。

在 1913 年起义时，这些军队重新占领了南京，并被允许在三天内肆意抢劫。不幸的是，在虐待南京人民时，他们不小心杀害了三个居住在城内做生意的日本人。日本政府以此为借口，向中国政府施加压力，并迫使其将张勋及其军队从他们生活了两年的江苏北部撤走。那时，我们能够大略估算出他们在南京的百姓家中和店铺所盗取的物品，因为我们看见他们公然携带着整整一列车的各种货物。

尽管张勋在抢劫期间并没有亲自出现在城里，也没有作为小偷和抢劫者进入房间，但是他并没有空着手离开。1910 年，中国仿效其他国家在南京举行了一场杰出的博览会。那些引人注目的建筑建立起来了，许多现代发明和中国古代遗物以及更现代的昂贵瓷器和丝绸均在展览之列。整个博览会用电灯照明，为此还进口了一套专门的设备。当张勋回到他在徐州府的旧居时，带回了整套电灯装置。在徐州府，电灯装置被安装起来，不仅为他现在所建的壮丽建筑供电，而且也足够给他的军官所用的其他地方供电。他让设备持续运转了一段时间，然后在一个晚上，电线偶然发生短路，他看见自己美丽的宫殿顿时火起。他自己逃走了。这一事件稍微偏离了本章的主题，但它却是民国初期发生的一件有趣的事情。

因为某些原因，尽管国家是和平的，而且新政府也被国民和军人们所接受，但是，每个师的指挥者都认为有必要招兵。在政府的要求下，这并没有实行。可能是由于支持清政府的北方军事领导人仍然掌握他们的指挥权，并且正在招募士兵，所以南方的领导人也认为有必要这样做。这正是欧洲国家中更长时期内一直发生的事情。

1911 年张勋溃逃之后，一连从学生中招募的年轻士兵被安置在我们的城市，并与我们一起待了六个月。那时他们的连长才 20 岁，但是他的才智却远远超出了他那个年龄的水平。由于他强有力的工作，我们的城市在那么多士兵经过铁路线的来来往往中，并没有遭受祸害。后来，他受命招募士兵。他的手下有 80% 获得了委任，而且他自己也成了一名上校。在中国这个地区的所有城市和大的市镇上演了同样的事情。新兵整天都进行操练，号兵们打扰我们早晨的睡眠，晚上又催促我们去睡觉。新号手必须加以训练，他们的训练对外国人来说是很伤脑筋的事，外国人除了一天要听 16 个小时的军号声以外，别无选择。

这些士兵除了操练外，并没有工作。每天在规定的时间，他们可以离开自己的营地，随意闲逛。他们当中的一些人令人讨厌，有些军官也并不严格。其他指挥官则很严格，他们的士兵就表现得更好一些。在一些团中，小偷小摸是很平常的，这些团喜欢打扰从事日常事务的民众。但是，在某个冒犯者被上级抓获，并要求承担他的许多同伙士兵所犯罪恶之前，这一情况并没有持续多久。一般处罚就是用竹子打赤裸的大腿。遭难者被不光彩地开除军籍，并且处于一种令人同情的境地。他被带到我们医院来治疗，费用由同情他的同志们支付。

在我们教堂举行的几乎每次礼拜式上，都可以见到成群的士兵。有时候他们变得让人讨厌，因为他们丝毫不懂这个地方的礼仪。他们嘈杂地跺着脚步走进教堂，坐一会儿，然后又嘈杂地离开。由于早期的军官欢迎传教士到他们的军营，并乐意给他们机会向士兵们讲话；所以，在教这些军官的士兵们时，只要说句话，就可以获得军官们的配合，并展示参加礼拜时的礼仪。在这种情况下，为那些经常参加礼拜的人所组成的特殊的班就产生了。许多士兵实际上成了基督教徒，尽管他们后来散布到又远又广的地方，我们不断得到的报告表明，他们中许多人是真诚地接受了信仰。

在重建的那些日子里，一个严重的困难显得格外突出——抢劫到处都是。

被裁撤的或者擅离职守的士兵带着他们的步枪和弹药走了，并且变成了强盗。许多中国军队由不安定的、无责任感的人组成，这些人在没有管辖时，就会糟蹋未受保护的农家和村庄。在整个安徽东部，多年来就存在着一个秘密组织，该组织声称除了互相帮助外，没有其他目的，实际上它控制着抢劫和盗窃。它的首领们自己并不和抢劫的帮伙一起外出，但是当实际从事抢劫的人与政府陷入麻烦时，他们就为之提供保护与帮助。

当法律和治安废弛时，这些人变得非常胆大，并且开始恐吓更大的城镇。后来发现，警察、士兵、铁路雇员都是他们的同伙。在滁州，他们开始以买东西为掩护进入商店。他们会询问他们所买东西的价格，只支付一小部分钱，然后告诉店主剩余的赊账。当然，这种方式是一种明目张胆的敲诈。地方官员绝望之际，最终逮捕了最严重的罪犯中的一人。整个组织立刻就让人们知道，地方官员要为此行动遭难的。一天晚上，城门被与抢劫者同伙的一名警察打开了，接着他们的一大批人进了城，抢劫了衙门，并打开了监狱，而地方官则逃到了士兵的营房。

史奎标①，一名伟大的中国传教士

① 史奎标是滁州知名的华人基督徒。

士兵中只有少数人勇敢地对付这帮强盗，他们经历过战争，勇敢地攻击强盗。这些强盗们很快失去斗志，并且逃走了，一路上散失了许多人。这些人截获了一辆机车和一些车厢，并匆匆逃往乡村，沿路烧毁了一个市镇。当切断的电线一修好，地方官就发电报请求更多的援兵。这些援兵进城后，地方官扫荡了城市和乡村的强盗，清除了已知与这个秘密组织有任何关联的人。这是多年以来乡民们第一次放下心来，安然入睡。

教育改革在革命以前就开始了。1905 年，皇帝发布诏书终止旧的教育制度，并开创新的教育模式。教会学校在很大程度上成为这种变革的先导。就女子教育而言，尤其如此。据我们所知，现代教育的需求使成千上万的男青年赶赴日本接受新式学校的教育，一些富裕家庭或者官员家庭的女青年也被送往日本，有些甚至能够前往美国和欧洲求学。政府拿出了许多补助金，以资助这些接受必要的师范训练的人。这些新式学校在中国刚刚开始，革命就在全国爆发了，并且受影响地区的所有学校都被关闭了。

教会学校很快重新有了学生，因为官办学校的教师在能拿到薪水前，政府必须征集到税收。几年来，国库难以为继，所以官办学校只能等待，而教会学校则发现自己因学生而忙得不可开交。中国人已学会信任传教士，不再反对自己的孩子接受基督教的教育。出版社的任务同样艰巨，因为官办学校的教科书全部需要更换，以符合民国创建后所产生的新观念。

官办学校的教师们为重新开办学校付出了英勇而具有爱国热忱的努力，并且他们也要面对新的需求。夜校如雨后春笋般涌现，针对贫困孩子的免费学校开办了，教育会组成了，传教士们受邀当作荣誉嘉宾参加他们的会议，并被热切地征求建议。他们被请去帮助教授为老师们办的师范班。年老的教师对于算术、地理、音乐、生理学这些科目一无所知，而青年教师在管理学校方面经验不足，两派之间常常发生冲突。现在，旧式教师正在迅速地消失，甚至他们那些教授经典文选的方法也过时了，新式教师对之毫无耐心。由于政府一直受到叛乱和其他争斗的困扰，所以它一直缺乏资金。学校资金往往被挪作他用，尤其是用来给士兵发饷。因此，地方旧式学校和私人学校的成效并不明显。在大部分城市，旧式教学依然存在。然而，政府并没有打算恢复这种旧式教育。

教会的医生们因红十字工作所受到的支持而深受鼓舞。他们抓住时机提出了清洁街道与房屋的建议，他们付出了更多的努力以使医院和外国人的居住区成为卫生模范区。现在，当他们提出举办有关这些方面的临时演讲时，所有学校的学生都前去讲堂听讲，而讲堂常常就是教堂。人们开始谈论卫生，结核病一直损害着中国人的健康。旧式的教师们认为躬着背走路是有威严的，因为这能够显示他是一名学者。但是，这也容易使他患肺病。关于这个主题的演讲很快得到响应。学校开始要求实行体育锻炼。虽然男孩子们、女孩子们上学了，但是他们是在很多年以后才得到孩子们应有的机会，游戏、体育器材和体育训练成为他们教育中的一个常规部分。

在旧时的中国，“穷人常常会和你们在一起”确实是真实的。洪水、干旱和蝗灾毁坏了每年的庄稼收成，缺乏船运设施使所有救济灾区的计划都无法实行。如果饥荒太严重，政府可能免除当年的税收。在极其严重的情形下，政府会发布命令开放施粥所。这些施粥所并不是设在直接遭到饥荒的地区，而是在饥民流徙到的城市。生活在鲁南和苏北一带的人经常遭遇饥荒。饥民们常常沿着大运河南下到镇江，或是由陆路经皖东到南京。我们的滁州城是在后面的这条路线上。确实，这个因太平天国起义而人口减少的地区，因这些饥民而使人口得到大量增加。这里有政府或者私人拥有的大片土地仍未被耕种。

革命之后，滁州基督教堂的负责人开始向新上任的、友好的官员施压，以便为穷人开辟这些闲置的土地。环绕全城的以及介于护城河与城墙之间的大片土地长久以来都被闲置着。一位官员着手鼓励养蚕、植桑，但两年时间内，难民们破坏了这些，并拔走树根当柴烧。当地的中国牧师想要组建一个小公司，安置难民们开垦这片荒地。对这块土地的请求立即得到允许，政府征收的仅是名义上的租金，这成为现在教堂得到信任的标志。后来，护城河被用来养鱼，现在每年都有可观的收入。

就在张勋带领他的军队向北逃脱革命军队的追击之际，一场饥荒使他经过的地方变得一片荒凉。北上追击他的革命军因停战而停止进军，并扎营在这个发生饥荒的地区。军队由组织有效的军需部提供粮食补给，而周围的百姓却面临饿死的处境，于是他们向军队请求援助。任何人只要给他们少量的钱或食物，他们都愿意以自己的孩子来交换。这样做虽然使父母和孩子分离，但是都能得救。大约有600名男孩和女孩就这样被南方士兵买下，他们打算将之当作佣人。毫无疑问，一些女孩被养大后，会过上不道德的生活。当这些士兵转移回南京时，当地的人们反对他们将这些北方的孩子带到南方。他们接管了所有这些孩子，然后在南京开办一所孤儿院。这是中国人首次成功地处理此类问题。人们找到了一位有着良好管理能力且受过教育的女士，并命她负责孤儿院的工作。这样的安排在1913年的起义中起着至关重要的作用，当时它被置于由教会管理的当地红十字会保护之下。这种基督教人士的暂时保护，使这位受过教育的女士接受了基督教，并使这一机构对基督教教育开放。

在这里，饥荒和贫困并没有因政治变化而减少。清朝的旧官员公开买官，他们上任后聚敛税收，就像罗马统治下的耶路撒冷的收税员一样。人们害怕衙门，因为那里没有公平。肆无忌惮的官员们的唯一目标就是要变得富有，所以他们频繁地调动，压榨所到之处的人民，对于当地的进步并没有带来任何有益的影响。民国建立后，许多为民国而战斗的爱国青年发现自己受托付而担任官职。但是，贿赂已经根植于那些不正直之人的头脑中，以至于这些年轻人同样面临着贿赂的压力，而且他们当中的一些人无法抵制诱惑。

士是十分同情革命的一个阶层。他们以往骄傲自大，现在已慢慢地认识到了旧政府的缺陷。因此，他们对革命予以很大的支持，但是新式地方官员不能抵抗旧式的诱惑沉重打击了他们的希望。他们中的许多人对这些禁不住诱惑的事是要负责的。他们开始明白建立共和的工作并非一日所能完成。他们也开始认识到：如果要实现共和，就必须改变自己。留学美国的学生们曾向他们详细地描述过那个先进的国家，而且他们认为，只要魔杖一挥，他们自己的国家就能变得同样繁荣。很少有国家像中国那样，习惯拥有这样强大的支配权。可以相信的是，人们已经丢弃了鸦片，但是去掉懒惰、寄生、自私和赌博却是另一码事。

他们开始认识到需要普及教育，以及培养一批教师的必要性，还认识到扩展他们教育体系的重要性，直到每个孩子和成年人一样都被告知接受教育属于公民的权利和义务。他们认识到了妇女教育的必要性。他们发现旧的保守主义深深地根植于他们的妻子和母亲心中。他们自己可以抛弃对神灵的信仰，但是迷信在老一辈的妇女当中影响很大。而年轻的女孩跟男孩一样渴求受到教育。她们也走极端，经常批评自己。单身的女传教士开始发现自己为人们所需要。女子教会学校受到良好的保护，它们的毕业生很快就受到人民的喜爱。这些学校与官办女校差异明显，而且这无疑是教会学校的优点。

传教士们没有把自己置身于不需要的地方，他们试图成为有用的人，提出自己的建议，并为民众的利益奉献自己。

有时会有资金发放到传教士的手中用来推行一些改良，而且他们常常被给予领导的位置，他们被请去帮忙以及监督许多任务。这些新的活动恐怕要占据他们所有的时间，这对于他们明确的传教任务是有害的。此外，几乎在每天的家庭生活和社会交往中，都有人坦率地向他们问及有关基督教的问题，所以他们很快意识到自己正以一种新的、更有效的方式传教。他们发现做这些额外的工作打开了通向至今仍封闭的心灵和头脑的道路。那些没有预料到的听道者独自一人或者成群地来到教堂，并参加礼拜。

（三）民国的政治功绩

中国的社会危机已经强烈地受到政治条件的影响，一个人需要了解政治条件才能明白社会危机。有鉴于此，我们将要花一点时间概述一下清政府垮台后发生的政治事件。

我们必须记住，清政府阻止了西式教育方法的引进，他们禁止公众集会。获取财富和官位成为唯一的抱负，它鼓舞着男孩子们学习、男人们奋斗，官位对于他们而言就是进阶石。长期以来，中国人的生活都是以家庭为中心，而非社会。家庭需要儿子来延续香火。如果一个妻子不能生育儿子，另一个妻子会被娶进来。家庭生活的联系是如此的强大，所以一个能获得财富和影响力的人会发现几代的穷亲戚都会前来找他寻求帮助。正是以这样难以置信的方式，大量中国人成为社会的寄生虫。甚至富裕家庭的家长们倾向于在他们的儿子们长大可以担当时，把责任交给儿子们。父亲希望儿子赡养自己，就像他赡养自己的父亲那样。男人们学会工作是被迫的，但是一旦可以卸下担子，他们就准备好休息了。所有这种懒惰的倾向已经让人们形成了一种坏习惯。新的计划经常得到他们的热心支持，但是，当他们的热情退却后，计划也随之失败。因此，他们最近的大多数计划都因为缺乏忠实、稳定的支持无果而终。新政府出现的问题与民众这种精力和热情快速消退的坏习惯是有很大关系的。

民国第一任总统袁世凯在清王朝垮台前已经取得了政治影响力。1898年，他在北京任宫廷卫队的指挥官。皇帝信任他，试图颠覆皇太后的权力。袁世凯背叛了皇帝对他的信任，于是著名的政变发生了。皇帝从没忘掉此事，当他驾崩时，给新的摄政王留下旨意，让他在第一时间将袁世凯羞辱地罢免。当1911年革命爆发时，北京的官员当中没有一个人有足够的力量控制局势。摄政王被迫重新召回袁世凯任职。袁世凯拒绝赴任，直到摄政王答应给他以绝对的权力。

袁世凯的长子那时刚过少年时代，他先于其父到达北京。他随意而公开地吹嘘说，当他的父亲到达京城，满人就会结束他们的统治，革命者将被迫选举他的父亲出任新民国的总统，在适当的时机，其父会重新恢复由他自己做新皇帝的君主制政府。朋友们一遇见这位年轻人，就会制止他这样说。后来的事件表明，他事实上将其父意图实施的计划泄露了出来。

1911 年 11 月，袁世凯到达北京。战斗主要在遥远的武汉三镇周围进行。武汉三镇非常出名，包括武昌、汉阳、汉口。武汉三镇位于汉水和长江的交汇处，在距离上海 600 英里的内地，并且有京汉铁路与首都相连。清军烧毁了汉口的华界，驱使革命军队渡过长江。如果他们在那里继续取得胜利的话，革命军无疑会被驱散。然而，袁世凯现在控制着北京的政府，并且阻止了他们的军队。他宣布和谈，要求革命者接受停战，并派代表讨论议和的条件。

革命军并未立即答复。现在，几乎全国都起来反抗清政府。清军首领张勋企图占据南京，被驱赶过长江，并向北逃窜，将整个长江下游都交到了革命者手中。袁世凯派代表前往汉口谈议和条件。革命者接待了他们，并派出了代表。谈判并没有取得结果，因为袁世凯主张的是有满人或没有满人掌权的君主立宪政体，而革命者毫不妥协，坚持共和制。就在谈判拖拖拉拉地进行之际，孙中山突然回到中国，并被迅速选为民国的总统。1911 年 12 月 29 日，孙中山住进了位于南京的宅邸，南京是被提议的新首都所在地。

袁世凯继续他的谈判，逼迫满人逐步妥协，直到 2 月中旬，满人同意共和，并退出了这一领域。孙中山意识到袁世凯是一个更强的人。为了加速实现和平，他辞职以支持袁世凯。1912 年 3 月 16 日，袁世凯宣誓就任为新民国第一任总统。民国开始于 1912 年 1 月 1 日。袁世凯仅仅执政一段时间，中国就有知识分子和居住在中国的外国人开始表现出对他的不信任。他们知道袁世凯在1898年背叛了自己的皇帝，1911年又背叛了清政府。他们相信，只要时机成熟，他同样会背叛民国，自己当上皇帝。

巴西和墨西哥很早就承认了新的民国。1912年5月，民国取得美国的承认。这点燃了整个国家的热情。我们注意到，到处都是星条旗和新的民国国旗并列飘扬。南京组建了一个临时参议院。袁总统赢得了他的依然以北京为首都的主张，所以临时参议院也搬到了北京。因为长时期禁止人民公共集会和公开谈论政治问题，所以早期临时参议院的会议经常为一些琐碎的问题争论便不足为奇了。

袁总统知道他的职位并不安全。他耐心地向国会争取，并开始将有影响力的亲信收拢在自己身边。在任何地方只要他能够那样做，他都会将那里的军事首领解职，安排自己的亲信前去填补空缺。国会意识到，它的首要任务就是制定一部宪法。宪法起草委员会拒绝总统的任何帮助，他们想要起草一部能够限制总统权力、使总统对国会负责的宪法。而这恰恰不是袁世凯所想要的。民国政府缺少资金，一批国际银行家提议贷款，于是他不与国会商议就开始与这些银行家进行谈判。袁世凯立即遭到反对，并被警告这一行为会引起新的内战。然而，他获得了2500万美元的贷款。但是，另一行为加速了总统和激进派的分裂。国民党的年轻但有影响力的领导人宋教仁，在上海乘火车回北京时因遭到一名刺客枪击而殒命。刺客被捕，随后调查发现的证据充分证明总统的亲近官员是有罪的。

宪法、借款和宋教仁被谋杀这三件事引起了南方更为强烈的情绪。江西都督李烈钧将军宣布反袁独立，随后起义蔓延开来。南京再次成为大本营，并派出了一支军队沿着津浦路北上讨伐总统。但不幸的是，自从清朝将领张勋两年前被驱赶出南京，他带领自己不断发展壮大的队伍盘踞在这条铁路线上的苏北徐州，他毫不费力就阻止了起义者，然后与来自直隶的冯国璋向南京进军。几周后，他的野蛮军队再次夺取了这座城市，如愿以偿地报了以前被驱逐的仇。他们被允许在此抢劫三天。历史再次重演，无辜的人遭受到了苦难。

随着1913年起义的失败，袁世凯感到自己已经强大到足够控制国家，实现自己的愿望。毫无疑问，国会中一些成员同情起义，但没有一个人参加。国民党因此被人怀疑，失去了很多影响力。到此时为止，袁世凯担任着临时大总统，等候宪法的颁布。这时他对国会施加压力，争取早日当选为正式大总统。指导选举的法律早在1913年10月已制定，于是在10月6日，国会在压力之下选举袁世凯为正式大总统，黎元洪当选为正式副总统，这个结果让袁世凯的胜利不至于过度刺激激进派。迄今为止，黎副总统和他的部队一直驻在汉口。现在，袁总统劝导他移驻北京。黎将军一到达北京，就被安排了一个住处，即1898年慈禧太后亲政时安置皇帝的住所。袁总统马上派遣另外一个人接管汉口的军队，这样就从副总统手中夺取了所有军权，并且使之实际上处于退休状态。黎将军长久以来一直是革命党崇拜的人物，这对于他的威望又是一次打击。黎副总统默默接受自己的命运，并在随后三年动荡不安的日子里，一直在等待政治上出现转折。

袁世凯感觉现在已经足够强大，能将权力集中在自己手中。1913年11月，他解散了国会，借口是激进派议员通过秘密支持起义来加强其议会成员的权力。留下来的议员不够法定人数，而且也没有采取措施填补空缺。1914年，袁世凯的大部分时间都用在为自己量身重组政府上，一直朝着恢复帝制的目标努力。为了证明他在北京城之外的力量很小，有必要提到如下事实，即一个强盗头子在被包围击毙前，在中部四省肆意地抢劫和烧杀九个月之久。

与此同时，第一次世界大战已经爆发。1914年8月27日，日本对德国宣战，要求德国把在山东胶州的所有租借地转交给日本。这样开始了从外部对中国的打击。中国要求共同占有胶州，但是日本公开予以拒绝。9月8日，日本军队在中国领土登陆，60天后占领了胶州。日本已承诺将租借地交还给中国，但是在1月，日本提出了臭名昭著的“二十一条”。如果日本的这些要求被满足，日本将把中国置于它的控制之下，剥夺中国的一切独立权。由于其他列强的干预，日本在最后的“通牒”中对这些要求做了修改，但仍然获得了对中国工业和未开发资源的非正义的控制。

到1915年秋，袁世凯感觉自己强大得足以继续着手建立帝制。为了蒙骗其他国家，使它们相信这是在人民一致要求下做出的，他精心设计的机构建立了起来，以便各省对此事进行投票。在强迫措施之下，成千上万的公民被迫按照发出的密令投他们的票。这个不公正程序的投票为驻北京的公使们所掌握，他们送来了抗议书。但是计划已经实施了。当投票箱打开时，发现递交的投票一致要求恢复君主专制政府，拥戴袁世凯为皇帝。这一切于1915年12月完成。

投票结果公布两周后，云南在蔡锷的领导下宣布独立，其理由是袁世凯背叛了他们的信任。由于全国其他地方出奇地保持平静，袁世凯宣布新的帝制将从1916年1月1日开始。沉默终于被打破了，不仅是整个南方，全国许多地方都明确宣布了它们的反对。与袁世凯一伙的将军们以军法控制自己的辖境，但是这也无法阻止群众发表他们的谴责。袁世凯发现他错误地判断了中国人的情绪，所以他于3月22日取消了帝制。

这并不能平息反对声。袁世凯已经背信弃义，他必须从总统职位上告退，有人甚至提出他必须接受有罪的审讯。北方军队被派至西南方去镇压起义，横亘南北之间的山脉使军队行军和供给成为一大困难。袁世凯再次缺乏钱财，没有钱战争就无法维持下去。来自全国各地的电报和信件都要求袁世凯告退。没有人能够成功地统治一个公开弹劾自己的国家，他不得不向压力妥协，于1916年5月29日发布布告同意告退。①

失望和随之而来的精神压力摧垮了袁总统的健康。有一段时间，他无法集中精力工作。在布告发布一周后，他的身体状况更糟了，并于6月6日

① 当天袁世凯公布的是《帝制始末案》。

去世。他的名字将遗臭万年。如果当初袁世凯被无私的爱国精神所鼓舞，而不是肆意地自私自利，那么他将会作为起初所宣称那样的伟大领导者被人们记住。

黎副总统经历了所有这些事件，一直安然地住在为他留出的宅邸，现在人们请他担任总统。一股安慰之情传遍全国。各省发来电报向他表示效忠之意，他们都绝对地信任他。在来北京的时候，黎将军已被迫与自己的军队分离，并且被另一个人接替指挥。所以，黎总统并不是得到了军队的支持，而且得到人民美好愿望的支持。很自然，此时他面临的最艰巨的任务是使军队服从政权。

从他就任总统，到来年 3 月对德国宣战问题摆在国家面前，中华民国一切风平浪静。看起来中国人似乎最终将要实现心中的愿望，并在世界各国中获得受尊敬的地位。可以确信的是，政府正面临一些难题，而且它依然很难找到必要的资金开展工作。各地人民喧嚷着要求地方自治，有些人甚至要求将“孔教”定为国教。

同时，中国关注第一次世界大战的进展，也关注着美国和日本。中国对日本心存畏惧。美国在战争和其他方面都是中国的榜样，中国正试图模仿美国。当威尔逊抗议德国发起残忍的潜水艇战时，中国也跟着抗议。一艘载有 500 名中国劳工的法国运输船刚刚被潜水艇击沉。在美国与德国断绝外交关系一周后，中国也对德国绝交。

中国这样做还有其他原因。最近中国与日本、法国外交关系中发生的两个事件表明：其他国家向中国提出什么要求并不重要，因为中国没有力量去抗拒它们。随着战争的发展，中国开始明智地转向正在支持弱小国家主张的协约国。中国如果想要抵制日本的侵犯，就需要在和平谈判桌上占据一席之地。日本正公开地抓住机会使自己成为东方的独裁者，其参加世界大战就是这个目的。美国对中国的影响不断增强，中国也想要最终与美国站在同一条战线上。

但是，冲突在表象之下一直不断地增强，当中国试图对德国宣战时，严重的冲突出现了。黎总统在统治国家时采用彻底的民主方式，而总理段祺瑞实行的则像是训练中的明显的军事方式。他想不与国会商议就对外宣战，总统反对这样做。段祺瑞组织了一个军方委员会①来巩固自己的地位。这激怒了国会议员，当宣战问题向他们提出来时，他们拒绝执行，直到总理去职为止。段祺瑞拒绝辞职，于是总统罢免了他，试图来解决问题。但是，段祺瑞一直是一个好斗的人，现在他不会平静地下台。

张勋和倪嗣冲带领的两支军队都占据在津浦路沿线的地方，向政府宣布独立。黎总统发布了一条命令，表明他没有受到他们势力的威胁。然而，这些人提出在天津召开一个军人会议。有些人前来参加，但是他们之间很快就出现了异议。美国公使给政府递交了和平照会，提醒政府注意国内和平比如何对另一个国家宣战更为重要。

军中的一个派别觉得国会正在威胁并损害军队的威望，而且张勋带头要求解散国会。他发出威胁，如果国会不解散，便带领他的部下进攻首都。总统在北京没有忠实的军队来支持政府。张勋实际上只带了一小支军队进入北京，而且他迫使总统在此压力下签署命令解散国会。这发生在 1917 年 6 月。张勋在多次进京时，曾表示对清政府的忠心。现在，他与光绪皇帝以前的顾问康有为，在 7 月 1 日拥戴已退位的小皇帝，并告知他恢复皇位。他们找到黎总统，要求他辞职，并承认小皇帝。黎元洪拒绝了，于是他被监管起来。来自日本使馆的一支分遣队前来把黎元洪转移到了他们的军营。后来，他逃往天津。

段祺瑞此时复出，召集了一些军事人物，并提出带领他们的军队反对张勋。50000 名所谓的民国军队很快包围了首都，将张勋和他的军队赶进城中。200 名训练有素的欧洲和美国军人本可以在几个小时内让张勋求和。这

---

① 即督军团。

些势力之间有着戏剧性的竞争，于是几周后，张勋放弃了争斗，并到了荷兰使馆避难。段祺瑞进入北京，再次就任国务总理。黎元洪将军看到自己不可能战胜军人派系的力量，拒绝继续担任总统。副总统冯国璋拥有自己的军队，并在南京设有自己的司令部，此时他来到北京，就任大总统。

新总统上任后一周内就对德宣战，没有国会讨论是否支持这个决定。此时，总统或总理，或军方人物都没有重组国会的意思。进步的南方和保守的北方之间的分裂不断地扩大。双方都组织了军队，于是整个国家变成了一座大军营，根本没有解散这些军队的意图。甚至张勋的军队都被倪嗣冲所接管，他因此也增强了自己的实力。政府不得不供养所有这些军队，不管他们支持政府与否，国家税收的大部分用在了这个方面。那时国家资金也不充足，新总统开始寻求外国借款以支付开支。冯总统只不过是有名无实的首脑，段总理控制着政府。

南方很快回到对北京政府独立的状态。南方省份组成一个联盟，起初的国会议员聚集在广州，并且达到了办事的法定人数。一个军事委员会被组织起来，以指导政府的计划，直到他们能够再次征服北方。他们招募了大批军队，并且开始从南方出发，经湖南进军汉口。北方政府立即派出大批军队南下迎击他们，于是湖南成了战场，乡间一片荒凉。如同平常一样，教会利用他们的所有权力保护无辜百姓，照顾伤员。教会的行为赢得了人民的爱戴和大多数士兵的尊敬，但是这并不能挽救这个省份。

在这场自私战争中，最引人注意的是来自冯玉祥将军的部队。冯玉祥是一位基督徒，无论他的军队驻扎在哪里，他总会请教会在自己的部下当中开展工作，也不允许自己的部下伤害百姓。1918 年冬，他请来一位有名的中国传教士，并在军营进行了礼拜。除了许多士兵，他的一些军官和一名行政官员都接受了洗礼。同时，他还在士兵中大量分发《圣经》。

这场不必要的战争又逐渐耗尽了财富。日本被请求给予更多的借款，而且日本立即予以同意，因为这意味着中国在有价值的工业和政治上的让步。此时，政治圈流传着一种令人紧张的担心，害怕德国会穿过混乱的俄国和西伯利亚，威胁到东方的安全，特别是满洲和蒙古。中国被骗与日本组成联盟以对抗之，并被给予了另一笔大的借款，而借款是以大量的让步为保证的。整个国家为这一行动大受刺激，以至于南方领导人都通电宣布只要北京政府取消这一协议，他们愿意放弃反对北方，但是它最终还是被通过了。

北方现在开始感到需要有一个国会，而冯国璋不是一位令人满意的总统。两派之间的战争并没有什么结果，而且人民疾呼需要和平。北方认为原先的国会是非法的，所以要求选举一个新国会。除了南方各省外，所有省份都响应。1918 年 8 月 12 日，新国会召开了会议，他们的首要工作是选举一名新总统，要找一个受全国欢迎的人。他们能做的最好的事情就是选举徐世昌为总统，他曾在清政府任职，后担任袁世凯政府的国务卿。

北方可能找不出更好的候选人。南方不反对徐本人，但是他们并不认为他们的选举是合法的，因为他们依然认为原先的国会才是合法的。徐总统宣誓要争取和平，并立即开始制订实现和平的计划。他任命了和平代表，要求南方也派出代表。起初，南方表示反对，但是公众的压力迫使他们妥协。对于和平会议的地点久有争议，南方想要在上海举行，因为在那里他们可以获得外国的保护。北方坚持在南京举行，最终还是妥协了。上海召开的和平会议在一段时间里进展良好。欧洲和平即将来临，并且代表们正会聚巴黎参加世界和平会议，中国也想派代表参加。分裂的中国将毫无力量。最终，南、北方都派出了代表，而且北京政府承认了两派人士，以加强中国的地位。但是，这并没有将上海代表们引向达成和平的基础，最终谈判破裂，他们回家了。

这次会议的失败体现了双方的领导人都追求自私的目的，而且黩武政治正控制整个国家。人民在政府中没有发言权。当他们被要求通过投票表达自己的意愿时，他们只能按指令给掌权派所指定的人投票。孙中山曾再次与南方派联盟，为争取国家的和平与正义而努力奋斗，他在1919年春退出了他的派别，并辞去了所有的职务。在一封公开信中，他指责南方领导人和北方领导人一样，都是自私和没有爱国心的。今后，他将不会再与任何一方合作。

这就是1919年秋的情形。正义的国民已经彻底地失望，他们在自私自利的冲突中看不到出路。一个新的外国银行团正在商谈处理未来的对华借款。如果他们能够通过强迫遣散军队来保护自己，并且只在必要的时候才使用军队，同时恢复行政官员的权力，那么整个国家都会感到十分欣慰。

（龚雅丽　杨莎　译）

◎五、 荣安居经历的陕西辛亥革命[①]

（一）激动人心的一年：在山上寻找

人们普遍认为中国革命开始于1911年9月，当时革命在汉口爆发，并将现在[②]的中华民国合法总统黎元洪将军置于统率起义部队的位置上，当时这些队伍分布在湖北省会武昌及长江对面的汉口、汉阳城内及其周围。这次革命是长期以来反抗清政府统治的明显表现。中国在1894年受辱于日本、1900年受辱于列强，这都使得中国人认清清政府的国家机器已经衰败了。因此，一场普遍的运动在务实的人当中传播开来，取代了过去白莲教、哥老会和其他秘密会社的反叛活动。这些人担心：如果不清除满人的统治，国家的分裂是必然的，这些“务实”的人可能已忽略了满人的

① 荣安居（Andrew Young，1869—1922），英国浸礼会医学传教士。1905年来华，先后在西安广仁医院和三原英华医院任医师。本书选译内容译自祈仰德（John Charles Keyte）著《陕西的荣安居》（John Charles Keyte. Andrew Young of shensi：adventure in medical missions ［M］. London：The Carey Press，1924.）一书的第十章《激动人心的一年：（1）在山上寻找》、第十一章《激动人心的一年：（2）在平原上辛劳》。

② 1923年5月。

腐败，但是对于其衰弱则毫不放过。这次在受过教育的阶层中发生的运动，渐渐形成了被称为革命党——“推翻朝廷的团体”的组织①。

这次运动的目标是进行广泛的宣传，然而不幸的是，它实际上被局限在本国的中学和大学，特别是军事学校成为不满的温床。它得到了海外华人、中国香港以及诸如上海、天津这样的条约口岸富商阶层的大力资助。但这并不能说是代表了整个国家。就其本身而言，还不足以去怀疑这次运动，因为作为一个整体，这个国家是没有政治意识的，但是这次运动试图仅仅通过学校和军队开展工作确实是错了。它使得学生阶层产生了自觉意识，有意地张扬他们的妄自尊大之心，而且它又将领导职位仅仅交给不习惯于自律以及没有生活经验的青年，这些职位只有那些学会了服从与忍耐的成年男性才能很好地承担。意大利青年对马志尼②的信任，是一种对那些知道屈从于异族暴君之苦的人的信任。但是，满族在中国只是理论上的外族人，而且汉人并未遭受苦难。

在共和主义者不顾一切地为军队招募士兵之际，他们给自己的国家带来了不幸。在这里，没有反驳的证据显示他们值得被宽恕。同时，袁世凯或是另一个人，可能已向他们指明了道路，即花费大量的钱财以造就一个新的军人阶层。但是假如共和主义者对他们的事业有更多的信心，他们依然可以掌握行政权，并仅仅通过加快进行清王朝已被迫启动的改革，就能够逐渐建立起一个自由但又治理有方的中国。他们试图走捷径，他们使用了武力，而今他们正处在因武力而产生的灭亡危险之中。

没有地方比陕西因盲目征军导致的混乱更明显了，那里共和主义者的领导人占据了军火库，把暴民武装起来，却发现这样做给了哥老会（追随它的是没有文化的土匪）挑战共和主义者领袖地位的机会，并让全省陷入

---

① 在本书中，“共和派”指的是革命党及其各种政治辅助组织。

② 马志尼（Giuseppe Mazzini，1805—1872），意大利革命家、民族解放运动领袖，1831 年 8 月在马赛建立青年意大利党。

了内战之苦。夺取旧的清政府统治权的势力之间的分裂将在接下来的两章中记述。一方是陕西都督张凤翙和作战部队中地位最高的将军张伯英①（与都督同姓，但没有亲属关系）领导下的革命党；另一方是又一个姓张的，即张云山领导的一群没有纪律的哥老会。革命爆发时张云山是军队里的号手，此人胸无点墨，但有惊人的个人胆量。这种胆量在军中更倾向于在姿态上有影响，而不是在实际战斗中。当袁世凯指挥的清朝军队从东部向他们逼近，而回族的军队为了自己的目的摆出忠于政府的姿态由西而至时，革命党和哥老会出于自保的目的，保持了一种不稳定的和解，但这仅仅是和解而已。两派没有因公开发生战斗而给全省带来更多的不幸，这在某种程度上归因于浸礼会的三位成员所产生的影响。他们是，在那些日子里事实上相当于这座城市之父的邵涤源②，以及城里的两名外科医生——荣安居和罗德存。

这种有关总的形势的大量信息对于理解下面的内容是必需的。这仅仅是一个梗概，因为这本书无意概述这次革命或中国政治*。

当荣安居一家离开延安府时，迅速影响局势的事件是10月22日西安府爆发的革命，8000名满人被杀，同时骚乱遍布全城。票号和店铺被抢，而且抢掠是很普遍的。在城外，南郊瑞典教会的院落被毁，住在里面的8个人被残忍地杀害，同时在东郊和西郊，甚至在城内，外国人在几个小时之内都面临迫在眉睫的生命危险。甚至在第一波破坏之后，他们依然处在严重的危险当中，因为百姓中流传着这样一种看法，即这次新运动就像1900年的义和团运动一样，是一次“灭洋人”的起义。

---

① 即张钫（字伯英）。

② 邵涤源（Arthur Gostick Shorrock，1861—1945），英国浸信会在华传教士，1887年来到中国，长期在陕西从事传教活动。

* 任何希望探求这一问题的读者，将会发现在本书的最后附有一个参考书目。（这是原书的注释，本编译本未译该参考书目——编译者补注）

他们从延安府经过了四天的旅程后，到达了美丽的小城——中部，它坐落在从渭河的一条支流因势而起的陡峭山坡上。在风光秀丽的 11 月的一天，宁静的傍晚，当柿子树的颜色使陕西的山间小道依然绚丽多彩之际，旅行者的小队伍来到了面向郊区小营房的一个小客栈。他们感觉又快到家了，因为中部是三原教会的北边传教站之一。

正是在这里，当从城里教堂来的传教士告诉他们西安府有麻烦的消息时，他们对整个时局不再是一无所知，尽管所说的细节很模糊，而且经常相互矛盾。在那个恐怖的周日，数千人被杀死在西安城的街道上，这成了一个故事，幸好其细节被隐瞒了许多天才传到他们那里。中国是一个充满谣言的国度。每次遇到新的警报就会改变自己计划的人，将在一片挫败的目标中徘徊，没有明确的道路。我们这群特殊的人，没有考虑到不必改变自己的路线，尽管医生①去了地方官员的衙署，搜集了诸如可能已发生的事情的详情。

这位地方官知道的信息很少，但是遇到的一位军官提出护送荣安居进城，当时这名军官正急忙赶往他在北潼关的驻地，那里离此向南要走两天的路。荣安居接受了他的建议，第二天他们到达了宜君。他们在一家小客栈找到房间住下，常见的到达时的忙碌正在进行着，荣安居和赶骡人对旅店内寻常的闲逛者和游荡者都给予了足够的注意。没人注意到那个偷偷摸摸的、中国男学生模样的人溜进了黑屋子里，荣夫人正忙着收拾孩子出行用的衣物。一封信被递到她手中，匆忙的一瞥以致意，加之暗示警惕和安静之后，那个人再次融入闲逛的人群之中，穿过人群便离开了。他只是一名普通的学生，即西安府东郊教会的一名学生，然而五天来，他成功地穿过了那个谣言遍布、已有大批盗贼出没的地区，携带着一封外国人的警报信——假如一个正在路上巡查的热心的“爱国者”在他身上搜到这封信，

① 指荣安居。

他将会丢掉性命。这封信的作者是邵涤源先生，他在革命爆发时已经离开西安府，并且知道严重的危险来临了。他担心教会的一些人已经被杀害了，当荣安居一家仍在延安府时，他就想提醒他们，他建议荣安居一家和司慕德家安静地待在府城，而不要冒险去混乱无序的小城镇和外面的道路上。

如果向南的所有乡村都起义了，那么他们在中部的军人朋友能给他们提供多少保护是值得怀疑的——很可能他将必须照顾自己——所以他们决定重返延安府。但是，旅行者的愿望和赶骡人的心情并不契合，这些牲畜已是雇好去三原的。赶骡人有他们考虑的计划，而且三原那时已经是定好的地点。它意味着长时间的、令人厌倦的争吵以及所有巧妙的耽搁，而它们都是这些生气的中国赶骡人在此之前能设想好的。第二天早上很晚时，他们再一次把牲畜的头掉转向北。在这些赶骡人的心里，只有一个原因可以解释这些外国人的反常：他们的箱子里一定装满了银子。为什么诚实的中国赶骡人要为这些人的怪异行为而使自己的生计承受重担呢？从前到后的人反复单调地唱着忍耐的曲调，这支小小的队伍向中部走去。这里他们遇到了更多已从西安府回家的学生，这些学生有更确切的消息。西安城内究竟正在发生什么事，他们只能猜测，但是真实的是：西安府的城门从周日中午开始就关闭了，并且城里燃起大火。满城一片火海，火光照亮了远处的天空。

但是，他们在中部也得到了北方的消息。自从他们穿过那个地区，北方的道路就和南方一样不再安全。士兵不能被指望，同时当地与秘密会社有着或多或少联系的土匪正在肆无忌惮地忙活着。中部南郊的小客栈非常容易遭到攻击，他们这队人带上自己所能携带上的必需品，把那些笨重的箱子留在那里，朝着城里的教堂走去。由于是周日，来自城镇和周边乡村的教徒和听道者都聚集在教堂里。关于最好做些什么，人们进行了许多讨论。把荣安居一家从延安府送来的赶骡人已经逃走了，这没有什么好惊奇的。对他们来说，牲畜代表了他们大部分的可用资本，而且如果军队开始在这个区域活动，任何用来驮载的牲畜以及照料它的主人，都会被以军事的目的加以扣押。外国人明显地受到当地人的喜爱，他们高兴地跟在外国人后面，因为他们知道，除了得到好价钱和好的对待之外，他们的牲畜将会免遭路过的小军官的征用。但是外国人情愿吗？所有的迹象都表明是反对的。地方当局对外国人会采取什么态度呢？他们突然意识到那里没有地方官——至少从法律上是没有的。这个地区的官员已经逃走，而且富人也尽可能地跟着他们逃走了。那里的权力机关可能处于军队的控制之下。士兵的态度变得越来越傲慢无礼，而且他们的长官没有足够的力量去约束他们。这些士兵中有一队驻扎在教堂的对面，他们经常大摇大摆地走进荣夫人和她的孩子居住的里面的房间，用开玩笑的口吻说他们应该“护卫”这些人去省城，但要为他们的服务索要令人难以接受的报酬，而且总的来说这种情况变得越来越常见，并令人讨厌。

他们的这一小队人争论着，自己是否应当爬后墙离开这栋房屋。但是在这个市镇并没有成功逃脱的希望，这里一个普通的人家就足以引发邻居的好奇，而且主街道是一条大道，游动的眼睛、喋喋不休的舌头和听闲话的耳朵每天都在寻找施展的机会。看起来逃跑是不可能的，然而他们在这个不安定的街上找到了盲点。中午的时候，一个高大的传教士急急忙忙冲进房间，并且拉着他的外国朋友们大叫道：“快跑，周围没有一个人，马上跑！”荣夫人正试图把一些必需品收在一起，却被断然带了出去。“不要耽搁，什么都不要带，赶快走！”这就是命令，于是他们来到主街上，除了遇到一个忙碌的挑水的人之外，没有遇到其他任何人，那个挑水的人只顾他的水桶，没有注意到逃亡者们。让统计学家了解一下冬天一个中国城镇的街道的情况——这不是在夏日里，中午时分苍蝇使机警的看守人目瞪口呆——然后，问他一个人有多大几率会遇到这种情况——一个空荡荡的、无人看守的中国街道。热腾腾的饭菜可能已将士兵和闲逛者引开，或许不是它引开的。无论如何总有原因导致了这一机会，立即逃走实现了，而且正如所证明的那样，逃跑是非常及时的。有个人可能是当地秘密会社的领头人，对自己有一点权力颇为得意，他张贴布告说，不迟于明日，外国人就会被处理掉。在这个时候，关于这个布告真实性的问题不会引起人们的注意，而布告本身将足以释放人们的本能反应，这种本能反应一开始仅仅是喧闹，但很快会陷入野蛮行为。而且，如果民众被引诱去杀外国人，那么教会财产以及教堂的每个信徒的财产都将遭到冲击。在一片混乱当中，毫不夸张地说，会有某些有利可图的抢劫进行。对这些肆无忌惮的人来说，有利可图的赃物能大大抵消布告所带来的风险。

因此，逃跑不仅是为了他们自己的利益，也是为了他们基督教朋友的利益，幸运的是荣安居一家能够到达空旷的乡下。走了三英里路，他们到了一个姓曹的教徒家里，他是一个贫穷的农民，居住在当地常见的窑洞中。在这里，尽管他们是危险的客人，但是他们受到了热烈的欢迎，并被安置在里面的窑洞里。到第二天，中部的事情变得如此糟糕，以至于众所周知的忠诚的基督徒——曹一家自身也处于危险当中，所以夜幕降临的时候，这小小的一家人带了一些他们所能带的简单物件四散到了山里。老母亲和她的儿子、媳妇们走一个方向，而曹和他的雇工带着荣安居一家人及其厨师、马夫走另一个方向。曹的想法是走山间小道翻过山，避开可能经过的所有主干道，然后经富平到达福音村。这一计划总的来说是合理的。因为没有友好且全副武装的军队护送，直接去西安府是不可能的。而福音村位于山东移民居住区的中心，他们是值得信任的，如果遭到任何陕西劫掠者的攻击，他们会英勇地击败对手；同时这个小村庄本身对劫掠者没有诱惑力，不会把军队从遥远的主干道上引来。此时，不管是曹还是这个团体的其他人，都不知道他们必须经过的富平已成为该省最危险的地方之一，它是哥老会的据点，并从那时起就频繁地成为动乱的中心。

大约在午夜时，他们最终出发了。姓刘的马夫和厨师赤娃（音译）每人都带着一个包裹，里面装着罐装牛奶、婴儿毛毯和一个小被褥。这队人开始攀登那座高耸于中部之上的山。天上没有月亮，只有星光。在路边一个地方，有一个教会的成员住在那里，他们停了下来，遭遇了一定的困难才进了他的家，因为他住在村庄的中心，而且必须不能打扰邻居。这个人拒绝收留他们。他说婴儿肯定会哭，并且邻居们将会发现所有的人。或许这个人是对的，就像断然拒绝流浪者那样地苛刻、残忍，最终却有利于他们的安全。他们到达了几个村庄，都尽可能安静地经过。婴儿安静地睡在他父亲的怀抱里，没有出声。狗没有吠叫，没有村民醒来。他们一个小时接着一个小时地坚持向前走，直到微弱的曙光变成更明亮的光线。

六点钟时，他们不敢往前走了。离开主道后，他们到处寻找藏身之处。不到五分钟，他们找到了一处废弃的窑洞，在那里待了一整天。到傍晚时，荣夫人抬头看窑洞的门时，吃惊地发现一个男人正盯着他们。他一直跟着自己的牛沿着山谷而来，并且吃惊地看到一群人待在窑洞里，正像他们看到他时一样。原来他是曹已经 20 年没见的一位老朋友。曹把他请进来，告诉了他整个事情的经过。这位新朋友提出为他们站岗放哨，直到天黑，并且不让村民走近。

黄昏时分，他们再次出发了，但是不一会儿就遇到了一名单独行动的士兵，他站在那里监视他们，并记下他们要走的路。一个人在这个地方执行侦察任务是很不寻常的，这并没有减弱他们焦虑的心情。然而，除了径直走下去，别无他法。十点钟的时候，雇工已经受够了，他声称自己不会再向前走了。自从他们上路以来，他就一直有幻觉，听到有士兵跟在他们后面。曹能让这个人跟随他们走这么远，主要归因于曹这样的朴实农民的好品质。正当他们为他返回做准备时，他们走近了一个大村庄。这里的村民和狗冲向他们，他们为逃命不得不跑了起来。由于快速奔跑，加之天黑，他们与曹走散了，同时也丢失了自己的被褥；在村民冲来之际，被褥一直由那个雇工保管。安全地逃离那个村庄后，他们等了很长时间，但是曹没有再出现。姓刘的马夫返回村庄去找他，也无功而返。刘和厨师赤娃都认为曹和雇工已经抛弃了他们，但是荣医生和荣夫人没有动摇对曹的信赖。

然而，待在原地一无所获，于是他们继续前行。他们不知道路，只是试图向南走。就在那时月亮升起来了，但是突然厚厚的乌云飘过来，遮住了整个天空，于是他们失去了方向感，只能沿着他们发现的第一条路向前走，他们沿着这条路走了大半夜。“只要可以抬起脚步，我们就往前走，然后不得不躺在荒无人烟的路边。”他们仅剩的一条薄被子是厨师的，一直由他扛在肩上。马夫、厨师、荣医生和荣夫人都躺在了地上，尽量用这床薄被子往身上盖，荣夫人则用她的长礼服包裹着拉塞尔。

“夜晚十分冷，我们又饥又渴。当天开始看起来快亮的时候，我们搜集了一些干草，点了一小堆火，并试图在出发前暖和一下自己。我们有两个煮得很老的鸡蛋，蛋黄给拉塞尔吃，我们四个则分吃了蛋清。然后，我们又出发了。”

随着光亮增强，他们发现自己在一座山顶上，并且看见他们所走的路沿着山坡向下通往一座城市。进而，随着天光完全放亮，他们发现那里是宜君，五天前他们就是从那里撤离的，那里对外国人来说绝对是一个陷阱。厨师下山看是否能找到一些有价值的信息。在他们的略下方是一个没有附属建筑的房子，因为担心看不见而在找它时存在困难，他们派马夫前去探路。“我们一直知道他不很聪明，但是当我们看到他敲那个房子的门，然后明白地把我们的一切告诉人家时，我们认为他愚蠢到了极点，因为我们可以看到他正指着我们所在的方向。感到一切都完了，我们随后便下了山，屋里的人让我们进去，请我们坐下，并给了我们一碗吃的，随后一个接一个的人走进屋子，看看我们又出去了。”

与此同时，出去找厨师的马夫虽然没有找回厨师，却同一个和这个屋里的人有亲戚关系的年轻人一起回来了。由于这间屋子位于主干道上，并且危险地靠近城市，所以屋主人让他们年轻的亲戚带荣安居一家去了附近一座窑洞，然后又回来为他们送食物。当马夫冒险求这些人帮助时，他所做的无疑已经超过他所知道的。然而，他这样做很容易犯下大错，因为屋里的那个人是臭名昭著的哥老会的重要人物。但是，他的妻子是一个极好的女人。正是她承担责任，与这些陌生的逃亡者结为朋友，为他们的安全做打算，并谋得在这件事上她不得不信任的少数人的同情。她的坚定与机智在他们到达后的几个小时内就首先表现了出来，此时整个晚上都在急着找他们的曹试图找到他们。他推断，在前一夜的黑暗中走散后，这是他们最有可能走的路，因为这条路通向城市，而他曾经计划去富平的路对他们来说是模糊难辨的。到达宜君后，知道他们不会冒险进城，他推测这间房子就是他们隐藏的地方。他在询问时，遭到了断然否认，直到最后他才使房主相信他是避难者们的朋友。当他看到后者安然无恙时，简直是喜极而泣。

现在有机会要做的不仅仅是没有目标地昼伏夜行以获得几个小时的安全了。有了这个勇敢女人的机智和受他们欢迎的曹的忠诚，他们可以计划做更多的事情。这两个人与他们年轻的帮手以及厨师、马夫一起讨论了这样和那样的计划，直至深夜。荣安居一家通情达理地让他们讨论，最终的安排是这样的：那个年轻人和两个男仆去西安府，直到更清楚地了解到那里的局势，荣安居一家和他们的帮助者在夜里行进。他们携带一封用手边的东西写成的信，如果城里的当局此时表明保护外国人，他们就从城里带回帮助。这是一项危险而困难的任务，而做这件事的三个年轻人是要冒生命危险的。那位妇人的家住在离这里 20 英里远的一个宁静的地方。她从一个他们信任的男子那里雇了两头骡子，夜晚来临时荣安居一家可以骑在上面。他们孤注一掷：山里的陌生人家可能会拒绝他们避难，去城里的年轻人或许很容易遭到攻击，并被杀死。然而，与以前的逃亡相比，它拥有某种希望和意义。厨师说，他确信这是上帝的旨意。“他的心前所未有地平静。”于是，这些年轻人开始向南走去，同时荣安居一家骑上了他们的骡子，小婴孩拉塞尔被绑在曹的背上，用这种方式背着，他睡得很香甜。这就是他们的旅程：

“荣安居一骑上他的骡子，它就把他掀翻了下来。他们没有马鞍，只有‘驮座’*。在我们的骡子上，我有一床‘铺盖’*，但是尽管如此，这也是我曾经坐过的最不舒服的东西。我们穿过灌木丛，上山、下山，经过了这个地区最荒凉的地方，靠近了村庄，但是没有人听到我们经过的声音。大约凌晨四点钟，我们来到山中的一个打谷场，在它周围有三四孔窑洞。其中一个屋里的人被叫醒，并让我们进去了。整个晚上，荣安居都和曹轮流抱拉塞尔，因为在那样的路上抱着他骑骡子是不可能的。我们完全是精疲力竭，我骑在骡子上都睡着了，还做着梦，并且时不时地醒来，差点从骡子上掉下来。我们的向导必须在黎明之前带着骡子返回，以防被人发觉不在家，所以这家的人立即开始为他做饭，他们一边拉动风箱一边讨论如何对待我们。我们从床上起来，倚在谷袋子上，每隔一会儿都半醒着听听发生了什么事，但是直到后来，我才真正明白或者说意识到他们在讨论什么。我经常这样想象：英国的一个家人在午夜被一群逃命的、完全陌生的人叫醒，请求进入他们家里，躲藏起来，并要吃饭，而且这些都一一为他们提供了。他们知道，如果他们因为对这些不仅是陌生人而且是外国人的人提供庇护而被抓住，那对他们自己来说将意味着死亡！在那些人看来，唯一的麻烦是住在他们旁边的那对老夫妇。他们说，那个老头是一个令人讨厌的喋喋不休的人，假如他知道我们在这里，他会下山到集市去，消息会很快传遍整个地区。他们正在讨论怎样防备这个老头和他的妻子。最后，他们决定把我们带到山谷之上一英里外的另一孔废弃的窑洞，而且他们会上来给我们送食物，并保持全面的警惕，确保不让人走上那条路。

“我们再次起床，在黑暗中朝着山谷上走去。除了有些远之外，它和其

---

* 一个木制的框架鞍子，上面放着包裹。

* 被子。

他任何被废弃的窑洞都是一样的，那里有一个直径大约两英尺的洞，部分在地下，部分在墙内。这样向下就有一小块地方，很明显它是挖来储存谷类的。它的高度正好可以让我们站直，并且大小正好可以让我们躺下，还有空间让曹在我们脚头躺下。几个老鼠洞足够让空气流通，并且他们为我们铺了麦秆来躺。我们在那里待了一周。让拉塞尔保持安静是十分困难的，我们不能让他不出声，而且不得不给他想要的一切，因此你可以想象他被宠坏了，还很脏（就那件事情而言，‘脏’可以用来描述我们所有的人）。假如我告诉你他吃的是什么，我相信你会感到震惊的，但是上帝肯定监视着他的内脏，而且他尽可能地表现出很健康。我们有美味的食物：玉米做的食物、粥和南瓜。他们的小麦歉收，现在正以玉米为生。有时在白天，当他们告诉我们外面很安全的时候，我们就会上到那个大窑洞去。

“晚上，这四个男人经常爬进我们的小窑洞。我们围在一起，他们都吸着烟，并询问有关天堂和人间的一切事情。他们经常为这样做使我们熬到午夜以后而抱歉，但他们说：‘这是我们曾经有过的了解所有事情的唯一机会。’

“他们中的一个人或他的妻子，经常一天三次地为我们送食物。有一次，他们让我们藏进山谷里，因为有个人要来了，这个人经常在洞里寻找某种苔藓做药，而他们不确定能使他远离我们的窑洞。我们身上带有一小本美国犹太教译本的《诗篇》，还有一本莫安仁博士讲道的书，里面的经句是《埃及的灵柩》。我们有一个没有盖子的饼干盒，还有一把梳子、一个开罐器、一床被子，除此之外，别无所有。我已把自己的衬衣撕破，以便系在荣安居的头上作为头巾。在这一周里，曹回了一趟家，他是在一天晚上离开的，第二天便回到我们身边。那天晚上我们离开他家之后，他的家就被士兵烧了，但是他全家人都是安全的。我们的朋友，即那个高个子的传教士也陪我们度过了一两个晚上。这真是勉强地逃过一劫。然后，我们在那里待了一周后，三个年轻人带着我们的护送者回来了。窑洞上面是他们争着搜寻的声响，这是我们的拜访者通报到达的方式。”

这三个年轻人的冒险成功了。他们在路上遭遇了几次攻击，被抢走了仅有的一点积蓄，但是最终到达了西安府，并成功地到了教会。这给那里的日复一日地盼着来自北边消息的人带去了巨大的安慰。

当共和主义的当权者能够充分地控制西安局势以恢复一些秩序时，他们关心的首要问题之一就是派两三个人负责一个机构，处理本省外国人的事务。这个机构被我们粗率地称为“外交部”或“省外交部”。新都督及其下属也知道，在起初外国人的安全以灾难性的方式被忽视之后，建立这样一个机构是非常必要的。他在为之四处寻找一名好的次官，后来任命了曾是荣安居语言老师的施先生担任。1900 年，施先生曾代理德弥士医生的职务，使馆区被围后，他在北京待了几个月。他广泛游历中国，熟悉外国人的观点，而且在这样关键的时刻，不会有比这更好的任命了。一听到荣先生的困境，他不仅仅是吃惊，因为这种处理方式将会给新生的省政府带来不利的影响；作为受难者的私人朋友，他深表伤心。他充满精神与勇气，行动起来，要求组织一支全副武装的护卫队，并全权与沿途的地方官员处理资金和运输工具方面的事情。到达宜君时，他派出了一部分卫兵，在荣安居所派的两名年轻人指引下，把逃亡者带回城里；而他自己则和卫队的剩余人员待在一起，以让这个城里的领导者们明白其使命的重要性，并且查看这里确定不会有怒气沸腾。结果，荣安居一家一出现在这里就受到了公众的欢迎，这对于那个地区的所有人来说是一次有益的小教训，同时对北路来说也是非常好的一个指示。施先生或许不知道“宣传”这个词，但他完全明白这件事。

从他们那鼠洞通风的窑洞出发，这一小队人在黎明时分到达了打谷场旁的那所房子，这让那个老头（他有喋喋不休者的名声）和老妇人大吃一惊，二人不知道这些看起来从天而降的外国人，是什么时候来的。为他们而来的 10 名士兵都骑着良马，穿着从西安府得来的战利品，显得十分别致。

“宜君证明是欢迎我们的。你从未见过当地步兵中有这种样式新颖的一群人，然而，我们这10名特殊的骑手完全胜过他们。当然，他们对我们是很友好的。我只希望我是一个小小的清洁员，并且希望能让自己的衣服稍微体面一点，从而向所有体贴入微的人表示敬意。你不能想象，没有肥皂要保持清洁是多么困难，尤其是睡在窑洞里的麦秆上。可怜的施先生见到我们时几乎哭了。他们把我们送到官员们的客房，并给我们送来了来自衙门*的一顿丰盛的正餐。”（荣安居夫人）①

往南走的路上，仅遇到了一个困难。施先生的部队在北上途中，尽管有来自西安府当局的所有文件，但是在经过北潼关城时遇到了麻烦。（那时的中国和现在一样，书面命令只在其发布地不远的范围内有效）他们对返程中受到的接待的性质是有所担忧的。然而，就在他们预期到达的时间之前一点点儿，那里下起了非常大的雨，而且是倾盆大雨。因此，当他们经过那里时，街上甚至屋门前都没有一个人。但是，他们刚一安全地通过那里，天就又放晴了，并且一直到他们到达向南40英里的三原，都没有再下雨。

他们在三原休息了一天。在他们自己遗弃的家里，“我们幸运地发现了一些干净的内衣裤，我们可以把穿了几个星期的衣服烧掉。但是，当我们第二天到达西安府并参加祈祷会时，我们在外表上又是一样的了。”（荣安居夫人）

这是一份值得注意的记事。许多时代除了适时的“巧合”外，它们可能已经被人遗忘；当人们想到这些时代时，就很难与荣安居一家的意见进行争论，荣安居一家的意见是：巧合不是别的，而是天父的直接保佑。作

---

* 官员的衙署。

① 作者在文中引用了一些荣安居夫人（Charlotte Murdoch Young）信中的话，文中标注的C. M. Y即Charlotte Murdoch Young的缩写。

为一份伴随着良好的情感、良好的心情、良好的情绪而过去的忍耐的记录，它是十分值得收藏的。从中人们可以看到，不能抑制的乐观和良好的调和感是如何与真正的虔诚结合在一起的。

还有更重要的是对中国人品质的阐释。在评论有关于中国人生活的书籍时，英国评论者经常会想到的一个观点是："几乎每一个作者都在其作品的这一部分或那一部分中，表达了对华夏民族以及成为其特征的社会和政治品德的极大赞美。我们不断被告知，他们是守法、诚实、友好、勤劳、精力旺盛的……作者是完全善意地渴望使他的社会相信，他钦佩中国人。但是，其特点为这种事实所证明，即索引中数量最多的条目几乎是'血腥''贪婪''艰难'这样的词。"*

人们不得不承认这种观点的合理性。它看起来与反复地称颂中国人民是不一致的，而且在同一本书里面有一个有害的索引，有许多涉及"艰难""土匪""武装起来的苦力""职业政客"，以及类似的词。在这一点上，这本书在调查的基础上，将毫无疑问地证明它同以前的一样是有罪的。看起来不一致的解释是从出现在这本书记述的人物中发现的。任何声称要写中国的外国作家，如果在中国居住了很久，他们当中很少有人不认识某些这样的男人和女人。老大*为了我们而在长江的峡谷中冒生命危险，衙门里的差役和我们一同骑马经过漫漫的长夜，他背着装在架子里的我们的行李，在并列行进时还冒着生命危险，让我们走在安全的一侧；在沿海，虽然有许多挑拨，但是中国仆人仍然忠诚于他常酗酒的外国主人，主人生病时给予照顾，主人身无分文时则供养他（在兴旺的日子里，这个"仆人"在经济上很"艰难"，这是肯定的，但是他的忠诚使他在许多黑暗的日子里拼命

---

*《中国人之谜》。这是1913年5月3日的《新政治家》对如下著作的一个评论，即马士的《中朝制度考》、麦高温的《英国如何拯救中国》、祈仰德的《清朝的覆亡——陕西辛亥革命及救援纪实》。评论者发现明恩溥博士的著作中存在同样的倾向。

* 一条船的船长。

地加以忍受）。而且，当一个人想到中国农民时，他感觉有时几乎是恭敬的：他们的命运是如此艰难、困苦，他们的性格是如此开朗，他们的面容面对逆境表现得如此勇敢，就像梅瑞狄斯的《手指肮脏的玛利亚》一样，他们中有许多人“出生在租赁来的床上”，贫困威胁着他们的出生，在他们死时则对他们露齿而笑，然而这些人却会做公正无私的善事，想想宜君的这个妇人就是一例。“虽然她很贫穷，但是除了同情之外，我不认为她有任何动机。可能有人暗示说，我们事后将会用某种方式帮助她，但是事实上那并没有明显地做出来。”（荣安居夫人）来自同一阶层的两个仆人，即厨师和马夫，尽管他们知道继续待下去将冒死亡的危险，但是他们在那天坚决地拒绝离开他们的主人以及他的主。

曹——“亲爱的老曹”，后来荣安居一家都这样称呼他——多么好的一个没有奸诈之心的上帝的选民，而且现在他还是如此。他是一个朴素、勤劳、快乐的人，年复一年地过着自己的生活，他依靠土地谋生，对每天的食物感到满足，一套衣服可以穿好多年，住的是窑洞，而我们甚至不会让自己的家畜住那样的地方。在以后的年月里，当他能徒步走十天——五天外出，五天回家时，他可以在农闲季节到西安府或三原去看望荣安居一家，尤其是小拉塞尔，他是带着一个朋友的朴质和尊严而来的。他从没因为过去所做的事，而想通过来这里获取任何经济上的报酬。这位朋友通过向救世主学更多的东西，而主通过他的双脚已经立足于北方的窑洞，而且这位朋友那时已将那个救世主作为自己的最爱谈的话题；和他一起祈祷，对他来说，祈祷是在神圣的经历中获得的秘诀；充分地讨论那些紧张的日子里记录下来的善行吧，这对曹来说是够的了。成人是英勇、耐劳、忠诚的；孩子是单纯、友爱的，这就是天国。

（二）激动人心的一年：在平原上辛劳

革命爆发时，西安府医院①幸运地有四位具备资格的英国医生。其中的三位——荣安居、罗德存和贾尔德在战场上，而第四位成员姜感恩正在英格兰休假。

正如我们看到的，荣安居在革命爆发的那个星期日正在北边的山里；与此同时，罗德存正在东郊出诊，他因城门关闭而不能再入城。在革命爆发的最初几天里，治疗伤者的外科手术的重任落在了贾尔德医生的肩上，他提供了切实有效的援助。

在革命爆发之初，西安邮政局长汉尼先生就在街上遭到袭击，他被暴民拉下马，并被打伤。随后，几名士兵解救了他，将他护送回家，在那里安置了警卫，同时派了几名战友去医院请贾尔德医生。当时贾尔德医生的幼子多萝西身患重病，生命垂危。在此时离开家是非常困难的，但是贾尔德医生穿过咆哮的暴民前去治疗汉尼。然而，那些去请他的士兵们不敢尝试回程，当时被称为“银街”的那条街——一条有城中较大票号的大街——正被一群疯狂的抢劫者占据。在贾尔德医生能够成功地返回之前，时间一个小时接着一个小时地流逝了，当他成功地回到医院时，他的孩子已经死了。

与此同时，医院在那个生死攸关的时刻一直遭到全副武装的回民的野蛮攻击。当时张伯英和他那些拥护共和的追随者不加区别地分发武器，他们单纯地认为，对“共和国”的热情会使每个发给子弹和步枪的人成为勇士和无私的爱国者。对于这些回民而言，他们的汉人邻居——拥护帝制者或共和主义者都一样，都是吃猪肉的污秽的东西，应该被如此对待。这些

① 即英国浸礼会在西安创办的英华医院，后改为广仁医院。

回民残忍、勇敢、强壮，具有会使用武器的天性，并拥有由他们清真寺的阿訇（教师）领导的有效组织。奇怪的是，他们并没有占领这个城市，并实现他们的意愿。只需要一些事先准备，他们就可以做到这些，但可能革命的爆发像震惊清政府那样也震惊了他们。城市没有被他们占领本身是够可怕的，他们喜欢掠夺。在革命的最初几天里，他们如此地忙于抢票号、当铺和仓库，以至于共和主义者能够重新控制西安，然后他们的军队将这些小规模的回民抢劫团伙赶回了他们在城西北角的聚居地。

袭击医院是回民的第一次抢劫行动，他们除了仇恨基督教外，很有可能毫无根据地认为可以抢劫到财物。这次攻击因地方外交部一位年轻部长的勇敢而被击退。幸运的是地方外交部是医院的近邻，那位部长是基督教绅士，他在这天以前是公办大学英语系的主任。他号召了一帮学生和老师，并击退了攻击者。

医院里的伤病员持续增加。对医生和他的同事们来说，根本没有时间去独自伤悲，更不用说是个人的恐惧了。大量病人是在军用担架上、在被拆下来的门板上、在简易栏架上、在翻过来的桌子上、在人们的背上、在手推车上和轿子里……被送到医院的。他们需要一个性情稳定、有胆量且有强壮体格，能够忍受长时间劳累的人来照顾他们。在最初的几天时间里，贾尔德医生做的外科手术比他的一些中国同事在一年时间中所做的手术还要多。这些手术当中有许多是他没有实际经历过的，而且没有时间去咨询权威人士或者查找先例。这是一种拿着探针、手术刀、针以及锯子的不能休息的工作。对西安来说很好的是，1904 年的那一天姜感恩已经深入而成功地制订了他的计划，而且他和荣安居在这些年间以兄弟般的忠诚与无私实现了那些计划。这一机构在加在它身上的压力之下勉强运转，并忍受着，但是——它坚持了下来。

正是医院的业务管理者——那个不信神的人，他能够将“艰难”中的灵活与医院在城中立足的真正愿望结合在一起*——他有一个非常好的想法，去找官员们，并为他们自己的利益提出建议——虽然业务管理者正在考虑的是医院的安全和名声——他们应该把罗德存医生接回城里。如果他们害怕打开城门，可以将一个医院的志愿者从城墙上放下去，这样使罗德存医生清楚现在的状况，并确保得到他的迅速答复。医院有位志愿者愿意为这件事冒险。天佑（音译）虽然脾气不稳定且有些孩子气，但他完全有一个男孩所有的冒险欲望和非同寻常的勇气。于是他被用绳子系在胳膊以下的身上，从城墙上放了下来，并在士兵们的护卫下到达了教会的驻地。那时罗德存只有29岁。他是一名优秀的外科医生和出色的管理者，在城墙上用绳子将他拉上去的想法有足够的冒险性，这吸引了他，而且他充分地享受了被拉上去的每一分钟。在他看到惨状和发生于南郊的不幸以后，这种奇怪的入城方式以及马上投入自己的工作，对他来说完全是一种宽慰。对城中的贾尔德医生来说，他的同事冒险给一名医务工作者送来了支援，他身边有了一个可以商讨技术问题的同伴医生。

到11月16日，荣安居医生加入了他们的行列。但是，这时针对新的共和主义领导人的军事进攻，导致陕西的东、西边境都发生了激烈的战斗，因此两个方向都需要战地医疗服务。荣安居一回来，罗德存就出发去潼关，那是守卫着由河南到陕西的通道的要塞*；此后不久，荣安居被派到了甘肃边境从事相同的工作。因此，在三个月的时间里，了解从城里进入到医院里的病例最多的医生是贾尔德，尽管罗德存从东边带回了一队可怜的伤残者，而荣安居正从西边送回伤员。

荣安居在城中最早的病人中有一个是藩台，即是旧政权下的省级财政官员。在他所认识的世界和认同的政权被推翻后，自杀对他来说是一种选

---

* 参看第七章。

* 参见《罗德存纪念集》的第八章；《清朝的覆亡——陕西辛亥革命及救援纪实》原书第十七至十九章。

择。他试图开枪打死自己，但是没有成功。罗德存在荣安居到来之前取出了弹头。12 月 5 日，荣安居写道：“我们的病房依然和原来一样是满满的。只要一个人出院，马上就有一个人来占用他的位置，尽管那里并没有这么多的伤员……另外有一天来了一个被子弹击中的人，子弹从他的鼻子下半部分射入，从耳朵后面射出，打坏了一边的骨头和脸部神经。这发生在入院前 6 个星期……如果再有更多的伤员入院，官员们将不得不给我们一个新地方做医院，我们不能在现有的建筑内接收更多的病人。”

最终，官员们不得不将另外三栋房屋交给他们使用。在此之前，正是冬天，医院的“病房”挤到了院子和牢固的附属建筑里，甚至搭建在坚固的院墙面茅草屋里。一个人要想从躺在地上的草垫上的受伤者中穿过都很困难。上面摘用的那句话，“这发生在入院前 6 周”，表明了情况紧急和病人太多。

当荣安居被请往西边去的时候，他的小男孩拉塞尔正在生病，而且这座城市和乡村都依然非常不安宁。“我不能拒绝，尽管我宁愿做任何事情，也不愿在这个动乱不安的时候离开夏洛特和拉塞尔。然而，由于这对很多人来说是生死攸关的事，而且这是一个传播福音的特殊机会，所以我们决定应当去。”加上助手和备用品，他们坐满了 4 辆马车。施先生从“外交部”脱身，被官方指派随队同行，他为大家提供了很大的帮助。

第一次的行程是一次不幸的失败，这倒不是因为医疗安排上出了什么问题，而是因为陕西军队的胆小怯懦。在往西边走的路上，医疗队伍受到沿途城镇地方官的热诚招待。当他们到达距离西安 53 英里的乾州时，他们开始遇到正用马车运往西安医院的轻伤员。

他们的目的地是位于陕西和甘肃交界处的邠州。从乾州到邠州，地势突然升高，因此他们很快就处于非常寒冷的丘陵地带。路况变得越来越差，前行日益困难。此时，他们的四辆马车被一长队满载弹药的马车赶上了。

在这些天里，他们遇到了几小队来自邠州的骑兵，这些骑兵是被派去催运弹药的，因为战斗正变得更加激烈，陕西军队缺乏弹药。我们后来知道一些中国士兵轻率地浪费弹药的行为，他们毫无目的地开火，只是为了保持自己的精神或者打向一个可能的、但不能确定位置的敌人。

就在离目的地邠州不足17英里的地方，他们遇到了一支疑似战败的军队：一股骑兵十分仓猝地从山上哗地冲下来，那里没有隐藏之处。那里有一场战斗，陕西军队已被打败，正在散开。跟在骑兵后面的是数以百计的步兵和一长串马车，马车夫和士兵们鞭打着这些可怜的动物们，仿佛敌人就快到脚后跟。这明显是在四散逃命。在中国的战争中，受难最多的是那些少有选择权的人。在北方，在可拉轮车的地方，拉马车的可怜动物们成了受害者。在南部和西部，不超过十分之一的搬运是靠牲畜，大多数搬运靠的正是苦力搬运工，他们是在战败的恐惧中从自己的家里、田里、村里的街道上，或是镇上的茶馆里被抓来的。"这是一种常见的大溃败，士兵用他们的剑抽打马和骡子，并且在对待任何耽搁上变得几乎不顾一切。这对那些可怜的动物们来说是困难的，因为那是可怕的山路和难走的路。我部分时间是骑在马上。走了大约5英里后，我们的马车到了一段非常难走的路，因此施先生和我下车，慢慢地走在前面。"

"我们步行了几英里，然后没有听到后面马车跟随的声音，因此我们开始担心起他们来。后来，有人跟上来告诉我们，后面的士兵和马车夫们已经变得没有耐心和不顾一切了，他们解下拉车的骡子，然后骑着跑了，而其他的人随意拿我们的可以拿走的东西，并把马车掀翻在陡坡上，好让别的马车通过。"这种事情使在华的这位普通外国人很绝望，并宣称这个国家是没有希望的。人们用辛勤劳作和任劳任怨称赞农民，他们在自己的土地上辛苦劳作是为了家人的利益——祖父、祖母，众多儿子和儿媳，以及一大帮小孩，当他被从自己习惯的组织——家庭带走时，所有这一切都失去了，他穿着军服，成为一架没有传统和忠诚的机器上的一个齿轮。他所知道的仅有的理想已经从他身上被取走了，没有其他的东西取代他。对学生和文人来说，“政府”可能是具有美德的一个称法，而“国家”可能拥有某种号召力——尽管这种表现在今天都不明显——但对于没有受过教育的人来说，这些词汇没有意义。对他们而言，军队意味着一种纯粹而简单的生活。在荣安居前往西部的那些天里，称呼一名士兵的常见的词（这个词在所有的严肃场合使用，并且没有指责或讽刺的想法）是“吃粮的”（吃军粮的人）。战胜者进行的掠夺自然而然是能理解的，但是为此而受伤或死亡的想法并没有出现在契约里。如果这些受到威胁，一个人就会策略性地撤退到后方。《为国捐躯既正确又美好》① 除了用在为国家而牺牲外，可以用于其他活动。当“爱国的”（热爱国家的人）在陕西那些道路上行军时，全面的民族主义情感必定要在这样的人的头脑中产生。这个新词汇是在革命开始时产生的，是学生在外国历史特别是法兰西共和国的历史中发现的“爱国者”一词的翻译，但是印证这个词的事情还没有出现。

荣安居因这次沮丧的撤退而生的懊恼完全是好心的。他很厌恶承认失败。他强烈地请求：由于已经走了这么远，他们无论如何都要到达前线。令人厌恶的是，他所看到的都是毫无意义的退却。他一次又一次地尝试说服那些受命护送医院物资的士兵和马车夫，在人流经过的某个停靠点静静地等待，这样当道路通畅时，他们就可以继续往西边前进。这是徒劳的。除了自己恐惧的声音外，他们什么都听不见。

在乾州这座重要的城市，荣安居希望撤退的军队能够进行抵抗。他们本可以在这里打一场相当好的战役，随后西线有胆量的著名人物张云山带领一支部队前往甘肃，这里就成了他的司令部。但是，此刻那里没有发生战事。“在晚上 9 点到 10 点之间，我们到达了希望在那里停留的永寿县，但是我们不能让自己的人员停在那里，因为那里离战场太近了。因此，喂完

① 英国诗人欧文·威尔弗雷德的作品。

牲口后，他们又出发了。然后，我们的希望是：他们将在乾州停下来，并进行抵抗。我们连夜赶路，并在第二天大约 11 点时到达乾州，发现这个城市已经被遗弃，士兵和居民都已经逃光了。因此，我们不得不又继续赶路，一连走了 90 英里，途中只有在喂牲口的时候才停下来，在傍晚时到达了醴泉县。那时我们非常累，同时也非常不满我们在离目的地如此之近时不得不撤退。”

在 90 英里的路途中，只有喂骡子时才短暂地停留一下，这是使人筋疲力尽的经历。在和平时期没有困难的情况下，这样做都是非常费力的，任何一个像荣安居那样确实在这种环境下有如此经历的人，那时是完全精疲力竭了。毫不奇怪的是，当施先生的一位当地朋友给他们找了一间“舒适温暖的房间”时，他们“愉快地休息了一个晚上”。

在离西安 23 英里远的咸阳，他们遇到了前往前线的秦（Ch’in，音译）将军，他对所发生的事情非常愤怒，并保证尽力找回那些丢失的医院财物。

由于离西安很近，荣安居赶紧回去找更多的医疗设备。幸运的是大部分的医疗和手术器具没有在被掀翻的马车上，并且避免了受损。他与秦将军达成协议，在乾州建一所临时医院。荣安居希望能够随后从那里到邠州，同时尽他所能地为那些要从西线送往乾州的伤员做些安排。在他的思想当中，地方政治是屈从于他作为医生和传教士所负的职责的。“我们都非常地平静和镇定，因为相信上帝正在指引着我们，并给了我们前所未有的机会。如果陕西军队被打败，我们落入帝制拥护者的手中，我希望我们会发现许多事情可以做。”10 天以后，当他在匆忙之中给临时建立的乾州医院写信时，他进一步了解到了陕西军队的素质。他写道：“我担心这个省的士兵缺乏勇气和耐力，而且绝大部分是新兵，没有受过训练，因此我不知道事情会怎样发展，我们（即在乾州战地医院的一小群人）可能落入甘肃军队的手中，并不得不为他们服务，但我不希望这样，因为这意味着我将无限期地与夏洛特和拉塞尔分离。那在任何时候都是难受的，在这些动荡不安的日子里，尤其如此。”

就是在这次行程中，他试图带领两名随从在甘肃军队驻扎下来包围乾州之前进入该城。天佑是他最有经验的助手，担任麻醉师，他紧跟在他们身后，但在他到达该城之前，围城者已经到达。他徘徊了一段时间，希望能找到方法混进城里，但是他发现的确没办法穿过围城者的封锁线，没办法给荣安居医生提供帮助，他难过地回了西安。荣安居被滞留于一大群伤员中间，他仅有的助手是一名厨师和一名马夫。而且，他不得不在他们的帮助下开始工作。在做手术之前，他需要做以下准备工作：消毒、放置好托盘、热水壶和装废弃物的木桶。但是，对一名爱干净的外科医生来说，很多程序都不得不省略。荣安居把做麻醉师的课程快速教给了车夫，而擦拭和递器具的事交给了厨师，就这样他们开始工作了。车夫滴氯仿①，医生则在做手术的同时，观察被麻醉病人的状况。时间一小时一小时地过去了，而他们仍在艰苦地工作。这两位不熟练的助手都是结实的农村青年，两人虽然没有责任上的压力，却都累坏了。一个又一个的生命依赖于他的稳健和才智而获救，不知这位不得不遵循那么多重要程序的外科医生是何感受。但是，他们没有因为意外事故而失去一个病人，而且他后来平静而轻松地将伤员送到西安的主医院。

到了三月份，陕西省知道了民国已经宣告成立，而且中国名义上已经和平。但是，甘肃的回族人并不想轻易地放弃他们占领的陕西城市，他们仍想占领西安，尽管西安在十月份发生过抢劫，但是西安对他们来说仍然是十分有价值的。因此，繁重的医疗工作还在继续。“我们在这里需要处理的伤员一般都是我们见到之前几天的老伤员，而且他们通常已经严重化脓。这真的令人作呕，而且在很多情况下治疗是没有希望的，因为我们难以对

① 氯仿（chloroform），即三氯甲烷，用于麻醉。

如此多的病人公平地进行治疗。我们只能帮助其中的一小部分。我们相信这样的工作将为打开传播福音之门铺平道路。当然那里有一部分士兵明显愿意听道。助手和全体人员已经自发地开始进行每周的祈祷，这里有很多人参加，并热心地接受。他们这样做的时候，正是我们感到所有职员似乎完全都是冷漠的、无生气的，而且他们一直对信仰上的事情完全没有兴趣，我们已经为此祈祷多次的时候。”

到三月份，以前拥护帝制的士兵被派往西安，目的是前往甘肃去扑灭迅速发展的回民起义，此前这些士兵一直在东边（河南省）与陕西军队交战。这些新来的人对陕西没有好感。共和主义者与先前帝制拥护者的军队达成的和平，已经剥夺了他们以征服者的姿态进入这个省的机会，但是当他们安全地进入西安府，就发动了兵变，抢劫这座城市，然后一群群地散布到农村，烧杀抢掠——甚至更为糟糕——正如他们所到之处表现的那样。这种行为向东传播给了来自河南边境的仍在行军的他们的同党，所以陕西的东部地区现在知道了西部地区长期所遭受过的苦难。这一切增加了医院的工作。使事情更糟的是，医院的住院病人中还爆发了斑疹、伤寒和天花。“现在这里一点也不单调。”（荣安居的夫人）。

当荣安居医生向西去救治伤员的时候，还患上了阑尾炎，因此他不得不竭尽所能地照顾好自己。当事情结束时，他知道自己必须回到西安，可能要做一个手术，不能再耽搁了。当他一能起床，就骑马进了西安城。这匹马大约是马厩里最糟糕的一匹，它脾气很坏，一路小跑，而不是像平常减轻传教士工作那样稳健地慢行。荣安居克服了颠簸所带来的疼痛，然而四月中旬又发生了一次。当时大家希望手术可以暂时延缓，等到他离开陕西，在上海和牯岭休息一下，然后在更好的条件下做这个手术。这是 4 月 20 日的情况。几天前，医生们还在考虑，万一他们中有人需要做阑尾炎手术，他们该怎么办？因为当时手边没有做这种手术必需的某些东西，而且事先没有预料到对医疗储备的支取，甚至已经拿走他们最后所有的氯仿。21日，他们期盼已久的医药用品终于从沿海运到了，这些医药用品经历了危险和可能的事故，它们可能在那些军队骚扰的路上被耽搁了。但它们来得还是很及时，因为22日清晨荣安居病得很重，所以罗德存不得不在当天下午给他做手术。

毫无疑问，他们都很担心这个手术，因为条件太差了。“我们决定，无论发生什么事情，我们都不能做这个手术，因为医生们一直在处理可怕的肮脏的伤口。你可以看见，在餐桌上时，他们都非常不愿意用手碰自己吃的任何食物。”（荣安居夫人）

他们决定给北京发电报寻求帮助，希望有一个一直生活在更加干净环境里的医生能腾出手来。但是到早上6点时，荣安居病情更糟了，所以罗德存决定做手术，而且他那份告诉已做手术的电报，与求助的电报是同时到达北京的。

贾尔德医生在一月份时去了沿海，因此在长时间的、困难的手术中，一名仆人担任麻醉师，天佑和荣安居夫人担任罗德存的助手。对负责手术的同事而言，手术需要的是他的才智；对于在他旁边工作的荣安居夫人而言，手术真的是相当成功。

手术之后出现了令人不安的体温升高，这使大家感到焦虑。一两天后，他们发现这一问题是由于荣安居曾经患过非洲疟疾，而阑尾炎或手术使疟疾复发。他们给他服了奎宁，结果第二天荣安居就开始好转了。随后是几个星期的恢复期，荣安居在病倒之前就已经精疲力竭。而且，他在离开该省之前不能做更多的事情，他首先到牯岭休假，然后回家休假。

在四月底之前，为接收一名中国医科学生到西安来所做的准备工作就已经开始，当时他是建校多年的北京协和医学堂①的学生，只有最后一个学

---

① 即北京协和医学院的前身。

期了。他来了，那里的医生们至少可以短时间地离开（除了荣安居医生必须回家休假外，这个计划依然是为罗德存医生准备的）。这位北京的医科学生非常勉强地接受了这一职位。他认为陕西是一个荒凉的、会发生可怕事情的地方，并且那里没有文化。就那里的道路而言，他直接拒绝了做一次尝试，除非有一名外国人陪同他去。

可怜的张医生，他多么地憎恶那样的公路旅程！在北京，他一直习惯了电灯、平整的马路和整洁的街道。而且，他没有受过儒勒·凡尔纳①、亨蒂以及巴兰坦的熏陶。他恨这一切：肮脏的客栈，它的门和窗架子都已经被过往的士兵们因为傍晚急于烤火而烧掉了，煮得半生不熟的粗粮面条，军人的粗暴和方言的差异——所有的一切。只剩下那个外国人——他认为没有地方像西安，没有道路像毫不中断地一直通往遥远的中国新疆的大道——试图让他适应新环境。然而，他的努力失败了。于是，人们在此感触到了理性的弱点，而这是建立在这个接受西方教育的中国学生的希望之上的。在接受教育的过程中，这一结果就已经产生，即决定优先考虑在北京、上海或某个相同的现代化城市的美好生活前景。他对“真正的中国”“内地”等并没有热情，他把这种热情留给了那个有鉴别能力的外国人。这是人的天性，是非常可以理解的，但是它打断了进步的梦想——让我们以甘肃为例，没受过教育的年轻人在美国、欧洲或中国的沿海接受西式教育，将在毕业以后别无他想地回到甘肃，并在那里度过自己的余生，努力将自己的知识传授给知识更少的本省人——只有百分之一的学生会这样的。但是，记住人类的本性，期望有百分之百是荒唐的，然而抱怨这些不回来的学生“忘恩负义”也仅仅是幼稚的。而且，这一点要坦率地记住：如果这样的一名学生“以教会资助为基础”被送到国外，那么教会资助他就有自己秘而不宣的动机，而且应当对他以后的做法有所准备，以便到时能够默

---

① 儒勒·凡尔纳，19世纪法国著名的科幻小说和冒险小说作家。

默地承受失望。

张医生比许多其他的人有更多的理由，因为他怀着世界上最好的愿望对此作出了解释，即陕西很难被描绘成欢唱的小鸟的安乐窝。满城里很多水井都没有打开，四月底，其中的一口井就被发现里面有 10 个人，“大概是妇女和小孩”。他们是一个满人的家属，那个满人得救了，因为他与其他受伤的人一起被送到了医院。

“两三天前，一个漂亮的满洲姑娘被带到医院，她的手被砍掉了。她在大屠杀时（1911 年 10 月）被一个士兵救走，现在这个士兵却这样待她，这可能是在一次争吵中发生的。他说这是一个意外——即刀子掉了下来。就想象一下一把刀子掉下来，然后砍掉了一只手吧！我必须公正地说：他看上去非常遗憾，而且他正尽其所能地通过为她买东西让她觉得好受一些。

“次日，一个人被送进了医院，他的双脚都被甘肃士兵砍掉了。他在战斗中跌断了腿，于是他们发现他无助地躺着，就残忍地砍掉了他的双脚。

“幸运的是那些甘肃士兵没有到达这里。如果他们占领了这座城市，那恐怖会是无法想象的。”（荣安居夫人）

幸运的是，画面中还有轻松愉快的一面。士兵们想赠送一把“万民伞”（“给拯救了万条人命之人的伞”）给两位医生。然而，由此产生的问题是这两位医生将如何处理这份礼物，因为他们不可能在一起生活更长的时间，在这种情形下，“半把伞”是唯一可取的方法。有人提出了一个很好的建议，即把它送到伦敦的教会。

拉塞尔现在有 18 个月大了，并且学会了很多词汇——主要是中文。他的父亲叙述了培养小孩的过程中发生的一件事情，它表明了荣安居夫人在宗教教育中的不同经历的局限性。“有一个晚上，他的母亲开始教他祈祷：‘现在我躺下睡觉。’他跟着她学得很好。第二天，荣安居夫人从她工作的医院悄悄地回到家看拉塞尔，并且发现保姆和小孩正在欢笑。拉塞尔和一只小猫一起跪在椅子上，他在试图教小猫祈祷。我们得出结论：最好等一段时间再对他进行进一步的宗教教育。”

当荣安居和罗德存要到沿海去的消息被人们知道时，礼物开始涌现，而且许多宴席都是他们不得不邀请捐赠者参加的，更不用说官方所给的那些礼物了。官方通过提供建新医院用的一块极好的地皮，以表示他们对两位医生服务的感激。今天在这块地皮上耸立的就是广仁医院。使医生们更为高兴的是，城里人听传播福音与以往绝不相同，而且在大多数的听众中，可以看到过去的一些伤兵。让那些热爱和尊敬这两位医生的人经常感到欣喜的是，他们因基督福音而得到这样的回应，而传播福音的是邵涤源先生、周先生和其他的人（中国人或外国人）以及医生们自己，前提是他们能获得空余时间。就荣安居来说，那里只有一件事掺杂其间。本来应当用于康复而完全休息的时间，他不得不将之用于努力应付医院的账目，因为在此前辛勤的几个月里，账目根本没有动。

官方坚持支付医生们去沿海的费用，让他们明显感到疑惑的是，医生们坚持用教会的经费。这些礼物中最令人感动的一个来自他们曾经以各种方式营救或帮助过的满人。少数满人幸存者一直留在这个地区，他们被允许静静地回到城里，尽管他们原来的聚居地已经变成了一堆废墟。

于是，时间就这样过去了，直到荣安居一家（由邵涤源一家陪同）准备好去沿海。一个月以后，罗德存随之而去，在这一个月里，他帮助新来的北京医科学生了解事务。

现在最困难的时期已经过去了，而且战争已经结束。他们曾经负责过五所医院，其中有一所是以陕西省红十字会的名义开办的。陕西省红十字会是一个由官方仓促组建的团体，它一方面是为在十月份可怕的大屠杀之后给城市树个“面子”，另一方面是模仿了西方世界的共和国的做法。现在红十字会医院接收病人的数量是这所教会医院所不能容纳的，而且由于红十字会建筑的扩大，其他三家临时医院都关闭了。

这个重要篇章一直存在于此小团体的生命之中——荣安居一家、邵涤源一家以及罗德存——他们见证了它的经过，而且在最东边的城门告别的场景将他们带回了充满非同寻常记忆的几个月里。

罗德存乘马回到这个城市，在医院里勇敢而又快乐地工作，直到去世。世界表现出极其庄重的一面。对他而言，已经离开的四个人都是伟大的人，当生命中最深刻的事情展现在人们的眼中时，他和他们在一起，而且他已经发现他们的本性经受住了那种考验。无论未来是什么样，几乎不可能的是：他们五个人将再次在同样的危险和同样的亲密当中出现。上帝的意愿是，他们将全都在西安平原上辛劳，但是绝不是以同样的方式。在罗德存的心中，同事有着特殊的位置，他在上帝的指引下救了同事的命。罗德存被荣安居所爱戴，与在刚果或中国传教地的其他同事是不同的。这些事情不是我们所能完全掌控的。我们真诚地“爱自己的同道”，但它是由约拿单①的灵魂穿过大卫的灵魂而生的爱，是上帝特别对我们的赐予，如果明智的话，我们就毫无疑问和毫无保留地接受。

激动人心的一年过去了。在不同的地方以及不同的道路，这五个人转向更为平静的道路上，而且都是在寻求上帝的指引。

（肖丽　姚翠翠　译）

---

① 约拿单：《圣经》旧约中的人物，是以色列第一位由上帝耶和华膏立的国王扫罗的长子，与以色列第二位膏立国王大卫是忘年交。

◎六、罗德存经历的陕西辛亥革命[1]

（一）在伟大革命的前夕

4月30日[2]，西安府。

我确信在祈祷中总是记住的东西是真正舒适与力量的源泉。我可以毫不犹豫地说自己对于服务没有丝毫的不喜爱。可能我的看法有所改变，并且我对待某些事情的观点也有所改变，但是，在现实的工作中，对于所有的医疗工作以及完全和直接为基督耶稣的王国服务的工作，我都更渴望成为可能最有用的人。考虑到它的程度，其范围是令人困惑的，而且很难知道如何去处理它。

5月16日，西安府。

您一定会试图从不同的角度来想象我，因为本周

---

① 罗德存（Cecil Robertson，1882—1913），英国浸礼会医学传教士。1909年来到中国，在陕西西安的广仁医院工作，1913年患斑疹伤寒死于中国。本书内容选译自《罗德存纪念集》（F. B. Meyer. Memorial of Cecil Robertson of Sianfu: medical missionary [M]. Second Edition. London: The Carey Press，1916.）的第五、七、八、九章。

② 即1911年的4月30日，下同。

我已经进入了医院。姜感恩夫妇已经离开医院，而且他们都需要很好的休息*。我们都非常忙碌，但是，当一个人必须要做更多的事，那么他就能够做更多的事。在早晨，我每天都要看望住院病人。在星期五，接纳门诊病人。在星期六，做手术。在周二和周六，负责住院病人的祈祷。而且，在我给门诊病人看病的日子里，我也想为他们做简短的演说。另外，我负责医院的所有管理以及需要留心的账目。

5月17日，西安府。

我比任何时候都更加感觉到有必要在心中保持一个伟大的目标。顺其自然并不是很困难，但是一个人必须在自己和助手面前保持这一目标。一个人也需要习惯性地自我控制。在世界上所有的地方，这是训练忍耐力的最好方法，但是如果一个人变得易于发怒，这将有损于其精神生活和影响，更不用提对其身体状况的影响了。

5月28日，西安府。

想到有一天我们将一同回家，这是那么的遥远，但是我想到了姜感恩一家，现在他们一定快到英国了，而且我想知道他们以及那些正在等待他们、爱戴他们的人此刻所想的和感触的是什么。习惯与耶稣基督建立友谊的人是幸运的，而且没有感觉到注定要到来的这种友谊会丢失的人是幸运的！

7月23日，西安府。

尽管天气很热，但是一年之中的这个时候却有一些东西是非常漂亮的。现在，蓝天是可爱的，它是如此美丽的深蓝色，与之相映衬的绿树是那样的美丽。语言学习进展很缓慢，熟练掌握它要花几年的时

* 在医院的工作因此很大程度上委托给了罗德存医生。

间。几个星期过去了，周日看起来像是一个追着另一个地到来，但是一个人禁不住想知道在其一生当中可记录下来的“进步”有多远。我们离山巅越近，路途看起来越陡峭。

罗德存像

罗德存出发前往延安

7月30日，西安府。

最近，我们从吸食鸦片的病人那里得到了鼓舞。三名吸食者在我们的帮助下戒掉了鸦片，他们现在是服务人员，而且我最近从司慕德先生那里得知，延安有两名吸食鸦片的病人加入了教会。此前，鸦片使他们根本不能做出这种举动。一个人渴望看到的不仅有因为待在这里所见到福音的总的好印象，还有病人获得个人信仰。

8月3日，西安府。

我们很容易对不是最好的东西表示满意。为什么我们的工作需要精力和时间而其他的人不会投入进去呢？但是，正如耿稗思所说："很多人公开声称是基督的信徒，但很少有人获得他的十字架。"

9月9日，西安府。

我一直在准备自己的考试，而且结果比我所期望的要好。我的演讲获得84分，并且两份试卷分别得了80分和92分。本周末我和邵涤源一家待在一起，并于周一又回到医院。离开医院有一种自由的感觉。我非常适应，并且一直有好的食欲，睡眠很好。我已经持续工作整整两年了，并且非常地适应，这一事实对未来以及要感激的事情来说是个好征兆。我一直在为我们的一位语言老师的儿子治疗心脏病。他现在好多了，他的父亲将要被洗礼，并成为教会中的一员。在这附近的房间里有一位妇人，我刚刚听到她在祈祷，可能是在为她那戒掉鸦片却又重返吸食的丈夫而祈祷。

9月22日，西安府。

新的教堂开放了。昨天、今天以及明天都举行集会。这里每时每刻都挤满了人。对于许多造访者来说，这是它的首次开张，但是一切都显得平静而有序。今天下午召开的是事务会议，会上讨论了与教会成员相关的问题——诸如家庭祈祷、诉讼、主日仪式、学校、爱国心以及施赠的重要性。保罗曾面临的问题在传教地都得到重现了……据说四川出了事情。我们所得到的报道称民众已经起义，三座衙门已被烧毁，并且所有的外国人被命令撤离。与此同时，我们这里却相当平静，一个需要强调的事实是1500名士兵被派出去平息叛乱。

10月1日，西安府。

今天，我们收到从重庆发来的电报，电报称：从省会通向外面的电报线已被切断，城里的士兵已投向革命者。

10月15日，西安府。

正当我在写这封信的时候，我得到了从汉口传来的消息：人们有相当大的反对清王朝的情绪。在这里，一切都十分平静，而且我们根本没听到在这个省发生动乱的事情。我相信考虑到我们，您会很安心的。这里没有反对外国人的情绪。但是除此之外，我们并不属于我们自己，我们所有的东西都是上帝的，并托付于上帝。

10月22日，西安府。

这个星期，我想了很多有关您的事情，并希望您不要过于担忧我们。昨天，我从汉口得到消息说战争一触即发，但是所有的外国人正受到保护。我们有一份革命的领导者发给其部下的布告副本。其要点是：①推翻清王朝。②杀掉所有反对革命的人，或者在家中藏匿官员的人，所有抢劫和有任何形式暴行的人，所有伤害外国人的人。③奖励所有用任何方式帮助起义的人，比如提供食物、弹药以及有关敌人的情报等，以及所有保护外国人及其租界的人。您可以从以上发现，他们是热心保护外国人的。官员当然不会侵害外国人，只有下层社会的人可能会做这些事，不过他们受到布告的威慑。在这里，没有任何麻烦的征兆。实际上，所有的士兵和学生都归属于这个革命团体。因此，所有的军队事实上都站在他们这一边，人们认为不用担心会有大量的战斗。①

这些话很明显是写于值得纪念的周日清早以及西安爆发革命时的中午。这在罗德存医生的一生当中是非常重要和有影响的经历，随后我们将暂停从他的信件中征引内容，应当承认：编纂和抄写这些信件已成为一种深切祝福的来源，并且能从中收集到一些他所提供的印象。现已与他升入天堂的贝琴塞尔小姐曾说道："他的一生是受过恩赐的，他的友爱是宝贵的记忆。我知道他说过的话和做过的事从未使人有其他的想法。"另有人说道："人人都爱他，而且每个人都高度评价他的性格和影响。"莫安仁写道："他是你在一生当中偶然遇到有魅力的男人中的一个，他的性格和天赋是拥有伟大且具有吸引力的美。他拥有独特的机会，并将之充分地加以利用。""他是最好的医生和最有爱心的人中的一员，他是一个没有受到批评的人，并为所有的人所赞赏和敬爱；他是最坦率的基督教徒，革命的英雄，耶稣基督的仆人。他的名声永留芬芳，他的影响在我们教会中是永恒的。他的体格是多么强壮，而他的精神生命则流淌在深深的激流中。"

在我们有幸处理的记录中，显著的一点就是他对引领人们灵魂的渴望。我们当中太多的人满意地做着我们的传教工作，没有那种使他富有生气的明确的目标和目的。不管是不是他个人的仆从，要么是"真正的基督徒"的"小男孩"，或是一个觉醒了想过上好生活的贫穷乞丐，或是一个做过手术的学生，或是某些士兵，或是高级官员，他为他们的身体所做的一切都

① 以上文字来自罗德存的家信，主要是写给其父母。(编译者注)

是从属于他想让每个人皈依基督的强烈愿望。他写道："我们关心他们脆弱的身体状况时应当认识到，当这些人正在享受阳光时，他们却生活在与身体情况相同的精神黑暗的环境之中。我们对自己看到的太关注了，但是对于仅从精神的角度考虑问题表现得如此冷淡。如果我们仅仅有了一个更为清晰的精神角度，我们就能看到使我们更早一些觉醒的东西！"

罗德存医生的一个目标是在基督中找到他的一切。"一个人应当真心地喜欢基督，而自己在哪里并不重要。有人看到一些结婚的人相互之间是那么满意。最近，有人在信中对我说：'发现一个人的第一意图是另外一个人的，而不是可怜的自我，这是很好的事情。'我禁不住想到这就应当是一个人与我们可敬的主之间的关系。在基督那里找到我们最大的快乐，最先考虑到的是基督。这才是真正的快乐与和平以及任何环境下的平静思想与情绪的秘密所在。"

他曾经渴望更多的精神与更深刻的上帝之经验。"我想从正确的一面得到东西，更多地考虑真实的东西，考虑使上帝满意的东西。甚至在这里，更多地考虑一个人的同伴所想的事情是更容易的，并且在他的背后轻轻地拍打。哦，一个人的内心是如此的狭隘！但愿上帝用他那能使我们变得高尚的和善来填充我们的内心。"他也非常精通祈祷和追随上帝的艺术，这必然特别感动和激励他的传教士同伴。

跟随他的是上帝的和平。"上帝的和平是多么美好的事物！难怪保罗说，'那出人意料'。昨天，我必须参加联合祈祷会，并将之视为我的功课。我过去认为只要我们保持自己的自我控制，并且经常保持好的情绪和平静的内心，那就好了，但是我现在认为所有那些都是伟大上帝的和平给予我们的。"这种和平的出现部分来源于他在生活当中习惯看到上帝的意志，这就是他习惯性的态度。"有时我必须写下我们所经历的特殊的天佑和指引。人们讨论那些巧合，但是当有一个计划的时候，必须有人制订计划并使事情按时进行，这就是我所经历的正确的道路——一切事情都按时进行！"

我们将用一个人物简评结束本章的内容，该简评出自一个在其来华初期工作时熟悉他的人之手。

“我认为他的主要性格是一丝不苟、谦逊、驯顺以及与上帝交流时真实的内心生活，对于后者他仅在很少的时候提及。

“他的一丝不苟在他所做的一切事情中都可以看到。他在治疗学校学生们的小病症时像做大手术一样地认真仔细。同样的品质在他学习语言时也表露了出来：大多数人仅仅认识了复杂的中国‘字’（表意文字），他对此并不满意，而是使自己从一开始就通过记忆写下它们。因此，他能在起初的语言考试中完整作答，并且在第二次考试时几乎能够用‘字’书写，而不是像我们大多数人那样用‘拉丁字母’拼写。

“他很谦逊，这种谦逊经常伴随着博学。在学习汉语时，他所得到的任何暗示或帮助绝不需要被告知两次，他会立即采纳建议，并通过使用使之变成自己的。这种品格在其他方面也表现了出来。例如，他致信当时相当疲劳的邵涤源，请他休息并改变一下，他补充说道：‘我要求这样做，并不是出于职业的观点，而是作为一个儿子，如果您愿意让我这样做的话，因为您已经允许我在您的家中承担这一位置。’

“虽然完全没有‘伪慈’这样的东西，但是他的内心生活总是深沉的，而且，可能是担心这一方面，使他没有过多提及它，当他谈及时总是十分缺乏信心，然而又带有浓厚的现实性。早先日子里的一两次谈话对我来说是非常生动的，特别是有一次谈话是关于有必要在一个传教士的生活中防止因缺乏祈祷和圣餐的时间而失去力量。‘但是，’他补充说，‘我总是觉得有必要反对把几分钟的祈祷看作是一种偶像崇拜！一个人几乎会在诱导之下认为，仅仅是已经祷告的事实——也许非常匆忙——将会在一天当中使一切事情顺利并且愉快，而且这看起来几乎等同于迷信！’在他来华的第一年里，他草拟了每天祈祷的课目，以供我们所有的陕西职员使用，这包括本省所有的传教站，以及工作的不同部门、其他两个省的工作人员。在我们每周的祈祷会上，他总是试图为准备好的祈祷提出明确的要求，他说道：他觉得我们可能很容易变得茫然和形式化，所以也就失去了我们所需要的鼓励及其直接的结果。后来，在冬天的革命期间，他经常劝导医院的助手为祈祷而集会，结果他们当中的许多人明确地被引向信奉基督，其他已是基督教徒的人被引向过更基督化的生活，很大程度上带动了所有工作部门高效和顺利的工作。最重要的目标——使病人皈依基督教——总是摆在他的面前，而且专业上的兴趣不能打消他对此的追求。他在专业上的一丝不苟有时使传教站在不能满足某些设备的时候非常地难以忍受。1911 年 11 月，他与部队在战斗前线，他写道：‘很难对这里的所有条件表示满意，而且这里没有一个准备尚可的工作地方，也缺乏安宁的时间，或者缺乏属于一个人的安静地方！’在他来的最初的几个月里，他的一名教师病人是吸食鸦片的，一开始他不愿意戒掉鸦片。但是，罗德存劝说他尝试一下，同时用他积累的少量汉语使这个人理解：只有基督能够使他经受住这种磨难。他在每天的学习当中总是注意引证——《新约》或其他著作——这能够被用来达到这个目的。

“他的忠于职责在革命期间非常突出地展现了出来。当别人离开时，他会毫不犹豫地在自己的职位上，最后再走，而当被要求与军队一起外出到有困难和危险的地方去时，他会立即做好准备。他在前线不得不经历的困难之一就是：他被迫与军队从一个城镇撤退，那个城镇是将领们在遭到进攻之前放弃的，虽然他坚持到了最后，并且他很想准备与伤员一起留在后面。当他下决心认为某一举动是正确的时，他是绝对难以改变的。而且，我们在去年①六月清楚地看到了这一点，当时我们都准备到海边去过一个非常需要的休假。在最后时刻，也就是我们都准备出发的仅仅两三天前，已经制订的继续医院工作的计划失败了。别人认为，在有人来代替之前，在

---

① 即 1912 年。

助手们的照料下，康复中的病人在那几天时间里会很好的。但是，他不想被改变，并且留了下来，这对他自己意味着牺牲。对我们来说是痛苦的，因为我们担心那将意味着他完全放弃了自己的休假。后来，我们都认识到他是正确的，并且我们对他一个人坚持了10天的回忆将不会消逝。”

（二）革命的爆发

1911年10月22日，周日，罗德存医生在早晨写下第58页的那段话①后，骑马到城东郊去看望一名病人。他打算2小时后返回。（这里我们要借用祈仰德先生那本吸引人的著作《清朝的覆亡——陕西辛亥革命及救援纪实》* 中的生动的描述）这是极好的一天——中国西北部平静、凉爽、晴朗的一天。古城处在它最美的时候。卖食物的人已在路边上，坐在小板凳上忙着招呼生意，将嘶嘶作响的米饭倒到盘子里，并用勺子舀出汤。一切都是那样的繁荣、舒适，以及适度的忙碌。现在，他到了东门，那里有一些士兵在闲荡。满城一直延伸到东门的西北边，那里空间开阔、有益健康，并且有可爱的庭院和高大的古树。从东面传来了开阔的乡村的清新气息。总的来说，活着就是好的。安息日之美看来降临到了这个场景上，它与冲突相隔甚远。他们知道南方的湖北正在交战，但是处在战舰、铁路线和野战炮中的汉口是那么遥远。在北方的这座古城里，他们肯定是远离这种冲突的。当北京、汉口和广州一决雌雄之际，西安府听到了政府的某种变化，它可能将其税收交给新的征收者；长久以来许诺的铁路将会实现，而且真正的改革也会被实施。与此同时，西安府沉浸在昏昏欲睡的阳光之中。于是，罗德存医生骑着马缓慢地出了城门，去东郊看望病人。但是，张伯英

---

① 原书的第58页，即10月22日所写的那段话，见本书第130～131页。

* 霍德和斯托顿，伦敦。（即该书出版社与出版地——编译者补注）

在半小时后发动了对军械库的进攻，打响了陕西起义的第一枪。罗德存医生要回到城中的医院仅有的办法是翻过城墙，而且这成为长长的一天和平的终结。

此后发生的事情，在罗德存10月25日写给母亲的信中有很好的描述。

周六和周日的早晨，一切都很平静。贾尔德夫妇的小婴孩病得很厉害，而且我们都很担心她。我没有去参加早礼拜，因为我想再去看望一下那个小家伙，然后去东郊看望贝琴塞尔小姐和吸食鸦片的病人，并尽可能快地返回城内。当我骑马出去时，一切都很宁静、和平，没有麻烦来临的征兆，然而非常奇怪的是，当我行进时，脑海中闪出一个想法：如果这个可爱的周日的早晨被战斗扰乱，那是多么可怕。这只是瞬间的想法，我也再没多想。我到东郊还没有半个小时，就听说士兵们已经占领了军械库，城门关闭了，而且，所有的生意人都关闭了门铺。我们立即一同商议如何去应对，我们首先要做的就是把女校的女孩们送回家。然而，没有人愿意出租马车，于是我们无事可做，只能等待。而且，外国人没有办法逃离，即便我们想这样做也无济于事。当时女校在我们掌管之下，我们也没有想这样做。因此，我们静静地待在自己所在的地方。整个下午和晚上，城里都在燃烧，而且我们能看见正在燃烧的建筑物发出的火光和浓烟。我们派了一个人去了解西郊的现状如何，因为那里有士兵的营房，但那个人到傍晚都没有回来。我要补充说明的是，城内只有东北角占四分之一部分的满城起火。

第二天早上，那个人回来了，说西门是开着的，而且西郊和城西都很安静。我们还听到谣言说邮政局长汉尼先生被杀。这被证明是假的，不过他确实受伤了，至于伤到何种程度，我现在写的时候还不知道，不过我以后会补上。我们也得到消息说南郊有一栋外国人的房屋已被烧毁。在南郊只有两栋外国人的房屋，其中的一栋里面住着瑞典教会的几名传教士。我们立即派人去查找事情的真相。与此同时，我们和一两名中国教师及传教士商议，尤其是我把他的照片寄给您的周先生，他在整个过程中都是重要的可依靠的人。他们强烈建议我们在傍晚之前到附近的某个村庄去，如果一切平静，他们就给我们传话来，然后我们就可以返回了。我也要指出，他们建议首先将女孩们一批批地送走，有的送到她们的家里，有的送到临近的村庄。您一定会理解，这一切并不是那么容易，因为它意味着要有适当的护送人员——每一批女孩要一个或更多的可靠的已婚的或年纪大的男子。我们外国人都反对这样做，但是中国人的态度很坚决，所以我们只好接受了。唐纳德·史密斯夫妇同一批女孩走，而各个中国男子则分别随同其他的五六批一起走。

在所有的人都走了以后，我们剩下的人才离开：埃里森先生和斯坦利先生与他们的教师先行，斯坦利的马还携带了一些东西；特纳小姐、托马斯小姐、贝琴塞尔小姐和我随后出发，贝琴塞尔小姐骑在我的马上，她仍然处在最近所生病症的康复之中。我们随身携带着自己所有的银子，相当于40至50英镑。正当我们出发之际，派到南郊去的信使回来说有5名外国人被杀。看来这证明了我们的计划是可以采用的正确计划。我不能告诉您我出发时的确切感受。在某种程度上，我感到平静而镇定，但是我发现很难描述充满内心的感受。然而，不久之后，在我的认识中仅有一种平静的感觉，即我是上帝的孩子、耶稣基督的仆人。我们走了三四里路，走向一个村庄，这时我们看到很多村民向我们迎面走来，看样子并不十分友好。我们沿着村北边缘行走，不久就看到埃里森先生和斯坦利先生在150码远的地方。然后，我们看见一些村民抓住了斯坦利先生的马，并抢马背上袋子里的东西。接着，抢马的那个人骑着马向我们疾驰而来，他用粗暴的方式命令贝琴塞尔小姐从我的马上下来，贝琴塞尔小姐尽可能快地照办了。然后，他们抓住我的马，一起叫喊着抢夺我们携带的东西。最后，他们命令我返回到东郊，我们根本找不到援助。我们尝试着与他们和平对话，但是他们不让我们继续前行。于是，我们慢慢地往回走，后面跟着一群人，至少60到100人。我们此前听到谣言说：东门将要在中午打开，而且革命者将要出来洗劫我们的住所，并且有可能杀死外国人。考虑到南郊人们的遭遇，看起来我们正走向死亡。以前我没有面对过死亡，甚至到那时我都没有认识到死亡，而且当我往回走时，我想的是您和亲爱的格瑞斯，无法想象我永远不能再看到您了。然后，我们都平静地往回走，那一大群人过了一会儿有些退缩。我已经说过，他们首先对我们进行了搜身，并且拿走了我们携带的所有银两以及大多数物品。我们所有的人遭遇的唯一事情就是：那群人落后了一段路程后，他们当中的一个男子骑着马从我们的后面飞驰而来，正好撞到我们当中，并且撞到了贝琴塞尔小姐。幸运的是，她受伤并不严重，能和我们一同行走。有两个男子似乎是领头的，他们骑着马奔向东郊，于是我们跟随其后，径直回到了自己的房间。

我们在那里等了大约1小时45分钟，期望着士兵们的到来。大约1小时后，我们得知士兵已经进入郊区。我们在一起祈祷和阅读，因此都非常地镇定。特别是女士们的态度打动了我。当我们正在读的时候，有消息说报道是假的。我们很快了解到：那两个骑着我们的马进入郊区的人已跑到了城墙脚下，告诉城墙上的人他们所做的事。城墙上的军官告诉他们，不要做任何伤害外国人的事，并且必须归还我们的东西。因此，我们得知这些人归属于一个会社，其目的就是要使自己发财，而且仅仅是由于城墙上的军官给了他们一些东西，他们停止了向东郊劫掠。

另一个关于这一经历的记录如下：

对于走回家的其他的人，我只能说一点：这是一个无法用言语表达的神圣时刻。我们没有说话，而且我们感觉到自己很快就要与这个世界诀别。这时，我们到了门口，那群人中只有最具暴力倾向的几个人跟来了。我们都进了埃里森和斯坦利先生所拥有的房子，随后是难以忍受的时间，我们坐了一个半小时，等待着决定我们命运的那伙人回来。我们吃了些牛奶和饼干，因为从早上8点以来都没有吃任何东西，而且现在已经是1点多了。我们跪下来，将自己的命运交给上帝处置。站起来后，我们当中的两个人写明了我们的意愿，并将之交到我们的小男仆手中，当时他站在那里，脸颊上淌着眼泪。罗德存医生就已经发生的事情向伦敦的教会秘书写了一个简短的报告。完成这些最后的任务以后，我们坐下来等待死亡的来临。罗德存医生诵读了几篇《圣经》中令人宽慰的篇章，尤其是《约翰福音》第十四章。最终，他停了下来，于是我们静静地坐在那里。此时，上帝将平静放入了我们的心中。我们没有恐惧，仅是为我们的服务很快要停止而感到悲伤。我们没有害怕，用不了多久我们就能面对面地看见上帝！我们想到了家、心爱的人、我们可能死去的方式，同时也想到了我们正快速赶回的家。就在一个半小时结束时，我们的仆人匆匆地赶了回来，说士兵们从城墙喊话说我们必须得到保护。在想到死亡时我们都没有流出眼泪，此时因为考虑到获救和自由，泪水涌出了我们的眼眶。

今天傍晚，医院的一名助手来了。他是由4名士兵从城墙上放下来的，以便去请罗德存医生。他感觉来到这里是他的职责，然后匆匆忙忙地离去，以便在天黑前被吊上城去。我们一直都非常高兴有相互支持和同伴之谊，而罗德存医生一直是我们所有人可以依赖的人。很难与之割舍，因为他一直是我们的领导和重要的可信赖的人。

现在我们将继续罗德存医生自己的记述。

那天下午晚些时候，就在天黑前，我听说唐纳德·史密斯牧师和他的夫人被找到了，而且正在被带回来的路上。他们的遭遇比我们更差，因为他们遇见了一群暴民，并遭到毒打。史密斯先生除了头部和腿上受伤以及有许多瘀伤外，他的双臂都被打断。史密斯夫人自己也受了很多伤，但是看到史密斯先生被打伤成那样，我料想她会有更多的伤。他们是被打了一次后，才被允许坐下休息一会儿。之后，他们再次遭到攻击，然后又被弃而不顾。后来，我们的几个男仆找到了他们，并把他们带回到我们这里。看到我们的男仆中哪些还保持着忠诚、哪些已经离开了是很有趣的。在依然对我们保持忠诚的男仆中，有一个是去年在企图偷我的东西时被抓获的。当史密斯夫妇回来了，我能够帮助他们，而且人们开始看到上帝的意图，让我在城门关闭之前外出到东郊，而城门关闭后我就不能够返回了。

那天晚上，我们都待在单身宿舍，但是第二天下午女士们和史密斯夫妇搬到了 B. Z. M. 的住宅，那里与单身宿舍只有一个教堂墓地相隔。我前往那里去照看根本无法照顾自己的史密斯先生。那天，潼关的几位绅士拜访了我们，说他们正尽自己的一切所能来保护我们。他们派遣了 20 名武装人员专门巡查我们那条街，并将其他人员分派到整个东郊，他们特别担心从外面来的强盗和其他坏人。不过，虽然我们有很多警报，但是最终都没有发生。

第二天，我们除了得知清政府被推翻、西安城被革命者所控制外，一切如故。城门依然没有打开，但是枪击变少了。正当我们喝茶之际，一个报信的人来说，我们领头的助手已经来请我进城了，因为那里有很多受伤的人，而且只有贾尔德医生一个人留在医院。于是在与其他人略作商议后，我决定进城去。但是，由于此时城门都是关闭的，我不得不被用一根绳索吊上城墙。这是一次奇妙的经历，因为城墙太高了。不用说，东郊的居民都十分感兴趣。从进入城门到去医院途中，我由4名士兵陪伴着。途中，我去弹药库见领头的人，但是他不在那里。随后，我们遇见了他和我们的两个管事人——一个来自医院，另一个来自东郊。于是，我告诉了他们东郊所发生的事情，第二天士兵们就被派去保护他们。我不必描述令人不快的场景。但是，不用说，这个城市展现出的样子与我离开时很不一样。店铺都关闭了，带着不同使命的士兵们或步行，或骑马，在四处走动着。我很高兴返回了医院。我发现贾尔德夫妇的小婴孩在前一天夜晚死去了。他们告诉我的事我一定会在以后告诉您，但是现在我将继续讲述重要事件，因为它们在上一周影响了我。

11月1日。

我们正在忙着医治伤兵和其他的人。我们照料的许多伤员都是不知道如何使用步枪导致受伤的。我们有很多病人是士兵，因为我们在他们当中是很出名的。最可怕的事情是看到一个受伤的小孩，那是一个我非常喜欢的12岁的小家伙。他受的伤很严重。他死了。噢，战争太可怕了！现在，我们正在接收一开始就受伤的人，但是他们不能或是不会在第一时间来到医院。他们的伤口都处在非常肮脏的状态。在过去的10天里，我看到的可怕的事情比自己以前经历中所看到的都要多。而且，难以忍受的是我们绝对没有能力去充分处理大量的工作，特别是在护理方面，因为我们事实上没有这方面的设备。

周四晚上，在我上床睡了大约半小时之后，我被叫起来到只有两分钟路程的陕西省高等学堂①去。在这里，我发现自己是被请来看前布政使，即省里的第二号官员的。他不是满人，但是他试图用步枪结束

① 1901年建，初名陕西大学堂，1905年改为陕西省高等学堂。

自己的生命。那天晚上，他被发现，并被带到了现在是政府所在地的这所大学。我让我们的一个男仆去拿仪器和氯仿——我能够取出子弹，而且我认为他会康复的。这时我遇到了现在担任都督的人，所以我有机会谈了些我们的事情。此后，我又与他见了一两次面。每次，他都非常焦急地表明了他对外国人的安全与生活安宁的关心。我将每天去那所大学看望我的病人。

邵涤源一家和荣安居一家的安全，我们一直都很担心。前者在福音村，后者于10月23日离开延安府，正在从绥德州返回的路上。我们向都督传递了有关他们的信息，随后他说，他已经派出了100名士兵到三原保护他们，并护送他们回来。但是，我担心的是：他以这种方式所告诉我们的一切并没有执行。目前，乡村绝不是安全的地方，那里没有政府组织。强盗正抓住机会，并充分地利用它。邵涤源夫妇现在被100个村民日夜守护着，而且我们通过来信了解他们的情况是非常必要的。

某天，我将继续我的故事。今晚在就寝前，我想读点东西，沉思一下。这些天，很少有时间做这样的事，而且我不想失去上帝在所有这些方面教给我的课程。我认为我们当中没有一个人会感觉到上帝是如此地近，并证实：当我们面对死亡时——在思想中，如果不是在行动中——它为未来提供对上帝的信任，上帝对于我们来说将会是什么样子。噢，我们必须完全信任上帝，这样的结果会是更有用的！

11月2日，西安府。

现在，我想尽自己所能把城内发生的事情告诉您。阴历本月初一恰好发生了日蚀。我无法说他们是否因此而有意在那天起义，但是日蚀大约在10:30发生，然后骚乱在大约12点爆发了。士兵们率先占领了军械库，将武器和弹药分发给所有愿意加入他们的人。他们的标记是白色的。不幸的是，他们没有采用一个更加独特的标记，因为许多坏人佩戴上白色的标记，获得了武器，并利用它们去抢劫。现在，我无法告诉您对满城的攻击首先是什么时候开始的，但是那一定是很快就开始了，而且攻击大约是不间断的，一直持续到星期三的早晨，那时才真正地停止下来。革命者的目标是消灭满人——男人、女人和小孩。星期三过后，他们停止屠杀妇女和女孩，但是在继续寻找男人。从一开始，满人的处境就是毫无希望的。虽然他们居住在城内单独的一个角落，但是并没有围墙环绕。而且，虽然每个满族男子都是士兵，但是他们都是旧式的士兵，装备都是低劣的武器，他们的步枪每射出1发子弹，新式军队的步枪就可以射出5发子弹。因此，虽然有5000个满人，但是他们起的作用很小。汉人烧了满人的房子，杀死了他们所能杀死的所有正在逃跑的满人。许多满人爬上城墙，跳到城外，有的人被摔成伤残，有的人被杀死，而且可能有一些逃脱了。许多人要么通过投井，要么通过上吊，结束自己的生命。这在妇女当中是特别常见的。谣传还有很多满人躲藏着，这并非不可能。士兵们被允许拿走他们从满城里挑选的东西，而且当我三天前从城里经过时，士兵们都背着大量的衬着上等毛皮里子的精美丝绸衣服，他们因此表现出了一副特别的样子。很多人都受到了伤害，因为满人把火药藏在地下，所以当房屋燃烧时，那里就会突然发生爆炸，而事先却没有警报，许多正在寻找战利品的人被严重烧伤。我们将几个因此而烧伤的人送到了医院。有一个男人几乎是裸体来到医院的，事实上他的所有衣物都被烧掉了。

在第二天或是第三天，一个布告发布了，其主旨是“兴汉灭满”，并且“保护商人、外国人和民众的教堂”。从那时起，一个临时的巡街制度建立起来，每一家在夜晚都要提供一个守夜的人。新的当权者也正在尽最大的努力寻找在最初几天抢劫店铺的人。他们已发现了很多人，这些人全被即时处理。然而，尽管如此，这里仍然是士兵们的天下，而且当士兵们在寻找财物时，对于一个从事自己日常职事的平民百姓来说，几乎没有真正的和平与安全的可能性。近来，大多数士兵都一直拿着拔出鞘的剑四处游荡，不少的无辜百姓在他们的手中遭殃。

罗德存医生与一群病人

那里一定有对满人的可怕的屠杀。我想，当外国人听到这些消息时，会感到害怕的。这是东方，但是它太可怕了。“格杀勿论”的教条对西方人来说是陌生的，而且许多有能力的好人肯定已被杀死。许多有思想的人虽然不敢在公共场合说，但是他们感觉到事态总的来说太严重了，而且如果人们愿意屈服，那么他们就不会受到伤害。一个人告知我说，在中国过去的所有历史上都没有像这样的事情。下面是我从一位重要的先生那里听说的：他是个满人，对弟子一直很好，并且被他们所喜爱——事实上，他与许多人都很亲近。他在日本时，与本地这次运动的领导者在同一所学院。因此，他去找这个领导者，此人保护了他两天。但是，随后当局调动了此人的司令部，另一个人取代了他的位置。这个后任者以前与清朝官员有着友好关系。但他对待这位先生就如同不认识他一样，问他是谁，于是他张开嘴直接说了出来，他的话表明他是一个满人，那位领导者就命令士兵杀了他。这就是那种令人讨厌的事情。中国并不是拥有许多可以这样残酷地杀掉的好人，如果他们愿意归顺新政府，那么为什么要杀他们呢？

人们不禁会想，最终将会发生什么。新人将会有能力办好事情吗？他们全部，或者几乎全部都是非常年轻的人——例如，外交部的部长仅21岁，而且都督不超过35岁。就我来说，唯一的希望在于中国人固有的守法与和平的特性，中国人对于由他们直接建立的完全可依赖的政府，将会服从并支持它。当然，我不知道他们在别的省份有些什么人。现在看起来很明显的是，他们有许多事情要做，并且少有人能够执行他们的计划。整个物价都在飞涨。绝大多数粮食价格都涨了一倍，布料的价格也至少涨了一倍，这在很大程度上归因于头两天坏人们的大量抢劫。他们告诉我说，所有的店铺——银店、当铺、丝绸商铺、靴鞋店、布店、票号、洋食店等所有可以拿走的东西，均遭到了抢劫。可能有一些店铺逃过了这一劫，但是据报道说并不多。今晚，我必须再次搁笔。这是一个很长的故事，而且有更多的内容需要讲述。我希望自己能拥有更强的描述能力，因为我认为自己比这里的大多数外国人看到的都要多。上帝已经引导我们走一条光明大道。我无法告诉您，上帝在过去的几天里意味着什么。多年来，我是多么期望更加地熟悉上帝！我想上帝近来一直在教导我，让我准备好学习他所赋予我的一切，并且为以后服务的更大机遇做好准备！

11月4日，西安府。

我已经告诉了您，现在的军事统治对平民百姓充满恐怖。每天都有许多谣言，多少有点儿令人惊慌。今天，据说一支回族大军正在平凉府，准备向西安府进军，还说来自北京的清朝军队正从西边而来，据说满人在北京取得了胜利。但是，这些报道是不值得信赖的。

但是，现在再回来看一看影响医院的事情以及贾尔德医生及其夫人。我离开医院前往东郊后不久，汉尼先生就来看贾尔德夫妇的小婴孩怎么样了。他是骑着马来的。当他返回时，城里起事了，他遭到一群强盗和歹人的攻击，他们先是抢了他的马，然后准许他走了一会儿，但是又向他发起了攻击，造成了他的头部多处受伤。如果不是被士兵救出，他肯定会被打死。贾尔德医生一到自己的家里，就立即在士兵的护送下被请去。可是，在他包扎完汉尼先生的伤口后，人们认为对他来说穿过街道回家太危险，于是他不得不等到第二天。与此同时，贾尔德夫人、瓦特小姐独自待在医院里，和她们在一起的还有一个渐渐变得虚弱的婴儿。由于城内的骚乱，而且医院里的大多数雇员都处在恐惧状态，您能想象她们必须在这几个小时中度过多么可怕的一段时间吗?

不过，大约到星期一中午一切都还好，当时一群回民聚集在医院门口意欲杀人，并破坏整个建筑。女士们觉得她们的最后时刻已经到来了。但幸运的是，我们管事员在医院里，他竭力安慰和帮助她们。在绝望中，他们向上帝大声呼救，请他给他们派一个可靠的人，告诉他们如何做。就在他们祈祷时，我在前文已提到的林先生进来了，告诉他们不要害怕，因为外面的暴徒将很快散去，事实果真如此。所以，他们也在这极端危急时刻，通过如此美妙的方式证明了上帝就在身边。在此之后不久，贾尔德医生回来了，然后照料伤员的工作开始了，而且他们非常忙碌。他们的孩子死在周二晚上12点钟，而且，正如我之前所说，我是周三下午被请去的。

我想，可能我应该将南郊人们的经历放到另一个时间来讲。让我告诉您一位瑞典女士的故事。她们住在大约18英里远的一个地方，抢劫者来到她家抢劫并要杀死她，但她设法逃到另一所不远的房子里。

在这里，她在没有食物的情况下待了两天，事实上追她的人曾两次来到她藏匿的房间，但是，尽管她就躲在门后面，而他们却没发现她。这听起来似乎是不可能的，但的确如此。一个人有了这样的经历之后，应该永远不会失去对我们上帝的信仰。而且，无论上帝在未来为我们准备了什么，我们这几天都一直在准备着，要么在这里多做一些服务，要么早日应召唤随他而去。

本周早些时候去福音村接邵涤源夫妇的士兵昨天带着他们回来了，我们都非常高兴能和他们重聚在一起。他们在福音村的日子遇到了很大的困难，必须一直有大量的男人为他们日夜警戒，以防止强盗对他们进行袭击。一天晚上，一些企图纵火烧他们房屋的人被抓获；还有一次，已发出警报让他们逃到那个他们已经准备好的藏身之地。因此，为了他们，也为了我们，我们对他们的再次回来而感到高兴。我们现在仍然为那些在陕北的人感到焦虑，尤其是荣安居一家，他们正在从延安府南下的路上，因为正如我们所知，陕北许多人都有敌视外国人的强烈情绪。但是，我们为他祈祷着最好的结果，并期待着消息，一些士兵已被派去护送他们再次返回这里。

11 月 7 日，西安府。

写上面这段内容时，我们已经有了关于荣安居一家的消息，对此我们充满感激。其情况是：他们于星期一，即 10 月 23 日离开延安府，第二天这里就发生了骚乱。他们第一次听说革命，是在第二天的行程结束时。但是，他们仍然继续前行，在从延安出发四天后达到了中部县，当时他们听到更多有关这里的骚乱的情况，并收到了一份外国人被杀害的报告。他们去见中部县的官员，那位官员给他们提供了士兵护送。在那天行程结束时，从福音村来的一位信使把邵涤源先生的一封信送给他们，信中说唐纳德·史密斯夫妇都死了，而且我们都离开了东郊。为解释邵涤源先生所写的这些，我必须说：这是他第一时间收到的消息，看来它是为间接证据所证实的，因为校长在学校说他看到了他们夫妇二人都横尸路边！荣安居医生因此决定试图返回延安府。他们回到中部县，而在这里他们被抢走了所有的东西——他们的马匹和所有财物。然后，他们来到一名教徒的家里，随后又恢复了他们的行程，并避免走大道，直到他们发现了一个可以藏身的窑洞。在这里，他们能够从友善的人们那里得到食物，但是他们不敢继续前行，因为派出去打听消息的男仆说这里不安全。最后，他们把男仆们派往这里的城市去打听事态如何，而且他们于上个周六的晚上，即 11 月 4 到了。第二天，一小队骑兵和一些我们的人启程去接他们回到这里，因此我们希望在很多天过后他们将会回到我们中间来。他们的详细经历我必须等待。荣安居医生说，虽然食物很粗糙，但是一切都好，并且非常安全。由于没有用来写字的笔，他用一支香柱写了封信。

贝克曼先生几天前来看望过我们，他是住在南郊的传教士。看起来好像是在发生骚乱的那个周日的晚上，他们讨论了如果被攻击的最佳逃避方法。我应该告诉您，他们家住着贝克曼夫妇、他们的三个孩子和另外三个孩子以及沃特尼先生。沃特尼先生是一个年轻人，最近刚来的，教这个地区瑞典教会的几个孩子。这栋房子位于城墙外的南郊，房前、房后有个大花园，并由相当高的墙围了起来。门前面的出口是一个大木门。大约在午夜时分，他们遭到一帮人的攻击，正如我们后来所听说的，袭击者中大都是强盗和邻居中的坏人。所有的仆人都逃跑了，不仅如此，还搬走了他们为防备遭到攻击而靠在墙上以便越过墙头的梯子。所以，当袭击者们来到这里时，他们没有找到梯子。他们把独轮车抬起来靠着墙，然后沃特尼先生爬到墙上，他们的计划是想用手把孩子拽上墙头，但是，只有一个孩子能拉上去，而且当有人喊叫时，沃特尼先生和这个孩子跳到了墙的另一边。贝克曼先生大声喊他们，但没有听到回答，于是推测沃特尼先生和这个小孩已经被迫逃走了，而这个小孩正是他自己12岁的女儿。我应当说，天上没有月亮让他们能够看得清路。贝克曼先生、他的妻子、一个小宝宝、一个大约七八岁的小女孩，以及剩余的孩子，随即进入了附近的一个小厕所，并待在那里。很快，他们听到了脚步声，然后就响起了敲门声。他的妻子立即和那个七八岁的小女孩跳了出去，但贝克曼先生在后面待了一会儿。他看到只有一个人在院子里，因为他们已经放火烧他的房子，一切都被点燃了。我认为他此后再没有看到过他的妻子。他们一定抓住了她，并将她立即处死。他抱着小宝宝稍后走了出去，那名男子不见了。他知道自己不能从后面出去，所以他绕道到了前门。前门被烧毁了，外面是一群暴徒。他跑着从他们当中穿过去，径直跑向了郊区的水塘，并从塘边跳进了大约两英尺深的水中。在这里，他停了一会儿，藏在深草丛中，祈求上帝帮助他。他可以听到那些人在找他，而且当他看到他们拿来灯时，他移到更远的树边，在这边他待了下来，仍然藏在深草丛中。他听到这些人喊他，并立即安排三名男子在这里看守，直到早上。然后，他听到这些人得出这样的结论：由于北边太陡，他不可能爬上去，所以他们就监视其他三个方向。整个这段时间里，他都站在水里，怀里抱着他的小宝宝，而且小宝宝发出了一声暴露他的声响。过了一会儿，他看到了晨星，并听到了那些人谈论他，说很快就要天亮了，他们将会找到他。因此，他摸索着水塘的北岸，发现有个地方正好能用手臂爬到最高处。于是，他把孩子放在那里。她发出了点儿小声响，于是他又重新放了一次，然后去找另一个地方，但是没有找到，他回来把婴儿抱起来，祈求她能保持安静。然后，虽然他几乎用完了力气，还是设法爬了上去，接着避开看守者，到达了西郊，在那里他受到了自己朋友的接待。他和他的小宝宝是从那个地方逃出来的仅有的两个人。这是非常令人悲痛的。6个孩子、贝克曼夫人、沃特尼先生都失去了生命。沃特尼先生和女孩（贝克曼）跑出了约6英里，但还是被抓住了，并被投来的土砖砸死。一个被杀的男孩曾是快乐的孩子，他的母亲阿尔斯特兰德夫人是一位高尚的女人，这个男孩是全家的宠儿。她曾带男孩到我这里治疗眼睛，而且我已从上海给他订购了眼镜。我听说她和她的丈夫刚刚从两天路程远的传教站来到这座城市，所以他们安然无恙。

新的当权者对这件事非常抱歉。如果他们真的想避免对外国人的流血杀戮，他们应该做得更好，因为他们一定知道许多地方的人并不友好。不幸的是，这个地方是如此远离郊区。4名男子因为参与此事，已经在那里被处决，他们的头颅也被悬挂在了城门外，并写上字，称“这就是对那些杀死外国人的人的处罚”。

最近，这里新建了一个红十字会，并且我在周日接受了两名负责人的拜访。他们告诉我说，他们不能够照顾伤员，因为他们的办法不好！他们问我们是否愿意接收他们负责照管的任何伤员。当然，我说我们应该很乐意这样做。他们告诉我们，他们忙于安葬死者，而且，正在把死者埋葬在满城的坑穴里，大约是每十人埋在一个坑里。他们告诉我，到目前为止，他们已埋葬了4000具尸体，但照低估计，大概有10000人被杀害，因为当时这里有5000名满族士兵，这还没有算他们的家眷，加上他们总人数肯定至少会达到10000人。这些人告诉我，与因伤而死的人相比，更多的人死于自杀，要么是服毒、窒息，要么是投井。而且，汉人相对而言少有人受伤，考虑到他们的先进武器这也就不足为奇了。值得注意的是，我们了解到，几乎我们所有的满族基督徒都是安全的。有许多满人藏了起来，我们这里的医院里就有一些，他们是混在伤员中进来的，不过我们的男仆告诉我们他们是满人。我们将让他们一直待在这里，直到他们有了真正安全的机会。

我们不断地收到大量的各类谣言，其中之一便是来自甘肃的大批回族军队正向我们这里进发，他们正在离这里有8天行程远的地方等待着。今天，我们听说，40个从西边来的回族人来查明真实情况。他们被带去见都督，并且走的时候他们每个人都被送了50两银子（6英镑），以引导他们向派他们来的人说些好话！

我们也听说，被派到此处以东40英里的渭南的那队士兵，是去要求该城投降的，看上去是朋友的强盗加入了他们的行列。然而，这些强盗向他们发起攻击，杀死了几个人，然后去了渭南，并要求给7000两白银。据我所知，他们拿到了这笔钱。这表明现在的骚乱已使所有的坏人浮出水面，乡村里简直就是强盗出没。如果政府想要获得真正的秩序，他们面前已摆下一个非常困难的任务。

除了小队的骑兵因公务疾驰而过外，这座城市继续保持着平静，而且这些士兵以这种方式从街道上疾驰而过是非常危险的。另外，有一天，一个被撞倒的人被送到这里来，然后因伤而死。除了食品之外，这里没有什么买卖。受伤的人仍然不断地到来，有的人是超过两周以前受的伤，如骨折、手上的枪伤、手或手指被砍掉——所有这些伤都处于一种最可怕的肮脏状态。他们所遭受的苦难一定是非常可怕的，但是大多数人都太软弱或太恐惧，以至于他们不敢来医院。

我必须写完今天晚上的，因为，当我写的时候，我能听到守夜人开始边巡夜，边打更。这是最平和的声音。我想躺在床上，听他慢慢走近，然后渐渐地走远。

11月13日，西安府。

两天前，那些在南郊被杀害的外国人的葬礼在那栋房子的花园举行，那栋房子现在已彻底毁坏了，只剩下墙壁还立着。当晚那些暴徒彻底的暴行是多么令人惊愕：每一处都被烧毁了，甚至小厕所都没有留下来。犯下这样罪行的人一定是极端仇恨外国人的，他们当中的大多数现在都已经逃走了，而且南郊的居民都很害怕。葬礼对一些亲属来说是很痛苦的，尤其是那些自己的孩子被杀的母亲们。我已经提到过的阿尔斯特兰德夫人也在那里。人们能看到她的悲痛是多么强烈，看到她跪在她幼小的儿子的棺材旁边，这是一幅令人伤感而凄美的画面！* 可怜的妇人，这是痛苦的命运！当我们一同站立在这废墟当中时，我们不能不认识到那晚的恐怖以及做出这种事情的人的冷酷无情。一些中国人也来了，他们当中有外交部①长、军事学校的校长以及将军②派来的一名代表，将军已离开这座城市，到本省边境潼关城去处理事情了。

您会记得，我刚到这里之后，曾提到过那个城市。它是战略重镇之一。那里一直有一些麻烦，其确切性质很难弄清楚。将军在三天前去过那里，努力解决了麻烦，但是我们还没有收到可靠的消息。红十字会派了3个他们的人到我们这里，想借器具，并取些药物。他们告诉我，他们受命去潼关，并照管伤员，但是，他们感到自己无能为力，根本不知道如何疗伤。我向他们指出，将器具交到不会使用它们的人手里是危险的，这就和把一支步枪交给一个不知道如何用它的人手中一样糟糕，因此他们不得不接受一些诸如如何包扎普通伤口的简单指导。如果说这算不上多么可怜，也将是很荒唐可笑的。毫无疑问，他们会有更为严重的伤病员。这些人如果被送到我们这里，就不会死掉。但是，这要考虑到时间耽搁——三天的路程——而且全是令人痛苦不堪的行程！这座城市现在相当平静，但是生命仍然是非常渺小，人们正因为极小的犯罪而丢掉性命，而且所有被发现的满族男性仍旧遭到杀害。

---

* “乔治，耶稣的小殉道者”（摩根和斯科特）。

① 指陕西省政府的外交部。

② 指陕西都督。

（三）应召唤去潼关

11月23日，潼关。

上周星期三的晚上，荣安居一家从北边回到了东郊。我还没有一个他们经历的详细的介绍，但是他们表现出了比我期望的更好的健康状态，而且这个小男孩状态很好。星期五，邵涤源先生和荣安居医生来到医院，而且正当他们在那里的时候，外交部长林先生来说，想派我们中的一个人去照看这里①已经受伤的人，因为红十字会的人没法应对这种紧急情况。所以，根据安排，我应当过来。我很快开始准备好东西，第二天中午就离开了那座城市②。很幸运的是，当时荣安居医生和邵涤源先生都在那里③，我们就可以一起进行商议，并且我能够将自己在医院承担的事务移交给荣安居医生。

那就简要解释一下上述的这个地点。西安府举事后，陕西军队控制了这个地方④，它事实上是在陕西省。这些军队大约有1000人。这里的清朝官员逃跑了，据报道说是逃到了河南省，想请求政府派军队重新夺回这座城市。之后一些士兵被派遣过来，虽然城门已经关闭，他们却翻墙而入。当这些河南士兵进入潼关后，陕西军队事实上无能为力了，因为他们装备的弹药和步枪都很差，而河南军队却装备有很好的武器。河南军队到这里待了几天——六天或七天——期间他们洗劫了所有的房屋和店铺，索要白银和值钱的东西，如果不立刻给他们指出东西藏在哪里，他们就杀人。当更多的陕西军队从西而至时，河南人将他们的东西装在骡子身上，然后离开了。人们可以想象陕西军

---

① 指潼关。
② 指西安。
③ 指西安。
④ 指潼关。

队到来时当地居民高兴的样子，原本他们很担心自己会被饿死，因为没有任何牲畜留下来磨玉米了。然而，已有食物和饲料从邻近的地区给居民和新来的部队运到了，而且粮店正在进行一笔可观的交易。

在陕西军队第二次占领这个地方后，他们请求红十字会的人前来。这些人认识到他们自己无力处理伤员，而在将军回到西安府后，我被邀请前往。正如您可以猜到的，我们不得不努力工作，以准备好东西，而且如果不是瓦特小姐的帮助，我想事情可能不会做完。到星期六即18日的中午，所有的东西都准备好了。不过，虽然我们已经到了东郊，但是因为中国人的耽误，我们事实上到第二天早上才启程，我就在东郊邵涤源家过了一夜。

第二天，马车在前先行离开了，其中有四辆运载着药品、绷带、医疗器械、医院的两名助手、我的厨师以及四名红十字会的成员，这四名红十字会成员受我支配，并且一般是执行我的命令。正如我期待的以及已被告知的那样，一名骑兵随我同行，因为我是骑马前行的。但是，在我为等这个人花了一个小时之后，我却发现他已经走了。这看来相当令人难堪，我这个在远征队里最必需的人被留在了后面！然而，邵涤源先生借了一匹马给我，我追了六英里半开外才赶上他们，直到这时我的马夫才来护送我。接着，另一个男人追上了我们，他为我料理一切——他是一个非常合适的人，是河南人，对所有外国的东西都非常热心，他曾经担任城中两所最大学校的教官。正午稍晚一点，他和我到达了距离西安府16.5英里的临潼。我们想在当天走得更远一些，但是我们的马车来得太晚了，因为上一周的降雨使得道路变得实在太糟糕了。我们在衙门住了一晚。第二天，我的同伴和我启程前往渭南。

在渭南时，我听说在邻近的一个地方有内地会的活动，一名传教士在骚乱爆发后，到了一名基督教徒的家里避难。当地的地方行政官已经自杀。当这些人听说强盗们已经闯进这个地方时，他们都服了毒，这名传教士死了，但是其他的人没有死。这完全是中国式的处事方式。对官员们而言，如果他们效命的王朝灭亡了，自杀就是忠诚的标志。

第二天，我们计划坐船继续赶路，但是我发现那将花费比我预期更长的时间。因此，我们用船送走了一些物品和一部分人，而医院的助手之一的童（音译）和我骑马前行。我们希望能在同一天到达潼关，但是因为下雨，那是不可能的。由于一整天下着大雨，我们不得不在一个小村庄投宿，这个小客栈并非最好的。我们三个人一起睡在炕上。我们把炕加热，但是随后由于房间里的烟雾完全使人无法忍受，所以我们有一段时间不能躺下来入睡。然而，我们都睡得很好，并且第二天起得很早。幸运的是，天气很好，而且我们在正午之前到达了潼关（24 英里）。因此，我能在明早船只到达之前，把我们将要住的房屋安顿好，并且那天下午（星期四）要用的东西也准备好了。

我们一到达，就去了衙门，见到了领头的人，并在那里用了餐。当晚我们睡在自己的医院里，它位于邮政局后面的房屋内。支架床上面铺着麦秆和毛毯。一间小型手术室已准备妥当，厨房、存储室、厨师和助手们也都有了，唯一的缺陷是病人没有像我预期的那样蜂拥而至。我们开始时有 10 个病人，我希望他们的治疗将会进展良好。

很难让人意识到的是，我们现在身处在可能是过去百年里最重大的革命之中，革命中的问题充满了对整个世界或好或坏的影响。人们几乎不能想象其结果可能是什么，而现在，正如人们考虑到西安府和这里的司令部，考虑到掌权的年轻人，考虑到他们的热心，考虑到他们大胆地从事这样的事业，考虑到他们已经做的那些事，人们禁不住会想其结果将会是什么，它将会带来什么样的未来。

在我们停下来吃午餐的那个小客栈里，我无意中听到了一段相当有趣的对话。说明一下，我必须指出，我在旅途中一直穿着外国人的衣服，即我在离开前刚买的大衣、皮靴和绑腿。随便地翻译一下，对话的英文像是这个样子的：

A：“你觉得那件毛线大衣怎么样？”

B：“它看起来不是很厚，也不十分好看，但是它一定很贵。”

A：“是的，它并不厚，但是我觉得它很暖和。”对我说：“它暖和吗？”

C. F. R.①：“噢，是的，它很暖和。”

B：“噢，他懂中国话！”

C：“是的，他来自城里的‘救世’堂。那里的医院里有姜感恩医生、荣安居医生和贾尔德医生，我都认识他们。他们在那里已有8年了，并且他们能说中国话，也能听懂中国话，但是他们的话（指英语）非常难懂。”

A：“他穿的皮革靴子看起来很冷，但是我以为它们穿了很长一段时间了。”

C：“是的，它们穿了很多年了。但是，它们花了大约8两银子（1镑），这些外国人有很多钱。”

这个对话还有一些我忘记了。看来我并不理解，但是我发现它非常有意思。

昨晚，我在半夜时被叫起来，去我们的朋友——红十字会的中国医生那里，他们有一个头部有伤的病人。这个伤口会周期性地出血，并且昨晚他们止不住血，所以来请我去。在半夜里，红十字会人员陪我到那里，他们当中有6个人拿着出鞘的剑陪在我身边，随时准备保护我，这真有些好笑。他们十分慷慨地承诺保护我，是以我不知道的事情为背景的，因为这个地方的所有居民都非常地惊恐，惊恐到连一条狗都不敢碰。然而，当我们到达目的地时，我发现这个男子头上敷着带有泥和脏东西的膏药以止血，它们已经奏效了。我费了些麻烦去掉

① 即罗德存英文名的缩写。

了大块的膏药和泥，并清洗干净他的头部，然后轻松地永久止住了血。这个伤口并不是很严重，也容易治愈，但是由于这个受伤处是血管，这对他们来说是严重的。

昨天，我又接收了几个病人，其中有一个年轻人遭到严重烧伤，遍及三分之一的背部、一条胳膊、脖子和面部。这是三个星期以前烧的，这个可怜的家伙处于最可怜的状态。他接受到的唯一治疗就是在烧伤之处撒上干土，这些土因为红肿发炎部分的表面有排出物，而被转变成泥，一部分已经干了，并结成厚厚的硬块，一部分还是湿的。把他弄干净是一件很辛苦的工作，他的床上全是土和泥。然而，我们适当地把他弄干净了。今天，又送来了一个烧伤的男人。

昨天，我们还接收了一个因开小差而被打的人。哎呀！中国的打人是一件可怕的事情。这是我看到的第二起了。大约几个月前，我在乞丐的家里看到过一起，每一起都是一样的。其结果是，双腿大面积溃疡，几个星期后，他才能四处活动。

今天，我们听说东边60英里的地方一直有与河南军队的战斗，于是我们派人去把伤员运到这里来。当然，红十字会的兄弟们应该为此目的已派人随军队去了。情况将会比以前要好一些，因为我这里的大多数病人是两三个星期以前受伤的，这些将会是只受伤四天或五天的。

11月30日，潼关。

又有两天的时间过去了，我们收到了4个来自一直有战事的东边的病人，但是只有一个人真正受了重伤。我们已得到关于发生的事情的各种报道，但是最后一个则是更令人安慰的，即两名将军已经达成协议，并且再不会发生战斗，各方都待在本省。但是，到明天我们才可能获得真实情况，因为我担心陕西的那位将军已回到了20里外的一个地方。

12月13日，华州。

在2日①，将军和东去抗击河南军队的所有士兵回来了，和平最终达成了，因此每支军队都要待在自己的地盘内。同一天下午，我收到了邵涤源先生的一封信，它使我感到回西安是正确的——至少待一天或两天——而且考虑到和平，看起来可以成行。因此，我与想回西安的以往的同伴童（音译）于次日11点左右出发了，留下我的两名助手在这期间照管我的病人。我们在12月5日，即星期二上午大约11点到达西安。我发现那里一切平静，虽然他们对来自西边的回族人有很大的恐惧，汉人很担心再一次遭到回族人的侵犯。星期二、星期三、星期四我都待在西安，星期五早晨在另一个姓孙的人的陪同下返回了，童两三天内不能返回。一到达，我们就发现前一天那里一直有战斗，而且陕西军队被迫在东面撤到了潼关以内13英里的地方。我去见那位将军，却发现他外出了，随后发现他已出了西门。他实际上带着自己的卫队逃走了。这很快传遍全城，而其结果是士兵和居民都想离开这座城市。然而，到天黑，西门都是关闭的。

此时，河南军队已经推进得更多，而且枪声很近，离城墙不超过一英里。天黑时，枪声停了，于是陕西军撤进了城内。快天黑时，衙门里的官员想要我到那里去，我后来了解到，他们想让我与他们一同趁天黑离开那里。我觉得自己有责任与病人们待在一起。很容易看出，我所有的这些勤杂人员都是那么地焦虑不安，所以我和他们一起做晚祷告。我告诉他们，我们可以放心，相信我们一切都会好的，相信河南军队将不会杀我们，我们正在帮助人，而且准备好帮助河南的伤兵。然而，他们仍然极其想走，没有人愿意跟我一起留下来。这让我不知道该做什么。一些病人已经离开，而且不能走路的病人（5个）中，也有一两个被他们的朋友带走。这些勤杂人员和我的同伴孙全都声称：

① 即12月2日。

中国人与外国人不同，而且河南人将会把他们所有的人当成敌人，不会放过一个，也不会尊重红十字会旗。我因为矛盾的心情与责任而烦恼。这时，孙找来了一辆马车，等在外面准备好离开，随后我同意，如果夜晚再有交战发生，那就离开。

大约晚上11点，月亮开始悬在高空，城墙外又开始了射击。我们派人到衙门去看他们在干什么，却发现那里已空无一人。他们全都在一段时间前离开了。于是，我们收拾好能收拾的东西出发了。而我们从街上穿过时，发现这个城市俨然已成为一座空城。我不知道城墙上留有多少士兵，但是第二天，从潼关而来的农民和士兵组成的人流长约40英里。当我到达离潼关20英里的华阴县时，我们试图打听出将军的下落。最后，我们发现了他的卫兵所在的地方，但是他却和其他一些人在两个小时以前离开了。所以，我们也继续前行，走了一整夜和第二天一整天，终于在第二天下午来到了这里。由于听说清政府的军队要来了，所以几乎每个地方的人都关掉店铺逃走了。因此，食物是很难找到的。到了这里，我们发现了将军，并去找他。我请他给河南将军写一封信，问他能否同意让我去潼关照看那里的病人和伤者，他答应了我的请求。第二天，他派人来问我是否会留在这里，因为有一批伤员已经带到这里。遗憾的是，我们没有把绷带带来。因此，我派了我们的一名勤杂人员到城里去取，但他三天后才能回来。

昨天晚上，将军从西安府来到这里，而今天大约已经有3000名士兵来了。明天，他们将向潼关进军，如果他们重新占据了那座城市，我们将再到那里去。如果这个军队被打败了，我们将不得不返回西安。对于普通百姓来说，这是一个糟糕的时刻。事实上，军人的统治是对普通百姓的恐怖统治。我们待在一个逃走了的粮商的店铺里，但是当他第二天回到这里时，他明显很高兴地发现是我们住在这里，而不是士兵，因为他知道他的东西被动过，或遭到损坏。

12月31日，西安府。

在15日，童结束了他在西安的任务之后，在华州与我们会合。当他听了有关潼关的详情时，他也是这样的观点：如果我们留在那里，我们将会是安全的。在17日，那位勤杂人员带着绷带和药品回来了，于是我们立即动身前往华阴县，那里距离潼关大约20英里，士兵两天前已到达那里。我们大概是晚上八点钟到达那里的，发现我们来得正是时候，因为那里白天一直在打仗，而且他们正将伤员送回来。童很快找到了一个能够照看伤员的地方，那天晚上我们治疗了30多个病人，我们的小医院很快被挤满。我们接连5天都非常忙碌，可以肯定的是我们治疗了约150名伤员。12月21日，陕西军队重新占据了潼关，战斗随后停止。第二天，我们派人去看自己留下来的药品和其他东西是否还在那里，但是发现它们全不见了，其中就有我的大衣箱。不仅如此，他们还对我们住的房子掘地挖墙，以查看那里是否有银子。但是，他们毕竟没有骚扰民众。

在23日这天，大量士兵返回西安，而且许多伤员也非常想回去——事实上，我们没办法挽留——因为我们没有氯仿了（已在潼关丢失）。我决定带他们回西安府。荣安居医生已到西边去照看伤员了，而贾尔德医生是孤立无助的，所以我觉得一定要回去帮助他。当天，几乎有20人同我一起回西安，而且我能够给他们换绷带，并在路上照顾一下他们。雪已下了两天了，这使得那些正在被送回去的人相当不高兴，但我们都抵达了。因此，您将会看到，我是坐着一辆中国的马车在路上过的圣诞节。

我于12月26日回到这里，并且发现他们正在期盼着来自太原府的救援队，与之同来的还有来自绥德州和延安府的人。他们于28日那天到达。我期望您已经知道所有关于他们的事情，因为我推测报纸已经报道了他们的远征。他们走的那条路非常顺利。除一两种情况外，他们看来很少遇到困难，所以我希望他们将以同样的方式到达沿海。他们非常想把每位女士都送到沿海，但是邵涤源夫人与邵涤源先生一同留下了，荣安居医生及其夫人和我也留下了。剩下的于1月3日启程，我想他们将要回去。沃森夫妇、司慕德夫妇、贾尔德医生与夫人以及瓦特小姐休假结束了，都返回家里。我想其他的人将留在沿海。

我们照管了大量的伤员，而且现在这里还有120名住院病人。其结果是，我们在整个军队中都很出名，并且我们的工作看起来得到了赞赏。因此，我认为我们没有焦虑的理由。事实上，我们非常忙。我们能够应付这项工作，但有效率地把它做好是不可能的。我们又有了三四名勤杂人员加入，但是仍然不可能如我们想的那样对每个病人进行个人照顾。荣安居医生将在一两天内从西边回来，随后我们将在这里一同工作。这些天我们深得上帝的关照。有一天，有个人对我说："我宁愿经历战火，也不愿在世上被人照护着。"在过去的几周里，的确都是"战火"，而且我非常适应这段时间。

必须要借用祈仰德先生*的生动之笔，来进一步描写圣诞前夕将伤兵运回到西安府的可怜过程："这里有一名伤员坐在吊在两个杆子中间的椅子上；那里有4个人抬着一扇门板，上面躺着一位断了一条腿的人，那是被炮弹的弹片撕裂的；对另外一个来说，担架是在两根竿子中间缠上绳子临时做的。在他们出发前，轻柔的雪花飘了整整一个晚上，除了大路上被踩踏的地方之外，他们的周围都是洁白的世界。终于，他们到了停歇点，并找到了一个好的客栈，门窗没有被烧，砖炕能够生火。于是，他们在这里安顿下伤员，进进出出的是外科医生（罗德存医生）以及红十字会给他提供的一个不熟练的助手。中国灯笼发出的微弱灯光照在简陋的设备上——一些罐子、一两个搪瓷脸盆、一些绷带，以及一些药片，那就是所有的东

---

*《清朝的覆亡——陕西辛亥革命及救援纪实》原书第102～104页。

西——于是一直有人向医生可怜地请求要‘止痛药’。

“圣诞节的早上天晴了，寒冷无风。和平笼罩在一切之上，甚至带着其温暖的希望遮盖了冷酷的队伍的凄惨。对于一个人来说，也许只有在那种人群中，其愿望才能清楚地表达出来。年轻的中国教会有自己新鲜、纯朴的快乐，但是聚集在圣诞节周围的是对家乡的那些人的亲切记忆。对于英国人的内心来说，这个圣诞的早晨在其美丽与宁静当中带来了光荣的信息。一定有人被告知，一定有人会分享这一认识，即这是上帝之子的生日，而且十字架徽章对这个上帝之子没有多少意义，他却被告知这是一个带有神秘性的东西。

“这里离家乡非常远，而且没有那里的圣诞所意味的东西。没有颂歌，也没有快乐的祝福，然而，医生的心中一直在欢唱着，因为它被送给了那些进入上帝之爱的人，使他们知道上帝的教徒都是来自各个国家的选民，在全世界都是一个整体。回想起家乡的圣诞节，在国家教会，祈祷者联合起来为所有在圣诞节外出的人、为所有孤独的人祈祷*。但是，距离阻挡不了祈祷。甚至在中国的大道上，也可能有许多人加入祈祷的行列。

“第二天，抬担架的人和受伤的人到达了西安的这所教会医院①，而且这名外科医生②投入到了被伤员挤得人满为患的医院当中工作。”

（四）又回到西安

这里有必要插入一个解释，由司慕德从救援队惊心动魄的报道中整理出来的这些事实，记录在《身陷中国革命——历险和营救纪实》一书中。

不仅西安府的满人事实上已经全部被杀，而且还有8名外国人遇害，刚

---

* 正如罗德存医生所记忆的，这两个祈求是我们在圣诞节时在摄政公园堂祈祷的特点。——F. B. 迈尔

① 即西安浸礼会的医院。

② 指罗德存。

从英国休假回来的祈仰德在北京知道这些后，决定不惜一切代价，无论是联合他人还是独自一人，都要帮助那些尚在内地的、生命处在危险之中的人逃到沿海。救援行动的事已经完整地描述过了，没有必要在此重复。有8个人加入了他所执行的计划，而且他们穿过了乡村，汇集起在单独传教站的传教士，穿过不稳定且险恶的人群，最终到达了西安府。但是一个严峻的问题出现了，即传教士中谁将利用他们的救援，并在他们的护送之下到沿海去。

西安城周围的战斗正在继续，正如我们可以看到的，西安城内的几个分医院已经临时搭建起来，荣安居医生和罗德存医生觉得不能离开这里。贾尔德医生和他的夫人刚刚经历了革命中最令人担心的几天，也决定留下来。但是，他们的决定被这样一种认识所否决，即救援队在去沿海的危险旅途中，需要有一名医生给他们的成员提供帮助。由于他们的休假无论如何都要到了，因此他们同意参加远征队。很大一部分传教士相应地加入了救援队，而英国教会成员中留下来的仅有邵涤源夫妇和他们的女儿玛丽、荣安居医生和夫人以及他们的小男孩，还有罗德存医生。

1月4日，这队人离开西安府时，有长长的一队，比12月28日进入西安城时扩大了一倍多。队伍中有中国人150人，另外还带了93头牲畜。

这些解释将会说明我们现在回到的罗德存医生日记中提及的内容。

1912年1月2日。

您在信中说我们只有通过天堂之路才能到达您那里，有人开始在这些天发现那条路是多么可靠。我们今天得到一个消息，袁世凯应一些公使的要求为我们派出了一支护卫队，但是如果医务人员可以留下来的话，我想我们应当这样做，因为我们有很多病人需要照顾。关于我们，请您大可放心，因为这里的整个军队都是我们的朋友。而且，即便是清朝的军队占领这个城市，我们知道他们也司样希望看到我们是安全的。今天，我们必须为更多的病人另外准备一间房子，所以我们现在已经有三间房子在运转中，除了那些每天来包扎的人之外，还有大约130名住院病人。

1月6日。

现在城里的一切显得非常平静，除了许多店铺没有开门外，一切都像往常一样平静。我们不知道未来会发生什么事情。唯一知道的事情是不管发生什么粗暴行为，我们几乎可以确信自己是安全的，因为这些抢劫者都是我们的朋友，他们的首领也是如此，而这些首领大多数是军队里的。人们禁不住会认为，在事态非常不稳定，并且那些当权者随时可能被推翻的日子里，所有这些人受到我们恩惠的事实是又一种上帝保护和关心我们的方式。

1月14日。

我们在这里非常忙碌。现在正好是晚上9点钟，这是我今天第一次可以坐下来休息，尽管今天是星期天。我期待某个时候有一个惬意的、安静的星期天，我想知道它在什么时候！如果某一天能够到某处参加英语祷告，那简直是一大快事。这些天病人是如此之多，叫人难受，而且当我正忙着给别的人看病时，对那些急着或是大声地要求看病的病人，是会有点生气的。对于他们来说，很难相信他们所有的人将在一天当中被一个医生看完。这是纯粹的外科经历，但是有些方面总的来说是太恐怖了。后来，我经常想到这样一个问题："我正在学习的这些东西，是否是上帝正想在所有这些当中教我学习的呢？"我相信是这样的，但是我们是如此忙碌，如此满负荷地工作，而且我们经历了如此多的变化和旅程，以至于没有我们所期望的平静的时间。但是，在所有这些事情中，有祈祷者的安慰。在像这样的一段时间里，证明这些事情的真实性是令人满意的。

1月21日。

有时我们有些累，但其他的时候非常好，而且我们很高兴留在了这里。我真的期望我们不久能听到和平的消息。如果再有更多伤病员的话，我不知道我们将如何对待他们。今天，在马路对面，另外一个地方已为我们开放了，而且我想：我们在本周，将从西边另外接收50或60名伤员，因为那里一直有较多的战斗，并且有可能将会有更多。不管怎样，我希望战争在天气变暖之前结束，否则的话，我担心我们在这里将看到比战争更糟糕的事情。愿任何有传染病性质的东西都可以避免掉！

1月21日。

通过电报，从汉口传来了最新的消息，和平是很有希望的。我们还是如同自己所能做的那样忙碌着。事实上，与两个人所能充分处理的事情相比，还有更多的事情要做，而且这是更令人难以承受的，因为病人不能得到他们应当得到的照顾。在目前的形势下，平常的医院管理很难进行。在家乡，101个任务都是足够容易的，在这里几乎是不可能的。唯一的事情不是将之与可能会是什么进行比较，而是将之与已经是什么进行比较。许多病人已经对我们说："如果你们不在这里的话，我们都完蛋了。"一些团里的士兵告诉我们，当我们走的时候，他们整个团都将护送我们回英格兰！因此，那里有真正的感激，尽管我猜到有的人会认为我们正在从这项工作中获得大量的银两。要离开是绝对不可能的，除非有人像有的中国人那样无情，而且我决不会同意在此时心安理得地离开这里。士兵们现在看起来十分愿意听《福音书》。有一天晚上，我忙到很晚，而且大部分的病人都入睡了，我发现有三四个人围着一个男子。他是唯一能读书的人，当时正在为其他人读《福音书》。我也注意到几本《福音书》是翻开的，好像它们刚刚被读过。还有一个晚上，在其中的一间房子里，一名男子问我，是否可以派一名老师解释写在一张送给他的小卡片上的《圣经》文句。在那间房子里，没有人会读书，他们希望有人给他们解释《福音书》。那里有很多令人失望的东西，但是我一直为这些结果大为吃惊。

1月27日。

我们接纳了更多来自西边的伤员，于是我们不得不为他们另外开辟一个地方；这样到现在，我们手上差不多有350名伤员。想到这儿，真觉得有点荒唐，这是只有两名医生的男女医院！我们现在已停止诊治普通的门诊病人了，因为受伤者太多了。现在，星期天同平常简直就是一样的，而且我担心人数是不可能减少的。

2月3日。

红十字会人员正和我们一起很好地工作，他们管理我们的两个额外的医院，外交部管理另外两个。红十字会的负责人——非常正派的一个人——不久前的某一天到过这里。当时，我正在做手术，然后在手术结束时，他对我说："不穿毛皮长袍，你不冷吗？"我解释说穿毛皮长袍工作是不可能的，随后他就给荣安居医生和我各送了一件漂亮的短袖子的毛皮夹克，特别适合在病房和手术室里工作时穿着。

2月18日。

中国新年，也是星期天。我希望有一个真正的星期天，这是好多星期以来的第一次，我打算好好地享受一番。虽然担心城内有冲突，但是没有威胁性的危险，我们在和平中迎来了新年，对此我们都深深地表示感恩。一周前，红十字会的人举办了一次盛宴，邀请了几位将军，而且所有的外国人都被邀请。我虽然无法前往，但我听说宴会上有几个演讲。邵涤源先生做了宣道，红十字会的负责人也说：如果人们想在红十字会工作的话，他们必须为爱而工作，并且必须像照看自己的伤病一样照看那些受伤者的伤病，像对待自己一样对待他们。对一个中国人来说，这是相当先进的！

2 月 25 日。

不久前的一天，当我从西门回城时，我感到有些高兴，当时士兵们——大约有 20 人——起身并立正敬礼。我感到奇怪的是，自己居然能接受到这样标准的尊敬！

3 月 2 日。

您会很高兴地知道，最近助手当中一直有一种更好的精神。他们的态度有了更多的赞同，而且他们每周都会主动地举行一次祈祷会，我希望这种精神将会保持下去。

3 月 10 日。

在这些忙碌的日子里，我们很少有时间进行个人祷告和内省，很好的是，能知道您一直在家里支持我们。那消息是一个真正的帮助，而且我有时认为：可能是为了这里的我们起见，有时离得这样近的危险和困难就避开了。

3 月 15 日。

几天前，回族人占领了另一个小城。之前，它一直被大约 1000 名陕西军队占据着。第二天，回族人包围了它，并进入城内，实际上屠杀了整支部队。可怜的陕西，他们不得不为屠杀满人付出惨重的代价！多少家庭失去一个或更多的成员啊！感谢上帝，现在这事实上已经结束了！

今天下午，我外出去邵涤源家——一个月以来的第一次。考虑到我们留在了这里，我们感到非常地高兴。这真是上帝为我们作的打算。让我告诉您一件事情吧。在救援队于1月动身前往沿海之后，很多信件发给了我们。如果它们及时到达我们手里的话，就可能会迫使我们离开这座城市，但是它们没有到我们手里，尽管其他的信件到了。这不是很奇妙吗？在过去的6个月中，我看到了更多上帝的指引以及对事件的掌控，这足够打消人们对上帝之手在我们的生命之中的怀疑，而且，如果是这样的话，它一定也存在于国家事务中，否则，一个人的信仰一定会崩溃。很难理解的是，为什么所有这种杀戮都得到了允许，但是这肯定是实现一个目的的组成部分。

3月20日。

一个多么令人高兴的、真正的春天的早晨！这是上帝赐予的一件完美的礼物，唯一的方法就是努力依靠上帝。但是，人们有时会有多么邪恶的精神——清楚地知道自己要走的路，但是看起来却离之甚远！有一件事情是确定的——这种依靠上帝和增长关于上帝的知识不会是突然的和快速的。它必须是一个发展过程，但是我们不能成长得太慢，不是吗？因为有士兵抢劫东郊的危险，邵涤源一家现在和我们在一起。我们只希望所有的一切不久就会平息，但是某些方面还是严重的。然而，我们不得不想到：有某种可以救援的方法，正如过去的几个月中，许多次事实都是如此。而且，我们知道上帝就在自己的周边扎营。这种安定感就是那里面所拥有的！

4月4日。

因为荣安居医生得了阑尾炎，我把自己的工作相应地增加了。今天他有些好转，而且我非常希望他到沿海去养好身体，那里的条件更好一些。您能够很好地理解，这可不是什么小的忧虑，但是人们在这些天里发现的真理是："你的日子如何，你的力量也必如何。"除此之外，我们留在这里连同所有这种工作，在几乎每个细节上，都被如此明显地否定，以至于我相信这将会是清楚和明白的。这种想法使人受到更少的干扰，虽然对于荣安居医生的担忧并没有减少。对我们来说，奇怪的是这应当发生，但是必须在计划中有一个位置。我们一直急需的药物今天到达了，就是在我们用完了氯仿，仅有一瓶剩余之际到来的。正如荣安居夫人所说，"看起来好像有人一直在掌控着这件事，他知道如何安排事情的时间"。

4月21日。

上帝的引领是多么地奇妙！我们对荣安居医生的这次生病考虑得是如此之少，但是，它一定是计划之中的。我可以高兴地说，荣安居医生好多了，但是我们未来准确的方向是什么，我们不能完全决定……

4月23日。

昨天早上，荣安居医生的病复发，于是我觉得唯一能做的事情就是马上为他做手术。下午，我为他做了手术，而且从情况判断，我做的手术是成功的。荣安居夫人在手术现场，我们的一位助手给荣安居医生做麻醉，另一位帮助我做手术。荣安居夫人是个好心人，很少有妇女能做到像她做的那样。手术非常紧张，但是我得到了很好的帮助。上帝所能做的远在我们所想到的一切之上，人们可以越来越发现这一点。我几乎忘记了那是荣安居医生。现在，手术已有24小时，而且他正如人们所希望的那样恢复得很好。我的全部希望就是：他将会康复。

如果一切顺利，他有一个好的恢复，那么我们希望全都离开这里去休假。

4月25日。

荣安居在恢复中，但是我还有一点担心。

4月28日。

最近三天一直有专门的会议——教会的半年度会议。在这些会议之前，总会有一个特别的维持教堂的捐款名单。我们医院里的士兵捐了钱，虽然他们的捐款并不多，只有25英镑！我很高兴，荣安居医生与手术之前相比，看起来真的要好多了，因为他的良好康复所带来的快乐与安慰使我感到兴奋。真的，我们已感受到了上帝的仁慈与慈爱！

5月19日。

我们一直在让军医院的一些病房变得更具医院的规则。当病人们在第一次来到这里时，我们不得不尽自己所能地去做；他们中有很多人睡在地面的麦秆上，盖的是垫子。一旦获得台架床和草荐，我们就会将病床准备好。但是，在冬天，中国人不喜欢睡在分开的床上，那样不够暖和，所以他们把所有的床都并在一起，结果是相当地拥挤。但是，无可挽回，于是我们只好让步了。但现在温暖的天气来了，而且很多病人已走了，我们将以前隔开的所有房间变成了一间，而且每个人都有一张床。与以前相比，他们已表现出更愿意勉强同意我们所建议的，而且在一个地方，我让20~30人一起睡在了野外——一项伟大的成绩！我们发现的另一件很不寻常的事情是喝牛奶。通常中国病人非常不愿意喝牛奶，但是在过去的三四个月里，他们不仅愿意，而且渴望喝牛奶，认为牛奶有某种特殊的功效。看到他们那样聚精会神地听传教士讲道，也是令人欣慰的。我们的两位传教士非常地热心，而且我经常在病房遇到他们当中的一个或另一个，有些病人在听他们讲，有时还会有提问。我也看到我们的工作人员中的一些人和病人谈话，或者给他们讲解《圣经》里的篇章，或者帮助他们阅读。我多次看到一个面容欢喜的跛脚杂役忙于此事。与过去他们所习惯的相比，每日的祷告也成了一个有更多生机的活动。我一直感到特别高兴的是，我们的老助手所发生的变化。一段时间前，他告诉我说，他已经放弃参加祷告，因为他觉得自己的坏脾气与参加祈祷不能走到一起。我告诉他放弃是一种错误的做法，而在过去的三个月里他有了显著的变化，这已给其他所有的人产生了有益的影响。

6月1日。

我们一直试图为永久伤残的士兵们筹建一个机构。我以前曾写到过的那位张云山将军听到这时，理解了这一想法，并流下了眼泪。因为这是一个外国人为了他的士兵而想到的，而不是他自己想到的。想想看，他对自己士兵的关爱是如此少，以至于他没有想到这一点！毫无疑问的是，他的士兵们是爱戴他的，并且愿意为他做任何事情。他是一个非凡的人，有着丰富的感情，并且已将约140英镑给了我们，以便用在我们为此所做的事情上。我们将不会管理这项建设，但是他把钱给我们，是因为他知道这些钱不会被浪费掉。

6月9日。

城里的官员们说，他们想支付我们铁路旅行的开销，看起来他们真的很感谢我们留在这里。

6月17日。

我们不得不花了半天时间，出席了三个宴会。一个是应红十字会之邀，一个是应张云山将军之邀，还有一个是应军政部之邀。一段时间前，我们曾建议应当为残疾人建一所残疾军人院，他们欣然接受了这一建议。那个地方刚刚开张。他们将之命名为“恤伤院”①，并且今天的宴会就在这个新机构里举行。不同部门的领导人都出席了这次宴会，包括省都督和上面提到的那位将军。这两个人原来是年轻的中国政党和哥老会的领导人，并且二人间的关系并不好，所以看到他们在一起是非常有意思的。

6月23日。

大多数新政权的领导人都希望我在城里多待一段时间，所以我觉得我们在前一天夜晚作出这样的决定是正确的。这个星期，我们又收到了两个卷轴和牌匾。教堂已送给我们每人一幅描述了我们德行的卷轴，并且那位将军给了我们每人一个牌匾和两个卷轴。这些都是私人的事情。

罗德存医生接受送来的匾额和万民伞

① 即秦军恤伤院。

6月29日。

今天又有一副颂扬我们德行的牌匾和一把伞被送来了。这把巨大的丝绸伞上有用金字书写的出资者的名字，其中有一个师的将军——此人在乾州抗击回族人达三个月之久——以及他的卫队的指挥官。上面也有我们治疗过的近300名伤兵的名字。就他们自己出资这一事实来说，这些东西是特别有价值的。大多数士兵是著名的哥老会成员，并且他们当中有些是这里的头领。这是值得注意的，因为这个组织以前总被担心是排外的。（邵涤源一家和荣安居一家已经走了，他们有如此这般的一个送别）

西安东门

7月12日。

令人惊讶的是，发生了这么多的事情阻止我离开这里。然而，它一定全都在计划之中，所以一切都很好。

7月19日。

现在，我在去河南府的路上。相当多的士兵来为我送行，我非常感谢他们。他们都非常好，这样的行动是特别令人高兴的，因为他们是没有义务这样做的。我的确希望过去的这几周能使我在各方面更适应下一年的工作。在这几个月里，尽管有上帝非同寻常的对待，我不知怎么，仍觉得自己取得的进步是如此之小。一个人是多么期望更加现实的神圣！可能一个人在寻求神圣力量的某种美妙启示时会犯错误，从而取代了我们的意愿对事务施加影响。因为我认为：与情感问题相比，信仰和神圣更是一个意志问题。

（周瑶　侯建峰　译）

◎七、姜感恩传记中所记述的辛亥革命[①]

（一）革　命

总结革命的原因和概括推动人们寻求改变的自身特性是容易的，但掌握两者中的任何一个是不容易的。

在西方，人们的精力是充沛的。凯撒注意到他那个时代高卢人的一种特性，就是他们总是在寻找新的政府。这一评论可以适用于西亚，但不适用于东亚，因为远东似乎属于稳固的、不变的类型，这种类型很早就取得了很大的进步，然后停滞不前。

在整个公元纪年的世纪里，统治日本的王朝就一直统治着该国。中国的历史要上溯4000年，它的两位伟大导师都大约在以赛亚[②]的时代著书立说。孔子仍然是行动的向导，他被大多数人认为是举世无双的。

---

① 姜感恩（Herbert Stanley Jenkins，1874—1913）：英国浸礼会医学传教士，曾在陕西三原、西安从事行医传教工作。本书内容选译自《姜感恩》（Richard Glover. Herbert Stanley Jenkins. Medical missionary，Shensi，China［M］. London：The Carey Press，1914.）一书的第六章《革命》、第七章《最后阶段》。

② 以赛亚：《圣经》中人物，希伯来预言家。

而老子是他们的另一位伟大的圣人，他在宣讲“道”的学说中奠定了宗教基础，“道”即是行动的方法和路线，通过上天的善恶观念而展现在良心道义中；道路在我们的脚下展开——我们可以在这个世界和来世，用较大的优势不断地追求这一道路。

如果说孔子传授了谨慎的原则，老子使善恶之心的天性成为神圣，那么人们后来就通过把佛教圣人以及几乎是神的乔达摩①的哲学，加入到两者之中，明智地补充了它们。佛教教义肯定是通过传授以下内容丰富了他们的思想，即在死后追求生命、创造习惯的行动力量，以及使我们的行动决定自身命运的自然法则。

直到今天，这三种教义的力量仍然在起作用，而这不仅解释了中国人的异教的高度发达，而且解释了他们所有制度的稳定性。在他们看来，“尊重你的父母”的训诫的确是“承诺的首个戒律”。并且，明显的是，服从父母是一个原则，即它自然地倾向于将自己扩展到服从“君王和所有的权威”。

在他们历史的早期，君权由父及子地传下来，虽然君主政体的延续总是取决于王室对自身职责的履行。当国家管理者明显不能履行其正当职能时，人们在选择一个更合适的君主并改变继承的家族上是几乎毫不犹豫的。

然而，虽然人甚至王朝变化了，但同样的政府原则继续起着作用。在中国的编年史中，大约有25个王朝。最后一个王朝——清朝，开始于1644年，并一直延续到1912年。早期的满族皇帝是非常有才干的人，并且是杰出的统治者，尤其是第二任皇帝——康熙帝。在他们统治的近170年间，国家保持着高度的繁荣。但是，在过去的70年间，他们与外国人接触并产生了冲突。在第一次鸦片战争中，他们认识到了“凶恶的野蛮人”的力量，而“凶恶的野蛮人”正是他们用来称呼我们的。我们坚持订立一个通商条约的要求遭到了拒绝，随后签订一个条约，然后它被中国所破坏，并在

① 乔达摩：释迦牟尼之俗姓。

1862 年[1]遭到了英国和法国的报复。接下来的年月使帝国当局越来越愤怒地反对外国人。我们已经夺走了香港，法国在南方吞并了安南，俄国实际上占据了满洲，并且向辽东半岛扩张，设防于旅顺港，使它看起来好像在对抗世界上是坚不可摧的。

德国宣称山东是它的“势力范围”，这个说法在它的嘴里与吞并没什么区别。中国轻视日本，但是日本通过向西方学习而受益，在 1894 年爆发的战争中战胜了中国。如有可能，十年后日本战胜俄国仍会是一个更加决定性的打击，日本实际上吞并了正在俄国化的满洲，并占领了中国的台湾岛。欧洲国家开始讨论，贝思福勋爵不明智地写了一本关于“瓜分中国”的书[2]，好像剩下来的唯一问题就是：谁将获得将要划分好的不同部分。

一个习惯于把所有其他民族轻视为低等民族的民族，会憎恨上述所有这些突如其来的事情。它变成了一种广泛的、不祥的感觉，即“王朝的气数已尽”；在一个迷信的民族中间，尤其是一个没有立法权力恢复“气数”的民族中，发现气数已去与王朝灭亡之间的间隔必然是短暂的。对皇太后来说，没有经验的皇帝看来正在寻求阻止下滑的进程。她捉拿了皇帝本人，将之体面地囚禁起来，并代替他进行统治。1900 年，她做了一个失策的举动，准许义和团兴起，导致数以百计的新教和天主教传教士以及数以千计的教徒被杀，并导致中国被侵略以及北京被英国、美国、法国、德国、俄国、日本的军队占领。

那些已经读过近期巴克斯和濮兰德先生所著的《慈禧外纪》的人，将会理解：事情已经到了这样一种境地，即几乎不可能的是，太后和作为她的囚徒的皇帝差不多同时死亡，一个没有经验的年轻人将会被立为皇帝。

---

① 原文如此，有误，当为 1860 年。

② 贝思福勋爵，英国水师提督，1898 年来华访问，次年归国后写成《中国的分裂》一书，称中国即将被瓜分。

姜感恩像

除了从外国列强那里得到的羞辱外，其他的事情也有助于革命的产生。

与北方相比，中国的南方对依附于皇权总是少一些热衷。它更了解外国人和他们的实力；在它的血液当中有更多的狂热；它的人民当中有更大一部分已经接受了外国的教育；一些人已经在美国接受过教育，共和制度自然使他们着迷。在这些人当中，一个有着巨大的能力和勇气的人——一个基督徒——站立了起来，他就是孙中山。他试图成为一位新的摩西，领导他的人民摆脱为奴之家。一个社团——革命党——主要由受过教育的人组成，聚集在他的周围，并在南方发起了革命运动。

在北方，尤其在陕西，另一个秘密会社已经兴起，它在数量上和力量上都比革命党要强大得多——就是所谓的“哥老”会。其字面上的意思是“老兄弟”会。它过去不是，现在也不是社会主义的，因为，年轻兄弟对年长兄弟应有的尊重和服从，同所有与之相关的东西，都是被完全承认的。但是，农民的需求是巨大的，而且皇帝的用处并不十分明显，因此他们的原则和目标主要是作为一支反对清王朝的强大力量而制定的。这两个社团在西安府相遇并联合起来。其他力量使问题复杂化了。回民在甘肃占主导地位，希望干预进来，像罗布·罗伊那样地为自己的权利而斗争，他们希望支持拥戴皇帝者或是革命者，可能会取得某些进展——将他们在中国西北部800万或1000万的同胞组成一个独立的穆斯林王国。1911年10月1日，革命在四川爆发，10月10日在武昌和汉口爆发。10月22日，即商定日期前的若干天，革命在西安府爆发。

占整个城市三分之一的东北角是满城——供军队和他们的家庭居住，并且有大约2万人口。精密的武器已经在不久前被运进城里，以供帝国的军队使用，但是由于疏忽或者是某些当权者对革命的同情，这些武器没有被分发下去。当时满人居住在城市的东北角，武器保存在城南，由城里的当权者负责。由于革命者行动迅速，他们占据了保管武器的建筑，并在满人意识到任何攻击之前，将武器分发给所有反对满人的人。满人醒来发现自己遭到许多有连发枪的人的攻击，而他们只能用老式的滑膛枪还击。他们迅速被杀死。一天还没有结束，他们的死亡就数以千计了。他们的妇女投井自杀，在数日内，有1万~1.5万人死亡。女孩们被救活以便卖掉，妇女们遭到虐待。一些人在各种伪装下躲进城外的土洞穴里。一些富有同情心的人援助幸存者，而在这些幸存者们掌权的时代，他们是憎恨这些人的。邵涤源夫人有特殊的地位帮助和拯救大众，很多人从她那里寻求并找到庇护与帮助，他们当中有山西巡抚的女儿，正是这位巡抚曾经下令并目睹了在太原府对我们传教士的屠杀。她最终成功地为幸存的两三千名妇女获得了少量的津贴。整个城市都遭到抢劫，而且满城被焚。

在必须保护外国人的命令传达给冲突中的双方——革命者和帝制拥护者之前，传教士处于非常危险的境地。因为哥老会将所有外国人划为他们憎恨的满人的同类。瑞典教会遭到攻击，一些人和他们的孩子被杀害。唐纳德·史密斯夫妇在城外被抓，受到攻击，并被留在那里等死，史密斯先生的两只手臂都被打断了。他们都苏醒了过来。然而，很快就发生了变化。那些在战争中受伤的人，以及他们那常常化脓溃烂的伤口，均需要帮助，而全省能为他们疗伤的人是罗德存医生和贾尔德医生。罗德存当时在东郊。当局派人来请他，由于他们不敢开城门，所以他们用绳子把他拉到了城墙上。

随之而来的医疗工作的记录是不允许（高兴的是，也不需要）描述的。阿尔弗雷德·皮尔斯·古尔德先生说，伦敦没有医院能够满足现在西安府的这所小医院的需求。那里有1500名重伤员。医院的整个设备包括三四十张病床——一半是供男病人，一半是供女病人——而且除了生病的或在冲突以及城里大火中受伤的市民外，三支军队的伤员将会增加。起初这里只有两位医生以及护士瓦特和邵涤源夫人处理这些伤病者。大约两个星期后，由于了解到一直住在绥德府的荣安居医生和夫人正在前来西安府的危险路途上，官员们派出了一支大的护卫队找到了他们，迎接他们后，将他们送进了城。甚至到那时，所有人都说，加上有医学资格的荣安居夫人，那里仅有四名医生，而病人差不多有数千人。枪伤和刀伤、榴霰弹伤、断肢、烧伤以及所有由于延误治疗而进一步恶化的病症，为四位外科医生提出了很少面对的任务，甚至到了护士和麻醉师不得不立刻从身边的人当中培养的程度。在很长一段时间里，每天要诊治600个病例。在4个月当中，天花和斑疹伤寒出现了。他们通过隔离其他病人，以阻止当时这些疾病的蔓延。

由于需要越来越多的空间，一栋接一栋的房子被当局留出来以供医院使用，直到他们有七八栋住满了人并投入使用的房子。最让人焦虑不安的经历之一就是荣安居医生在将近4月底时得了阑尾炎。他们采取了所有措施以避免动手术的必要，希望能把他送到沿海，在更好的卫生条件下完成手术。他们认为他的疾病正在减轻，但是只过了一两天，手术的日子就到了，看起来手术是挽救其生命的唯一可能的办法。贾尔德医生和他的妻子差不多三个月以前就同救援远征队一同离开了，使那些留下来的人受到了限制，而救援远征队是在祈仰德与7名同伴的献身和勇敢引导下经过6个星期的行程到达西安府的，然后42名传教士和更多的中国人一起开始返回，他们全都安全地到达了北京或沿海。

仅有的能提供帮助的人是罗德存医生和荣安居夫人。对于一位妻子而言，参与事关自己丈夫生死的手术，这是一个残酷的现实，但是她勇敢地承担起职责，并且给了罗德存所有科学和爱所能提供的帮助；随后，他们满意地看见了他的恢复，以及恢复到旅行回家所必需的力气。

姜感恩离开后，留下的那些人用仅是在此简短叙述中预示的经验来“坚守岗位”。他们为大量的受难者以及继续在省里担任官职的人提供了无价的服务。值得注意的是，中国当局寻求和听从传教士的建议，并有了很好的结果，传教士的勇气、智慧以及对人们的爱使他们能给出这些建议。“别人劳苦，你们却享受他们劳苦的成果。”这是普遍适用的一句话。所有那些做好事的人，为那些跟随他们的人铺平了道路，而且在任何地方，所有试图做好事的人都发现：他们都有先行者，先行者的行动正使他们的服务更清楚和更有用。我们当中没有任何人充分地估计到这一工作，其结果是在20年中会聚的公开承认的信徒数是他们开始时的40倍，让我们欢呼"为主劳苦"从来是不会白费的。

（二）最后阶段

姜感恩于1911年3月离开中国，7月到达英国。休息——虽然不是包括很多的休息——看起来将会使他完全恢复。他的朋友们几乎忘记：在他的孩提时代，曾有某种风湿性的紊乱加重了他心脏的负担。他多年来所经受的辛劳又使自己变得虚弱。他的乐观个性使他忽略了自己的病情。那里有令他感兴趣的工作要去完成，因为工作总是令他痴迷。那时穆尔斯黑德医生病了一段时间，于是姜感恩欣然承担起了他在教会中的工作。他乐意从事自己的代理工作。他高兴地与建筑委员会合作，使在东郊建一所新医院的计划变得完美。他讨论并试图掌握医学科学的最新经验，尤其是在眼科手术和城镇卫生方面，而且他喜爱自己的家庭和孩子们。

然后，电报传来的消息是1911年10月革命在相隔数百英里的各个地方爆发——长江上的汉口，然后是太原、四川，接着是西安。

没几天，消息变得更加悲观。我们了解到半个太原被烧毁；武昌大部分及其毗邻的汉口都遭到大火的破坏；之后，西安大部分地区也遭遇了同样的命运。随后，有关西安传教士以及传教士的孩子们和学校里的当地孩子们被杀的消息，使所有的人更感到恐惧。最初的报道说唐纳德·史密斯夫妇已经被杀，然而令人欣慰的是，二人都幸存了下来。

然后，在一个月或是六周之后，收到的一些线索称：祈仰德先生和他的朋友们勇敢而慷慨地救援留在陕西的人，最终大约是在1911年岁末或是1912年年初，家乡收到了救援队从陕西带走的人安全的电报。然后，据说罗德存医生、荣安居医生及其夫人、邵涤源先生及其夫人拒绝离开西安，那里非常需要他们的服务，而且当局表示，他们留在西安对这座城市有巨大的帮助，可以平息所有的人所感觉到的焦虑。

我们觉得正常的是，这种要求应当比我们驻北京公使的紧急消息更重要。公使对我们兄弟的安全抱有最热忱的兴趣，我们的兄弟返回中国也是他不希望的。

姜感恩深切地感受到，他离开工作一定使那些留下来的人负担过重。但是，很长一段时间内——事实上，直到秋天——他们没有得到允许从沿海到内地旅行。但是，一旦允许男人们旅行，姜感恩和夫人及孩子们就启程前往中国；姜感恩夫人和孩子们待在上海，然后姜感恩独自一人从上海继续前行。他在1912年圣诞节前几天到达，受到了热烈的欢迎，并且非常愿意减轻他亲爱的同事所承受的额外负担，因为荣安居医生在阑尾炎手术后已能旅行，必须回家。

两位同事高兴地见面了，不仅详述在过去九个月里经历的磨炼和取得的成绩，而且为未来制订计划。他们已经计划出了通向太原的长长的一连串传教站。在姜感恩很久以前表达的观点里，最北边的传教站绥德府应当有两名医学传教士，谁将到那里去呢？他们将会得到已经向英国请求的更多传教士吗？

中国医务人员已经被派来为本城提供医疗服务，那里存在的一个问题就是与他们的合作。与姜感恩和罗德存相比，这些人都是没有经验的年轻人；但是，“公差”弥补了他们在权威方面的知识需求，而且他们以自己的某种屈尊俯就邀请这两位皇家外科学院成员的帮助。

这两位传教士认为，在任何条件下，成规或先例问题绝不会阻碍与新的城市医务人员以及所有与之相关者的合作。他们重视使用被称为“秦军恤伤院”的地方，那是他们让当权者为那些在战争中受到严重损伤的人提供的。他们不得不考虑三原、福音村和延安的医疗工作，在没有职员，没有资金，然而又具有极端的必要和诸多机会的情况下，如何有效地应对。新的一年开始了。姜感恩开始从事服务，城市所有的传教士都加入进来，说的是这样一句话："上帝，在我们的千秋万代中你一直是我们的家。"它在三千到四千年间所有的变化中一直是教会的宽慰。

大约在二月中旬，罗德存收到了来自一名瑞典或德国传教士的消息，那位传教士一直派驻在甘肃——这个省份将陕西与西藏分隔开来——消息说他的男婴患了天花，他正将孩子送往西安府，问罗德存能否送来一些帮助，这样他们的行程马上就变得更快、更轻松。这个消息是从邠州送出的，那里离西安有四天的路程。

罗德存在四点得到这个消息，接着在安排一顶轿子和一名仆人额外所需的一匹马时，他饮了茶，然后出发去迎接他们。太阳在五点半落下，在那个纬度，黄昏是非常短的。月亮（上弦月）在半夜落下，于是他骑马在黑暗中行进，以两天走完四天路程的速度前进。遗憾的是，他们在路上相互错过了。

结果是那个小孩在父母和医生的关爱之下，免受天花之苦，并且很快就恢复了健康。罗德存三天就回来了，高兴的是，自己在如此紧张的行程之后还感到那样的"舒适"。

罗德存病症的起始毫无征兆，但是他很明显在路上感染了斑疹伤寒，因为他有两个星期略感不适。随后在 3 月 5 日，姜感恩坚持让他卧床，他的体温高达 104 华氏度。11 天之后是星期天，即 1913 年 3 月 16 日，他的生命步入了最后阶段。

对于姜感恩来说，安息日是"一个没有乌云的早晨"，但是城里的其他地方却是乌云密布。因为祈仰德在罗德存去世的前一天写道："姜感恩因斑疹伤寒而躺在床上。"早晨，在他们让他躺下之前，他发着高烧做了一些手术。从一开始，某种担心就使他们感动。他自己曾说："如果是斑疹伤寒，我将会离开，因为我的心脏将不能承受它。"当然，与罗德存相比，姜感恩的病情要轻一些，而且他绝对没有过度的体温，而在罗德存的病情中体温却是那样的高。他想他的妻子和孩子们。他们打电报给他的妻子，让她来时不带孩子们，以便她的行程能更快一些，因为两星期的行程后剩下的时间不多了。他意识到所有的时间在几小时内就要结束，而且奇怪的是，他以病为乐，病给他带来了有益记忆的空闲。“您知道，”他对祈仰德说，“这一直是很大的一个优待，我很感激这个星期。”他感觉到，“自从他出生之后就一直在基督教的沐浴之下”，他过去“觉得很多事情都是理所当然的，但是现在，什么也不用去做，只是静静地躺着，并且有时间休息、思考和祈祷，他可以面对着永恒的真理”。

而且，结果是他所希望构建的“绝对的”确信。当斑疹伤寒减轻时，他们极大地希望他能够幸免。但是，他的心脏的虚弱程度已经加剧，每24小时就有两至三次的心脏病发作，这折磨着他，并且不停地消耗他的体力。他的妻子在他生命的最后两天陪伴着他。他在有意识的最后时刻全是低声说着信念和希望，随后在星期日，即1913年4月6日，也就是罗德存去世后的三个星期，他的灵魂飘到“没药树高山以及乳香山上”。

我们传教士损失的名单并不是以姜感恩的去世而结束的，不增添这一内容就结束个人经历的记述似乎是不正确的。两个半月之后——1913年6月22日——贝金塞尔小姐加入了伟大的见证者行列。她是在15年前起身到中国的。她有很高的天赋，在乔丁汉学院完成学业，之后获得奖学金，去了牛津大学萨默维尔学堂。她擅长科学和数学，并且她的伦敦大学理学士学位和都柏林大学的文学士学位证明了她的能力。她奉献的智慧如此之大，她奉献的情感更大，而且她就像是善良和信念的化身。她起初在福音村，但是在被义和团赶走之前，她几乎没有全力地进入状态。1903年，她回来了，在省会从事了十年的崇高工作。革命爆发时，她遭到粗暴的对待，而且，由于她仍然遭受着1911年初向北去绥德州的路途中所染病症的折磨，所以那时她被迫于1912年1月与救援队一同离开。她留在了山东，之后尽可能快地与谢尔顿小姐返回了西安。

令人惊奇的是，这三位工作者全都是那样的睿智、亲切，并且是充满了创造性或感染力的美德，却要在刚刚过去的三个月里逝去。那里仍然将会有关于“浪费膏油”的怨言。上帝在玛丽亚的供品中没有看到浪费，也没有在他们的供品中看到浪费。他们使许多人对他们的形象产生了深刻的印象，并且使一个省充满了膏油的气味，这是难以估价的某种东西。

（张永利　译）

◎八、 邵涤源夫人经历的辛亥革命

（一）革命的简况*

1911—1912 年中国革命的主要概况，是所有对这个伟大的大陆国家感兴趣的人所知道的。但是，当世界的眼光盯着北京和武昌的时候，身处内陆省份的我们正经历着战争带来的恐怖，以及甚至不为中国之外的世界所知的混乱。因此，颇令人奇怪的是，我们在 1912 年春上海的一份重要报纸上读到这次惊人的“不流血”的革命已经爆发了，声称总共只有约 5000 人丧命！作者完全忽视了内地的情况，因为仅陕西省在 10 月的最后一个星期里大约有 15000 名满人失去生命。而且，据估计，在革命爆发后的战争中有同样数量的汉人被杀，这导致陕西一省死亡人数达到了 30000 人！

陕西省顾名思义就是位于“关西”的省份，从沿海到这里有 1500 英里远，并且它位于北京和西藏间的交通大道上。它的西边仅有甘肃将之与封闭的大陆隔

---

* 由浸礼会的邵涤源夫人提供。

开。在东部与河南省交界的地方是被称为“陕西钥匙”的潼关要塞——富庶的省会西安就是这把钥匙要打开的锁。来自沿海的中国旅行者说，当他们穿过它那冷峻的城门，就进入了“野蛮人的地界”，并将许多半外国化的中国舒适生活抛在了身后，比如电灯、碎石铺的道路、铁路和人力车等。然而，对于我们这些在这里居住了许多年的人以及本省人来说，它是一个舒适的地方。气候与加拿大相似，干燥使极度的炎热与寒冷比较容易忍受。土地肥沃，除了干旱肆虐，一年当中同一块土地可以正常地丰收两季。主要的作物是小麦、棉花、小米以及鸦片。在最近几年的禁烟运动前，鸦片一直是所有作物当中最赚钱的，并被大规模地种植，以销往山东和其他沿海省份。

陕西被看作是汉族的发源地，神话传说中伏羲的墓葬据说在北山之中。自古以来，陕西省就一直有叛乱、虐杀，而且洪灾和饥荒肆虐。省会西安即“西部平安之城”，是中国西北部的大都市，到处都是忙碌的商人和游客。在公元纪元开始时，它曾是帝国的首都。而且，在1900年，当寻求报复的西方军队在义和团暴乱后进入北京时，清朝廷正是逃到了这座历史上著名的城市。西安有幸拥有中国发现的最早的基督教纪念碑——著名的景教碑，它建于公元7世纪，并于1000年后在西门外出土。现在它有幸在西安碑林其他同样可敬的遗迹中占有一席之地，然而其他遗迹不会引起基督教会学生更大的兴趣。目前，西安是全中国最重要和最国际化的都市之一。在它那拥挤的大街上，一个人可能会遇见来自18个省份的人，并且在过去的200年里，它以拥有大量的满人而特别引人注意，这里的满人可能达到20000人。满人当中有许多退休的官员，他们在积聚了相当的财富之后——往往是以他们的统治对象为代价的——在位于满城内的本族人中建有自己的家，而满城几乎占了整个西安城的三分之一。

值得注意的是，17世纪引起满人入主中原的终极原因是一个陕西起义首领①的胜利，他在接连战胜皇帝的军队之后，实际上自己占据了北京，而当时在位的皇帝——明朝最后一位皇帝——在他到来时已经自杀了。正是为了驱逐这个人以及恢复明朝的统治，满人被邀请来帮助忠心的残余势力。而且，他们由于帮助的成功，决心待下来作为统治者！考虑到这些，1911年陕西革命有一些东西颇有讽刺意味，直接的惩罚降临到了这些满人的后代身上，而两百多年前他们战胜了来自遥远西部的僭取者。

革命于1911年10月10日开始于武昌。15日，我们在西安得到有关革命的消息。而且，一周以后，革命在这里也爆发了。10月22日是星期天，当天中午，革命者领导的汉人军队从西郊外的兵营涌入城内，并且占据和关闭了4个大城门。下一步是占领军械库，那里存有大量的现代化的、将要分发给驻防旗人的速射步枪，仅仅4天后他们就要获得这批武器！现在，这些枪不仅分给了大约1500名的起义士兵，并且分给了所有的人——普通的市民、释放的囚犯、通常被担心和怀疑的回族人，甚至街上的乞丐——事实上给了每一个能去与可恨的满人作战的人。获得武器之后，许多人充分利用给予他们的机会，报复宿敌，并以与自己同城的民众为代价来使自己发财。于是，整个城市很快就陷入了劫掠和暴力之中。

银行和商铺遭受的损失相同，而且据估计在第一晚仅一条街就有400万两白银（约50万英镑）被盗。如果一开始制订了保护银行的计划，那么省里的财政将会得到很好的供应，而且当权者也可以免受后来缺钱的巨大困难。但是，领导者们经验不足——他们中的大多数很年轻，而且许多还处在学生时代——以及最终革命的突然爆发，是这一失误的重要原因，同样是产生严重后果的其他事情的重要原因，而在革命之初稍微多一点事先的考虑就可以避免这些问题。

与此同时，在西安城西北角的满城，要塞里虽然有5000名训练有素的

---

① 指李自成。

士兵，但是很快就被攻克了，因为他们装备的仅是些过时的武器，并且面对革命者手中所拥有的新式连发枪，他们无力保护自己。整个满城迅速起火了，随后几天就是对男人、妇女和小孩的大规模屠杀，那场景太恐怖，以至于难以描述。这不能归过于革命党。陕西是秘密会社哥老会的重要据点之一，哥老会宣称的目标是推翻清王朝，并且顺带将所有的外国人从天朝帝国驱逐出去。“外人”一词毫无区别地是指所有非汉人的任何种族的居民。虽然哥老会起初是一个爱国组织，它已经从其创立者和早期成员所拥有的高尚理想中大大地衰退了，而且至少在陕西，哥老会长期以来就成为抢劫和各种暴力的同义词，并在农民心中造成了恐惧。这些“兄弟”在数量上占绝对优势，极大地阻碍了被称为“革命党”的真正的革命者。然而，后者人数相对较少，没有哥老会的帮助不可能取得成功。但是，他们没有意识到这些“兄弟”与生俱来的仇视外人和满人的情绪，以及全省的普通民众在他们的鼓舞下所产生的情绪。这种因素导致了对无助的满人的残酷屠杀，以及对西安城外一处教会居所的攻击，攻击导致6名瑞典小孩和两名成人的死亡。其他的外国人在一段时间里处于极大的危险当中。令人惊奇的是，在随后遍及全省的混乱中，再没有发生人员伤亡。随后，在疯狂报复的第一阶段过去之后，更充满善意的商议占了上风，两个派别之间达成了妥协，“兄弟们”赞同为全中国的革命所制订的总计划，并且宣称他们是外国人的朋友。自此以后，我们受到革命党和哥老会的保护，两派在想与我们交朋友并帮助我们上相互竞争，甚至向我们致以敬意！

几周之后，有关陕西事态的谣言以及那里的外国人面临危险的消息传到了沿海，9位年轻的男子组成一支队伍，并从此被称为“陕西救援远征队”，他们由7名英国人、1名美国人和1名瑞典人组成。他们在11月底离开北京，并在刚过圣诞节后到达西安，随同带来的还有在陕西省北部几乎隔绝了两个月的几家人。他们期望把我们所有的人都带到沿海，当发现有几个人不愿意被营救而决心留下来时，许多人表示了抗议。最终，由41名外国人组成的队伍于1月4日向北京进发，而留在西安的一小队人有5名工作人员（三男两女）和两个小孩。

他们离开后的6个月的经历，这里不能完全谈及。但是，我们这些留下来的人将永远不会忘记那些天的经历，也不能不感激我们被允许留下来，而对那些受难者我们所能提供的帮助甚少。我们能够对现在无家可归的、贫困的满人幸存者马上给予救助。他们当中大多数是老妇人，从前一直生活在富裕的环境之中，并且从来不会知道在他们一生当中会有穷困。我们看见的令人悲痛的场景、听到的可悲的故事将不会从我们记忆中消失，同样不会忘记的是：由于我们的存在，幸存的两三千人中的大部分得到了救济，而且官方最终被说服给予他们所需要的迟到的生活物资，然而这是在经历了一个冬季的苦难和穷困之后，在第二年的5月才实现的，这期间仅有外国人敢给他们提供帮助和避难之所。去年6月，我们离开之前，最令人感动的时刻到来了，这些可怜的满人中有约200人给我们送来一面旗帜，这是他们用在街上为每天的食物乞讨而得来的微薄收入购买的，并在上面写了感谢我们在他们需要时所给予帮助的话。

在西安，推翻所有权威的最初后果就是对整个农村的恐怖统治。概括地说，随之而来的混乱是必然的，所有各方都会有暴力行为。接着，在皇帝的两支军队的进逼之下，新的危机出现了，这两支军队涌入陕西省以便报复对满人的屠杀并使陕西屈服。从东面，袁世凯（当时代表清政府）派遣了一支10000人的外国式训练的军队，装备了极为新式的现代步枪和火炮。从西面而来的是一支由回民、满人和汉人组成的混合部队，稍后得到了长城以外半文明部落部众的增援（到2月底总共有20000人），由一位满人，即前陕甘总督①统率。他在西安的宅邸被毁，心中充满了仇恨。为了迎战东、西两面的军队，陕西的领导者开始征募所有的人，并且不久有一支

① 即升允。

军队——各种各样的人——被派遣到东边，另一支被派到西边，以抵抗潮水般的入侵。但是，他们都是乌合之众——少数的旧军队加上成群的青年人，这些青年人从来没有拿过枪，也没有提前被告知怎么使用他们的武器。其他的人都是社会渣滓和没用的人，他们当中有许多人是从外省来的亡命之徒，都是“哥老会的弟兄”，他们对所有的守法的居民来说一直是一种威胁，现在有了机会来证实自己是忠实的战士。就他们的功劳而言，这些人不止一次挽救了局势，因为他们是名副其实的“拼命抵抗的人”。他们常常装备的只有手中所拿的铡刀、镰刀以及旧式的刀和矛。他们勇敢地面对敌人的射击，逼近到步枪无法使用的地方，用他们原始的武器予敌人以致命的杀伤，并多次取得硬仗的胜利。皇帝的军队是如何被这群人遏制这么长时间的将永远是一个难解之谜。但是，这并不是说这种事态能够长期持续下去。渐渐地，敌人从两面包围起来，直到陕西的领导者在他们的极端状态下，几乎决定放火烧毁西安，逃到山中，留下无助的居民自谋生路。随后，突然传来了清帝退位的消息以及 1912 年 2 月 18 日民国的文告。现在达成了和平，东部袁的部队立即撤离了，但是，西面的入侵者并不能那么轻易地被移走。他们的满人指挥官升允一心想复仇，不相信经过陕西传来的消息，他将陕西看作盗贼窝。

在这个关键时刻，留在西安府的其中一位传教士*（他一直能够通过许多方式帮助新政府，并拥有他们完全的信任和尊敬，他有着很大的自信和威望），经新政府的同意，给那位满人总司令以及他的 5 位主要的将军写信，告诉他们已经宣布和平了，恳求他们在人道主义的名义下停止现在没有希望的战斗。与此同时，他通过英国驻北京的公使给袁世凯（现在是新的民国的临时总统）发电报，告诉他西安在西面所遭受的严重危险，并且提出将尽己所能向那位满族将军传递任何信息。得到的答复是长长的电文，

---

* 邵涤源先生。没有参与救援远征队的补偿之一就是：这位老资格的传教士能够直接与北京的朱尔典公使联系，而且在他的紧急呼吁下，袁世凯总统派回了军队，以使西安城免受劫掠之祸。

几乎有一千字，是转送给升允的，恳求他停止战斗。而且，新近一直从东面进攻陕西的军队回来了，进而支持了这一请求——其指挥官赵将军受命给升允带来条件，如果不是和平手段，那就是武力！这些激烈手段所产生的结果是，敌对行为最终在3月中旬停止了。虽然升允到最后还是满怀仇恨，但最终撤退到了甘肃，在那里他可能依然怀有报复之心。

在所有这些战斗的月份里，英国医生为伤兵提供了很好的服务，大量的伤兵被从东、西两边送进医院。两名医生起初都去了前线，但是他们发现了困难——缺乏适当的房屋和设备等，困难太大，难以处理。他们回到西安城，将自己的助手留在前线照料病人，并将更紧急的病例转送，这类病例只有在西安府的医院才能得到满意的治疗。这里的病人数量增长得很快，到三月份就有超过600名病人挤在医院和其他6栋建筑内，这些建筑是被官方军事征用的，并被置于医生的管理之下。战争期间，有2000到3000名士兵作为住院病人进入医院，此外尚有大量的是作为门诊病人治疗的。而且，所有这类工作都是由两名医生完成的，他们的职员中没有一个是训练有素的助手！那些天就是凑合着度过的，当时马夫、厨师、苦力等都被加入到服务之中，并且训练出各种天才，一个人变成了聪明的麻醉师，另一个人被证明在治疗烧伤方面有特别的经验，等等！在这充满压力和艰难工作的日子里，医生们获得了中国红十字会的支援，同时得到了陆军部官方的支持，它们的合作使伟大的慈善工作能够在整个1912年初进行下去，并且仍然在一个永久性的避难所继续着（现在外国人的社区称之为“切尔西医院”①），那里有200名绝望的伤残者，他们把这里当作家，并且正在被帮助学会一些谋生的手段。

中国人不会忘记那些在他们需要的时候帮助他们的人。在去年6月底，我们在革命期间待在陕西的5个人正准备出发到沿海去度过一个急需的休

① 即秦军恤伤院。

假，我们几乎不能预料到公众的表现。政府坚持给我们提供骡轿，并且支付我们到汉口的所有费用——这一旅程为期12或14天；军乐队演奏着送我们出城；各个部门的代表——军事和民政的都聚在门外向我们告别；士兵们在马路两边排成队向我们敬礼，一支分遣队在沿途护送我们。于是，我们作为陕西省政府的尊贵客人和朋友离开了。当我们在炎热的路上行进时，各地已经为我们准备好了所能提供的最好的招待，而这一切我们都不需要付费，而且——可能一切当中最引人注意的是——没有一个士兵和服务人员会因自己为我们服务而索要一分现金。这种经历是特别的，并且使我们认识到几个月的辛劳和冒险并没有白费，在将来一定会结出果实。

（二）陕西的辛亥革命①

西安府的起义

陕西看来是被孤立起来了。我们听说，100里内的电报线杆都倒了，所以我们根本得不到其他省的可靠消息。我将简略地告诉您这里发生的事以及其现状如何。在巨大的危险之中，我们得到很好的保护并被转移。

10月13日，我们的男学生回家过为期3周的秋假。15日，瑞典人收到一封来自中国内地会的刘易斯·琼斯先生的关于汉口革命的电报。

我一直等到星期五，即10月20日，当时一切似乎归于平静，我按计划去福音村参加下一周的聚会。我们在三原过了礼拜日，然后于星期一骑马去福音村。当我们平静地骑马走过棉花田时，几乎没有想到我们的朋友正在逃命。

---

① 选译自：Missionary News［J］. The Chinese Recorder，1912，43（1）：53－56. 其内容是摘自在西安的邵涤源夫人（Mrs. Shorrock）于1911年11月13日所写的信，该信由信使经河南、天津，再送到上海。

星期二早餐时，我们第一次收到关于动乱的消息。当时我们的厨师说，人们正在说这里的满族巡抚被杀了。我们对此并不相信，但到中午时，浸礼会的一名男孩来了，他告诉我们说：西安府的满人在星期天一点钟以后遭到了攻击，而且战斗仍在继续。

从那时起直到10天之后我们离开，我们日夜都留心着警报与攻击，并且怀抱希望。在第一个晚上的半夜，我们被一个消息惊醒了，即唐纳德·史密斯夫妇与一些女学生向北行进途中，在灞桥被杀害。我们在24小时之后才得知他们是安全的，虽然他们在十里铺遭到了毒打，史密斯先生的两只胳膊都被打断了。

第二天夜里，我们从两个不同的渠道得到提醒，即这个村庄将要遭到几百名武装分子的攻击和破坏。因此，所有强壮的男人都武装起来，并巡逻村庄。

不过，那天晚上什么也没发生。但是，第二天晚上，两伙武装盗贼被抓，他们拿着放火的东西，而且无论白天黑夜，四周都有成帮的坏人。没有一个护卫队，出行是不可能的。我们不得不等待，直到施（Shih，音译）带着一支由23人组成的骑兵护卫队于11月1日晚上到达，然后经三原把我们送回去。从离开到我们回来，恰好是两个星期，但是回到的地方竟如此不同！

西安府的杀戮

现在告诉您这里发生的事情。星期天，即10月22日，中午刚过，西郊军营里的士兵冲进城，并立即发起了对满城的进攻。西安的所有城门都立刻关闭了，直到星期四早晨都没有再打开，没有人知道在这么长的时间发生了什么事情。射击、炮轰和爆炸的声音以及从不同房屋里发出的喊叫声和火光一定是很可怕的。他们试图在当天下午将女生送走，但是没有一辆车子愿意去。

星期一早晨很早的时候，有消息说：位于南郊的瑞典人的学校（为外国小孩开办的）已经在晚上被焚毁了，而且外国人都被杀了。后来发现贝克曼先生四岁的小赛拉已逃到西郊，在那里被其他的瑞典朋友们保护在鹿村学堂（Luchunsuetang，音译）里，该学堂正对着他们自己的住处。贝克曼夫人和教师沃特尼先生以及其他6名小孩都被杀了。

保护传教士

星期一下午，传来消息说，城门将在12点打开，并且来自南关的一群人将从这里出来，毁坏我们这个地方，杀死所有的外国人和基督教徒。这听起来是如此真切，以至于根据所有教师们的意见，朋友们决定离开，首先将学校的女生分小批地送到我们有朋友或基督教家庭的附近村庄。唐纳德·史密斯夫妇是这里唯一已婚的人，他们带了一队到福音村去，然后在十里铺遭到了攻击，对此我已经给你讲过。几个小时后，他们被周宪臣（Chou Hsian-cheng，音译）和一名男孩所发现，并和坐在一辆车中的几名学者一起被送了回来，而且史密斯先生是被用架子抬回来的。其他6个人即贝琴塞尔小姐、托马斯小姐、端纳小姐、艾里森先生、斯坦利先生和罗德存医生，外出到了一个叫汉显冲（Hanhsienchung，音译）的大村庄外面。就在村外，他们遇到了一群粗野的家伙，这些人抢走了他们随身所带的一切东西，随后羞辱地将他们带到郊区，期望在那里看到他们被处死。

让他们懊恼的是，他们在城门下被警告不能干涉外国人，于是赶快骑马走开，因为士兵们从城墙上喊话说传教士要得到保护。我们的朋友被允许安全地回到家，虽然他们已经耽搁了几个小时，不知道自己是否会被杀死，或是得到保护。

最后，周宪臣来说：绅士们正在采取措施帮助他们。不久一个由40名武装人员组成的卫队被派来保护他们，并且坚持到星期四，那时一直困在城里的施带着20名士兵来了。绅士们的表现棒极了。

紧急的时刻

在医院里，他们也有一个非常糟糕的时候。幼小的多萝西·查特病得非常厉害（他在星期一晚上死去），而且在星期天，德籍邮政局长汉尼先生大约在中午时来看望她。他在回家的路上，陷入了一群人当中，遭到了攻击，并且头部严重受伤，但是他为三名士兵所救，并被送回了家，这三名士兵也就成了一个家庭的救护者，因为一群暴徒已在门口，试图进来。他们又回去请来了贾尔德医生为汉尼先生治伤。贾尔德医生那天晚上不能回去，所以女士们独处了22个小时。第二天（星期一）早上，一大群回族人和其他的人在门外怒吼着，并试图进来。大多数妇女从后门逃到了巷子附近，但是陈玉良（Chen Yu-liang，音译）和老看门人出色地同女士们站在一起，并且绝对不允许她们出去，他们知道那肯定意味着死。

贾尔德夫人告诉我，她们渴望贾尔德医生和林先生来到她们身边（林先生是一名化学教授，却是一位真正的基督教徒，并且毫不掩盖自己的信仰）。他完全知道将会发生什么，因为动乱发生前几天他曾来安慰他们说，他们将会被保护。现在他是新的外交部①的首长。那天早上，他来到医院，带来了两名伤兵，并且通过他们，我们知道了革新者正在尽他们所能做的一切来保护我们。此后贾尔德医生很快回家了，然后暴徒们立即和平地离开了他们。医院挤满了受伤的人，而且所有职员都很忙碌。

在山上逃亡

在东郊，他们在星期三下午获得第一个关于事态的消息，当时陈玉良想出一个计划，让天佑在10名士兵的护卫下出去，表面上是去请罗德存医生回来帮助受伤的人，实际上是与东郊建立起联系。这11个人被用绳子从城墙上吊了下去，然后罗德存医生在当天立刻就回来了。

---

① 即陕西军政府外交部，时任外交部长是宋元恺。

第二天，城门首次被打开，而且保护外国人和基督教徒的布告被张贴在了郊区。

荣安居一家仍然不在这里，但是我们期待着他们今天或明天到达这里。我们一直最担心的是他们，因为他们是这里发生动乱后的第二天离开延安的。我们已经分别派出了几名信使去告诫他们，但是一直没有得到任何消息，直到9天前，他们的仆从们来告诉我们说，他们在中部被抢去了所有的东西，然后全部逃到了山里。在大约走了两夜之后，他们躲在了山上的一个窑洞里，并待在那里，而仆从们则来请求帮助。施在当天带着15名士兵出发了，而且今天我们听说他们在星期六回到了耀州，所以他们今天晚上应当回到这里。

对破坏的叙述

自从我们回到这里，事态在表面上一直是和平的，而且我们感激的是在经历过这么多惊恐之后晚上能睡得好。粮车现正又开始进城了，而且食物看起来很多，但是仍然没有其他的店铺开门。

大多数大的票号和当铺都已经遭到了抢劫，据说票号中有4000000两被抢。

当局正在为我们而尽力，并且正在维持城中的秩序，严厉地镇压违法分子。

我们从城外很少能得到可靠的消息，从延安和绥德根本得不到消息，并且我们十分焦急，特别是对于沃森一家和科默福德先生所在的绥德。司慕德一家在延安，他们周围有更多的朋友。这里的满城毁坏了，而且满人实际上被消灭了。10000人被杀看来是最低的估计，但是秩序迄今为止已经恢复了，虽然一切仍在军法控制之下。

未来是什么样子，我们不知道。但是，我们在一个方面的认识是非常清楚的，即现在绝对不能旅行。然而，只要事态像现在一样地保持着，我们都会被很好地保护着。

◎九、 李提摩太记述的辛亥革命[1]

（一）孙中山的早期生涯

孙中山是一位伦敦会信徒的儿子，他对中国革命负主要责任。他在香港毕业于医学专业，然后开始在澳门行医。在广州，他成了一名积极的革命者，但是由于密谋失败，他被迫逃亡到日本和美国。1896 年，他在英国被捕，并在伦敦的中国公使馆里被关押了几天，康德黎[2]博士在那里帮助他获救。

此后不久，他到伦敦我所住的旅馆来拜访，并表达了他对我在救荒和文字出版方面为中国所做一切的感激之情。他详细地述说了满人的专制和腐败，声称他们全都是坏的。在他看来，由汉人的统治取代清政府是必然的，然后一切都会好起来。我指出，他的观点是错的，通过研究中国历史，他将会发现，有杰出

---

① 李提摩太（Timothy Richard，1845—1919），英国浸礼会传教士，曾任广学会总干事，著有《在华四十五年记》（Timothy Richard. Forty-five years in China ［M］. New York：Frederick A. Stokes Company，1916. ）等。本书内容选译自《在华四十五年记》一书第二十章的第 349 - 354 页。

② 康德黎（J. Cantlie，1851—1926），英国医生，曾任教于香港西医书院，是孙中山在该校就读时的老师。

的满族官吏，也有坏的，同时可以发现卑鄙的汉族官员，也可以发现好的。仅仅把最高权力从满人转移到汉人手中，而不在政府的中心进行某种根本性的变革，就像是把残破的一元硬币翻过来一样，那仍然是残破的一元硬币。在我看来，需要的是改革，而不是革命。但是，孙中山没有被从革命的道路上劝回来，他把自己的全部精力都用在了传播革命宣传的著作上。

李提摩太

回到中国不久，我访问了南方的港口，就文字事工的需求给传教士们做了演讲。在香港，我碰到了改革家何启，他是一位非常有趣的人。他与康有为很熟，曾看过康有为的手稿，并向康提出了很多看法，它们后来体现在了皇帝的变法诏书里。他曾劝说过孙中山不要倡导起义，而是去“传播自由的福音”。

（二）他的革命计划

1900年，我在去美国途中，得知孙中山正住在横滨。我拜访了他，发现他正埋头热衷于推翻清王朝的计划。他宣称，他们将永远不会改变自己的做法，直至被迫用屠杀相威胁。他已明确地下定决心倡导革命，就是这么简单。我回答说，我们将不得不分道扬镳，因为我相信通过文字出版可以启蒙政府。我看得出，他绝不会宽恕清政府将他囚禁在伦敦的中国公使馆里。

从那时起，孙中山在美国、新加坡和爪哇拜访当地的中国人，为革命筹集资金。他也访问了巴黎，请求法国政府帮助他在华南建立一个独立的汉人王国。但是，法国人不会接受他的提议。

于是，他在日本设立了自己的总部，大约有一万名中国学生去了日本学习日本人战胜他们的秘诀。当他们获得浅薄的知识时，其中许多人就回到各自的省份，激起同省人反对满人的统治，并达到了白热化的程度。1908年11月，皇帝和太后去世。皇帝的胞弟醇亲王被任命为摄政王，他的幼子就是新皇帝。除了在日本进行努力外，孙中山还与在欧洲和美国的中国留学生保持联系。后者中的一些人，尽管他们在政府管理技艺方面的知识，与孙中山在汉族和满族统治者的相对价值的认识上是同样不完整的，但是却相信共和政体的政府能够使中国像伟大的美国的共和国那样富强。于是，他们高呼：“让我们为中国建一个共和国吧！”当所有海外的中国留学生和他们在国内的朋友都准备采取行动时，一面共和国国旗在芝加哥制成了；

而且，愿意攻击任何中国官员或者劝诱他顺从共和的学生们都被孙中山许以高官。

（三）革命的爆发

1911 年 10 月 11 日，革命在武昌爆发，随后在其他无数的中心都爆发了革命。满族官员端方作为总督①前往四川，被残忍地杀死了。10 月 22 日，在陕西省会西安府发生了可怕的流血事件，当时包括男人、女人和孩子在内的 15000 名满人被屠杀。在太原府，满城的城门是打开的，所以那些想逃走的人能够逃走。在福州、杭州、南京以及其他城市，都有很多满人被屠杀。在两个月的时间里，整个中国变成了共和国。

12 月初，摄政王代表自己的幼子，即皇帝，向太后②递交了退位诏书。她接受了，并把所有政治事务委托给内阁总理大臣袁世凯。革命爆发之初，孙中山正在英国，但是他急忙赶回中国。12 月，代表 14 个省的共和会议在南京召开，选举孙中山为中华民国的临时大总统，袁世凯为总理。但是，三个月后，孙中山辞职以支持袁世凯。这是他一生中最聪明的一步，因为他认为自己没有从政的经验，而袁世凯大概是中国最有经验的政治家。孙中山被任命为铁路总办，并倡导铁路建设的扩展计划。

但是，新的共和国的官员们从孙中山那里得到了有利可图的职位，绝大部分不仅证明不胜任自己的职责，而且比满人更腐败。这就给国家带来了混乱。成帮成帮的强盗在各省游荡，杀死他们所仇恨的人，抢走他们的财产。看到各省所有的这些混乱，以及有几个省份一直试图建立独立的政府，袁世凯采取了强硬措施。他任命曾在德国受过军事训练的满人荫昌③为

---

① 即署理四川总督。

② 即隆裕太后。

③ 荫昌（1859—1928），满洲正白旗人，曾留学德国学习陆军，归国后历任洋武备堂总办、出使德国大臣、江北提督、陆军部侍郎、尚书等职。武昌起义时，奉命率军赴武汉镇压。中华民国建立后，曾被袁世凯任为总统府高等顾问、侍从武官长、参政院参政和参谋总长等职。

参谋本部总长，并有训练有素的军官和受过训练的人员归他指挥。因为这种军事改革需要耗费巨大的政府财政，袁世凯决定借一大笔外债。孙中山以违宪为由对总统的这一行动表示抗议，因为袁世凯没有获得国会的批准。

我被邀请去拜会孙中山，并建议他不要把抗议发到海外。因为袁世凯现在是民国的首脑，国民应当表明他们对他的信任，不要妨碍他认为使国家强大所必须采取的计划。当我访问孙中山时，他正在阅读他的抗议的校样。他将它递给我，问我怎样看待它。我请求他不要把它发表，但他是不会听取规劝的，他因此终止了自己在中国的荣耀职业。

（四）袁世凯采取的措施

在毫不迟疑地坚持必须有一支强大的军队以压制各省的混乱上，袁世凯是正确的。他已使整个国家和平，而且获得了中国所有朋友的赞赏。

他采取的另一个明智举措是，邀请那些曾经被老太后①放逐的维新派领导人回国。康有为一度不为邀请所动，但是当他最终回国时，拒绝了提供给他的所有职位。梁启超回国后，被任命为司法总长。1913 年冬，我曾又一次在北京见到康有为。他正急着为打算研究英语文学的女儿寻找一位女教师。我推荐了鲍登·史密斯小姐，她是一位英国海军上将的女儿，毕业于英国剑桥大学和美国康奈尔大学（就在此次会见时，康有为谈到了他对上帝的父道和人的手足之情的信仰，并说有一天所有的国家将统一在一个政府之下）。虽然一直有其他人任教育部长，但存在的事实却是：到 1915 年，除了在国立北京大学外，各省都没有足够的大学培养中国人从事最高级的各科研究。这是中华民国最薄弱的环节，因为她已经剥夺了过去教育长期占据的统治地位。

关于教育，袁世凯从未采取任何健全的政策。他所任命的第一任教育

① 即慈禧太后。

总长是一位翰林[1]，此人曾在德国完成了学业，接受了尼采有害的信条，并信奉军国主义至上。1914 年，这位官员在上海发表演讲，他在讲其他的事情时提到，宗教对于人民来说不再是必需的。由于在这本书即将出版之际，中华民国第一任总统动乱不安的一生结束了，进一步的评论也就不必要了。

上海广学会

（陈琳　译）

① 即蔡元培。

◎十、 苏亚拿在汕头经历的辛亥革命①

（一）汕头的方言

我去中国的时候已经50岁了，无疑在学习中文方面困难非常大。我从未能成为我女儿那样中文说得好的人，然而我获得有限的知识，足够进行自己的工作。我们汕头的方言是非常难学的一种方言。要想学会用鼻音、送气音和8种声调正确地讲出一口汕头方言，真是一项非常艰巨的任务。声调一直是我感到为难的事。女人这个词读作“núg”，而鸡蛋则读作“nǔg”。发现有人叫早餐时把“煮鸡蛋”说成“煮女人”，那是不愉快的经历。我们女传教士中就有一位让她的厨师准备6个煮得老一点的“女人”作为早餐，可怜的厨师对此感到很困惑，并说美国人吃女人对他来说可真是新闻。我尝试用汉语祈祷，说：“你知道我们是

---

① 苏亚拿（Anna Kay Scott，1838—1923）：美国浸信会女医学传教士，1889年来华，长期在汕头、揭阳行医传教，1914年回国，著有《苏亚拿自传》（An autobiography of Anna Kay Scott，1916）。本书内容选译自《苏亚拿自传》的第七章《汕头方言》、第八章《汕头的派系斗争》。

胃。”“灰尘”和“胃”的发音相似，除了声调不同。

我为落到当地医生手里的病人而心痛，因为没有外科手术，手术刀也是弃而不用的。

中国的接生婆对待难产常常非常残忍，有时甚至坐在孕妇的肚子上，并且有时接生婆把全部力量都压在孕妇的腹部。这种同希伯来人用过的（见《出埃及记》1:16）相似的接生方法，在中国人当中是常见的。她们对于用产钳一无所知，而且对西方医生使用产钳拯救了那么多生命而感到惊讶。成千上万的妇女因为没有外科手术而死亡。在我看来，这样的事例在中国远比美国要多，尽管中国女人穿着宽松，衣服很轻，在任何方面都不会影响到她们身体的舒适。我无法理解，在中国有这么多人因为生孩子而死亡。裹脚一直被认为是原因之一。

我知道没有哪个国家像中国那样需要医学传教士了，而培养医院的助手是我最热切关注的。当我在益世医院能开始对一个班的年轻妇女作为助手和学生进行培养的时刻到来时，我真的感到高兴。这是一个新的开始。我曾经有几班男生，他们经过四年制课程学习和实习工作毕业了。然而没有父母希望自己的女儿学成一名医疗助手。我的班里有6个年轻女性，全都在20岁以上。她们天资聪颖，并且在学习和医院实习方面与男生一样非常有能力。注意到中国人的觉醒对我来说每天都是一个惊喜，他们强烈渴望西方文明和英语知识。

我的男、女医院助手都是热心的基督教工作者，并且通过他们的努力，数以百计的人被引向了真理。我们的布道工作得到了一位来自上海的年轻女性——余慈度小姐的巨大帮助。她是一个拥有巨大精神力量的热心的年轻女子，她这样年轻的女性就有非同寻常的《圣经》知识。主仁慈地保佑着她在汕头、礐石、揭阳和其他地方的工作。我们的华人基督教徒受到极大的鼓舞，圣灵伴随着力量进入了他们的内心与生命。他们数年前犯下的罪过被谦卑地承认了，而且当能够为过错赔偿时，他们都很乐意地做到了。

我的医院助手当中就有一人在公众集会上站起来，谦恭地承认拿走了一把旧牙齿钳，其实那是我已经当作不能再用的东西而丢弃的。我们教会的成员谦卑地承认自己的过错，归还了他们成为基督教徒之前拿的钱。布道工作扩展到周围的村庄，因此通过这个小小的中国女传教士的努力，意味深长的赐福来到了我们所有的华南教会。我们希望有更多的人像她一样地成长起来，从事类似的工作。她深深地思考着神灵诞生的必然性以及将一个人的整个生命完全奉献给上帝的事工。她不鼓励情感的展示，而当她发现有这种趋势时，她极其机智、聪明地控制了这种趋势，这一切都做得体面而有序。在我满怀希望的时刻，我不敢奢望在我们的教会以及如同华南人民一样的自力更生、坚忍的人民当中，能进行五旬节那样的事工。余小姐努力所及对男人和女人所产生的影响都是一样有效。我们的教会已经认识到了从余小姐为我们所做的工作中获得的永久利益。

汕头的天气，在冬季是令人喜欢的，然而在六、七、八月份却酷热难耐。传教士中有些人在距汕头大约 70 英里的度假胜地大阳山上建了消夏的别墅。我很幸运地租住了耶士谟[①]家非常舒适的避暑别墅，在这个凉爽的避暑胜地度过了好几个酷夏。大阳山景色美丽，山势雄伟，空气凉爽宜人。与在汕头的酷热下没有休息的工作相比，一个传教士在这样风景宜人的避暑胜地消暑一个或两个月，即使没有休假也将工作得更好、更长久一些。夏天的炎热潮湿使汕头更令人难受。我们的英国长老会的朋友们是第一批租住在大阳山上的人——实际上这里是他们的工作地，而且他们是在客家人中工作。即使在度假，他们也能做很多的工作。大阳山总共有 6 栋别墅，经常在那里居住一段时间的人超过 40 人。冬季这里潮湿，并且有时非常冷——因此，没有欧洲人选择在这里过冬。客家人整年都住在这里。他们拥有两个村庄，罗马天主教在这里也有一个教会。

① 耶士谟是美国浸礼会真神堂传教士，长期在汕头传教。

我和亲爱的老朋友耶士谟夫人及其先生，在日本宜人的避暑胜地轻井泽度过了1911年的夏季。这里的气候非常宜人，和我们的家乡很相似。四周环绕的高山雄伟壮丽，并覆盖着植被。浅间山是一座活火山，距轻井泽有9英里。这是日本最大的火山。从火山口喷出的大量烟雾、灰烬和岩浆给人以非常深刻的印象，而且在轻井泽几乎能感觉到不断的震动。这对初来乍到者来说有些令人惊叹。然而，当地居民对这些地下的干扰毫无反应，无论如何都不感到害怕，尽管这种深沉、有力的隆隆声经常会持续几个小时。初来乍到者在夜间被隆隆的响声和震动惊醒，常常有一种不可思议的感觉。偶尔有炽热的大石头被抛出来，落在山边上。我在轻井泽的时候，有个登山队的一名队员想看看火山口，被一块落在他身上的6英尺长的炽热石头砸死了。最近的一次火山大爆发发生在1783年，当时一股岩浆摧毁了山北边的一片原始森林和几个村子，现在这里形成了一个巨大的熔岩层。我的日本之行于9月25日结束，然后我又急切地开始了在汕头的工作。

1911年的一场反朝廷运动给中华帝国带来了巨大的动荡与不安。汉人已被满人统治200多年。现在，人们坚决地努力推翻这种不得人心的统治，并让一个中国人①来当皇帝，或是将帝国变成一个像美国一样的伟大共和国。革命者们对外国人很友好，并且传教士们可以像往常一样继续他们的工作。这场斗争毫无疑问将会持续很长时间。“上帝在他的天堂里，整个世界一切都那么美好”，并且一切最终都是为了中国有最好的结果。许多革命者穿着打扮得像欧洲绅士那样。确实，许多人出过国，并接受过大学教育，因此鄙视自己国家现在的君主统治。其中有些人是基督教徒。中国南方几乎一致地推举孙中山为临时政府的总统。他是否将成为一个足够强的人物，使国家摆脱动荡不安和令人不满的局面还要拭目以待。我们地区的中国人高兴地支持孙中山成为他们的统治者和总统，并且怀有美好的希望，认为

---

① 即汉人。

他将能使中国成为另一个像“美洲的美丽王国”一样的国家。美国在中国被称作美国，即美丽的王国。

1912 年 1 月 7 日清晨，我们的基督教徒聚集在山坡上，俯瞰着教堂，挥动着民国的新国旗，同时尽情地歌唱着《我的国家属于你》。他们为新总统和新建立的民国祈祷。上午 8 点，他们在教堂举行了感恩仪式，唱了第 126 首赞美诗，并把他们自己比作俘虏，为了他们，“耶和华现在已经做了伟大的事情”。我希望他们的崇高愿望不会因进一步的战争和流血事件而破灭。我不能确信：这样一个伟大而又不安宁的国家会如此容易地复苏，承认自己是一个守法的共和国。孙中山也是基督教徒，希望为他的国家谋福利，但是他不是一个能干的政治家。

2 月 16 日是中国的新年，然而新的中国纪年和我们一样从耶稣的诞生计起。因此，2 月 16 日和以往别的日子一样安静——没有鞭炮声，没有阵阵的钟声，也没有任何喧闹的表演。①

和平并没有明确地建立起来，而且在一切能为一个真正的共和国安排好之前，中国的南方和北方可能会有战争。与此同时，我们感到欣慰的是，我们各方面的所有工作照常运行，而且把福音传播到人们的耳中和心中的机会从来没有像现在这样好。

（二）汕头的派系斗争

在 1912 年 3 月的最后两周里，汕头有很多骚乱，其间有焚烧房屋、抢劫和派系斗争。两个自称领导者的中国人，争夺汕头地区领导人的位置。汕头的居民处于很大的不安与焦虑之中，至少有一半人为了安全逃到其他地方。大量的妇女和儿童在我的医院房屋里寻求避难，而大约 70 个人在女

① 应为 2 月 18 日。

生寄宿学校的房屋和女子学校的楼房里避难。

我们本国的基督教徒非常热情地为这些难民打开了自己的房门。在这里，我应该说明的是，我们教会的居住区是一个叫礐石（石头角）的村庄，由汕头湾与汕头隔开。这个地方包含在汕头的邮政章程中，英国和美国领事住在这里，中国海关副税务司也在此。这里还有欧洲人的公墓和英国教堂。

在第一次派系战斗中，几十个人被杀，并且几天都没有埋葬。中国北方和南方之间的敌意是很强的。他们在总统人选问题上意见不一致，因此可能要很长时间以后，和平与和谐才能在这个分崩离析的国家盛行。

前面提到的派系斗争，因为民国政府派遣军队迫使土匪、窃贼离开汕头而结束。窃匪的首领也被迫离开。他逃亡到了香港，在那里被汕头派系争斗中被杀者的亲属行刺。这些亲属们要求他将自己的一部分不正当所获，赔偿给汕头派系冲突中被杀者的家属。这位首领拒绝这样做。因此，他遭到了行刺，尽管他被尽快地送往香港医院，但是只活了几个小时。就这样，这个给汕头造成极大悲痛和损失的人结束了一生。如果民国能被外国列强承认，并能够完全建立起来，那就会有建立一个繁荣昌盛的民国的希望。但是，唉！领导之间分庭抗礼，嫉妒和仇恨充斥其间。中国的北方和南方根本不能够和平共处，因此友好和解是不可能的。我很高兴的是世界的上帝正眷顾着中国。我觉得只有他能够平息不和谐的因素，建立起和平与正义。我们的传教工作照常进行，各地的人民都乐意聆听福音。中国永远都不会回到往日的状态。然而，偏远村庄成千上万的人并没有听到那么多的关于发生了革命并建立了民国的事情，遥远的内地人看不到日报。

许多中国人已接受了欧洲样式的服装，而且在中国的北方，一些妇女成为妇女参政运动者。她们要求有选举权，否认父母有权不经女孩们的同意就将她们婚配。她们甚至要求父母不要干涉女儿的恋爱和婚姻。

在上海，一个“婚姻自由社”成立了。女性们要求教育和自由。在中国的南方，对袁世凯的反对仍然继续着，人们对孙中山不再担任总统是不满的。在中国的北方，袁世凯是受欢迎的人。他无疑是中国最有能耐的政治家，他在国会的演说很好而明智地表达了一个共和国的需要。他看起来赞成基督教。他的将来是什么样子，还要拭目以待。他非常真诚地说，只有基督教才能使中国成为真正的共和国。绝大多数的中国人仍然没有接受过教育，并且没有信仰基督教，在他们知道上帝、灵魂救赎的价值以及被圣灵指引之前，他们不会明白共和国的价值所在。帮助中国的国民从无知中崛起并了解生命、真理和出路的巨大责任落在了美国身上。所有真正的传教士的工作都是实现中国利益的巨大力量，但愿信徒的数量能大量增加！

1 月 27 日，同事去世令我们的心中充满悲伤，并给我们的教会带来了沉痛的损失。我们最尊重的、宝贵的同事——威尔德小姐永远地离开了我们，去天堂为主服务了。她给我们教会的教育工作留下了非常深刻而长久的影响，而且因为她睿智的教育和美好的基督教生活，她的 80 名女学生将永远成为更好的基督教工作人员。

我们传教士的力量对中国来说如此之小，而我们的工作却如此之艰巨、紧迫，因此，当一个人去世时，我们的损失看来是严重的。神秘的天命带走了一个对我们的工作如此重要的人，这对我们来说是难以理解的。但是，我们必须“保持静默，并知道他就是上帝”，而且他做的一切都是妥当的。威尔德小姐正处在她有用的一生的青年时代。她在家乡是一位优秀的老师，并且她在中国工作一直相当高效。愿继她而来的人像她一样能力出众、有奉献精神。

从尘世的辛苦劳累和努力奋斗中解脱，
她的生命仍然与您隐藏在一起；
我们知道她在哪里，
她仍然与您同在。
她的身体，灵魂，精神
永远与您同在。

1911年10月，中国爆发了一场反对朝廷的运动。这个国家被满人一直统治了200年或更多的时间。如今产生了一股强烈的力量要推翻这个不得人心的统治，把能使这个帝国变为一个伟大共和国的汉人置于领导地位。外国人没有遭遇敌意，因此传教士能够照常工作。这股强烈的力量和以慈禧太后为首的可怕的义和团运动完全是不一样的。许多革命者的穿着像欧洲人一样，并且剪掉了辫子。许多中国人到了英国和美国，并接受了大学教育，其中有相当数量的人是基督教徒。我们的基督教徒里有一个叫阿林（音译）的青年，被选为一个团的军医。他是我的医科学生之一，学完了四年医学课程，并在我们医院完成了实习。我特别希望他能胜任那个职位。军官们对他很满意，他获得了丰厚的薪水和一匹马，并被称为医官。在革命结束，并恢复平静后，他回到汕头做我的助手。我告诉他我只能支付给他微薄的薪水，他回答说："我所有的一切都归功于您，而且我将不会因为钱的问题使自己不能尽己之所能协助您。"

当我于1904年离开汕头的时候，我能再回中国工作的希望几乎渺茫。我悲伤的是自己的健康受损，在身体上不能再承担如此重任。但是，在国内的两年里，我完全恢复了健康，以至于我觉得自己必须重新回到中国从事自己的工作。我在克利夫兰从事了两年医疗工作，在上次去中国之前我曾经在这里行医12年。这两年我过得很愉快。给那两年的快乐时光大大地增添欢乐的是，曾经无私地支持我在汕头工作的热情的朋友们以及如下事实，即多年来一直是我的教会之家的亲爱的第一浸会堂，又成为我可以定期参加礼拜的教堂了。每天我的病人中都有一些老病人以及他们现已长大成人的孩子们。我的公寓很舒适，而且亲爱的朋友们都住在同一栋楼里。但是，我的心在中国，我觉得自己必须再回到那里的医疗工作中去。许多朋友和亲戚担心我不能承受另一个时期的服务。但是，我去了，相信上帝会关照我的健康，同时我将照顾患病的、贫穷的中国妇女。

沃利医生的去世导致了男医院和女医院没有一个医生。我承担起这份工作，此外还开了一个班，培养中国女青年做医院的助手。在我回国之前，已经有正在接受培养的中国男青年，而且他们表现得很好。但是，那个时候，没有父母愿意让自己的女儿学医并成为医院助手。现在有 6 名 20 岁以上的年轻女性在接受四年的医学课程学习和医院实习工作。她们表现得和男青年一样十分能干。觉醒的中国人对西方思想和医学科学的赞赏，对我是一大惊喜。

在我们的汕头居住区，我们现在已经有了一批学校。首先，那里有耶士谟父子两人建立的耶士谟神学院。然后，那里有圣经女校、寄宿女校、男子高中、三个等级的男校、较小的女童学校、为白天很忙以至于不能在正规学校学习的中国人开办的夜校、幼儿园、我的医学校，以及为需要照料家里而不能去圣经培训学校学习的妇女开办的一所专门的圣经学校。经办这些学校的传教士有 10 位。中国教师是非常重要的，他们在所有这些学校都是很好的助手。英语的需求很大，但是没有传教士有时间专门教这一科。在学院里，英语是由传教士们在做自己工作的同时教授的。我的同事们都是可爱的伙伴；我的工作就是我的乐事，自从我返回汕头到现在已有五年了，我越来越庆幸，自己被允许从事如此重要而愉快的工作。

1913 年 10 月 3 日，我突然生病了，我们通商口岸的医生认为是食物中毒。他说这是由于吃了有毒的昆虫叮过的黄瓜引起的。这次患病后，我得了肠炎。10 月 26 日，尽管我还很虚弱，但是正在恢复之中。我很希望在我的孙女米尔德丽德·斯科特医生接手之前，我能够继续工作。在她承担这份责任之前，必须潜心学习两年的汉语——甚至到那时她也不应当照看男医院，那里需要有一名男医生负责。

10 月 23 日，我们很高兴地迎来了贾德森参观团，他们中有 7 人被安排在舍温平房——这栋房子是为单身工作者建的。之所以取名为舍温是因为舍温一家为建造它给予了慷慨的帮助。贾德森参观团在这里的时候，另有 4 个人住在这所房子里，即和参观团一起来的索尔曼小姐、特拉弗小姐、米尔德丽德·斯科特医生，还有我自己。11 人的餐桌每天都座无虚席，我就是家庭主妇。我们有最好的中国仆人，因而我并不感到有压力，同时我很高兴在我们的房子里有这么多亲爱的朋友。

最近，魏将军的一名士兵在益世男医院去世。他有心脏病并发症。魏将军委托负责埋葬自己战友的士兵送来了表示感谢的名片，索克海（音译）和阿金给予的亲切照顾给将军和他的士兵们留下了非常好的印象。

1913 年 1 月，我们浸礼会的海外秘书访问华南。1913 年 1 月 22 日（星期三）上午，我们非常荣幸地在码头迎接他，然后陪同他穿过斯韦思拱门，沿着新的教会路来到我们美丽的居住区。聚集起来的中国基督教徒、学生和其他人很多，而且他对我们的热情接待表示十分高兴，并大声称赞我们居住区很漂亮。他称赞我们的医院干净整洁、井然有序，而医院的助手们对他的访问感到很高兴。我认为，他的到来将使中国受益良多。

我的医院助手和学生对我来说是莫大的安慰。我相信他们在治疗身体和心灵两方面会是非常有用的。1912 年我的工作记录如下①：

益世女医院

住院病人数	290
巡诊病人数	417
门诊病人数	3422
就诊病人总数	10268

益世男医院

住院病人数	624
巡诊病人数	1218
门诊病人数	4252
就诊病人总数	12757

① 该工作记录的数据为原书数据。

毕业助手5人，学生助手9人；收费和捐赠634.53美元，1912年全年开支2227.14美元。

我希望能讲述我的病人当中的许多有趣的例子，他们是怀着对耶稣能治疗灵魂的信任来到医院的。在我的医院里，我们医院助手和我们居住区的中国女基督教徒从事着非常好的传教工作。在这方面，我还想感谢给我们提供了宝贵帮助的沃利夫人和沃特夫人。中国的女患者听到这些忠实的传教助手关于生命的话总是很开心，我认为没有像医院的病房那样更有利于接受福音的地方了。我不会让任何一个人成为医学传教士，除非他们是虔诚的基督教工作者，并且能将在病人中从事传教工作放在最重要的地位。接受全面的医学教育，并了解细菌，知道如何避免不良细菌和治疗传染性疾病，这是非常重要的。有外科实践知识，科学地治疗所有疾病，熟知人类眼睛的结构以及如何做眼科手术，这同样是非常重要的。在所有疾病中，那些与眼睛和皮肤有关的疾病是数量最多的。能够忍受那里工作环境的医务工作者认识至少7种难以忍受的气味，这也是非常必要的。然而，比这些都更重要的是知道如何把罪恶的灵魂引向耶稣。

（赵俪　译）

◎十一、 夏洛特·郝维斯记述的辛亥革命[①]

（一）中国革命

古老中国的觉醒

这个伟大国家正处在把自己建成为共和国前的挣扎之中，它是世界上最古老、最强大国家。当摩西带领以色列人穿越荒漠时，中国的律法和文学就超过了埃及。据说在大卫时代的前100年，中国的一位帝王“文王”就撰写了经典，至今仍被牢记。“当荷马撰写并吟唱伊利亚特时，中国盲诗人们正在歌颂她那已埋葬了13个世纪的古代英雄们。在诺曼底征服者入侵英国之前，中国文学得到了充分的发展。在英国的爱德华一世时期，中国人发明了火器，印刷术的发明也比卡克斯顿[②]早了500年。公元150年，他们发明了纸，

---

① 夏洛特·郝维斯：美国北长老会女传教士，长期在山东潍县传教。本书内容选译自她所著的《旧中国的新激动》（Charlotte E. Hawes. New thrills in old China［M］. New York：Hodder & Stoughton，George H. Doran company，1913.）一书的第二十至二十五章。

② 卡克斯顿：威廉·卡克斯顿（1422—1491），英国第一个印刷商，1467年将印刷机引入英格兰。

并在大约公元纪元开始的时候发明了火药。1000 年前，中国人的祖先把丝绸卖给罗马人。而且，他们穿着这些丝绸衣服时，不列颠群岛上的居民穿着蓝色的外套，坐在柳树做的独木舟里捕鱼。她的伟大长城在耶稣在伯利恒降生前 220 年就建造了，并且耗费的物资足够绕地球一周建造一个 5 或 6 英尺高的长墙。”

夏洛特 · 郝维斯

1912年5月，狄乐播夫人和我一同乘火车从北京出发到南口，并在参观明朝皇陵后，乘火车经过景色壮丽的南口关，来到一个距长城约4里的小站。这条铁路连接北京和张家口，有急弯、陡坡、长隧道和极好的平坦路基，这些都是中国人在没有外国帮助的情况下建造的。这本身就显示了中国正在发生巨大的变化。旧的中国已经远去，新的中国正在形成。马为力牧师和他的妻子以及同行的传教士组成了最后一批绕道好望角来中国的传教士，于1866年2月21日到达张家口，从那时起他们就在张家口忠实地从事传教工作；1900年，他们逃离张家口，穿越戈壁沙漠，并经历了大量的煎熬和难以述说的困苦，大约两个月后到达了俄国边境。1902年，马为力牧师和妻子回到中国，现正在通州工作。

当我们从火车站走向长城时，一阵强风吹向我们，因此我们几乎不能举步，但是我们向前登上了美丽的、蜿蜒在群山之上的路基，避开经过我们的一队队高傲、独特、笨拙的骆驼，我们满足地坐在长城边休息，并赞叹这件曾经由人类修建的最惊人的作品。它被称为世界奇迹之一，修建它动用了800万人苦干了8年。它有1250英里长、35英尺高，而且它的走向是不规则的，但其走向的选择并不是根据自然障碍，它从大海到甘肃省最西边的一角，完全经过了庞大帝国的整个北方边界。蒙古人称它为“白墙”，中国人称它为“万里长城”，而且它是世界上最大的防御工事。

和我们一同乘坐火车的有一群英国游客，当他们爬上一座坚固的塔楼看风景时，他们顶着强风，紧紧地抓住自己的帽子和墙边，衣服被风吹得乱舞。这些塔楼是中国人用于巡逻和防备满人的。因为，甚至是在那么早的时期，满人就越过边境侵入，抢夺汉人的财富和妇女。这种除掉满人的斗争并不是新事物。

长城的墙体建了两层，有21英尺厚，表面覆盖着巨大的花岗岩，中间由碎石填充，而且每隔一段都有一个塔楼。在墙顶，每一边都有一个极其坚硬的阳光晒干的砖做墙顶盖。现在无法生产如此坚硬的砖块了。这种砖的构成肯定一直是那些古代工匠们没有传下来的一个秘密。我们的游客朋友们给我们带来了这种砖的样本。从1644年清朝建立后，长城开始衰败，而且铁路不体面地穿过了它。

但是，它仍然几乎完整地屹立着——作为一个永久的纪念碑见证了秦始皇的进取力量。秦始皇于公元前246年成为皇帝，当时年仅13岁，但是，他是一个能让每个人都受其影响的能干的人。他以西安府为首都，并在那里，建了一座富丽堂皇的宫殿，那是一个奇迹，并为他同时代的人所赞叹。他在帝国境内修驰道，开运河，建造公共建筑。他动用30万兵力对抗鞑靼人①，并彻底地击败了他们。他战胜了一批接一批的反叛者，直至恢复和平，然后对自己赢得的帝国进行了改革。

但是，当时的中国人憎恶改革，就像人们在义和团运动前憎恶可怜的光绪皇帝的改革一样。教师当中的那些顽固不化者总是高举着封建时代的英雄供人民称颂，于是秦始皇（或始皇帝）决定打破整个古老的封建体制，下令焚毁所有涉及帝国以前历史的书籍。这条敕令几乎被广泛地实施，有许多学者因为未能服从它而被杀害。今天，中国人会告诉你建在“焚书坡”上的那个村庄。就是在那里，这位帝王烧毁了大量的儒家书籍，然后又挖了一个大深坑，大约300名不幸的儒家学者被活埋至颈部，并被沉重的战车碾过头颅。

然而，秦始皇不能烧毁记忆的书版，因此许多古老的作品凭借记忆和雕刻在火无法烧毁的石头上而被再造。也有许多书被藏在墙壁中，并被保存下来。长城在这个帝王的监督下开始修建，但是还没完工他就驾崩了。

革命前的事件简述

从义和团运动的失败中，慈禧太后以悲惨的代价学到了一些必需的教

① 应为匈奴。

训，并开始发布改革的懿旨，表现出了全新的政策，真诚地努力建立她的声望并普遍地安抚人民；除去所有这一切，她最终保持着对义和团首领的钟爱，而且到最后，她仍然赞扬他们对她个人的忠诚和他们试图驱逐外国人的英勇爱国。但是，她不得不承认，在中国足够强大以前，一切排外行动都必须被镇压。据说“她处理危急时局的手段是如此的巧妙，其懿旨的语气与论据是如此有力地吸引了士人，因此获得了所有的信任。她关于圣人自己如果面临国家现在不得不面临的问题将会采取何种态度的巧妙建议，甚至让最顽固的儒学家都折服了”。她的懿旨是在回北京前，从西安发出的，显示出她清楚地意识到清朝统治的危险。一道上谕以皇帝的名义发布了，这是一道罪己诏，是一个要人民同情的请求，是一个恢复理智之道的劝诫。其内容包括：

“作为大清国的国君，朕完全没有能够使我们的人民免于灾难，朕应该毫不犹豫地自杀以告慰我们的保护神和地神，但是，朕不能忘记自己要向圣明、年老的母亲——皇太后尽孝道和侍奉的责任。”

庆亲王和他的同僚们将来自皇帝的各种话传达给了各个列强，列强使皇帝和太后的顾问们相信会保证他们的个人安全。然后，总督们和各省高级官员们联名奏请朝廷回京。在决定返回北京之前，太后要求充分确认列强不会坚持要她交出最高统治权，以作为和平的条件之一。只有确保她有完全的尊严以及她以前所享有的权势，她才会返回北京。她很高兴地收到了这样的好消息，即她在京师收藏的财宝没有遭到外国军队的劫掠。她决定尽可能快地返回，以便在发生太监的任何偷盗行为之前监管搬运这些财宝。1901 年 10 月 20 日，朝廷长长的队伍从古都①出发了。坐火车返回北京和当初坐马车仓皇而逃时的落魄形成了鲜明的对比。

和约签署了。伟大的李鸿章在太后抵达北京之前去世了，他因为自己

① 指西安。

对外务的了解以及谈判的能力一直对太后有很大的帮助。这是历史上朝廷第一次坐火车出行。他们乘坐轿子和官方的马车到正定府，然后他们享受着为他们安排的舒适而奢华的火车特级专用车室。太后在火车开车前两小时到达车站，并监督装载大量的朝廷行李和财物，没有给乘务长休息时间，直到他仔细地装载并发走了装有她的财物的四列货车。太后赠送了 5000 元给铁路线上的欧洲和中国的雇员，并对首次乘火车旅行表示非常满意。

在旅途中，中国高官们乘坐的是位于皇帝和太后的特别车厢之间的一等车厢，他们觉得拥挤，并向铁路官员另要了一节车厢，但是太后很不高兴，命令撤掉这节车厢，所以袁世凯和他那肥胖的同僚们不得不又挤回原来的那节车厢。

篇幅不允许详述朝廷的返回以及皇太后随后的统治。皇帝继续被囚禁在他的宫里，而且让见过他的人觉得他像个吸毒者，一副深深绝望的神情。皇太后指定醇亲王为摄政王，他的儿子溥仪为中国皇帝，即“宣统帝”。

光绪帝尽管病得很重，但当庆亲王告诉他这些安排的时候，他仍然意识清醒，并说：“任命一个成年人不是更好吗？但是，毫无疑问，太后知道什么是最好的。”两个小时之后，年幼的君主被带到皇宫，并给皇帝和皇太后看了。第二天，光绪写下了这样的遗言：“当皇太后选朕继承大统时，朕是醇亲王的次子。她一直恨朕，但是对于朕过去十年所遭受的不幸，袁世凯（以及另外一个人）是要负责任的。当时机到来时，我希望袁世凯被立刻斩首。”

所有中国历史的读者都知道那位君主在遗言中提到的时局。受不正直的官员康有为的影响，皇帝被说服，认为太后是中国改革的主要障碍，她的影响实际上是中国腐败和毫无生气的主要因素。“为什么她能被允许浪费数百万计的政府资金以维持其在颐和园等处的铺张浪费？”他建议皇帝包围太后的寝宫，逮捕她，使她在颐和园湖中的一个小岛上度过余生。然后，皇帝将发布一道上谕，指出太后的错误行为，并宣布其目的是取得最高权力，不允许她参与任何政府活动。皇帝陷入了康有为的这一计划，他知道，为了保证成功，他必须除掉荣禄，此人统率着直隶的军队，而且将绝不会同意帮助反对皇太后这件事。

然后，皇帝请来袁世凯，并与之讨论改革的问题，而且相信了他的忠心支持。皇帝最后一次坐在漆光发亮的龙椅上，并在晨光中采取了一切措施以防谈话被偷听，将自己已决定要委托给袁世凯的任务，具体告诉了袁世凯。他将到天津去处死荣禄，然后率领自己指挥的军队迅速返回北京，以抓捕并囚禁皇太后。

袁世凯去了天津，但他并没有杀荣禄，而是向他出卖了整个密谋，并给皇帝带来了不幸。皇太后得到荣禄的告密后，夺去皇帝的统治权，并囚禁了他。她将袁世凯由山东巡抚升任直隶总督，随后不断高升，直到成为军机大臣。

清朝宫廷中的秘密将永远不会完全为人所知，但是光绪帝写下了上文所述的最后愿望后几个小时就驾崩了；两天后，① 皇太后在命令宣布新皇帝并写下她的最后懿旨之后，也死去了。

摄政王在使中国人民满意方面是完全失败的，而且现在一般说到他都是用一种带有判断性的词的简明方式：

“大事——大错；小事——小错；无事——无错。”

他们认为，无论他做什么，都是错的。

这个小国君一开始很想家，他穿着黄色的丝绸御袍，哭喊着要妈妈，并喊着“Mao！Mao！”由于以为他想要一只猫（“Mao”这个词的一个意思就是“猫”），各地都在找一只合适的猫，以取悦“天子”，但是不对，那不是他想要的。最后，一个叫“猫”的玩伴被送来，然后皇帝总是满脸笑容，因为那才是他想要的。这个叫“猫”的孩子仅仅是普通百姓，但是有必要

① 应为次日。

给他的父亲一个头衔，以便将他提高到值得做皇帝同伴的地位。

然而，国家变得越来越不安定，甚至处世圆滑的重要人物——袁世凯在清廷位居高官时，都和革命者保持着秘密的联系。忠于皇帝指令的摄政王，贬黜了袁世凯，之所以没敢杀他，就是因为他有很大的声望。但是，当事情变得如此严重时，袁世凯被要求回到北京，因为他被认为是唯一能控制事态的人。在他巧妙的安排下，皇室得到了保护，建立新的“中华民国”的路逐渐打开了；在各方的明智同意下，他成为新政权的第一个总统。

这场革命很久以前就在准备着，证据之一就是圣公会的麦克欧文所说的，他五年前和孙中山先生在日本进行过一次交谈。因为他在中国是被悬赏捉拿的（50000 两），所以他才住在了那里。他打开一幅地图，并向这位传教士介绍了当时制订的进行革命的所有计划，还说道：“从现在起的五年里，中国将发生一些事情。你将会看到!”可以充分相信的是，那些计划在革命中得到了执行，只有很少的变数。

孙中山（或称“孙文”，这正是中国人喜欢称呼他的）出生在广东一个贫寒的家庭。他在火奴鲁鲁度过了自己的部分青少年时光，就回到了广州，然后成为伦敦会的信徒和工作者，康德黎医生及其夫人是他最好的朋友。他曾在火奴鲁鲁一所圣公会的学校学习，但在香港和广州的教会学校完成了自己的学业，而且在康德黎博士以及长老会的嘉约翰博士教授下学习医学。他成为一名基督徒，并经喜嘉里博士洗礼而入会。当被发现从事革命运动时，他逃走了，成为一个被悬赏捉拿的流亡者。他将时间用在了影响中国人（即他在中国以外的其他亚洲港口见到的中国人）上，在单独的或是在挤满人的房间里，勉励他们爱国，并从他们那里募集一大笔钱，也从外国资本家那里获得贷款，以支持革命运动，并且和国内的领导者保持着不断的通信。

孙中山：中国的爱国者

在写作这段革命故事期间，我有幸会见了桑德斯夫人。她是一位美丽的长着白发的英国传教士，即1895年在谷城殉道的埃莉诺和伊丽莎白这两位年轻姐妹的母亲，她亲切地称她们“内莉”和“塔西”。我告诉她，我清楚记得她的伤心事，也知道她如何处理了自己的财产，并料理好在澳大利亚的事情，然后坐船到中国，以及一个中文老师是如何被她那美丽的基督精神所感动，请求给予关照，教这位来到他的国家的母亲学中文。她的两个女儿正是在这里献身的，而她像她们所做的那样来教授中国妇女。

传教士在山中的房子突然被一伙暴徒包围，包括桑德斯夫人的两位女儿在内的11名外国传教士被杀。当时，小孩斯图尔特在树林里采集装饰他的婴儿弟弟生日餐桌的鲜花，所以逃脱了，但是“婴儿赫伯特”成了殉道者，要在花儿永不凋谢的天堂里庆祝他的生日了。两年以后，桑德斯夫人乘船到中国，虽然年龄很大，但是她获得了足够的语言知识以参加在中国妇女中的工作，而当一些满族妇女在革命时期因担心自己的生命安危而逃到外国传教士那里时，桑德斯夫人和其他人一起为她们提供避难所。

这些满族妇女一直在汉族农村妇女的服侍下，习惯地过着安逸和奢华的生活，突然发现她们自己无依无靠；而且，在传教士的保护下，她们被迫为了生活而工作。

桑德斯夫人说：“我们将给你们房子居住，但是我们不能给你们钱或食物。”

然后，她让她们从事织衣服的工作，她们不仅能够把衣服做得最美，而且能够养活自己。当我到达上海时，桑德斯夫人也在那里，目的是为这些满族避难者提供更多的织布机和织线。

我们在传教士之家见面了，她告诉我孙中山的故事，她说道：“孙中山是历史上最纯粹的爱国者。他为了自己国家的利益而不考虑所有个人的抱负和自身利益。”

她告诉我孙中山和康德黎博士在伦敦是如何生活的，并说出了她所知道的事。

一个星期天的早晨，孙中山手里拿着祈祷书稍微早了一点离开，前往教堂，这时他走进了中国使馆附近的一条街道。他的两位同胞遇到了他，并和他开始进行友好的交谈，然后邀请孙先生到他们的住所休息一下。由于离礼拜还很早，孙先生欣然接受了邀请。这两个人是密探，诱骗孙先生进了中国使馆，他们立即关闭并闩上了使馆大门，然后告诉孙先生，他被捕了，并将被秘密地带出伦敦，然后送回中国。在官方的绑架准备好之前，孙先生被关禁在使馆楼上的一个房间里。从高高的窗户往外看，他可以看到下面，并试图通过从窗户扔下包着硬币的信息以便与他的朋友取得联系。但是，他的小便条都被截获并毁掉了，窗户也被钉死。他试图说服运煤的老人帮他给康德黎博士传个便条也总是遭到拒绝。

然后，他不断地祈祷，并得到了救助。在星期五，即10月16日，他彻底绝望了，说道："只有通过向上帝祈祷我才能获得安慰，但是我永远忘不了那种带着平静、希望和信心的感觉，它使我相信自己的祈祷能被听见，而且它使我充满希望：一切都会好的。"

那位老人站起身来，走进房间，然后对孙先生说，他可以将便条藏在煤灰桶里带给康德黎博士。尽管夜已深，康德黎博士还是尽快叫醒了索尔兹伯里勋爵，告诉他令人震惊的消息，即孙被囚禁在中国使馆，并有被遣送回中国处死的危险。中国使馆立即被指控破坏了英国法律，并被命令释放被关押的孙先生，他们从后门释放了孙先生，以便挽回"面子"。

当革命爆发时，孙先生迅速回国，并被立即选为他们的政治领袖。1911年12月29日，他接受了新的民国的总统职位，但却宣布他仅是一位临时总统。2月12日，当清帝宣布退位，而且孙相信袁世凯会忠于民国之际，孙先生辞职了。1912年2月15日，在南京召开的一次值得纪念的国会①会议

① 即参议院。

上，孙先生的辞职被接受了，袁世凯被选举为民国总统。3 月 10 日，新总统在让人印象深刻的典礼中正式就职。他的就职誓词如下：

“由于民国已经建立，许多工作现在不得不实行。我将忠诚地努力发展民国，消除君主制的弊端，遵守宪法，增加国民的福祉，凝聚一个包括所有五族的强大国家。当国会选举出正式总统时，我将辞职。谨此宣誓于中华民国。”

丁乐梅先生在他的《辛亥革命纪事》中说：“袁世凯突出的个性、军事上的才华、他的声望，以及他对周围外国人的吸引力，都一定在成事上起了很大作用。但是，考虑到今天中华帝国可能最伟大的人物，他在革命中所起的巨大作用尚未显露出来。”然后暗示海军上将萨①把他的舰队撤退到下游，而不是在十里铺消灭溃败的革命党人，这和其他行动都出自袁的命令。

“这次革命使一个新的中国形成了。而且，凡是看到过今天的中国的人，都会在文明所知的帝国的各个地方，看到许多东西构成了革命的很好的预期目标。这是一个真正的共同的冲动，与之相连的是顽强地坚持努力从过去的阴影中摆脱出来，进入未来之中——即超越中国古代的庭院和回廊看到美妙的黄金时代，假如革命党人有幸的话。”

他也提到了鞑靼将军端方，他在 1900 年 7 月任陕西巡抚时，向全省发布布告，真诚地警告人民放弃暴力行为。这些文件毫无疑问拯救了许多孤处在内地的传教士和其他外国人。其中的一份布告称：

“我从未怀疑过陕西人民的英勇和爱国，也没有怀疑过你们为祖国勇敢战斗。然而，我想让你们明白，我们的敌人是侵略首都的外国军队，而不是居住于内地的传教士。如果皇帝命令你们拿起武器保卫国家，那时我作为本省巡抚，也将无疑分享这份荣耀。但是，如果你们出于自己的利益而

---

① 即萨镇冰，时任海军提督。

提出杀害无辜的、毫无抵抗力的传教士，你们将无疑是受抢劫欲望的驱使，你们的行为将毫无高尚可言，你们的邻居将会鄙视你们，同样可以肯定的是，法律会惩罚你们。”

端方是外国人的朋友，据他在四川的亲信所说，他是在革命中被斩首的。

“继镇压义和团运动和列强慷慨地对待中国之后，随之而来的是，中国意识到了自己真正的需要。从这时起，中国就把她的青年送到‘洋人’办的学校。学生们成千上万地出国，而且从与外部世界的接触以及帝国间的比较研究中产生出了觉醒的、有训练的头脑。公正地说，各级学校在中国人头脑中创造了一种消除虚假和伪善的愿望。对中国抱有良好祝愿的人将欢迎每一个真诚帮助学生的努力，并引导他们在一生中贯彻启蒙他们的自觉责任的多种召唤所赋予的政策。中国将欢迎西方引导她发展高等教育。政治家—传教士们总是提倡教育是触及这个国家内心的最可靠手段；因为其他阶层指望学生阶层的指导，而且如果赢得了学生的心，那么也就赢得了人民的注意。中国需要强大的学生力量，需要有创造力的人，需要有领导力的人，需要有从教育中获得更广阔视野的人。”为了满足这个需要，我们在潍县建立了山东基督教大学，并在全国各地建立了许多其他的教会大学和学校。

革命史诗

伯戈因著，刊于《匹兹堡记事》

现在你如何看待
这完全清醒的中国佬？
谁正在使皇帝
权威不舒服呢？

从他那长睡中
这个值得注意的家伙
迟迟醒来，并且准备
进行一场打斗。

于是他剪掉自己的辫子
继而毫不费力地
开始痛击
掌权的满族。

因为满族，你看到了，
虽然处在最高地位
绝不是
真正的、真实的中国人。

多少年来
他的暴虐统治
压迫着真正的中国佬
其方式是毁灭性的。

而迄今我们从未听说
曾经发生过
受害者起而反抗
是为非常之荒谬。

因此看到他们变得明智
就像特洛伊之崛起
并为自己的权利而努力
是为惊喜。

而更伟大的
是他们决心赢得
一个像我们一样的共和国
同时颠覆皇权。

他们将照此做，毫无疑问
因为他们的战士勇敢
很少不能使皇帝之
军队溃败。

宝贵的一天逝去了
然而他们闹出乱子
在有的城市打出一个名号
叫作起义。

故满人遭受重击
采取了适时的悔过之态
并且提出愿在任何
旧条件上屈服。

然其请求付诸东流

因为信异教的中国人
现已睁开了他的双眼
知道如何能够自由。

出乎意料的是
我们将很快看到，可能，
中华民国
出现在地图之上。

小皇帝的独白

（关于华盛顿的生日，1912年2月22日）
曲调："当国旗布满星星。"
——范戴克

"统治一个君主国家太好了，而且能做
你想做的事，
不管你是否做了例外之事，
以获取一年的贿赂。

中国给予我们满人
过去一直是仅有微末的一份，
而如今他们认为自己已经拥有了
我们足够的父亲般的关爱。

（叠句）
所以又回来了，啊！又回来了

回到了我的颐和园。
我将只要四百万两
来买玩具和茶。
你们可能谈论乔治·华盛顿
和星条旗下的他的国家，
但我宁愿待在中国，
尽管其国旗上满是线条。
很快炸弹和炮弹开始
像冰雹一样密集地飞来；
我的黄龙变得如此惶恐
不再摇动自己的尾巴。
我写了一道严肃的圣旨
祈求宽恕，
然而尽管我流泪，并说“会听话的”，
他们全然不顾。

一个“国父”
你们可能会选择山姆大叔，
但不要忘记我的尊称，因为
我是“万岁爷”（古老的君父）。
我的臣民们要求更换，
我不会拒绝他们的要求，
但是现在给他们一个总统
就像忠实的袁世凯。

所以现在我将休假

无所事事
只是从午到晚地嬉戏喧闹，
并长大成人。
但我不想用一把利斧
去砍一棵樱桃树，
为古老的先王烧香
对我足矣。

（最后一节的叠句）
所以，我又回来了，
啊，回来了
在我的颐和园嬉戏，
我的颐和园一切都安顿好了
将延续很多时日。
你们可能会谈及乔治·华盛顿
以及星条旗下的他的国家，
但是，我很高兴待在中国，
其国旗上满是线条。

（二）革命是如何影响山东教会的

美国驻北京公使通过各地的领事，向居住在内地的美国人发去了一份传阅文件，指出“革命中的两派对外国人都是友好的，动乱可能导致激起不能控制的非法分子”。因此，他敦促所有的美国人尤其是妇女和孩子转移到沿海。

然而，我们在潍县的感觉是：由于我们居住的地方靠近德国铁路，而且山东的一切都明显很平静，如果我们全部离开，就会引起友好的中国人对外国人产生不必要的猜疑；可能会使一个有价值的教会的全部设备遭到抢劫和毁坏，并且会引起不法分子制造这里本来不存在的麻烦。我们这里有450名学生，他们的家广泛散布在周围的乡村，而且我们能很容易得到任何图谋反对我们的麻烦事情的警报。因此，我们的学校工作照常进行，例外的是女子学校，它被认为春季这一学期最好不开学，而让女生们待在她们乡村的家里。所以，1912年那里没有毕业班，这导致了我们潍县的乡村女校以及山东其他地方和其他省份这类学校教师供应的缺乏。但是，潍县女校秋季照常开学，而且所有的女校和男校都发展起来。人们对他们的女孩的关注日益增多，为了她们的教育而花费得更多，甚至异教徒也为女孩开办了学校，其中一所就建在那个地区的安丘城。

潍县中学的女毕业生

尽管时局不安宁，男子高中是一直是开办着的，而且21名男孩毕业，通过了广文大学①的入学考试，并在新年时进入了文学院学习。校长柏尔根说，在革命爆发时，学校的工作多少受到了影响，但是并没有中断，而是继续进行。当谣言变得听起来很可怕时，许多学生也变得不安起来。正如他们所说，他们认为，当他们的同志们为自由事业而献出生命时，他们安静地坐下来读书是不对的，因此，所有想这样干的学生都被允许回家。几乎有100名学生这样干了，而且他们当中有不少人应征参加革命军，或是为与他们国家的革命事业相关的其他工作贡献了自己的力量。

这些年轻人心中涌起爱国的浪潮是令人感动的，虽然有时会看到过激的表现，而且在极少数情况下导致了令人遗憾的冲突。毕业班有32个学生，是该校历史上人数最多的。他们在前几年都已是基督教徒了，现在他们正从事基督教事工。6人正致力于从事牧师工作，现在正在青州府的共和神道学堂学习。该校由长老会牧师负责，有赫士和方伟廉，并有卜道成、伯特、尼科尔斯和菲斯克所代表的英国浸礼会那一部分的合作事工。

山东基督教大学包括潍县的广文大学、青州府的共和神道学堂、济南府的共和医道学堂。这三所学校的毕业生被发现正在从事着杰出的工作，并在中国的每个省份都有很大的需求。

当革命爆发时，正如上海广学会的李提摩太所表述的，“推翻一个延续了250年的政府，必然会在某些地方引发恐惧。革命者是这样做的，他们要求官员们要么屈从革命，要么遭到轰炸。这避免了在伟大的战争和革命中常见的全面的劫掠、烧杀这样大规模的残酷行为，这次革命是一场了不起的不流血的革命”。

“没有外国人被革命者触犯，已经服从的中国人没有遭到骚扰，甚至其政府已经被推翻的满人也很大程度上得到很好的保护。”

---

① 当时英文名为“Shangtung Union College”，为齐鲁大学前身。

广文大学的毕业班

革命者派了一个代表团到济南府，代表团会见了巡抚孙宝琦，并告诉他，如果他成为一名革命者，并担任“山东都督”，他将不会受到伤害。但是，如果他不答应脱离帝制分子并成为一名共和主义者，他将在第二天早上之前被杀死。没有更多的回旋余地，孙巡抚决定保住项上人头，宣布自己愿意成为一名共和主义者，并在11月13日的会议上同意担任“独立的山东的都督”。

他不得不屈从于一个顾问委员会，该委员会控制了藩库，将清政府的税收转给他们自己的省份使用，以维护其新的尊严。然而，这个疯狂的举动很快就停止了，而且孙巡抚经过一个适时的间歇后，与北京当局讲和，被允许保留职位，并被告诫以后要做得更好。然而，他觉得自己已经“丢了面子”，不久后就辞职了。

有一段时间，他是我们济南的共和医道学堂的客人。12 月 4 日收到的一封电报称，2000 名革命士兵在江南和山东交界的韩庄，劫获了津浦路上的车辆，并且正向济南而来。孙向长老会的聂会东医生写了封信，问能否在医院给他准备一间房，他想入院治疗。12 月 5 日的第二封信说他碍于公务，但是 12 月 6 日巡抚就到了医院，成为我们的客人。他到了以后，说道：“看一出戏是非常有趣的，但是成为其中的一名演员就不那么有趣了。”当然，起义者痛恨孙巡抚，因为他欺骗了他们，并在他假装成为他们的一员时，知道了他们所有的秘密。同时，他致电北京的皇帝，声称自己转向起义者，是因为被迫，同时是为了使山东避免陷于政治混乱——而且现在山东又回到了皇帝的统治之下——他甘愿受罚，并被剥夺职位。皇帝反而称赞他的策略，并保留了他的职位。12 月 6 日，济南府怀恩光牧师致函潍县说：“南京陷落的消息得到确认，在代理官员中引发了很大的不安。尽管道路不好，大学已经放假，但是我们的博物馆依然有来访者，昨天有超过 500 人来访。阅览室在此时特别受人青睐。由于济南当局采取了迅速而细致的措施，所以尽管强盗和暴力在全省很多地方很常见，但是省会和其他重要城市没有任何重大的变乱。”

由于中国的动乱局势，去年我在潍县周边乡村的巡回布道和查经班的工作获得了许多经验。我不得不计划在可能平静地安排查经班的地方进行工作。雨下得很大，以至于道路状况很糟糕，而且我们偏远地方布道站的一些教堂受到了损坏，有些屋顶都塌了下来。还有，教徒们也因他们的小房屋的倒塌而遭受到相当的损失。但是，他们表现出很大的忍耐，很少请求援助。在一个地方，我看到一栋破坏严重的房屋，于是问屋外的一位老妇人，那是谁的房子，她平静地回答：“那是我们的。”

她没有乞求，当我向她提出看一看毁坏情况时，她带我进去看一下，令人同情的是，看到他们又脏又破的小枕头放在地上，上面是最后仅剩的一片屋顶，几乎没有这对老夫妇睡觉的地方，然而他们就在这个寒冷恶劣、不遮风雨的地方度过了冬天。

12 月，我启程前往远离潍县的村庄，我已经在那里教一个查经班。我计划在途中的昌乐城过安息日，然后在星期一走完全程。但是在安息日的下午，我们的礼拜结束时，教徒们静静地同我步行到我晚上投宿的地方，一个无赖在街上辱骂我们，而且变得非常有煽动性。那里教堂的长老被抓了起来，并被 10 名士兵送到了衙门。聚集的人群很快都散去吃晚餐了，而我在黄昏时乘坐晚上开往潍县的火车离开了。

第二天早上，方法敛博士乘早班火车去昌乐城，并与他的传教士拜访了官员，经过很大困难才使那位不幸的长老被释放。当时，我在已经安排查经班的村子里往查经班走，并受到热诚的欢迎。

穿过田野时，孩子们看到我的手推车即将到达，他们高兴地呼喊着："郝维斯小姐来了！"他们飞奔着来迎接我，用他们的小手抓住了我的双手，然后他们的大姐姐们和母亲们从小房子里出来，所有的人都和我一起来到教堂，在那里我们一起度过了非常快乐的时光。两个星期有一次很认真的查经班，时间都用在了有益的《圣经》学习上，而且在最后，12 名基督教徒外出到异教徒的村庄布道，他们都是在我们学习结束时自愿约定时间。

在二月里，我穿过一片土质非常疏松的地段，去另一个偏远的村子。车子最后慢慢地陷进了泥里，而那头老牲畜拒绝再挪一步。我们成功地在附近的村庄雇了一匹高头大马，它用大力猛地一拉，把我们从泥淖中拉了出来，并送了我们剩下的十里，在天黑时到达目的地。基督教徒们欢迎我们的到来，并且每天都来学习。其中的一名妇女很想继续学习，并教她村里的其他妇女，她的村庄有十三里远，她派自己的丈夫驾着四头骡子、一匹马拉的大车把我们都接到他们村里。路很难走，五头强壮的牲畜在泥里艰难地滚爬，所以我们不得不两次下车以减轻载重。但是，我们这次出行得到了很好的回报，我们查经班所借的大房间里，每天都挤满了热心学习福音的妇女们。

从这个地方回去，我们需坐手推车走一天的路程去乘火车，我们惊讶地看到车厢里挤满了逃到沿海避难的外国人和中国人。而且，当我们从潍县站出来时，必须要经过两排士兵的检查，他们把我们的教师肩上扛的装被褥的袋子敲击下来，然后从里面搜查是否有违禁的火药。我的助手们因为行李被如此粗鲁地敲打下来，而表现出恼怒的表情，看到这种表情真有些好笑。然而，我出现了，并对那些士兵们说："这些都是我的东西。"他们有礼貌地举起被褥袋子，重新将之放到那些人的肩上，让我们平静地走向手推车。那些士兵说，当天他们已经逮捕了30名在自己的被褥包里藏火药的人。我们很悲伤，因为基督教徒们不得不忍受由与战争相关的不法分子造成的困难，但是令人欣喜的是他们心中不同寻常的感恩祈祷，而这使他们一直对上帝是真诚和真心的。虽然这个国家的状况还不稳定，然而这一工作在各地都是令人鼓舞的。

老张在掖县一个传教站帮忙，他说，在某地，那里有一个正在演戏的戏院，两天来人们都离开了戏院，去听传布福音了。他没有听到任何辱骂和不敬的谈话。一位富有的、受过教育的男子读了一本《福音书》，那是他的一个同村人从老张布道和卖书的市场上带回去的。

他很有兴致地阅读了这本书，而"互爱"这句话，深深地映入他的脑海。他说："在我们的经典中没有像那样的东西。"

他去找到了这位售书的长者，并买了更多的书，并且整个上午都在听。中午的时候，他随这位长者和他的布道员到旅店去听更多的讲道。他们看到他如此热心，就用中午休息时间向他布道，并讲解《圣经》。他被这深深地打动了，并对这两个疲惫的人说："这是现实中的爱。"他成了一名基督教徒，然后他所在村庄又有10人成了基督教徒，同时还有10人正在学习福音。他在自己的家里设了一个教堂和一所教会学校。

旧习俗的改变

1912 年 1 月 1 日，中国官方将新年从 2 月 18 日改成 1 月 1 日，即从太阴年改成了太阳年，从而符合了基督教的纪年方法。今年人们将最后一次在 2 月 18 日庆祝新年。

从 1644 年以来，中国人就一直留着辫子。现在，在沿海城市没有了辫子，在内地也渐渐地减少。广文大学的年轻男子们已经全部去掉了他们的辫子，起初他们的头发在样式上看起来有些像羽毛掸子，现在他们已经学会了怎么剪发，所以他们展现了十分整洁的外表。这在很大程度上归功于我们的教授——男子中学的学监拉尔夫・C. 威尔斯，作为一个示范，他在学校的操场上面对聚集着的学生们，剪掉了狄乐播博士的头发。年纪大一些的男子们不愿意与他们的辫子告别，仍然被迷信、无知统治着的内地乡村里的异教徒。人们不想没有辫子而死去，也不愿冒险在精神世界遭遇麻烦。在一个距潍县六十里的地方，一些年轻的共和主义者开始不经村民们同意，就剪掉了他们的辫子，并且不明智地对待了一位痛恨失去辫子的官员，然后在随之而来的争斗中，有 28 名共和主义者被杀。随后，从潍县来的那位官员伪装成一个农民，用中国人的方式处理了这起事件。他提出给那些杀人者每个人四吊钱，给那些提供帮助者每个人两吊钱，将他们诱进了一间大厅里去领赏，然后关上门，将他们全部击毙。据估计，双方算起来总共有 64 人死于剪辫。当然，没有基督教徒与此有关。

过去政府官员有着响亮的称呼和头衔。现在，他们被简单地称作“先生”。20 年前，传教士们几乎不敢接近异教的寺庙。现在，他们能去，还可以用手提照相机给它们以及里面的佛像拍照。在有些寺庙里，佛像们被崇拜了几百年，有的甚至是在耶稣纪元之前。现在，许多寺庙遭受抢劫，佛像被破坏，并被扔了出去，而旁观者们对此一言不发。

有一个团体叫“同盟会”，孙中山是其中的一员，而且全中国所有重要的共和主义者都是其成员。它的意思是“启蒙会”，而且其目的是教育中国人彻底理解共和国政府的意思是什么。它在每个方面都鼓励改革和教育，劝阻无知与迷信。它每天集会，而且有数以百计的人参加集会，他们当中的大多数人处于很有影响力的阶层。在潍县，我们广文大学的教授们因为被一再邀请而频繁地在这些集会上发表演讲，他们总是被告知，在演讲结束时可以介绍基督教的事业。这是对基督教打开的开放大门之一。

然后，看到基督教青年会所做的出色工作以及学生志愿布道运动如此迅速地发展，是极其愉快的。丁立美牧师是我们广文大学的毕业生，他在中国的义和团战争中为基督而遭难，而且他作为一名传教士，已经做出了卓越的工作，他是志愿布道运动的第一位游行干事。他已经访问了中国大部分教会大学。大量的基督教学生一直受他的影响而志愿做一名牧师，同时其他人也被引入基督教的生活当中。

北京基督教青年会的费起鹤先生最近访问了潍县，以支持在我们校园召开的基督教男青年会的会议，而且在交谈中，作者了解到了他的有趣故事。费先生和其同学孔先生①都是通州潞河书院的毕业生，1901 年到美国，由于他们的护照由李鸿章签署，而不是由总督签署的（这是法律的要求），他们和大约 200 名中国人被关在了旧金山拘留所，然后又到了另外一个地方，一直到他们的护照解决好。“两位中国的英雄”花了 6 个月才到欧柏林大学，他们在那里学习课程，后来毕业于耶鲁大学。他们回国后，都从事基督教工作。费先生在保定府的一所省立大学做了三年校长，并且是孙中山的内阁成员。但是，他现在为北京基督教青年会工作，该会由普林斯顿大学支持，并由普林斯顿大学毕业生格林先生、艾德敷先生、曼森先生以及其他人指导。费先生说，他从旧金山到欧柏林花了很长时间，以至于他到达时，被告知应当进入二年级。他很消沉，并写信给一位朋友说：“我到

---

① 即孔祥熙。

这里来经历了一段苦艰，而现在我将要进入‘遭更多难’的班级。我不知道等待我的将是什么，但我希望一切将会很好。”

费先生的一位同学是希腊人，名叫帕波多皮鲁斯（Papodopylus），费先生却把他的名字搞错了，并叫他河马（Hippopotamus）先生。

1912 年 4 月 25 日，北京基督教青年会的新楼奠基了。费城的约翰·沃纳梅克①先生为建筑支付了费用。4 万美元用于建设，装备电灯、供热等设备大约花费了 3 万多美元。中国的富人提供了大量金钱来支持基督教青年会的工作。他们认识到了这种振奋人心的影响的重要价值。中国 12 到 16 岁的男孩及其以上年龄的人能够享受到教育讲习班、阅览室、游泳池和浴室、游戏房、体育馆、宽敞礼堂里的讲演和礼拜，以及夏夜的屋顶花园。

在天津，世界基督教青年会建了一栋大楼，并提供外籍教师，当地的中国人每年为这一工作捐赠 2 万元。这块地价值 4 万元，中国官员欧阳泰（O Yang Tai，音译）先生在两年前为购买这块地私人出资捐助了 2 万元。

当问及新中华民国的现状时，费先生说：“我认为中国正处在一个非常关键的时期。人们害怕付出，因为他们对民国没有完全的信任。有许多富人愿意付出，但是他们担心民国不会持久。有的人宁愿要一个君主立宪的政体。但不是满人的，哦！绝对不是。”费先生接着说：“他们想要一个纯粹是汉人的。他们喜欢袁世凯，因为他是汉人。他们认为孙中山离开得太久，更像一个外国人，但是孙中山展现了优秀的基督教精神，而且许多人想要他做总统。”当被问到他如何看待孙中山去明陵②并向死去的皇帝宣布“中国是一个共和国！”他说：“喔，那有两个方面的意思。他想表示对明皇的崇敬，因为他是真正的汉人统治者，不是满人。覆盖在陵墓上的泥土是从 18 个省运来的，而他像所有的汉人一样崇敬这位明朝的皇帝。”

---

① 约翰·沃纳梅克（1838—1922），美国商人，现代零售百货商店的创始人。

② 即南京的明孝陵，下图选自弗里德里克·麦考密克（Frederick McCormick）著《中华民国》。（Frederick McCormick. The Flowery Republic［M］. New York：D. Appleton and Company，1913.）

孙中山在祭拜明孝陵后离开

我们相信美国和其他基督教国家的基督教民众都会真诚地为孙中山和袁世凯总统祷告，他们无论如何都不是完美的人，但是我们应当祈祷：他们将在这个伟大国家的面前，完全抛弃偶像的罪恶，并敬拜万王之王的上帝。同时祈祷：当他们试图统治这个伟大的新的共和国，并努力带领它穿过困难之海，实现和平、幸福和强大之际，他们能够经受世界的凝视与批评。最重要的是，让我们祈祷：中国人能从没有力量拯救他们宝贵灵魂的神，转向信仰给他们以慈悲的活的上帝。在我看来，上帝正维持着中国的平衡，等待着她对这个重大的问题作出决定："今天就选择你将要侍奉谁!"哦！这个由祈祷者支持和上帝子民帮助的伟大的国家可能会抛弃奇怪的神，并说："我们将侍奉上帝!"

（三）中国革命——历史上最令人惊叹的

本书的读者已经知道最近革命中的最重要的引导事件。没有必要在这些进步的日子里，回顾家中报纸上已登载和每天都读过的事情。但是，看这些事情及其在中国所产生的结果却是有趣的和非常重要的，因为它们与一件重要的事情有关——上帝的教会的胜利，其真理支配着整个这场斗争。中国现在分为两派——乐观主义者与悲观主义者，两派在外国人和中国人当中都有。而且，我发现许多表达出来的关于共和国成功的观点，有些人认为共和国一定会胜利，而其他的人甚至走得更远，怀疑袁世凯打算像拿破仑那样自立为皇帝。

但是，让我陈述一下上海的费启鸿博士的看法。自 1870 年以来，在这么多年里，他一直是我们长老会在中国的尊敬的代表。他说没人能肯定地说共和国能否持久，但是他希望它将能够如此，而且他认为袁世凯总统没有这种低级的打算，即想自立为帝；他正运用自己最好的力量和精力，为的只是中国的利益。而且，他个人并不喜欢自己所拥有的职位，他在北京履行自己高级职位的职责时，总有一支人数众多的卫队像紧靠着囚徒那样地拱卫着他。

为了向读者们展示一些有关这个总统在北京是如何生活的信息以及去年五月那个城市紧张的事态，我冒昧谈一下个人的一点经历。狄乐播夫人和我一同旅行到天津，请一名美国牙医补牙齿，而且我们看到一片片被烧毁的建筑，这就是过去为自由而战的悲伤见证。然后，我们决定访问那个伟大的首都。格兰姆斯先生是我们圣经会的代表，我们在天津时就住在他的家里，他安排我们和北京伦敦会友善的传教士们住在一起，他们愿意让我们在他们家里住宿几天。

袁世凯：中华民国总统

当我们到达那里，经过雄伟的广渠门——著名的“联军”① 军队在义和团运动时就是从这里冲进去的，我们坐着橡胶轮胎的黄包车来到伦敦会的霍华德·史密斯牧师夫妇的令人愉快而舒适的家。令我们惊奇的是，我们发现，这栋房子正好高过了著名的袁世凯本人家的院墙，因为从楼上的窗户向外看，我们可以看到以前被称为“总理衙门”的外务部（外交部）的宏伟建筑。晚上，它看上去金碧辉煌，电灯光照亮了整个官邸和地面，士兵们的营房位于后院，靠近将它与伦敦会史密斯家的庭院分开的那堵墙。我们到达的第二天，大雨整整下了一昼夜，然而我们设法游览奇妙的天坛，穿过了神圣围墙里的漂亮林苑以及 11 道不同的门。我们遵守古老中国的指引（也是天津的格兰姆斯先生的建议，他说“返回时要付门费”），而且我们肯定要走水淋淋的路，对此我们并不喜欢，就像我们在庭院里看到的那群水牛一样，它们是属于已故皇帝的，并且是用来献祭的。

在一座壮观的御亭里，我们休息了一会儿，坐在精雕细刻的御椅上，这里是以前皇帝饮茶和守夜时坐的地方。在每个门口，门卫都反对打开门闩让我们通行，但是向他保证我们出来时会给费用，他就让我们这些古怪的外国人通过了，他认为毫无疑问，我们回来时肯定会给他办到的。我们已经把 1 墨元（50 美分）换成了铜钱，并在回来时，在那些守门的人打开门让我们通过后，给他们每人两三枚铜钱。当然，这并不能满足他们，给再多你也不能满足他们，所幸我们没有遇到麻烦，并且很轻松地脱身了。我们的墨西哥钱币足够游览天坛的所有景点，而且还可以游览喇嘛庙，那里有污秽的僧侣围着你要钱。

如果美国有人迷恋佛教，那就让他们到北京的那个喇嘛庙去，看看那些肮脏的、污秽的、像乞丐似的僧侣们和他们叫作“传经轮”的破旧不堪的罐子，以及使你战战兢兢的可怕的佛像和阴暗的寺庙，并且看看那 500 名

---

① 指八国联军。

蒙古和西藏的小男孩，正在接受成为僧人的教育，他们吟诵着，当他们从一个寺庙到另一个寺庙去时，伸出舌头，辱骂外国人。哦！这些年轻人眼中的罪恶。最悲伤的一幕就是看到他们还这样年轻，就戴上了撒旦奴役的锁链。一位僧人想要我们允许他为我们在那尊巨大的佛祖像前点香，那佛像是由一根木头做成的（他们说），有几层楼高。我们告诉他："不，我们敬拜真正的上帝。"然后当他们从肮脏的长袍里拿出小佛像一直劝我们购买时，我们告诉他们，我们"拿它们没有用途"。但是我要告诉你，当我们走出那个地方时，我们感到很幸运（我们后来了解到一个美国人被锁在其中一个可怕的寺庙里面，直到他给了僧人们 50 元，而且我们了解到单独去那里是不安全的）。

伟大的天坛真是壮丽的景观——雄伟的、开阔的、呈圆形铺就的坛以及祭坛上供奉的祭品都是如此，坛是皇帝每年跪下来祭天的地方，它的周围由阶梯环绕着，祭坛就在这些阶梯下面的场地中。然后，看看有着巨大的蓝色圆形穹顶的大殿里壮观的柱子吧，这些柱子是昂贵的柚木，由暹罗漂洋过海而来，并且运输花费了不为人知的钱财和人力。而且，你在那里能看到令人羞愧的亵渎，因为外国人的名字被刻在了那些雄伟壮丽的柱子上！它让我为我们的祖国感到惭愧，而且感觉到能包容中国人对外国人的仇恨。当我们回去时，我们访问了公理会，并喝了梅·科贝特小姐为我们准备的一杯牛肉茶，她当时正在女校任教，她很高兴地接待了我们。

那天晚上，我们冒雨出行后正在酣睡，我们的鞋子等正放在厨房的铁灶上烘干，半夜里我们被从睡梦中叫醒。史密斯夫人举着点燃的蜡烛，神色焦急地出现在门口，说道："难道你们没听到骚乱声吗？我们都必须马上去居住在大门旁的希尔博士家，并等待一名卫兵把我们送到英国使馆！"

"天哪！"我大声说，"真的有骚乱吗？"

"是的，"她说，"难道你没听到士兵们在叫喊吗？"

的确，我们真的听到了士兵们在叫喊，不久他们就开火了。史密斯夫人说："打枪了！穿好衣服，快，快，乔伊斯！"这是对隔壁房间她的小女儿说的。

天哪，我们是多么匆忙地穿上衣服，然后我对史密斯先生说："如果您去厨房拿您的鞋子，您会介意把我们的也拿过来吗？"但是，噢，不，根本没有想到穿鞋子，史密斯一家就穿着拖鞋迅速地下了楼梯，带着孩子们（他们是多么乖，没有大声哭）冲进了黑暗和四处横流的雨水之中。

"现在，我们陷入了另一个自找的困境中！我们怎么会来到这里？"当我们把自己的东西拿到一起时，我对狄乐播夫人这样说。然后我抓着自己珍贵的手提照相机，跟着剩下的人在黑夜中跌跌撞撞地跳进了深水坑中，浸湿了双脚。但是，我们最终还是抵达门口的那个住处。史密斯先生和拿着一支枪的伍德森博士去外务部询问骚乱的真实情况。

他们走后，一个英国传教士说："如果袁世凯今晚死了，中国也就完了。"但是，两位先生很快就回来了，说大雨渗透了军营的屋顶和单薄的墙，房子塌在了熟睡的士兵们身上，正是那种倒塌声吵醒了房间对着此方向的史密斯一家。因此，他们了解到的情况是：除了两名士兵外，所有被压的士兵被拉了出来，没有受伤，而那两名士兵受的伤并不严重，而且那里并没有真正地发生骚乱。我们都回去，安静地做完了自己的梦。第二天早上，阳光普照，我们可以去游览长城，以及"Bing Toombs"，那是感冒使我们对"明陵"（Ming Tombs）所做出的发音。

北京的传教士们那时都处于紧张状态，不知道下一个 24 小时会发生什么事，表现出生活在那种不稳定状态中的紧张。几个星期以前用过的沙袋现在散放在那里，而且它们有可能被再次拿来使用。我引用了科贝特小姐写的一封信，这封信不仅对她的父亲（烟台的郭显德博士）来说是有趣的，而且对于已了解中国最近所发生事件的人来说也是有趣的。

“北京，1912年3月5日。

我亲爱的朋友们：

过去的几天一直是如此地充满危险和责任，以至于一直没有能早一点记述我们最近经历过的激动人心的事件。

星期四早上，即2月29日，在两周的新年假期过后，我们开学了，那天时间都花在了尽心竭力地使工作尽可能快地进入正轨上。下午会议结束时，嘉乐恒夫人来邀我，然后我们一同拜访了两位王妃。我们的第一个拜访十分有趣，当时亲王也加入我们的行列，亲王殿下与嘉乐恒夫人争着给我们所有的人照相。我们的第二个拜访事实上令人沮丧。那位王妃热情地欢迎我们，但是马上就当着我们的面，谈起中国绝望的状况以及可能的混乱。我们尽最大可能地使王妃殿下相信：中国依然有一个光明、繁荣的未来，而且整个世界都为这次不流血的革命以及促成和平解决政治事务的大总统而惊叹。王妃殿下并不感到安慰，并说道：“她并没有从1900年的屈辱中恢复过来，仅仅是陷入了此刻更深的耻辱之中。”我们无法揣度她的心境。然而，仅一个小时后，暴乱就在齐化门外开始了，并继续下去，直到整个伟大的城市都卷入进去。

在7点时，我为女孩们带领唱诗，在7点半结束的时候，我们听见到处都是刺耳的枪炮声。但是，快要过重要的元宵节了，我们都认为是一些激动的人早于惯常已开始放鞭炮庆祝了。吵闹声持续不断，我们当中的几个人借助学校的塔楼，从这个极其有利的位置看到了几处大火，只不过那是刚开始燃起来的。月亮快圆了。随着夜晚时间的渐渐消逝，我们看到在我们三个方向有50多处起火。而且，当我们看到它们烧得越来越近时，一阵相当的微风吹了起来，花火四处飞舞，看起来我们的居住区非常有可能要毁灭了。

我们的80名女孩在沉着、勇敢上，都表现得很棒，而且她们飞奔着把那里的桶和木盆都装上水。我们设法把她们聚集在那个大的、较低的厅堂，这样她们就可能不会看到危险离我们有多近，因为天空就是一大团火红的火焰，这种景象会引发最勇敢的老兵的内心恐惧。

布朗小姐和我从晚上 8 点到 11 点都和女孩们待在大厅里，尝试着任何可能的理智方法来转移她们的注意力，最后大约在午夜时，我们劝她们回宿舍睡觉。随后我们登上塔楼，在那里等到凌晨 4 点以后，并看到了永远难忘的景象。我们以前的安排是，在面临突发危险时，应当在塔楼上发射火箭为信号，向美国公使馆请求保护。火箭在 11 点发射出去了，然而由于周围的大火，公使馆并没有注意到。不过，那天晚上在伦敦会吃晚餐的惠伦先生，看到了我们发射的火箭，直接赶往公使馆，并充当带路人，因此他是第一个注意到了我们危险的人。

大约午夜时分，20 名海军陆战队士兵来到我们这里，受命护送妇女和小孩到美以美会。可怜的小家伙们从温暖的床上被抱了出来，贝婷、伯尔根和吉姆普斯——仅仅只有三岁，都步行很远到那个居住地。(他们是教区传教士斯戴尔牧师和夫人的孩子) 我们 6 个女士则与女孩们留了下来，因为在大街上到处都是劫掠士兵的情况下，将她们进行转移是最不明智的。

斯戴尔先生是我们年长的传教士，他因神经炎已经卧床五周了，不能挪动一步，但是他坚决和我们待在一起，尽管斯戴尔夫人和 3 个小孩已遵命离开了。

7 名雒魏林医学院的职员已去了西山，进行开学前的短暂休息，所以荣安居医生走后，包括在山西的两名传教士，我们就只剩下 4 位男士了。

卫队给我们留了 1 名下士和 6 名士兵，剩下的护送 15 个妇女和小孩去美以美会的居住地。她们看见到处都是有计划、有步骤的劫掠，因为由 20 名士兵和两名小军官组成的一帮一帮的人聚集在哈德门的每个相当大的店铺前，一声令下，他们就猛地撞门，而门是自然会打开的，然后他们拿走所有值钱的东西，而且总会找到钱柜，并打开保险箱。

当他们不断地来到我们居住的灯市口街时，我们在塔楼的有利位置能够听到他们急促的脚步声。他们到了一家家的商店，然后是发狂地踢踹，撞进门去，向空中打了几枪，又向街上打了几枪。

他们走近我们街上的教堂，然后一个士兵抓住教堂门卫的手腕要“钱”，但是门卫说：“这是福音堂。”于是士兵们向上看了看头上的招牌，说：“你说得对，你们这里没有我们想要的东西。”然后这帮人继续向前走。我们前门左边的那个香烟店被抢了3000两白银，然后士兵们穿过街道走向德昌的建筑，那是一个大的外国商店和餐馆，也是本城最好的古董商店，那里的礼品是适合皇帝和皇后用的。

他们一开始是想将之付之一炬，因为我们的美国卫队到达时，他们说看到士兵们拿着火把正准备点火。然而，一位聪明的律师说服了这些士兵，他说，如果德昌被烧，我们美部会的居住地事实上会遭到破坏，因为我们的建筑物一定也会被毁掉。因此，他们决定抢走里面所有的东西，而第二天一大早，我们看到这个大的、贵重的库存遭到了破坏，他们劫走了价值200000两的外国宝石和最稀有的古董。当我们从屋顶上听的时候，我们听到了接连不断的玻璃破裂声，并且看到抢劫者们手提灯笼，找遍了整个大楼，没有哪个角落可能会被遗漏。

我们女校正后面的小巷整晚都挤满了成帮的抢劫者，当然，跟随抢劫的士兵之后而来的是几十个乞丐和无耻的人，他们拿走了士兵们留下的所有东西。

您肯定记得东安市场，就是我们正下面的白天大集市，每栋单体建筑都被夷为平地，而且这片区域燃着熊熊大火。北面的火离我们很近，在一条街的角落有一个很大的棺材店，大量的棺材提供了可怕的燃料。

凌晨4点刚过，我们从塔楼下来，躺在自己睡的地方，在早饭前大约休息了两个小时。我们当中的一些人到我们所在的街上去看毁坏的情况；而在德昌，外国部分所有留下来的东西只有一个打破的芥末罐子和几盏太重而不能搬走的玻璃做的枝形吊灯。晚上，整个商行的人都急忙跑进了我们的居住区，并睡在我们的厨房。而且，正如他们所告诉我们的，他们只是靠近我们才使自己的商店避免了火灾，他们的感激是非常真诚的。

一大早，住在我们西边的外务部大臣胡惟德①阁下和他的妻子爬出来，上到屋顶，然后用梯子下到我们学校的校园里，而且当晚住在我们的客房里。住在我们后面的端方弟弟一家有40人，他们在恐惧之中故意在我们后墙打了个洞，探着头挤了进来，而且他们非常高兴能挤在我们圣经学校的一间房子里度过那个夜晚。

整个星期五这一天，受到惊吓的妇女和孩子们蜂拥着来到我们的居住区，每个人都有着她自己的恐怖故事。街上实行了戒严，士兵和警察接到命令立即处死所有被抓获的抢劫者。而且，仆人们冲进来，告诉我们就在我们的上方或下方执行了一个死刑，或是说执行死刑的人拿着他那令人毛骨悚然的工具过去了。而我们则是等待着，想着今夜会带来什么。几个基督教男青年会的男子来帮助保护我们的房屋。这样，加上我们的一小队海军陆战队，我们共有12位男士、6位女士。我们说服迈因纳小姐和阿门特女士去睡觉，范德斯里斯小姐和我从晚上7点到12点在女校的庭院里值班，布朗小姐和里德小姐从午夜到凌晨4点值班。

在午夜，范德斯里斯小姐和我一起为那12名男子准备了一顿丰盛的晚餐，之后我们和衣而卧，大约睡了3个小时。

晚上，我们数出整个城西有10处火灾，但是我们在的满城则相对安全。

---

① 原文如此。实际上胡惟德于1911年9月署理外务部大臣；武昌首义后，担任袁世凯内阁的外务部副大臣。

整个星期六这一天再次实施戒严令，在经过许多次会议后，我们决定布朗小姐、范德斯里斯小姐和我应当带着我们的90名女孩转移到美以美会的居住地，而迈因纳小姐、阿门特女士和里德小姐留下来守东西，并负责管理庭院中的难民和邻居。

这些女孩被要求尽量多穿些衣服，并带上被卧（戌袋装的被子）以及一个小包袱，或者说是包裹。这就是我们离开居住地时所留下的景象。美国军队运货的马车上堆着几十床被卧，而在最上面坐着一位英勇的海军陆战队员，当看到我们两个两个地沿着满是灰尘的街上行进时，他总是笑。我们得到的承诺是会有一个由50名男人组成的护卫队，因为很晚了，所以我们决定不再等候，然后仅同一位名叫扎卡赖亚斯的勇敢下士一起告别前行了，我们在午夜吃饭时招待过这位下士，他对我们的照顾表达了非常亲切的谢意。

对于美以美会居住地的宽敞以及他们空前的亲切款待，我们异常惊讶。在他们的女校校园里寄宿着5个不同学校的学生：150名他们自己学校的学生，45名圣公会的，27名伦敦会的，6名盲人学校的，以及90名我们教会的，因此我们真是涉及不同宗派的一群人。

安息日晚上，我带领唱诗，而且我从未听过比这300名女孩为了过去数夜的救援而赞美上帝唱出的更好、更动听的歌唱了。

星期六，嘉乐恒①先生发电报要200名海军陆战队员立即从天津前来，并向4个美国教会的居住地各派了半个连队，待在那里，直至一个稳定的政府成功地建立起来。在一个不确定的时段里，将57名男人安顿在一个舒适的地方并不是一件小任务，但幸运的是我们教区的房子正好符合那位医生所要求的。上面的房间做宿舍，下面的房间做餐厅和阅览室，同时海军中尉考利斯向马丁女士包餐。

哎呀！为了我们的中央草地！我们夏日的骄傲！它现在充当了一

① 时任美国驻华公使。

个阅兵场，士兵们行进到这里和那里，绝不会想到辛辛苦苦得到的草地就这样被他们踩毁了。

两个大帐篷立在我们居住地较低的那一端，军号响起的声音像我们的校钟一样引人注意，我们多么地感激我们的卫兵与学校！

安息日下午，来自城中各个外国卫队的800人进行了游行，行程超过12英里，据说考虑的是：这样强大并且装备精良的外国军队将会产生许多好的结果。这样的游行昨天又重复了一次，并且它值得一观。

这些士兵在他们的新地方被安顿好之后，一位卫兵跟在我们后面下来了，我们以两天前同样有尊严的方式走回去了，尽管走的是一种更为轻快的步伐。看起来令人惊奇的是：经历了星期四、星期五两个如此可怕的夜晚之后，我们还能这样安宁地从事自己的工作，使幼儿园和小学开学，并且显然处于真正的安全之中。

火烧过的黑色的和裂开的地方将会长期损毁我们伟大的城市，但是，我们感到欣慰的是进入皇城的大门只有一个被毁坏了，因为，那天晚上在塔楼上时，有人不断在想是否北京所有美丽的标志性建筑一定会消失掉。

我们全部赞同霍巴特博士在安息日布道中所说的话："上帝是爱。"

梅·N. 科贝特

（四）西安府爆发的革命

英国浸礼会的艾里森牧师，从陕西西安府来到潍县，并讲述了他经历的抢劫和危险。

在10月22日发生日食的那个上午，革命爆发了，随后战斗激烈地进行了5天。满城属于城东北部一个分隔开来的部分。英国浸礼会在城外的东郊，瑞典教会在城南郊，诊所在城内。吸食鸦片的病人由罗德存医生在城东郊治疗，他在发生革命的那天正好出城看他的吸食鸦片的病人，由于城门已关，所以他不能返回城里帮助贾尔德医生。他对此感到非常遗憾，但这是上帝对他的明显的安排，因为当唐纳德·史密斯牧师及其妻子被送回来时，他是唯一在场的医生。他们让女校的学生坐在手推车上，和她们一起出了城，但是仅走了几里远就遭到抢劫者的围攻。女孩们全都安全地逃回到了自己的家里，但是史密斯牧师和他的妻子却遭到严重的殴打和抢劫。他们除了祈求帮助外别无他法，因为他们不能行走，也没有车子。史密斯先生的胳膊在试图保护他的妻子时被打断了。最后，一名当地的青年基督教徒发现他们处在这样可怜的状态，并给予了帮助。两名中国男子扶着史密斯夫人，她的丈夫由于失血而虚弱，被用手推车送了回来。早晨的礼拜像往常一样已经结束，但是中午之前，街上显得异常嘈杂和热闹。军火库里藏有满人最好的武器，满人的长官已定下日子将精良的新枪发给他们，就在这天到来之前的两天，新枪被革命士兵袭取了。

知道预定日子的革命者，从可怜的满人那里夺取了精良的武器，这些满人试图用过时的步枪以及其他基本无用的低劣武器进行抗击。袭击如此突然，而且许多满人因吸食鸦片而昏迷不醒，甚至不能用一支步枪来保护自己，因此过万的满人遭到了可怕的屠杀。传教士们听到枪声、爆炸声，也看到了火光，而且他们每天都会问这些士兵正在做什么。

得到的总是同样的回答：“杀满人!”

很少有人逃脱。大约仅有100人被留了下来，大都是老妇人，房屋几乎全被毁坏。几周之后，艾里森先生看到恐怖的结果——街上有成堆的头骨。

10月23日，住在瑞典教会的贝克曼一家遭到了暴徒（不是革命者）的袭击，贝克曼夫人和6名瑞典女学生被杀。贝克曼夫人的16岁的女儿以及韦汉姆先生也被杀。当这个地方遭到攻击时，韦汉姆先生帮助这个年轻的女孩越过城墙，然后他们逃到了40里远的一个村庄，那里的人们对他们很友善，并照顾他们，直到一名无赖尾随他们的踪迹而至，并煽动这些人杀了他们。贝克曼先生试图通过在城墙上挖洞来救自己的妻子和家人，希望也能用那种方式救其他所有的人，但是无赖们袭击了他们，并使他们分开了。贝克曼先生仅成功地救了他那三岁大的最小的孩子。他逃到了环绕城墙的一条很深的护城河里，并把他的孩子举在肩上，在齐腰深的护城河水中站了两个小时。除了护城河很陡的那一边之外，这些中国人在护城河的每一边都守着，而且贝克曼先生听到他们说："看那边没有用，太陡了。他不可能上来，而且我们到早晨就会很容易地把他抓住。"

那时天很黑，而且所有的人都很累，没有中国人愿意蹚护城河而把自己弄湿，因此他们熄灭火把，然后睡觉去了。贝克曼先生慢慢地横穿河水到了陡峭的那一边，将他的孩子高高地放在一个突出的河岸上。小孩子一开始哭了起来，但是贝克曼先生又把他放下来，并低声说"别哭"，第二次放上去的时候他就不哭了，然后好不容易才爬上去，和孩子一起离开，返回城里。

到了英国浸礼会门前时，他继续把孩子抱在怀里，说："这就是我全部的所得。"当他站在护城河里的时候，他已经听到中国人说，他们是怎么杀死他的妻子和孩子们的。贝克曼先生与英国浸礼会信徒一同在他们的教会避难。

贾尔德医生被请去照料在街上受伤的邮政局长汉尼先生。他已经去了22个小时，因为他不能从街上凶恶的暴徒中通过。由于他不在，只有贾尔德夫人和一位单身女士带着一个将要死亡的婴儿在一起。许多暴徒拍打他们的门，喊道："开门！开门！"他们是回族人。一个小时后，贾尔德回来了，但是小孩子死了。

艾里森先生说，他们忠实的仆人匆匆忙忙忙地来了，哭泣着，告诉他们贝克曼一家的遭遇，并且催促他们立即逃走，因为那些士兵们将在一个小时后到达。他们现在觉得如果他们全部都留下来将会更好些，但是他们分成三批离开了：一批是唐纳德牧师和史密斯夫人以及几名女学生；另一批女学生们由值得信任的中国基督徒照顾；剩下的传教士组成了第三批，这些人仅走出大约 3 里远，就遭到了约 100 名粗野男孩和青壮年从很高的土墩边冲下来发起的攻击，当时他们正在土墩上看满城起火。他们混乱地冲向这一小帮外国人，向他们投掷土块，并向他们嚎叫和嘲笑着。这些人把他们的“被卧”从牲畜背上扯下来，并全部偷走了。暴民的首领不准传教士们骑牲畜，并告诉他们必须回到城里。

一些人叫嚷着：“现在最好拿剑来杀死他们！”

他们抢劫这些传教士，两三个抢劫者急急忙忙地撕开每个口袋找银子。斯坦利先生把他的银子拿在双手上，然后扔向他们的头顶，这就极大地吸引了这帮暴民去抢银子，因此减轻了对自己人的压力。

艾里森先生说：“最令人惊恐的是听到暴民说出想杀死他们的各种方法。”但是，说也奇怪，暴民们一看到传教士进到城门里，就离开了他们！

他们回到没有遭到破坏的教会，所有人坐在一起，并举行了一次祈祷仪式。此后，他们得到好消息：革命士兵们已经命令不能骚扰传教士，并且士兵要来保护他们。他们平安地生活了两个月，并继续从事自己的工作。所有的女学生都安全返回。然后，来了一个以祈仰德牧师为首的 9 人救援队，他们都是勇敢的人，勇敢地冒着生命危险进行了这个极其危险的旅程，但是他们得到了革命士兵的保护，而且在经历一些冒险后安全地到达了教会。这个救援队中有两个人是猎人，他们来自卡内基协会，为华盛顿特区猎取并补充鸟、兽。一个是烟草商，他以前总是不喜欢传教士，但逐渐改变了他的观点。

随后，袁世凯通知他们全部都出来，同时为他们派出了一支由士兵组成的护卫队，因此他们穿过了一片完全无人居住的村庄。甚至客栈的老板都逃走了，所以他们晚上要在什么地方休息，就会“窃用”一家客栈。在走出这个地区的路上，他们到了一个地方，那里的士兵们推出他们的火炮，准备战斗。前一天，他们一直在战斗，现在又要开战了，但是说也奇怪，他们实际上推迟了战斗，直到整个传教士队伍已经过去。当他们向前走时，他们从许多僵硬地躺在地上的被屠杀的人中间经过，目光所及的是可怕的景象。女士们都闭着眼睛，直到他们的车子已经到达一个安宁的地方。经历许多麻烦之后，他们最终安全地到达了北京，并且乘坐火车的费用是由政府支付的。

“那些传教士在经受磨难之际没有退缩吗?”一位编辑问道。“在西安府这座伟大的城市，一位温柔的女士像每个人那样很自然地说的一句‘早上好’，触动了我的心。”

我们坐在一起，为向陕西省前进而做计划，然后这个问题被提了出来：谁将先行，并在更靠北的某个城市住下？在祈祷和开会之后，看起来好像一致同意派一位兄弟去，他表示如果他的妻子也愿意的话，他是愿意去的。那意味着面临孤独，忍耐困苦、危险以及许多不便的事情，然而当她被问到是否会去时，她笑了，并平静地回答道：“我在这里是为上帝做事。”我真诚地声明，甚至当我写下这些话时，我的全身都是激动的。那里没有炫耀勇气，也不需要同情。这样的事情对于一个很久以前已经做出巨大牺牲的人来说并不稀罕。啊，这是为上帝做事，同时上帝不会忘记。“而且，上帝对他们说，你们的信仰在哪里呢?”①

（五）中华民国周年纪念日

1911 年 10 月 10 日，革命首先在武昌爆发；而 1912 年 10 月 10 日，我在这个伟大的爱国节日抵达上海，庆祝中国的首个“光复日”。当我们驶进港口时，整个上海因飘扬在水边沿线的民国国旗而显得欢乐和漂亮。甚至在一大早，人们就外出忙于准备他们的节日。这个城市到处都做了装饰，在外国租界和上海华界的中国人居住区都是如此。许多彩旗和民国的五色

① 此处之后有一首诗歌，因为与本书主题关系不大，故删节未译。

旗都挂了起来，而且无数的纸灯笼、电灯使街道变成了美丽的景观。民国国旗飘扬在每栋房屋的屋顶。有许多招待会举行，有乐队演奏，有军队列队游行，还有两个大的火炬和灯笼游行。成千上万的士兵、志愿者、消防员、商人，以及20000名学生都参加了游行。寰球中国学生会捐了一大笔钱帮助那些贫穷、无助的孩子和孤儿，他们也与那些更幸运的同胞一样尽情地庆祝和享受。在中华总商会、闸北司令部、上海志愿救火队、万国商团的中国队都举行了招待会，还有招待会在不同的政治团体、华界法院和委员会、寰球中国学生会和同业公会的赞助下举行。所有银行和商店都不营业，而且全中国都有了一个光荣的节日。

中国人值得拥有这个快乐的时光，因为中国革命的伟大功绩在现代历史上是无与伦比的。从首义开始，到完全推翻满族压迫者建立的两个半世纪的政府已经有12个月了。新政权得到了几乎一致的同情和文明世界的赞同。它被认为是与旧时代的明确决裂，并且是中国进入现代国家大家庭的开始。1912年12月15日，一次重要的会议召开了，以组成上议院和下议院，并建立一个稳定的政府。

美国驻香港和上海的前任总领事佑尼干先生说："居住在中国的外国人知道，在清政府统治下，中国没有西方意义上的政府。民国总统行使他的职责没有指南或航线。他发现没有政府机构适合作为这个国家所经历的巨大变革的指导。英国斯图亚特王朝曾篡夺并废弃了法律，但是克伦威尔在成文法典的基础上形成法律，并恢复了它；华盛顿面前有英国的成文法和英国法院的判决，但是，袁总统没有这样的先例，而且他不得不从国家形势的新秩序中发展出一些原则，以保证国家形势的稳定，并使之对人民有益。如果民国尚未前进得更快一些，那么它在这种环境下就不应当是一个令人沮丧的样子。

真正令人鼓舞的方面是努力建立一个司法体系，以保证对其能力和廉正的信任。从西方法学院校毕业并回国的中国青年，正致力于为自己的国家构建一个法院系统，它将消除长期存在于中国法庭上的污点。英国的影响很大程度上是因为她的法院的清廉，而在美国政府里，组织法的意思是交由最高法院解释的。因此这样看来，世界上这两个更为发达的国家认为必要的是其法院必须免受指责。

还有一个对民国有利的方面就是，民主是中国人民固有的。他们的圣人们的教导已使民主的观念根植于他们内心。孔子的谆谆教诲是：人民有权利废黜不义的君主。而更有民主思想的孟子则教导说："民为贵，社稷次之，君为轻。"人民一直被教育去相信君主的终极权力是与他们同在的。中国是亚洲唯一这样的国家，而且这一事实对于民国来说其前途是有希望的。甚至当清政府的君主专制达到最强时，它有时也屈从于民众观念的影响，而且废除吸食鸦片的习惯已表明在中国通过组织起来的公众情感所能取得的成就。

但是，西方人并不相信民国永久地建立了起来，因为它尚未获得承认，而且在信贷业务上也表现出了一种信任的缺乏，因为西方主要银行拒绝贷款给这个政府，除非以监督支出为条件。在中华民国被承认为国际理事会的成员之前，这种不信任必将清除掉。不幸的是，对现在这种形式的政府的稳定性及其财政的诚实性表现出怀疑的，并非仅是西方，大多数重要的中国商人抱有相似的怀疑，特别是涉及钱以及那些当权者对之审慎的使用。当表现出来的疑惑被有管理能力的行为和忠诚的行为所取代，那时，也仅在那时，才会出现民国最好的一面，并且革命的目的才将会实现。然而，西方应当耐心地意识到这个新政府所遭遇的困难，这是正当的；而不正当的却是，谴责它没有从一个让有经验的政治家承担重担的处境中摆脱出来。

南北统一，袁世凯就任总统

袁世凯总统在 1912 年 10 月 10 日周年纪念日发表的宣言中，以华盛顿为自己的榜样和向导，赞扬领导革命的人士，表达了对未来的信心，计划打破人民顽固的保守主义，并领导他们与世界的观点相一致。他说：“当南京政府已经被解散时，孙中山和黄兴先生仍然是他们那个时代第一流的人物，而且我极力劝说他们到北京来。由于那件事的发生，横亘于北方与南方之间最后的怀疑的迹象已经消失了。这就有可能将这两位先生联合起来，草拟出阐明政府在所有内政方面的基本政策的八条主张。”

其内容如下：

总统袁世凯，副总统黎元洪、孙中山以及陆军元帅黄兴一致达成的政府政策①

1. 创建国家，达到统一是确定不变的政策。

2. 正直地区分正确和错误将是一个指导性的原则，该原则能提高民众的道德。

3. 现在将推迟建立陆海军。训练必需的人才将是首先要注意的事情。

4. 采取开放政策以引进外国资本，发展铁路、矿务和建造钢铁厂，因此而有助于人民物质生活的幸福。

5. 开始对民间实业进行资金补助，并且首先从农业、林业、制造业和商业领域开始。

6. 军事事务、外交关系、政府财政、法律以及交通将由中央政府管理；其他的权益因各省条件能够保证，将交付给地方管理。

7. 国家财政将在最可能短的时间内建立在有组织的基础之上。

---

① 即袁世凯于1912年9月25日通电宣布的“八大政纲”。其原文是：1. 立国取统一制度。2. 主持是非善恶之真公道以正俗民。3. 暂时收束武备，先储备海陆军人才。4. 开放门户，输入外资，办铁路矿山，建制钢铁工厂，以厚民生。5. 提倡资助国民实业，先着手农林工商。6. 军事、外交、财政、司法、交通皆取中央集权主义，其余斟酌各省情形，兼采地方分权主义。7. 迅速整理财政。8. 竭力调和党见，维持秩序，为各国承认之根本。

8. 作为民国被其他国家承认的必要条件，将努力调和党争，并保持和平与秩序。

孙中山的北京之行

8 月 24 日，孙中山乘坐车头被华丽装饰的专列抵达北京。一座颜色鲜艳的凯旋门已建立在车站内，并有强大的军队保护，以避免在到达时发生任何惨剧，而且票也仅发给那些得到特别允许的人。像这种情况下的军事表现，在北京是少见的。袁总统已经发布命令，采取最严格的预防措施以确保他的客人安全，而且从丰台到北京（大约 7 英里）的铁路两侧布置的军队都站成了一条线，他们交替地面向内或面向外站立，步枪已经“上膛”。车站的每个站台上都有士兵整队以待。不仅仅在火车站，而且在北京的每一条大街上，民国的五色旗在各处明显可见。中、外旁观者聚集了很多，包括穿着华丽的新制服的中国陆、海军官员，穿着长礼服、戴着大礼帽的内阁成员，至少有三支军乐队，每支乐队都独立演奏，而且当火车停下来时，乐队音量都加大到了喧嚣的程度，同时总统委派的迎接孙中山的官员上了他乘坐的车厢；此时人群涌动，在空中挥舞着帽子，并欢呼着。孙中山坐一辆华贵的大马车从火车站出来，这辆马车用庄严的黄色缎子装饰着，轮子是鲜艳的红色，由两匹白马拉着。军队士兵举着枪，当孙中山离开车站时，一支中国骑兵中队就拱卫在其马车的周围。他被安顿在为接待他精心准备的新外交部大楼。

8 月 25 日，孙中山和袁总统进行了持续多个小时的会议，随后宣布他们在所有重大问题上都是完全一致的。

孙中山向两个主要的政治团体演说，参观了同盟会俱乐部，并声明他本人希望看到袁世凯就任总统，并且说他将为那个目标而努力。他说，他将在各地宣扬建立一个强有力的中央政府的必要性，以及中国经济资源的开发，特别是铁路。

他在周年纪念的演讲中说道：

“想象一下美国没有铁路的话，今天将会是什么样子，然后就会相信，如果铁路没有修建，中国将会永远是这个样子。

“当然，我的铁路建设计划的全部具体内容还没有设计出来。但是，总的来说，我们知道将要做什么。将有大量的铁路干线从祖国的这一端通向另一端。伊犁将会知道山东，盛京将会与广州进行交流而熟悉，而云南府将会把太原府看作自己的兄弟。当中国对她自己完全了解并知道能做什么时，未来会是美好的，不会再有因省际差异而引起的冲突。经过一段时间后，如下认识就是合理的了，即交流的增加将导致方言的消失，而且中国将会有一种共同的语言。

“从上海到伊犁将有一条铁路干线。另一条干线将从广州到喀什，同时还要有一条从广州经云南府到西藏的干线。作为中国非常重要的贸易中心，扬子江流域将会因新的铁路线而变得更加重要。令人惊讶的是，甘肃的兰州府将会变成一个重要的中心，因为将有13条铁路在那个城市交会。”

省会将成为铁路中心

“所有的省会城市将会成为铁路中心。从这些重要的城市，铁路线将辐射到每个方向，直到每个省会将有八到九条以之为起点的铁路。这可能听起来好像中国将实际上会被铁路所覆盖，但是我们要考虑到中国的版图。甚至当这项计划完成时，依然还有空间需要更多的建设。而且，有可能国家商业的发展将要求有更多的铁路线。

“完成目前的计划意味着商业的繁荣、财富的增加、更好更多的市场、更加充足的和令人鼓舞的产品。但是，一切当中最重要的是团结，而且团结就意味着自保。一旦统一、繁荣的中国作为一个大国屹立于世界，那么中国不会被分割，不会被轻视，也会不被强取豪夺，中国能拥有自己的权力并阻止外国侵略的时代就要到来了。”

皇太后尽自己的本分礼遇这位伟大的革命英雄。她在颐和园接待了他，小皇帝行为举止很好，穿着他那高贵的黄绸小长袍，在草坪上站在他的师傅身旁。据说年幼的殿下用他的恶作剧使每个人围着宫殿忙得团团转。在雨天，他玩得非常痛快，穿着昂贵的衣服跑到外面，想玩多久就玩多久，然后叫太监们来找他，他会蹚到最深的水坑里，当他看到太监们不得不蹚水跟着他，而且说话、做事不能冒犯“天子”时，他欢笑着，高兴地拍着双手。

袁世凯总统在北京设宴款待了孙中山，而且各地的中国人都认为这次拜访已经弥合南方与北方之间的所有分歧，从此民国统一就成功了。

孙中山也访问了德国在山东的口岸——青岛，并在官办学校和教堂受到了中国人的欢迎，那里挤满了热心的忠实听众。他的方言不好听懂，但是他劝告所有人要忠诚，并坚持真实与诚实的原则。他的到访与德国海因里希亲王访问青岛的时间一致，海因里希亲王几天前到达青岛，受到了来自那里的民间和军方中的德国人的热烈欢迎。在上一次亨利亲王访问中国时，当他走进上海的礼查饭店时，他的侍从们要求饭店职员为伟大的德国亲王准备一个房间。那职员根本不畏怯王室，大声说道：“年轻人！要的是一位亲王房间之上的房间！是吗?”

大赦公告　宽恕敌人

10 月 9 日，袁世凯总统发布了一道命令，宣称道：“共和政体是世界上最好的政府形式，而议会是共和政体方针政策的主导。作为总统，我自从任职以来，做每件事都有这样一个目的，即维护统一和恢复秩序。因为只有统一之后才有秩序，然后我们才能规划民国的建设工作。建设工作的基本要点应当全部由议会决定。选举议员是五大民族的平等权利。最需要遵守的一点是，在准备的过程中，不能够因为疏忽而发生任何细微的失职。因此，当议会成立时，它就会有真正的力量和精神。当国家的基础加强了，人民的权利必定会扩大，我作为总统对那样的国家怀有最好的期望。

“在前清统治的后期，各省的官僚和绅士镇压革命者，逮捕和杀害了无辜的人，而且所作所为可能是非常暴力的。然而，他们是因自己的职责和官位而被迫这样做的。现在，民国已经胜利，所有的人被允许过一种新生活。过去应当被掩埋在遗忘之中，而且人们应该相互帮助，重新开始生活。然而，旧官僚和绅士中的大多数人仍躲藏在怀疑和恐惧之中，或者在有些情况下是处在可疑的人的保护之下。我们的官员及其下属不懂得宽宏大量，正在不时地迫害他们，甚至在他们一回家就将之投进监狱。这些行为与真正的共和主义原则是背道而驰的。特此通告各省的行政长官们，除了那些现在判定有罪的人之外，不能再因革命前所犯的罪而进行迫害。那些移居或逃亡到外地的人将会被允许回到原籍，并过上平静的生活。”

莫理循博士对民国充满希望的看法

莫理循博士是伦敦《泰晤士报》的前任记者，现在是中国政府的顾问，在最近的伦敦之行期间，他满怀希望地游说各家主要报纸中持怀疑态度的记者们——这些记者不相信，一个沉浸于专制传统和王权情感的东方国家，会在共和政体中找到一个稳定的政治组织形式。明显的态度变化体现在了《观察者》下面这一篇简要的文章中。

我们就像是透过一层黑玻璃看中国。预测中的崩溃不知何故没有发生。实力强大的总统袁世凯设法用某种看不见的方式保住了他的地位。他的对手们要么同意服从他，要么选择退隐。孙中山在北京表现出的是瞬间闪耀的辉煌，然后又一次因从事神秘的、无记录的使命而消失了。资金有了着落，我们不很清楚它是怎么来的，但很明显它对现在来说是足够的了。如果中国真的没有钱，那么政府机构将会在某天中止。我们怀疑：大量的高官肯定有巨额的欠款，但是他们对此没有透露一言半语。

而且，在笼罩东方的迷雾中，我们看到了各式各样的贸易活动的模糊景象，它们未受限制地继续着。在这个中央帝国的各个地方，无数的人在辛苦地劳作，大江大河里挤满了船舶，外洋上是川流不息的轮船。如果中国看上去瘫痪了，她的心脏依然在跳动。但是，中国真的瘫痪了吗？我们对此表示怀疑。困惑之中，我们看到了付出巨大的努力的、迷失中探求光明的、无组织的斗争，以便从混乱之中发展出一个新的开端。中国最伟大的特性也许就是她能够经受最严重的冲击而生存下来的无限能力。一个王朝结束了，但是透过它被推翻的痕迹，我们发现数以百万计的人民仍然是为他们每日的生计而挣扎。他们“仍遭受苦难，并且很悲伤”，但是他们表现出了那种坚不可摧的坚定性，中国能够经受最难对付的逆境。正如已故的索尔兹伯里勋爵曾经说过的，地球上近四亿最勤劳的人是不会濒临灭亡的。

据说总统很快就会被刺杀，但是他仍然活着。据说中国将会分裂为三或四个独立的部分，但她仍然是团结一致的。据说各省将陷入无法扑灭的内乱，但是整个庞大的帝国已逐渐变得几乎不可思议地平静。据说中国将会破产，而且贸易活动将会突然停止，但是资金仍不断地流入北京，而且盈利显示贸易量现在是不同寻常的大。简而言之，中国仍然存在，虽然关于她的一些悲哀的预言仍有可能成为现实，但是我们必须记住：它们现在还没有表现出实现的可能性。

政　体

“毕竟，中国不管是采用共和政体还是其他任何政体，都与英国无关。我们在中国想看到的是强有力而又稳定的控制。如果共和国是当前仅有的可能的管理形式，我们最起码不应该阻碍它的建立。我们或许会有自己的疑虑，但是这不能将我们引入积极的反对。在帮助中华民国的同时，我们附带地也帮助了自己。在当代国际政治中，没有太多的利他主义，而且我们需要发现那些不是非常明显感觉得到的无私的动机。中国目前最需要的是钱，不是大笔大笔没有限制的钱，而是足够使共和国在一个稳固的基础上建立起新的行政管理机构的钱。”

（六）革命的道德方面及其前景

袁总统和孙中山都为周年纪念发表了宣言，二人宣言的特点是真诚的精神和坦率、真诚的目的，这将他们提升到了现在所拥有的高位上。

袁总统和孙中山都曾被指控，说他们的工作动机是有个人野心的，但是现在这些指控必定会因中国其他的灾难预兆而平息下来。

如果孙中山在中国有谋取个人权力的野心，那么他最大的障碍就在袁世凯这个人身上。相反，如果袁总统想成为中国的拿破仑，他将会发现他首要的也是最强大的对手是孙中山。然而，两人都在各自为《大陆报》所写的文章中，利用机会表达了自己与对方的友谊。

黎将军的周年纪念日消息

路透社致《大陆报》太平洋专电

武昌，10月9日。

副总统发表了一篇长长的宣言，他在宣言中说道：

“首义之荣耀是属于湖北的。为这项事业付出了生命的烈士们的目标已经实现了。然而，这一年中发生了很多骚乱，执行了许多死刑，这些都让我感到很悲伤。烈士们是为民国，而不是为无政府状态而牺牲的。一次革命就够了，而且立宪的方式应当被用来实现其他的变革。士兵和人民都应当忠于职守，努力工作，这样他们才能使国家富强起来。所以，你们将要学习已逝英雄们的热心公益的精神，而他们就是你们明天所要庆祝和纪念的。”

广学会的李提摩太说道：

“伴随着中国革命，我们看到它极大地激活了宗教界。一个自称为万国宗教协会的团体在上海成立，并且在上海最大的花园——张叔和花园①举办了一场公开的大会。超过两千男女参加了这次会议，另有数百人因空间所限未能进入。这个团体中既有基督教徒，也有非基督教徒，但是所有的人都是革命者，而且他们全都认为新政府没有宗教作为可靠的基础，就不会是稳定的。不仅在上海，而且在江苏扬州，也曾举行过大量类似的集会，鼓吹需要宗教，不仅非基督教徒这样说，而且都督还邀请基督教的领袖们在集会上讲解基督教。北京也发生过同样的事情，各派的宗教领袖们都渴望能就宗教对所有国家的普遍价值进行一次明白的讨论。

“前景是什么呢？我们期待的是这个即将建立的常设政府尽早积极开始重建工作。我们已经有够多的破坏政策了，直到现在国家才开始清除这种政策。如果这个常设政府在所有方面进行现代教育，在每个省建立一所有效率的大学，那么兴起的一代将会有一批有能耐的人，他们能承担起包括宗教在内的所有政府部门。

“众所周知，目前中国的僧侣和道士，都是愚昧无知的。他们阐述不清楚他们在自己的庙宇里所崇拜的神，他们当中有很多人不知道这些神的正确名字和历史。因此，他们怎么可能详细地为这个国家提供适当的引导呢？

“这给那些开明的传教士提供了一个很好的机会，使人们赞同这种宗教改革的愿望。

“云南（中国极其偏远的西部省份）都督说：‘世界上最伟大的宗教是基督教。不久，它将成为中国的宗教。’”

（刘丽萍　谭庆云　蔡明　李全　译）

① 即张叔和所建的“张氏味莼园”，简称张园。

◎十二、 克劳记述的辛亥革命[①]

正如许多其他的伟大事件一样，辛亥革命一开始就很不顺利。1911 年 10 月 9 日，汉口俄租界发生的一起意外爆炸事件引起了警察的调查，革命的总部以及精心准备的占领武昌的计划暴露了。谋反者们被捕，并转交给总督瑞澂，他立即将他们处死，并斩下他们的头拍照，这样北京方面就能通过照片看到他迅速地镇服了所有反叛天子权威的企图。

这与最近中国历史上的许多其他事件并无不同，因为许多革命密谋已被发现，而且许多革命者掉了脑袋。通常这种事件都以刽子手的行刑而结束，而且事情继续像以前一样，直到另一个密谋被发现，然后就有另一个人通往刑场之路。没有人比满人更清楚：革命分子一直都会很危险，直到他们的头被砍下来。

但是，武昌事件不同，尽管它一开始没有表现出来。精心策划的总部表明了许多其他的人有着革命思想，瑞总督立即开始搜捕他们。爆炸事件发生后，他

---

① 克劳（Carl Crow，1883—1945），美国新闻记者，1911—1916 年任上海《大陆报》广告部主任。本书内容选译自夏洛特·郝维斯所著的《旧中国的新激动》（Charlotte E. Hawes. New thrills in old China［M］. New York：Hodder & Stoughton，George H. Doran company，1913.）一书第 257 ~ 272 页的“附录”——《中国革命概述》，是克劳专为上海《大陆报》而作。

和他的官员们彻夜未眠。士兵们、商人们、学生们和游手好闲者——任何一个被总督怀疑的人——都被逮捕并遭到搜查。这些人中的许多人都被发现有罪，因此刽子手在早饭前做了一件真正的日常工作。城门被下令关闭，而且做好了搜查可疑人物的更为全面的准备。

当劳累的刽子手在白天睡觉时，武昌的民众悄悄地聚集在一起，兴奋地谈论着前一天夜晚的恐怖事情。刺激变得更加强烈，而且随着夜幕的降临，紧张局势骤变。一名列兵枪杀了一名试图从他那里搜查所藏子弹的班长，随即他的同志们都和他一起攻击其他军官。白天里异常的平静被打破了。几分钟之内，武昌城里到处都是骚乱，并且远在午夜之前就变成了起义。瑞总督从他的衙门后面逃跑了，并到一艘炮艇上避难。黎元洪将军以前是一位不出名的上校，他率领着这些不满的士兵——到午夜时这支军队已变成了一支起义军——迅速地将几百名拒绝加入这场运动的清朝士兵和军官杀死，或是赶过江去。

军械库和造币厂被占领

储藏有大量武器和弹药的军械库被轻而易举地攻陷了，造币厂同样如此。革命后的第二天早晨，诞生了中国的民军，他们控制了汉阳、武昌和汉口，装备有数以百万发的弹药，并拥有刚在帝国的造币厂里铸造出的几百万的“龙元”。清朝官方毫无遗留。成千上万的市民立即开始报名加入“民军”，好像是有神奇的力量一样，革命军的新制服出现了。

北京当局很快就知道出了乱子。瑞总督在急报的公文中禀明了一切，而且他随即遭到了圣旨的严厉斥责，并被要求重新夺回该地。他比北京当局更清楚当下的形势，所以他没等回复，就立即逃往上海。更多的消息传到了北京，那里正在准备动员中国的军队，以向世界展示中国已建立起了一个有效的战争机器，以镇压像这样的起义。很明显，正在进行的演习是一件幸运的事，因为将士兵和武器运往军营的火车被马上派往了汉口，首批被派遣的军事力量达6000人，这一数量很快就翻了一倍。

已被赶出武昌的忠于清朝的军队，驻扎在汉口附近，几天后那里发生了一场小规模的战斗。就参战人数来看，这场战斗并不重要，起义者轻易取得的胜利给他们以很大的信心。北方军队在一周内抵达，10月下旬，两军开始真正地交战。同时，革命军发展到了20000人，部分是新招募的，部分是从南方到来的军队。

战斗主要局限在一小块区域，即汉口外国租界后面从十里铺火车站到汉江的地方。在整个战斗中，训练有素的北方军队显示出了他们对新兵的优势。后者死伤惨重，可是只要有人倒下，总会有其他人准备好代替他的位置。尽管每天伤亡很重，但是民军的数量却在不断地壮大。到11月中旬，经过夜以继日的战斗，起义者逐渐退却，直到汉口华界外不留一人，然而它与汉阳和武昌依然掌握在革命者手中。

·

革命的蔓延

当战斗在汉口进行之际，共和精神迅速在长江流域传播，局势很快变得明显：为了重新恢复本地的忠心，简直可以说对帝制拥护者的全面军事占领将是必须的。帝制拥护者毫无力量，一座城镇接着一座城镇、一个省接着一个省一弹未发就转向了共和主义者一边。在许多情况下，权力从清廷转向共和的过程，除了从放弃的衙门里寻找官印外别无他事。西安府被视为满人的要塞之一。它却是最先起义的地方之一，这引起了紫禁城的恐惧，极大地牵制了军队的南下。这与许多年前所制订的计划是一致的。因为尽管革命明显是混乱的，但是革命的每一个行动都是革命爆发前很久就设计好的。

随着革命运动在南方的迅速蔓延，北京当局疯狂地阻止其发展。许诺完全赦免所有将会放下武器的人，并没有取得任何效果，而且汉人们很快就有了一个新奇的经历，即听到了皇帝在上谕中可怜地承诺改革。包括几名皇族成员在内的高官被解职，其中一些官员还遭到了严厉的指责，而且清廷试图获得更为进步的官员的帮助。唐绍仪被召回担任邮传部大臣，袁世凯被恳求担任因瑞澂逃跑而空缺的总督职位。袁世凯被迅速地提升官职，并在短时间内被授予完全掌控陆军和海军的权力。

清廷早些时候发出的罪己和承诺的诏书毫无效果，10 月 30 日又公布了一道上谕，赋予国会①草拟和制定宪法的全权。就皇权而采取的这一举动无疑是由滦州士兵们的要求而促成的，而滦州被视为忠于朝廷的要塞。一接到这个上谕，资政院立即通过了一部保证汉人享有所有政治权利的宪法②，这些权利是他们一直争取而未能获得的。该宪法包含在一道圣旨里，为了使它更有约束力，摄政王代表年幼的皇帝到太庙，并庄严地立誓支持其条款。该宪法使皇族事实上失去了权力，这一让步是在起义爆发后一个月之内做出的，显示出了人民的共和主义情感是多么强烈。但是，中国的改革者此前曾被清廷的许诺欺骗过，所以采用这一宪法并没有削弱革命者的决心。

上海转向共和

苏州和上海是较早赞成共和的城市，两地发生的战争都不重要，然而重镇南京却在张勋将军的掌控下坚持抵抗共和。民众毫无疑问是心向共和的，但张将军顽固地拒绝了任何交出该城的建议，并且积极备战。上海征召了数以千计的士兵，其他士兵还是从广州、福州、宁波、杭州北调至上

① 时为资政院。

② 即《宪法重大信条十九条》。

海的，这些士兵在上海装备和训练好，然后被派往南京。对南京的轰击是在11月下旬开始的。那里有大量的交火，但是死的人很少，而且张将军很快看到：试图与共和主义者对抗到底对他是毫无意义的。12月1日，他带领少量的军队弃城而逃，共和主义者随后占领了南京。

当共和主义者在南京取胜时，他们在武汉三镇却遭遇了失败。他们慢慢地退回到了汉口的华界，拼命地坚守在那里，然而清朝的将军通过火烧汉口城，将他们逐出城外。共和主义者的汉阳要塞保住了，但是就在他们于南京取胜之前，这里却落入了拥护帝制者手中。

由黎将军任首脑的临时政府在武昌已经成立，在汉阳沦陷之际，来自南方各省的许多代表正在溯长江而上来参加临时会议的路上。由于汉阳被占，武昌受到了很大威胁，于是代表们返回了上海。革命党在南京的胜利使之成为共和国首都的合理位置，于是临时政府立即在那里成立，黄兴将军担任大元帅①。

这是起义爆发后第二个月的月末前之形势。清政府已经作出了许多让步，仅有很少的争议留了下来。清朝官员几乎完全从政府事务中隐退了，尚待解决的唯一问题就存在于共和与君主立宪之间，双方都认为，当有可能通过谈判解决时，这就是个如此之小的问题，没有必要再让更多的人丧命。除此之外，共和主义者和拥护帝制者都受到资金的牵制，北京政府向外国的借款请求遭到了拒绝，双方筹集的捐赠不够满足一场战争在各方面的需要。为了准备谈判，双方同意休战，清朝当权者表示他们愿意遵守可能达成的任何决定。

11月15日，袁世凯抵达北京，并在再三催促之后接受了总理职位，迅速任命内阁，内阁中仅有一个人是满人。到那时为止，它可能是中国历史

---

① 各省都督府代表会议曾先后举黄兴为大元帅与副元帅代行大元帅职权，黄兴均未赴任。南京临时政府成立时，黄兴任陆军总长兼参谋长。

上最进步的内阁，虽然很多成员都是袁的旧友和帮手，但是没有人乐意接受任命，所以几个星期以来，这位新总理实际上都是一个人工作。

和　谈

12月初，关于和谈的计划尚在讨论之中；12月8日，唐绍仪作为清政府的议和代表离开北京，受命与共和主义者所派的一个类似的议和代表会面，并协商和谈条件。通过几天前摄政王的辞职，皇族已为达成这种协议创造了条件。在摄政王宣布辞职的诏令中，他将导致百姓不满的责任加在了自己身上，并且作出安排，在一名满人和一名汉人的共同监护下将年幼的皇帝抚养大。这被认为可以消除对进行的君主立宪打算的激烈反对。

到达汉口后，唐绍仪被告知，共和主义者愿在上海讨论问题，他将在那里与他们的代表伍廷芳会面。12月17日，他乘坐专用轮船抵达上海，次日两位代表在市政厅会晤，并商议延长停战期。在另一次会议上，一个令人震惊的声明称：唐先生同意伍博士所说的，统治中国的君主专制已经失败，而且应该建立起共和制的政府。显然，唐先生的行动是赞成伍廷芳的，这在北京引起了轰动。他的任务被取消，而且他不再与伍博士有更多的官方性质的会谈，虽然他几乎每天都在李德立先生①的住处与伍廷芳进行非官方的会面。在1月的一大半时间里，伍博士和袁总理之间频繁地互致电报。

孙中山经常被提及，是与此次革命联系在一起的，但是很少有人知道他身在何处。11月16日，《大陆报》刊登了一则来自他的电报，声称他在巴黎，并将立即回中国。在1911年的圣诞节，孙中山抵达上海，并住在法租界。临时大会当时正在南京召开，并立即选举孙中山先生为首任中华民

---

① 李德立（E. S. Little），英国人，曾在上海经商，三次任上海公共租界工部局董事，对1911年清政府与革命党的上海和谈有所影响。

国临时大总统。孙中山先生到了南京，并于1月1日正式就职。

正当伍博士与袁总理在1月份互致电报时，南京方面正进行广泛的军事准备。不断重复的谣言称冲突将随着清朝皇室的退位而结束。这些谣言并没有阻止共和主义者们为一场决定性的斗争而做准备，如果它变得必要的话。广州、上海和其他处于共和主义者掌控的地方招募了成千上万的士兵，并且他们被派往南京，在那里为准备进军北京而接受训练。

来自战场的决定性的消息

毫无疑问，在此期间，最严重的分歧存在于清室内部的派系之间，一些人愿意接受他们认为是必然的事情，并放弃所有的权力；而其他人则坚持：不应当有屈服，直到绝对必须时为止。在1月份的最后几天，这一争议解决了，原因是收到了事实上所有前线的帝国将军们发来的电报。这些电报力促皇帝准备和议的条款，因为进一步的战争只会使共和主义者取得更多的胜利。这种电报相当于帝国的军队要求皇帝退位。

在收到这一消息之后，关于这个问题也就不再有任何异议了。皇帝与民国领导人之间的条款很快就宣告达成，而且大家长久期盼的退位诏书于2月12日公之于世。

中国独立日

1912年10月10日，中华民国庆祝其首个国庆日。这是北京很重要的一天。

“昨天（10月10日），我们在这里拥有伟大的一天。想想在中国有总统的接待，三四百名各国的外国人和变化了的中国人，观看总统检阅大约10000人的军队，然后吃了丰盛的外国午餐，而且总统亲自出现在了我们中间，当时我们给总统以欢呼和喝彩。出来看看这个年轻的民国吧。”

在潍县，这是伟大的一天。

“民国的第一个国庆节，我们的学校都参加了，而且，事实上它们是这场盛大的庆祝和游行中最引人注目的。第二天，城里的学校集体参观了校园，并对我们表现得非常亲切。次日，他们派来自己的乐队陪同我们的学生去见不同学校的行政人员，去地方议会和本城的政治会社。城里的游行和访问持续了 4 到 5 个小时，400 名基督教学生和教师们举着横幅标语和民国国旗，唱着爱国歌曲和基督教歌曲，给潍县留下了深刻的印象，而这是以前从来没有过的。在这个保守的古老城市里，长期以来紧闭的大门敞开了，而且人们正在邀请我们进来，并对我们很友好。”

荣誉属于应得荣誉的人！

在革命结束并取得胜利之后，徐宝山将军邀请著名传教士桑德斯牧师去他那有 1000 名军官的军营中，并且他说道：“我想让您在这里做祈祷，我们不能让所有的士兵都进来，那将是不可能的，但是我们将让所有的军官都进来，并为这次革命的胜利而感谢耶稣。”当 1000 名军官都聚集进来时，桑德斯牧师走进来，在这次特别的邀请上向他们发表了演说，这位伟大的将军首先站起来，并说：“我想先说一下，今天的聚会是很好的，并要为革命的成功而感谢耶稣。如果没有这些信仰耶稣的传教士，今天的中国就不会成为一个共和国，于是现在我们必须感谢耶稣。桑德斯先生知道耶稣是什么样子。”随后，从未听闻过的事情发生了。桑德斯牧师带领这些中国军官做祈祷，并赞美耶稣和我们伟大的上帝。

在此之前，我们从来没有在中国的军营做过祷告。你可以去任何别的地方，但是从不会到那里。在清朝统治之下，士兵们都是中国最粗鲁的、最残忍的，而且是邪恶的、排外的人，而现在则看到他们正在感谢耶稣！

从最遥远的边疆——佛教的大本营云南省，传来了这样的话：“现在，奇怪的事情发生在整个中国。神像正在被破坏，泥塑的神像正被做成砖，青铜佛像正在被做成铜钱。”在福音从来没有立足之地的其他地区，有这样的话传来：“神像都正在被打碎，庙宇都被锁上，而且守门的人带着钥匙不知去向，也没人关心。你从裂缝中看过去，会看到神像都倒在地上，而且寺庙成了老鼠和蝙蝠的居所。”

光荣地实现了预言！但是，基督教的朋友们，现在正是给他们真正的活着的和真实的上帝的时候了。他们必定需要一种宗教。没有国家能在没有宗教的情况下存在。1789 年，法国曾尝试过，但失败了。“公义使邦国崇高”，让我们抓住这个伟大的机会，在他们准备接受之时，给他们以真正的宗教。现在正是他们处于接受状态之际。当钢铁正处于可塑状态时，就能印上最精美的花饰。但是，当它冷却变硬时，最坚硬的武器也无法留下任何痕迹。

“噢，上帝啊！请帮助教会给中国以忠诚的、心甘情愿的、高尚的传教士，并用这样好的、可靠的支持来帮助他们，那么他们就可以代表您，而且您的形象、上帝的容颜将永远铭刻在中国。”

（李全　译）

◎十三、 查尔斯·W. 艾略特经历的辛亥革命后的中国[①]

（一）异族政府

然而，最近在近东和远东发生的事件清楚地表明：由一个异族统治人口众多的政府正变得越来越困难，而且可能会走投无路。印度的动乱、满人在中国的退位、巴尔干半岛的战争，都表明了这样一个事实，即由一个异族权威统治的人口众多的政府可能会越来越被痛恨，而且异族政府所做的善事将能够克服本地种族对政府的反对，其反对的理由仅仅是因为这个政府是一个异族的。由于这种反对异族政府的种族情感具有力量与生命力，很可能的是，通过一个完全不同种族的统治者、法官以及行政官员对远处的大量本地人进行统治和管理，其任务将被证明是日益困难而且代

① 查尔斯·W. 艾略特（Charles W. Eliot，1834—1926），美国教育家，曾任哈佛大学第二任校长。1911 年 10 月 30 日，他接受卡内基基金会交流与教育分会的指派，到亚洲东部地区进行访问调查；1911 年 12 月 2 日—1912 年 7 月 13 日，他都在亚洲东部地区，并在1912 年对中国、日本进行了调查。本书内容选译自他所撰写的报告《通向和平之路》（Charles W. Eliot. Some roads towards peace：a report to the trustees of the endowment on observations made in China and Japan in 1912 ［M］. Washington：Carnegie Endowment for International Peace，1914.）一书的第 18 ~29、32 ~34、41 ~44 页。

价高昂的。因此，商业和贸易的自由将通过其他方式获取。

1912 年 3 月 22 日，我抵达香港，然后立即着手研究革命在中国的影响，以及中国人与外国侨民关于革命的公众舆论。孙中山辞去临时总统之职，而且袁世凯已被选为临时总统，并在北京就职，在那里，总统的内阁也在慢慢地组建。

（二）中国的革命

我很快获悉新政府严重缺钱，它已无法支付和遣散过多的革命人员，也不能阻止地方的骚乱，这些骚乱在大多数情况下都归罪于那些未发饷的和不服从的革命士兵。在香港待了几天之后，我访问了广东临时政府所在地——广州，在那里与中华民国的官员们进行了第一次面谈，并与作为革命军将军的临时都督及其政府的几位成员进行了交谈，获知在解决诸如选举权的资格、中央政府与地方政府的权力划分之类的基本宪法问题上，所取得的进展很少。选举权要有强硬的教育资格看来事实上已经决定下来，但是，财产资格的问题是不受限制的。这位都督重视足够的教育资格而非财产。他在回答我的问题时说，根据最近他在战场上的经历，中国的苦力如果知道为了什么而战，而且战争的目标对他是有趣的，那么他将会成为很好的士兵。在那些条件下，苦力使自己成为勇敢、服从的士兵，能够尽力而为，准备好了忍受苦难与伤痛，并且漠视死亡。在与几位政府官员的交谈中，我毫不惊讶地听到：中国南方与北方有着很大不同，南方有不同的政治抱负，长期以来一直在为这次革命做准备，并对新总统的共和主义表示十分怀疑。可以确认的是，广东省正处在混乱状态，那里一直有海盗和盗匪行为，省政府在很大的困难之下正试图维持秩序。例如，许多革命军队没有完全穿制服，因此百姓很难区分合法武装与非法武装。不过，大众的心态比三个月前平静多了，广州特有的产业及其周边地区正在回归常态，省内税款正在大量征收，而且贸易正在恢复其惯常的份额。

一些民众的习俗立即发生了显著的变化。在广东省，男人的辫子都已经不见了。大量的知识阶层都已经穿上了欧式服装，而且与官员交际的所有礼仪都已抛弃。我会见了官员们，对他们所行的礼节并没有在华盛顿政府部门或市银行或美国大型工厂财务室所要遵守的那么多。在同八九个省政府的官员一道参加午宴时，我从在场先生中的几位口中获知，这场革命已经做了长期准备，尽管它突然在汉口和武昌爆发比革命领导人期待和希望的要早些。一位曾就读于美国一所大学的先生作证说，就他个人而言，他冒着生命与职业的危险，为革命事业工作25年以上，而且他很多次都是死里逃生。这场革命一直是由遍布中国各地的秘密团体所筹备的，但是它们在中国的南部与中部比在北部更强大。就经济资助而言，这些社会团体很大程度地受惠于富裕的中国人，他们在英国和荷兰的一些东方属地赚钱，并且对推进中国立宪政府的事业抱有强烈兴趣，因为在他们的祖国建立起一个现代政府之前，他们不会带着自己的财富返回。

香港和广州的外侨对新政府抱有很小的信心。但是，他们承认，贸易量正恢复到以前的规模，而且这个地区在总体上比三个月以前更有秩序。然而，在广州外国租界的一些街道上，依然设有沙袋做的路障。而且，沿河岸围着的带刺的铁丝网还没有全部清除掉。当我拜访都督时，一支武装卫队伴随着这群人，虽然它在这些狭窄的街道上并没有作用。

在香港，革命所产生的最直接的影响因为一名中国商人而引起了我的注意，这位商人单独支持了一家主要致力于推进革命事业的小报。其表现是，大量中文报纸如雨后春笋般地涌现出来，享受不同寻常的公众言论的自由。这些报纸中的大多数发行都是无利可图的，但是，它们因其经营者的公共精神而得以继续。它们的言辞常常是激烈的。但是，除了少数几家，它们不受新的中央政府或省政府的干涉。

负责从广州到九龙（香港对面）的新铁路线的欧洲经理，不敢在晚上发任何车次，因为那会使列车冒着被强盗抢劫的巨大风险，这就是该地处于不稳定状态的一个表现。有趣的是，我在总经理的车厢里与加里波第的孙子相遇，他是分主管之一。

（三）中国人的身体和道德特质

密集地与中国人接触几天，就不能不深深地感受到这个民族作为一个整体所具有的勤勉、耐劳、坚韧与快乐特质。我对这个国家的第一印象是，其主要的动力之源竟是人力。我以前从没见过，一个城市的客运与货运主要都是由人力承担，他们拖着或推着独轮车或多轮车，并且靠肩去背扛沉重的东西。我以前从没见过妇女没有男人的任何帮助而驾驶一艘大划艇，而且常常是在划船的时候背上还背着孩子。我以前从没有见过劳动者的生命在如此长的工作时间里是那样精力充沛，而且在饮食和睡眠上是那样绝对地没有舒适可言，这正如每个人在中国的城市中所看到的那样。中国人的这种坚韧的身体和道德特质，吸引了进入中国的陌生人，并向他展示了为什么几亿中国人在经历了每一种可能的困境与苦难，经历了不知多少个世纪的专制政府，经历了瘟疫、干旱、饥荒和洪涝后，还能到达我们这个时代。而且，这里有以百万计的人参与了一场非常特别的政治变革。

（四）中国人没有西医知识

中国人不仅遭受了他们没有预防的偶然发生的可怕瘟疫的侵害，而且遭受了欧洲和美洲已知的普通传染病的侵害，还要遭受气候更温和的西方文明地区很少出现的其他热带或亚热带疾病。他们不了解科学医疗，也不知道现代意义上的外科手术。中国的医生使用混合着各种药材和奇怪材料的药物，使用符咒和咒语，并宣称超自然的力量，而且他总是会刺破人们身上的任何脓肿，这看来是能够将脓水放到一个空针里，但是，他根本不知道科学诊断、大手术、麻醉和无菌法。他们不知道西方医生使用的任何光学、声学和电力的仪器，而且，他没有现代化学和细菌学的诊断方式。因此，中国大众的疾病治疗方法是愚昧的、迷信的和几乎完全无效的。中国人的饮茶习惯使他们在很大程度上避免了饮用受污染的水的危险；几乎每一位母亲都用母乳喂养她们的孩子，这就保护了婴孩们免受西方婴孩伴随饮用牛奶所产生的危险。肺结核在中国各地有可怕的破坏性，而且，全家人都睡在一个小房间里的家庭习惯，加上为阻止小鬼和恶魔进入而把每一个缝隙密密地封住，这些都助长了这一疾病的传播。

（五）传教士的医疗服务

那时，这里有一个西方所能给中国的重要礼物——科学医学和外科手术。近年来，许多西方国家的不同教会都已把自己的注意力转向了中国的医学传教工作，并且已经开始通过医院和诊所里仁慈的牧师向中国人宣扬基督教。遗憾的是，国内的教会还没有从总体上认识到这些机构的开销，或者一个孤处在中国的医生必须熟练的知识和技能。相应地，传教士的医疗服务并没有获得他们所期望的效果。在中国停留期间，我特别关注了教会医院和诊所。但是，绝没有看到一个医院和诊所不急需更多的内科和外科医生、护士，以及更多的服务支出和供给。传教士在这个领域的贡献是令人钦佩的，但是他们的资源总是不充足的，常常不能完全满足对他们的技能和仁爱的紧急需求。在这样的条件下，男、女都是超负荷工作，这使他们自己的技术质量下降，他们被迫在这样恶劣的条件下治疗他们的病人，而且对这种条件变得麻木。任何愿意促进与东方人民友好交流的西方组织，做任何事情都没有比促进西方医学、外科手术以及卫生引进中国更好的了。这样的慈善工作的领域是无限的，要克服的障碍是巨大的，但是并非不可逾越，而且回报必定存在于未来中国人相对安康的生活中。中国人是充满智慧的，他们一定会随着现实的善行去追踪其精神根源，并且得出结论。

从英属香港，我去了上海，与恰好在那个城市待了几天的孙中山和唐绍仪总理进行了面谈。这两位先生都满怀希望地谈到了在组建新政府和平息国家战乱上所取得的进步，但是悲哀地谈到了新民国非常少的税收以及列强对北京临时中央政府的压力。从这两位官员身上，我获得这样一个印象：这次革命是青年人的事情，他们是在国内接受了中国经典的传统训练之后，又在海外接受教育的。十年当中，从欧洲、美国以及日本回来的学生组成了发起革命的智力与人力的重要组成部分，并使之在其道路上走得如此之远。这些归国学生为中国带回了执政为民的基本理念，以及关于所有现代政府的概念，这些政府的存在是为了促进全民的整体福祉，而且仅能通过它们在那项工作上取得成功的方式进行评判。

（六）清帝国一去不复返

在上海，我开始遇到居住于此的外国人，他们在革命爆发后的几个月里，相信中国能够以一个满人君主为元首建立起他们所称的立宪政府；但是，这些人中的大部分已经改变了自己的看法，并开始相信清帝国已经一去不复返了。这是所有与我交谈过的中国绅士们的信念。他们一致地抛弃了由满人君主实行君主立宪的观念。他们断言：首先，不可能找到这样的一个君主；其次，不可能找到有能力任职内阁各部的汉人，而且他们在面对一个毫无经验的议会时，要能够有效地进行行政管理；最后，在中国的条件下，以共和的方式建立起专政比以其政府建立君主立宪更容易，后者要通过政党、具体的宪法上的制衡以及其对突然或经常性的行政机构变化负责任。我经常从一些美国或英国侨民那里听到这样的话：中国的大众是无知、迷信，并习惯于专制政府的，他们不能稳妥地实行任何一种共和政体。这种看法是荒谬的，中国人对这种说法的回应总是毫不犹豫的：“我们现在还没有打算以普遍的选举权为基础建立政府，但是要以严格受到教育标准限制的选举权为基础。”对于这样一个共和国，中国人并不是完全没有准备。他们的行为方式和风俗习惯中一直有大量的民主因素。在中国的很多地方，人民一直都习惯于相当程度上的地方自治。在很高的教育标准上，中国的入仕对所有的人是开放的。最后，普通中国人是能忍受、有耐性、勤勉和诚实的，而且每个人和每个家庭首先关心的都是他们自己的事情。

（七）帝国的海关

在上海，我拥有可能的最好机会，欣赏赫德爵士组织和推行超过30年的帝国海关所提供的重要服务。这个重要的机构不仅征收海关税，将其收入用于偿还中国的公债及其利息，而且为中国的沿海及江河设置灯塔及昼标，还计划和实施了通商口岸及其附近地方的许多重要水利事业。

同时，我理解了为什么中国的行政官员痛恨海关，并将这个机构当作把中国的事务交给外国税务司的一种不明智之举，而不管这些外国税务司是如何的诚实和能干。如今，民国的官员指出，海关在40多年里没有培养一个有能力的中国官员在现在政府的任何高级部门中任职。他们指出，赫德爵士在他的重要机构中，除了非常低级的职位外，从来没有给中国人任何职位，所有高、中级职位都是由外国人担任。他们也记得，来自海关的收入一直是，而且必须是依照现行条约拨出款项，以支付中国为偿还西方列强的战争军费和赔偿而被迫借款的利息。

民国官员还有一个理由不愿意在许多政府部门中聘用外国顾问，虽然他们在这些部门的服务即使不是必需的，也是合适的。他们举出了证明中国政府选聘的外国人毫无价值和不成功的大量事例，并且，他们断言中国官员不太可能有能力选出那种合适的外国顾问，因为凭借个人的面谈或调查候选人的履历，常常不能在好坏之间作出区分。他们声称无法理解西方人，就像西方人可能无法理解中国人的行为方式、伦理道德、思维方式一样。他们也拒绝接受由外国政府提名的外国顾问，因为那些被提名者习惯于表现出猜忌和偏见。

（八）清帝国没有合理的税收

正是在上海，我第一次清楚地感觉到新政府资源的极端有限。盐税似乎成了国家税收唯一可靠的保障。而且，关于那种税收，可以确信的是，政府的制盐业经营得很差，产品很脏，而且又不纯，所以需要花费一些时间在来自意大利和奥地利的专家的意见指导下加以改良。清政府留给民国的不是现代意义的政府组织，更不用提国家资源了。它转交给民国的是不值得信赖的军队，无效的海军、公路、学校、国家税收制度、国家警察、法院或西方意义上的法规、公共卫生机构，也没有对矿山与铁路的控制权。它遗留给民国的是大量令人为难的授予外国政府或企业的特许权，以及许多后患无穷的条约，这些条约以固有的国家资源为抵押，或者使它们的发展受到阻碍。简而言之，清帝国没有实现一个为民的现代政府的任何目标，也没有将任何东西转交给民国。

中国从来没有进行过人口普查，也没有将土地测量作为税收制度的基础。在清帝退位的前几年，赫德爵士建议土地税将为中央政府而不是为各省政府提供足够的税收。而且，他主张这种税收可以在三年内，由一个省接着一个省逐渐组织起来的公正、有能力的征收机构来征收。对于这种极好、引人注意的建议，清政府没有给予任何重视，只是满足于在北京接受帝国各省的进贡，以供养皇室与清朝贵族。

现在的民国政府不敢实行这种土地税，首先是担心它将会在新政府开始之际引起人民的反感，其次是因为他们认为进行必要的调查以及组织征收机构需要花费10年而不是3年的时间。一个将要退出的政府从没提供过一个比较完全的示范，它除了一个骗局外什么都没有，缺少为其统治的人民服务的愿望和目标。如果民国除了将中国人民从清政府的统治中解救出来之外别无所获，那么它也将获得中国人民的感激和人类的钦佩。

（九）上海的两个有用机构

设在上海的两个机构——尚贤堂和广学会，促进了中国人与外国人相互之间的美好愿望和很好的理解。尚贤堂通过社会集会、出版、演说、课堂讲授以及与重要的中国人讨论公共事务，努力消除了将中国人与外国人分隔开来的障碍，并培养了友好的交往。广学会多年来一直用中文低价发行书籍、小册子、教科书以及地图、图表和图画。广学会的出版书目中包括许多科学和经济的书籍、小册子，也有神学的、历史的和宗教的作品。二者在基本目的上是相似的，即增强受过教育的中国人与西方侨民之间的相互了解，同时使受过教育的中国人了解西方的观念和模式。

李佳白牧师和李提摩太牧师分别是尚贤堂和广学会的创建者和领导者，二人起初都是传教士。二人在中国工作了很长时间，并且对中国人的性格以及中国社会的需要完全熟悉。二人在受过教育的中国基督徒和非基督徒当中都有很大的影响。他们的努力已对在受过教育的在华外国人和所有中国的读者、思想家之间建立起和谐的关系起到了一定的作用。他们的努力已经超过了通常传教士努力的范围，并且已经减少了对中国人极端的不了解，而外国商人在中国的很多年里就倾向于保持这种状态。(参见附录I)①

① 该书附录部分本书略去未译。

（十）在中国人中进行教育

从上海出发，我前往天津，于4月13日到达那个通商口岸，并在那里停留至6月8日，不过其间做了三次短途旅行，两次是到北京（其中的一次还包括长城和明皇陵之行），一次是到保定府。我不在天津的时间有两周半，所以我在天津住了五周半。这座城市是一个在贸易上有着相当重要性的地方，但它也是研究中国的教育状况和机构的最好地方。中国人从总体上在几个世纪里都高度地评价教育的价值。并且，长期的知识训练是通向官位的唯一途径。两千多年来，中国教育的本质或特性一直保持不变；教育一直是专门的文学，加上一点儿历史和纯哲学的东西。在中国的初级学校，年幼的孩子们就要记住孔子和他的评注者所写的箴言和句子，这远低于他们能理解这些箴言意思的年龄。而且，孩子们和年轻人在以后受教育的阶段很少做别的事情，教育的主题在整个系统教育阶段都是一样的。学会认识和书写数以千计的中国汉字是另一个巨大的记忆之技。企望的终极目标是通过科举考试，以获准进入官僚阶层，而通过这些考试主要也是一种记忆的技艺。一位25岁的中国学者可能没有接受体力锻炼，而且除了他的书写工具外，没有学会使用任何工具，没有接受过任何归纳方法的知识，也从来没有听说过任何近代西方科学。而且，他一直没有接受过户外运动的锻炼，也没有锻炼身体的习惯。虽然中国的初级学校因向孩子们的父母收很少的钱而可以容易地招收到大量的孩子，但是他们当中的绝大多数很快就表现出自己不能从学校提供的一成不变的记忆训练中获益。所以，受教育的阶层只占整个国家人口的很小一部分。

这种教育方式以及受过教育阶层的最终素质的严重后果，在目前国家政治形势中有强烈的表现。公众对教育的尊重使选举权有很高的教育门槛，这看起来完全是自然的、合理的。而且，这也解释了如下事实，即几千名年轻的受过教育的中国人，在革命中能够征集成千上万没有文化但是勇敢的士兵。虽然许多革命的积极推动者在美国、欧洲和日本接受过教育，并学过一些应用科学知识，我们却发现，很难用有能力有效履行政府现代行政职能的中国人担任政府高级职位，因为几乎所有这些职位都需要一些熟练运用化学、物理学和生物学的人。而民国临时政府需要的是在充满危险和焦虑的条件下身体能够经受辛勤劳动的人。受过教育的阶层在身体和智力上都无力为政府工作，这在今日的中国是显而易见的。这些人虽然成长起来，但是没有经过体育和户外锻炼，没有在陆军和海军服役的经历，也没有实用的科学知识。中国的学生和学者不做身体锻炼，因为体力劳动是有失尊严的，他不被期待有体力和忍耐力。民国渴望与所有这些教育和社会习惯决裂。但是，它需要用时间来使这个巨大的变化生效。

（十一）中国教育的转型

清政府在其最后几年里，已决心在中国建立几所学校，它们将传授西方科学，同时保持相当部分的中国文学教育。例如，他们在天津创建北洋大学，也在该城创办了陆军军医学堂。但是，这些新学校仅开办几年，革命就爆发了。西方列强在60年来一直折磨着中国，这些新学校表明了它们之间相互猜忌的不良影响。当然，理想的是，在这些新学校中，一种欧洲语言应当成为所有科学的工具，而且很明显英语是达到该目的的最好语言。但是，为了使德国和法国满意，就有必要在课程设置中将德语、法语置于和英语同等的地位，这一措施相当程度上增加了维持学院和大学的成本，而没有相应地增加学生的任何利益。

行将灭亡的帝国被迫接受了一个要求，即聘用大量的外国人在它的新式教育机构中任教，但是，在学生的课程中保留了大量的时间来学习中国经典，以至于很少一部分时间被分配给学习现代经济学和西方法律。民国已经计划大量削减分配给记忆性学习中国经典的时间，以此留出时间更为自由地学习西方的科目和归纳法。许多年轻的共和主义者在日本的学院和大学就读过，看到那里的初级教育、中等教育和职业教育发生了非凡的变化，而且日本仅仅用一代人就完成了这一非凡的转变。这些人都雄心勃勃地想看到类似的变化能在中国尽可能早地实现，但是，他们很清楚，要实现这种变化，中国的整个教育制度都必须从头到脚地进行重建。

将足够的现代外科教育引入中国有很多困难，天津陆军军医学堂不能培养出在战时有用的医生就表明了这一点。由于崇敬祖先以及由此产生的葬俗，在中国建立的西医学校，包括天津的官办学校在内，都不能给他们的学生提供解剖和适当的外科手术的机会，而目前在中国能够教这些科目的唯一学校就是上海的哈佛医学校。这所新学校设在英租界，所在的城市除大量中国人外，还有相当数量的外国人，而且就卫生而言，它是由英国官员管理的。1912 年 3 月，天津和北京周围发生了大量的战斗，其中参战的团由天津的陆军军医学堂提供了外科医生，但是在战场上，这些外科医生被证明是完全无用的。他们不能成功地给伤员做手术，而且不敢尝试。他们的学校已经给他们进行了理论教育，但是没有给他们足够的机会去观察并动手以获得必要技能。现在，生物学以及内、外科医生的技能在所有西方科学和技能中是中国最需要的，因为中国现在不能预防瘟疫、普通传染病以及应对创伤。然而，中国还不能培养出足够的内科医生、外科医生和公共卫生官员，直到民国政府能够成功地说服大众接受人体解剖——一件非常重要的事情。同时，中国将要继续表现出这样一种医疗状况，它特别像获得真知的归纳法出现之前中世纪欧洲的医疗。

（十二）教会学校和大学对中国教育的影响

美洲和欧洲教会在中国创办的教会学校和大学，通过引入一些初级的科学教育以及体育运动，对中国教育产生了很好的影响。青年会在同样的方面一直是有效的，尤其是在引入体育运动方面。然而，并不是说，教会学校应当大量减少中国的学生花费在文学和记忆性学习上的时间，因为教授西方语言必然是教会学校所有教学当中的一个重要部分，也因为西方的学校和大学自身仍然对情感教育、实验科学以及归纳哲学重视得很少。教会学校和大学当然不得不花费他们学生相当部分的时间来学习《圣经》课程，以及基督教历史和发展之类的课程，所有这些都是与中国人记忆儒家经典相类似的纯记忆性的功课。

（十三）中国教育的变革对国家统一的必要性

民国的统一明显地依靠中国教育制度的深刻变革。普通话作为官话迫切需要代替大量的文言，需要让正在兴起的一代人学习基础科学、精确的观察和忠实的记录，然后全面地掌握一些经过精选的对于一个现代政府管理必需的实用科学。没有普通大众宗教传统和信仰的广泛调整，这些变革是不能做到的，中国的宗教信仰不统一，它是根深蒂固的、多样化的。要成功地完成这样巨大的任务，这个新政府必须被允许至少有 30 年的时间，到它拥有了一个稳定的全国税收之后。①

（十四）临时政府的困难

在北京，我清楚地觉察到了中国临时政府必须面对的巨大困难，以及实现中国统一在军事力量上所面临的巨大困难。新政府处于困境的根源，事实上就在于清帝国从现代意义上讲根本称不上是政府。它没有为公共福

① 其后两节内容是作者对改革中国教育的两个建议和中国基督教会的介绍，省略未译。

利做什么事情，没有组织国家军队，也没有全国的教育制度，而且它没有为中央政府建立一个稳定可靠的税收系统。中华民国发现中国没有公用语言，没有学校制度，没有统一的度量衡制度，没有国家货币，没有公路，仅有大约5000英里的铁路在运行。而且，除了海关之外就没有税收制度，海关税收全部被用于支付借款的利息，这些借款是清政府被迫借的，以及偿还对西方列强的赔款，还有这些列强为支持中国和反对中国的战争所用的军费。中国北部省份拥有与南部、西部省份稍微不同的商业和工业利益。民国没有从清帝国那里继承下来一个受过训练的国家公务人员队伍，以及在现代原则的基础上行使一个为民的政府的适当行政部门。各省长期以来一直都习惯了相当程度上的地方自治，并且很少感觉到来自北京的有效控制。临时政府事实上是由几个秘密的政治团体建立起来的，这些团体的计划和目的并不完全相同，而且它们在全国各地力量不均衡。还有另外一个困难是由临时政府自己造成的。可能是轻率的，但又是必然的，它为了汉人的利益，早早地结束了皇帝行使了几个世纪的所有调解与赎罪的功能。除了人们在中国可以看到的长城之外，北京广阔的土地上耸立的最令人感兴趣、令人印象深刻的砖石建筑就是天坛。它是一座由雕凿的白色石头建成的圆形的无顶祭坛，在其顶部有一个巨大的圆坛，并有很大的石栏杆，而走上去是通过它的四面的三级阶梯，每级有9个台阶，上到最上面的平台一共只有27级台阶，在每级中间还有宽阔的、微倾的楼梯台。中国的皇帝每年有两次在这里祭祀天神，并祈祷播种季节风调雨顺，获得好收成，因此他的人民的劳动应当得到酬答。除了主宰一切的上天之外，天坛上没有任何名号，没有要敬拜的神像和物体。它的祭品与犹太人的相当。整头牛被放在一个置于大木柴火之上的巨大的金属筐上烤，许多种家禽放入小一些的炉中。那些写了祈祷文、颂词和感恩祈祷的纸也要焚化。所有用来献祭的动物都要在天坛的庭院内精心地饲养，每一头都要是品种最好的，这样才能用来供奉天神。这些古老的风俗对于中国的农民有着巨大的吸引力。

但是，新的民国政府与之毫无关系。天坛及其庭院不再是神圣的禁区。当我问唐绍仪，在中国依据永久性的宪法正式选举出总统时，将天坛作为总统宣誓就任的神圣之地，这是否是不可能的，他对此回答道：新政府不会从事任何古老的迷信活动。然而，民国也没有做什么事情去反对看来是全中国普遍的一种宗教观念——祖先崇拜，这是一种从犹太到日本都存在的普遍的东方情感，它被证明是东方民族的力量与持久力的一个主要来源。

（十五）促进民族统一的情感

面对那些可怕的困难，临时政府能使用什么力量完成中国统一，并为 18 个联合的省份组建一个强大、稳定的政府呢？这种力量仅是情感。但是，正是这种情感，在其他的大洲建立起了稳定、持久的政府。首先是中国人的民族情感；其次是对异族政府的反对，即对清政府的反对，它仅是一个虚假的政府；最后是共同抵抗西方列强 150 年来一直在中国的土地上进行侵略的情感。

民族情感的概念是宽泛、模糊的，并且是难以界定的。但是，欧美的历史中充满了具有巨大潜能的实例。它似乎不需要有一种共同的语言，或一个纯粹的种族，或不同民族的顺利融合，或相同的风气，或生活资源的一致性。它不需要以相似的历史、共同的传统，甚至同样的宗教信仰为基础。我们可以从欧美的经验作出判断，民族情感的基础是相同的社会标准或需要，共同的理想，类似的好的或坏的情感，对独立与自由的热爱，愿意在一个小政府之上建立一个大的综合性的政府，以及渴望抵抗共同的危险、过失或者来自外部的侵略，最终统一整个世界的愿望。错误的行政管理经验倾向于与错误的管理结合，正如地震、破坏性的风暴、大火灾或洪水总是与之俱来地带来许多受难者。看起来，这就是现在在中国人当中发展强大民族情感的源泉。

当几个种族一起生活在同一片土地上并形成一个共同体时，总是会由其中一个种族的理想支配着其他所有种族的发展。这种结果在历史上一直是很常见的，而且这仍然在某些国家的现代生活当中得到了体现，几个不同的种族并没有融合，都为国家作出了贡献。现代民族理念中最重要的要素就是理想的一致性，以及理想所产生的风俗习惯。

我在这个报告中已经提到过世界上很多地区像这样反对异族政府的情绪正在增长。在野蛮的和半野蛮的国家以及长期以来的文明国家，它表现出的有小规模的和大规模的。虽然它被认识到了，但是将之成功地镇压下去却需要很长的时间。它可能被强烈感受到它的民众长期隐瞒。但是，它在世界各地的发展越来越多，最终必将爆发，并取得成功。

反抗外国压迫的目的在形成新的民族国家上创造了奇迹，这在过去一年的欧洲得到了有力的证明。就西方国家而言，整个中国有如此痛苦的受压迫和受劫掠的经历，所以她必然在这种共同的非正义的苦难之中，拥有一种强大的凝聚力。

（十六）挑选外国专家

几天后，当我回到天津，我写了一封信给唐绍仪先生。在信中，我详细陈述，通过求诸卡内基国际和平基金的信托人，可将之作为一个公平、永久的团体，它有能力挑选为中国政府服务的外国专家，这可以避免中国政府聘用外国专家上所遇到的一切困难。这封信由信差送给了当时在北京任职的唐绍仪先生，但是，唐先生几周后就去职，并离开了北京。

在 7 月，我一听说莫理逊已被任命为袁世凯总统的外事顾问，就将致唐绍仪先生的信送给了他一份；次年 1 月，蔡上校通过嘉乐恒公使以及华盛顿的国务院，给我发来了一份电报，代表总统要求卡内基国际和平基金信托人提名一位精通宪法、拥有专门的法国宪法知识的教授，作为起草中华民国宪法的中国委员的顾问。信托人对于这一要求的赞同行动几个月前已经记在了基金信托人和执行委员会议的会议记录上。选中的教授是哥伦比亚大学的古德诺，他于1913年4月初到达北京。

毫无疑问，在过去的25年当中，中国广布各地的人民少有通信方式。但是，中国的知识阶层中已形成了一种强烈的爱国情感。此次革命证明：知识阶层的这种爱国情感能够传播给数以百万计的未受过教育的人，事实上这一点实现了。中国人现在有一种完全的东方民族主义感，这是有别于西方的。另一个东方民族突然在世界上发展出巨大的力量，并声称有权通过武力控制起初不属于它的东方地区，看到这些也就使他们觉醒了。简而言之，他们是以日本作为自己榜样的。那一榜样深深地激发了所有的东方民族，而且，现在不可能说出其影响会扩展到多远。

（十七）纯粹的种族是最好的

在中国的外国游客都可以辨别出中国人中的几种不同类型的面孔和体型，但在这些差异中看不出很大的民族差异。中国人把他们自己分为五个民族①，并且在他们的新旗帜上有五色条纹。然而，他们都是类似的种族，在起源、历史和外貌上都有着紧密的关联。东方人让世界知道纯粹的种族是最好的，不同种族之间的杂交很少会有好结果。在东方，任何东方血统和欧洲血统的混合都被认为是失败的，欧亚混血人在产生他们的两个种族中都不被承认。日本人就说明了保持民族纯粹性的价值。正如已经指出的那样，日本人无论到哪里，作为殖民者，都保持着其民族的纯粹性。没有欧洲民族会那样做。相反，那些放逐到东方的白种人与他们遇到的每一个当地民族交往。正是东方人论证了民族纯粹性的优点，中国人不仅充满了

---

① 五个民族是指汉、满、蒙、回、藏五族。

这种民族精神，而且充满了强烈的爱国主义情感。在中国，这也是因受过教育的阶层而产生的，特别是近年来在欧洲、美国或日本留学的青年人。与在中国看到的相比，我从来没有在其他任何地方看到有更普遍、更强烈的爱国主义情感。

（十八）仅仅是对革命的同情

对于一个美国人来说，他看到了美国国内民众情感的诸多变化，经历了一场可怕的内战，并且目睹了好几个异族数以百万计的人民进入到了自己的国家，他对中国人民现在的巨大努力不可能不感到深切同情。对于拥有任何施政经验并经历其常见困难的来访的美国人来说，都不可能不对这几百万人表示同情，因为他们冒着生命危险和一切的职业危险，试图在中国建立起一个自由的政府。对于这些身处险境、努力为这个民族做出很大贡献的人们，美国人怎么能不同情呢？然而，在华期间，我很少遇到长期居住在中国、对中国革命表示真正同情的西方人，他们都是在外交、领事、商业或是工业领域任职的。在我看来，这种缺乏同情和希望部分是由于这一事实，即大多数生活在中国的外国人多年来不认识一位中国的女士或先生。商人可能在中国有很多年的成功和广泛的业务，却不会说一句汉语或者认识他的任何一个顾客。在中国的城市里，那些由英国人、美国人或其他外国人开办和光顾的俱乐部，中国人是没有资格成为其会员的。正是传教士、教师以及其他外国人，他们怀着某种慈善的目的在中国工作，他们真正了解中国人的某些东西。他们真正地与受过教育和没有受过教育的中国人接触，并与之建立了友好的关系。而外国商人可能对中国人的现状和条件以及希望和抱负都保持着一无所知。坚持中国有可能创立一个自由政府的希望的理由是，中国人应当得到自由，因为他们勤劳、节俭，生命力强、有忍耐力，并且诚实。中国将需要很长时间来重建，而且西方国家应该在中国解决其重大的社会、工业和政治问题时，怀着耐心、忍耐和希望支持她。此时，中国需要的中国人是与本杰明·富兰克林、乔治·华盛顿以及亚历山大·汉密尔顿相匹配的人。愿她能够找到他们！

在6月8日晚上，我们一行人乘坐政府专门提供的车厢离开天津。陪伴我们的是伍连德博士，他是著名的内科医生和医学教授，我在天津已与他进行许多次交谈。他是1912年奉天鼠疫大会的主持人，也是天津陆军军医学堂的副监督。他非常了解西药引进中国出现的大量困难，并且已积极地准备了一份将由我随身带回国的陈情书，请求在天津建立和维持一所由美国指导的一流医院。从天津到奉天的旅程约有21个小时，而6月9日这一天我们都穿行在中国肥沃的乡村，它的每一小块看起来都是耕作过的。但是，耕作的人看起来不多。如果中国进行一项真正的人口调查，世界可能会为之大吃一惊。在城市里，几乎所有的建筑都只有一层，占据着很大的面积。而且，当城市的街道不过八到十英尺宽时，即便是适量的人走在街上，他们看起来都是拥挤在一起的。在乡村，人口主要聚集在有着一层茅舍的村庄里，甚至土地的些微起伏都可以使我们的火车经过时看不到这些村庄。6月9日那一整天，我们注意到火车停靠的站点人烟稀少，似乎居住在车站附近的人较稀疏。现在政府所不知道的是中国的人口比四亿大概还要多一亿。

中国政府在奉天保留了一位总督，他有一个相当的顾问团、一栋宏伟的建筑以及适当的随从，尽管无论是帝国还是民国对满州的控制都是微弱的。我们受到了总督的热烈欢迎，并享用了外交部长提供的午宴。中国政府对1911—1912年爆发的瘟疫是如此恐惧，以至于它在疫区继续保留了一种初级医院，随时接收染疫的病人。当伍博士在奉天与我们道别后，他以中国政府医务视察员的身份视察了疫区。此次肺鼠疫是危害人类的最严重的瘟疫。每一个感染者都死了，至今还没有发现有希望的治疗方法。最紧迫的问题一直是发现人和人是如何传染的，在这一点上已经取得了一定的进步。它可能是人直接传染给人的，因此它的传染可以通过充分地预防接近和接触染疫病人得到一定程度上的控制。疫情进入菲律宾和太平洋各洲当然是很可怕的。而且，菲律宾政府以及加利福尼亚州、俄勒冈州和华盛顿的议会明智地拨款研究东方的鼠疫，以及阻止其从一个国家到另一个国家的传播。

南满铁路由一家日本公司在其与中国政府签订的协议下经营，该协议允许中国政府在适当的年限结束时赎回铁路及其所有建筑和设备。看来日本现在的政策是在直接或间接为铁路服务的建筑和其他建设上花费不必要的大量资金。因此，对中国来说，要在日本的控制期结束时赎回整个公司，如果可能的话，将会是很困难的。

（简文　译）

◎十四、大来访华日记所记述的辛亥革命[①]

一到上海，我们就发现起义已占据很大优势，尤其是在湖北省和湖南省[②]。骚乱的中心在武昌，它隔江与汉口、汉阳相望。其第一个行动就是占领这座城市，将所有的官员解职，将所有没逃走的人斩首，并组建起他们自己的政府。所有的士兵和许多军官都参加了革命，所以他们开始就有一个核心，估计有3000到5000名训练有素的军官和士兵。很明显，他们已经精心准备了要遵循的计划，因为他们占领湖北省会（武昌）后所采取的第一个行动就是在晚上渡过长江，出其不意地占领汉阳铁厂，与之相邻的是仅有一个木栅栏相隔的官办兵工厂。直到不久之前，这两个地方均为清政府所控制。所有这一切都是通过很少的流血牺牲而取得的。后一个行动是最为重要的，因为兵工厂储存了各种各样的武器，包括大量的机关枪。事实上，一支军队所必需的任何东西这里都有，包括为所

---

① 大来（Robert Dollar），美国富商，在中国办有大来洋行，主要从事远洋运输。选译内容译自：Robert Dollar. Private diary of Robert Dollar on his recent visits to China [M]. San Francisco: W. S. Van Cott & Co, 1912: 103 –115.

② 原文为Honan，应为Hunan（湖南）。

有不同种类的火炮制造各种炸药和炮弹的设备，所以这个行动的收获成了关键，或者可以说革命的成功在很大程度上依赖于此。从此，这个兵工厂一直以其最大生产量进行生产。

大来（Robert Dollar）

从兵工厂后面的小山俯瞰周边地区，包括汉口、汉阳和武昌。他们立即将夺取的重炮架在这座山上，将整个地区都控制在这些大炮的射程之内，我认为其射程有四五英里。以此为基地，他们经过几次交战后，沿着江岸、越过七里河赶走了帝国的军队。七里河距汉口华界有七英里远，因此他们占领了有城墙的汉口华界，但是对外国的租界丝毫未动，他们同时通知了各列强：他们不会妨碍和干涉任何外国人。汉口华界外以及直到租界所有的建筑物都被焚毁了，铁路的终点站以及通向北京方向 50 英里处的隧道也被占领，并且这个隧道里的铁轨被炸毁了。政府主要是从 800 英里外的北京派出军队，这就需要花一些时间。与此同时，革命者没有闲着，他们也从各地会集人马。这是很容易的，因为他们实际上控制了整个华中和华南。事实上，我在这个地区没有看到一个中国人不是起义者。政府官员没有对外宣布，但是如果他们信任你，将会带你到一间内室，然后低声告诉你，他们希望起义者取得胜利。我十分吃惊的是没有看到一个人站在政府这一边，这里说的是在军队以外的人当中。当政府的援军抵达时，战斗真正开始了，而且由于政府军队训练有素，加上有好的指挥，他们逐渐使起义者退向汉口。有目击者告诉我，双方军队的英勇不相上下，但是起义者缺少足够有经验的军官，而且在很多情况下，士兵们还要在战场上相互告知要做什么。事实上，双方的大屠杀是可怕的，而且红十字会医院很快人满为患，也没有足够的医生和护士照料伤员。任何一方都没有时间掩埋死者，而且如果一个地方打了两次仗，其卫生条件是很可怕的。由于双方都有很好的战壕，所以死者大部分都在战壕附近。豪先生告诉我，他看到从汉口到七里河的战场上到处散布着尸体。政府军队由于有更好的训练和军官，逐渐将起义者赶进了汉口华界，然后通过可怕的轰炸，迫使他们在山上要塞的支持下，渡过汉江到达汉阳铁厂和兵工厂。所以在我现在写这些的时候，双方军队正在江面宽四分之一到二分之一英里之间的汉江两岸。最新的报道称，政府军队为了将起义者赶过汉江，已经在汉口华界放火，而且它事实上被焚毁了。

与此同时，政府的炮兵部队已经将他们的大炮对准了武昌城，海军上将萨[①]的舰队也已靠近，进入射程范围之内，而且他们开始炮轰这座城市。据最终的报道，这个地方守不住了，并正处于被完全破坏之中。这是一座有着75万人口的城市。毫无疑问，大火将会完成炮弹所不能做的事情。这就是在写这些的时候的情况。

1911年11月4日。

长江下游的九江、芜湖和南京都被起义者占领了。他们要塞的火炮对准江面，击沉了两三艘鱼雷艇，并俘获了几艘装有弹药和煤的轮船，这就很可能导致那支舰队会用完弹药和煤。另外，装载在一艘招商局轮船上的五百吨弹药被起义者俘获，并在上海被卸了下来。今天早晨是很重要的。吴淞要塞被起义者占领。该要塞在中国是最大的，并且是最好的，完全控制了长江和黄浦江，因而完全控制了上溯长江到所有的口岸以及到上海的交通。同时，江南制造局和上海造船厂被占领，事实上整个城市都被占领了。

人员伤亡仅仅被报道为死了一些人并有50人受伤。沪宁铁路的车站在租界之外，因此在中国管辖之下，而外国领事们却不明智地派出一些外国志愿兵去保卫它，所以破坏了中立法，并加入到了清政府一边对抗起义者。如果这种不明智的轻率行为一直持续下去的话，起义者将会开始反击外国人，但是当一连起义士兵到达，欧洲人被迫撤回到了他们所属的租界。很明显，保护这个火车站是中国人自己的职责，无须我们去承担。在这次起义中，中国人与外国人之间没有发生任何麻烦的危险，除非它被类似这样的不明智行动所引发。这个时候比任何其他时候都需要有在事件面前慎重和冷静的人，而且在我看来，如果有外国人卷入了起义，那将会是咎由自

---

① 即萨镇冰。

取。我们必须保持中立，不支持任何一方，并公正地对待中国人。我必须说的是，没有一个国家会在没有巨大的流血牺牲、暴乱和骚乱的情况下，彻底地改变一个人口超过百万城市的政府。上海恰恰相反，一直保持着很好的秩序。

所有人都接到命令要挂出起义者的白旗，于是在中午的时候，城中街道上出现了许多白旗。在上午的时候，有250～300名的美国士兵到达，并行军从城中的主要街道走过。他们当然都是长相英俊的小伙子。他们的行军和操练看上去很完美，而且他们展示了一种非常好的形象。这很明显是在警务处处长的要求下做的，因为他走在他们的前面，而且是为了向中国人展示眼前有一支武装的外国人组成的军队。但是，我却认为这是没有必要的，因为每个人都是守秩序的。我们居住的法租界非常兴奋，警察都配备着步枪，并得到了加强，因此在每个角落都有一两个警察。在我们住的地方附近有一个小公园，那里就有一队警察在执勤，这表明他们已采取了每一项预防措施。

金融状况很糟糕，所有的本国银行都被关门停业。外国银行正要去帮助它们，而且所有的都团结在一起，就像三年前我们的美国票据交换所做的那样。与此同时，为了继续进行自己的业务，它们在外国银行开户，这些银行是它们完全信任的，而且是实力强、有很多钱的银行。不用说，那种业务是被打乱的约定的事。而且，由于这个城市控制着长江流域，并且敌对行为是在其两岸进行的，这就使得大量的商业陷入瘫痪。然而，每个人都希望，当所有这种麻烦被解决的时候，中国将进入一个繁荣的伟大时代。

在起义开始之地的四川，我们没有听到很多消息。而在广东省的广州，他们愚蠢地宣布要建立自己的共和国，但是我想，现在是停止了。

虽然我们认为共和政体是最好的，但是我确信这个帝国还没有为建立一个共和国做好准备。事实上，在安全地将选票交到人民手中之前，将需要进行很多年的教育。所以，我认为唯一安全的方法就是实行君主立宪政体，并保留皇帝和摄政王作为名义上的首脑。我想这会产生令人满意的结果。而且，各省都有省议会，北京有参议院或国会，并有对国会和人民负责的大臣。他们将正确地处理旧派中顽固不化的人和无能的人，仅任命有能力的人担任职务，如果他们表现得好，将被允许继续担任职务。

这一切对一个美国人来说，看起来并不是很大的改变，但对于已经流传了几千年传统的所有中国人来说是一次彻底的颠覆，并且清除了那些一直以压榨这个国家的贫苦人民而发财的人。加利福尼亚人将之与我们的州议会相比，就能更好地理解了。如果分肥制和特权享受全部被废除了，那将是多么大的一个变革和革命。这将使得我们所有的政治家都无事可做，而且在我们的立法大厅里将会是一些完全不同的人。因此，在这个国家更是如此，因为贪污受贿已经持续了几个世纪，而且现在将要担任领导职务的人会是受过外国式的教育并习惯于这种方式的青年人，他们还要有一个与以旧式的压榨方式运作政府的无能而衰老的清政府所不同的政府观念。整个制度都是错误的，而且要改正它，他们就必须从顶层开始，并从上到下地改革一切。在新形势下，这将在相当程度上取得成功。我很高兴在今天的报纸上看到：进步青年之一的施肇基已被任命为驻美国大使。我认识他，而且知道他的思想很进步。

我们到位于上海以南约 150 英里的浙江杭州去旅行。在去火车站的路上，我们在一条狭窄的路上遇到了大量的起义士兵。很明显他们是刚入伍的，因为他们没有制服或武器，但是每个人的上衣上都缝着一块白布。这表明他们都是应征入伍的起义士兵。他们由前面的两面大白旗引导着。一些穿着制服的军官负责指挥。当我们在一个非常狭窄的地方从一大群这样的军人旁经过时，有一个汽车轮胎爆了，并伴随着很大的声音，这严重地惊吓了那些士兵和其他人。他们草率地得出结论：这是帝国的军队在炮轰他们。并且，我们正好处在了骚乱的中心位置。

这是我们第一次坐火车去杭州，以前都是从大运河上坐游艇去。这个地区的富饶给我们留下了深刻的印象，这里非常平坦，有着很高的耕作水平，实际上它看起来就像一块一块的花园。该省的主要产品是大米，并种植桑树以制丝。整个地区运河交错，而且都是大运河的支流。水是他们贸易运输的唯一方式。那里没有公路，最近的去处就是用石头铺成的路，有2到4英尺宽；铺路石一般是4英寸厚，2英尺宽，6到12英尺长。

在途中和车站，我们看见到处都有士兵在训练，但是没有帝国的军队，全都是起义者。事实上，整个江苏省和浙江省已经完全转向了起义者这一边。许多士兵坐在驶向两个方向的火车上，显示出那里有重大的行动。

我们停留在之江学堂①，它在杭州3英里外的江上游，离位于闸口的现在的铁路终点站有1英里远。这条铁路建成后，火车可到达宁波和福州，但是在之江学堂的校园将会修一座0.75英里长的桥横跨这条江。由于这会花很多钱，所以工程受阻。上一次我在这里的时候，还没有开始进行建设。现在已经有了显著的变化，8栋宽敞的现代建筑出现在校园里。这些宿舍和教室足够200至250名学生使用了。教授们住的是很好的房子，而且校园周围还有一些东西没有建成，我发现那些已经建成的都建得很好而且非常坚固，足够使用很多年。水是用竹管引来的泉水，竹管一定很快会被铁管所代替；而且，下水管道也必须铺设。还要提供一艘汽艇，以作为与杭州城联系的方式之一，还要为中国教师提供房屋，等等。

星期天，我们到费佩德教授家做客，并对那里的宗教仪式很感兴趣。上午10点钟，费佩德先生开始用中文对学生们、全体教职员工以及他们的家人讲道。我对学生们为这样规模的集会歌唱感到十分吃惊，我想这是自己曾经听过的最好的了。他们用古老而熟悉的曲调来唱中国的歌词。在随后的集会中，我注意到风琴手们已经换掉了，经询问才知道，男孩子中有

---

① 1914年改为之江大学。

16人演奏得很好，足以领唱。学生们的这种认真的态度和仪表给我留下了十分深刻的印象。

下午3点钟，他们邀请我就美国和中国之间的国际关系给学生做演讲，马托克斯校长①将其翻译如下：

美国和中国之间的国际关系

在美国，那里已经形成了一种非常明确的对中国的友谊之情，而我很高兴在这个国家看到了同样的感情正在突飞猛进地发展。

首先，在提倡中国的领土完整和“门户开放”上，我将坚持我们政府的态度；然后是满州铁路的国有化，通过几个强国借款给中国，将之赎回并拥有此路，而且不是绝对的拥有权，而仅是以之为抵押。不用说，这些计划，尤其是最后一项，并不为列强们所赞同，虽然帝国的完整和“门户开放”被半心半意地接受了，但是满州铁路所有权的计划被一种强硬的方式拒绝了，那里没有误解的意思。另外，美国是唯一归还了中国被迫偿还的超额赔款的国家，而且她不欠这些赔款。

其次是个人正在付出的努力。派遣留学生到美国对两个国家都是有好处的，而且时间的发展会证明这是明智的；事实上，几年前在美国接受教育的学生正在对你们国家的政府改造产生可以感觉得到的影响。

这些学生得到了很好的接待。一到达旧金山，基督教青年会就照管他们，为他们的舒适和快乐进行安排和准备，带他们看这座城市的风光，并提供娱乐；海关和移民局对他们都很友好。我把上一批留学生带到商人交易所的楼顶，并在一栋14层高的大楼楼顶向他们介绍这

① 即王令赓（E. J. Mattox）。

座城市。他们当中没有人曾经看到过一栋高出这个高度一半的建筑，而且我可以放心大胆地说，你们当中肯定没有人看过六层楼的建筑。

当我们的商人在大约三年前参观日本时，我看到了它的很大价值，于是我建议上海商会邀请我们的一批商人去访问你们的国家，这在去年已经成行了。你们将会记起我们访问杭州，并且受到了你们总督的接见。在世界历史上，还没有哪一批商人能受到来自你们国家的人民这样的接待。我们受到了自摄政王以下官员的接见。这次访问是非常有收获的。现在，太平洋沿岸联合商会要我做联系人，邀请你们的50名杰出商人去访问我们的国家。他们将从每个省份中选出来。我们打算向他们展示我们超过60个的主要城市以及工厂和工业，而且他们乘坐的专列行程将超过11000英里，他们在美国的时间将会超过3个月。我们期待这次访问能够在加深友谊方面取得很好的成果。

太平洋沿岸各州的不同教派就各派出一名牧师和一名和平信徒访问日本、中国并举行了会议，以努力建立一种情感，支持在美国和你们国家签订仲裁条约，与日本也是如此。这样可以通过仲裁而不是战争，来解决民族争端。我们已经与英国和法国签订了这样的条约，并通过在这方面的继续努力，希望同日本和你们的国家建立更密切的关系，以获得同样的造福人类的巨大利益。

关于你们国家在这场内战中所经受的巨大苦难，我可以使你们相信：当合适的时机到来之际，你将发现美国最先为你们获取和平，并努力使你们得到一个好的、稳定的政府。而且，你们从以前的经验可以知道，美国现在不会，将来也不会要你们的任何国土。而且，就我们的力量而言，我们将阻止其他任何国家索要你们的领土。

我想请你们相信，我们的国家真诚地同情身处国家正经历着巨大考验中的你们，但是我们都知道，伟大的幸福也将会从大难中产生。结束之际，我最好请你们一起背诵《约书亚记》的第一章的第八、九节：

“这律法书不可离开你的口，总要昼夜思想，好使你谨守遵行这书上所写的一切的话。如此，你的道路就可以亨通，凡事顺利。我岂没有吩咐你吗？你当刚强壮胆，不要惧怕，也不要惊慌。因为无论你到哪里去，耶和华——你的神必与你同在。”

从之江学堂到素有“天堂之城”之称的杭州的路上，我们穿越了龙谷，这是一次非常美妙的旅行。峡谷尽头靠近河的地方大约有四分之一英里宽，然后便逐渐变窄，直到山腰留下的空间仅容一条小溪和一条路。整个山谷都被耕种了，甚至山坡上都是用石栏墙围成的梯田，并栽上了茶树。河边的低地上种了一些水稻，但是除那以外的地方种的全是茶树。几个世纪以来，皇家用茶每年都是从这个山谷运到北京去的。有几个小村庄坐落在不同的地方，而且它们看起来都很繁荣。茶树现在正在开花，在许多地方，农民们正用四齿大耙翻挖那些茶树丛旁边的土。

去西湖附近的路上，我们参观了雷峰宝塔。它建于公元 970 年，起初有 7 层，但是现在倒塌了，只有 4 层，200 英尺高。最初它有 350 英尺高。它的墙很厚实——超过 20 英尺厚，而且是用砖砌的，面上贴上石头。路或者确切地说是小径，是用石头铺成的，大约有 4 英尺宽。石头大多是交叉摆放的，有 4 英尺长。这里还有很多横跨小溪的石桥。一般来说，石头是跨度的长度，它们有 20 英尺到 40 英尺长，2. 25 英尺宽，10 英寸到 12 英寸厚。4 块石头并排就成了一座桥，而它的两头是建在石头桥墩上的。整个看起来它好像可以永远存在，就像这条小路已经使用了好几个世纪一样。

西湖有美丽的湖面，是划船的好去处。我们想去位于灵隐的建于公元 326 年的著名寺庙，那里有几英里远，但是时间却不允许。我很想看到那些大圆木，它们有 120 英尺长，根部直径有 5 英尺，那是我们为了重修这座寺庙从哥伦比亚河运来的，它是中国所有古寺庙中最伟大的，被太平军给焚毁了，但现在正在由盛宫保[①]阁下进行重建。那些木材都立在了适当的地方，而且收尾工作正在进行。虽然从西湖到该寺庙的位置只有3英里远，但是搬运那些大木材让一大群人花了几个星期的时间。在没有任何蒸汽动力的情况下，将那些巨大的树木树立起来是一项巨大的工作。它们是当时运到中国的木材当中最大的。

我们必须穿过杭州城才能到达火车站，而当我们到达城墙下的时候，我们都不需要去询问是否有革命正在进行，因为城门被士兵牢牢地把守着，而且在几个地方有数座大军营，在其附近有大量的士兵，起义者的白旗在各处都是很显眼的。士兵们都穿着帝国的军队制服，但是在他们的袖子上缝着一条白色的带子，这就是起义者和忠于政府者所有的区别。那里现在正保持着很好的秩序。

六和塔是1894年建的，年代较新。它有13层高，目测高度近500英尺，而且可以从很多英里以外看到。第一座是在1000多年前兴建的，但在1862年被毁。它是六边形的，并且僧侣们使其保持清洁和良好的状态。

1911年11月21日。

中国这个古老的、慢节奏的国家，突然就像变魔术一样，变成了一个新的、快的中国。变化来得如此之快，以至于让人几乎不可能跟上它们。在过去的一星期里，袁世凯以唐绍仪为助手，组建了一个新内阁，据说新内阁中有5人是在美国接受的教育。从所有反对进步的满族旧人物那里会产生任何更激进的变化吗？

现在，北京一直保持着平静，但是没有人知道这将持续多久。天津很可能会站在北京这一边。在汉口、汉阳和武昌，袁世凯拜访黎将军导致了

① 即盛宣怀。

敌对行动的相对停止。据报道，海军上将萨[1]的舰队已升起白旗，并投向了起义者。南京现在是风暴的中心。那位鞑靼将军率领着1.5万至2万的军队，他关闭了城门，并准备着围城之战。李佳白博士冒着生命危险进城，就达成两个星期的停战协议以实现和平而与这位将军面谈。不幸的是，他失败了。现在，起义者正在将来自各个方向的新兵聚集到南京。据说他们已经集结了2.5万人，但是大部分人都没有训练过，不过以前汉口的经验表明，他们是可以依靠的，因为他们的英勇发展到了蛮干的程度，所以当他们试图攻占这座城市时，那里将会有一场大屠杀。他们拿出五万元要那位满族将军的人头，因为他们希望通过得到将军的人头而让这个要塞加入到起义队伍一边。如果这能够成功，他们就能够迅速解决它，而且占有这支训练有素、装备现代化的军队，满人就没有机会获胜，他们将不需要大量人员伤亡而取得结果。

沪宁路起初拒绝运送起义部队，现在已经将所有设备用于服务当中，而且轮船正在通过长江运送武器、弹药和补给到镇江。镇江是他们的供应基地。

值得注意的是，他们竟然能够如此之快地招募新兵并为他们提供制服。他们看起来在招兵上并没有费任何力气，因为前来应征的人比他们所能接受的还要多。他们看上去来自四面八方，而且因为他们占据了兵工厂，这就提供了装备他们的手段。我知道它们正在日夜不停地生产。

华北和华中的商业已经暂停营业，除了补给军队外，事实上什么事情都没有做了。所有的本国银行都关门了。在上海，一个票据交换所正努力形成，这样它们能够通过合作而开业。这与我们旧金山银行在大恐慌时的情形相似。如果它们当中的任何一个开业了，那么它们的钱很快就会耗尽。外国银行在这方面帮助它们。中国人为了安全而将钱存入外国银行，所以

---

① 即萨镇冰。

外国银行比它们用任何方式获得的钱都要多。它们现在拒绝为中国人开新账户。

香港，11月21日。

我们发现香港的欧洲观光者人满为患，所以宾馆都住满了；而且，到处是中国难民，他们无处安身，因为本地房屋的租金在三个月里已经翻了一倍，于是城中和港口都呈现出一片非常繁忙的景象。但是，商人们却告诉我，大量的货物正在到达后被搬进仓库，因为内地的本国银行都关门了，而且不能获得货款，所以商人们囤起货物，并在钱快到时少量地发放一些。现在已经有超过一百万袋的面粉被因此而囤积了起来。

虽然商业毫无疑问受到了限制，但是还没有像华北和华南那样糟糕。我们听到了大量对广州违法情况的抱怨，而且在西江的上游，海盗大规模地行动，据说有一伙的人数达到了600人。由于革命，所有的炮艇都撤离了这里，这就使不守法的人能够自由活动。他们甚至在这个殖民地上进行这样的尝试，但是没有发生任何严重的危险事情，因为在所有事情之上，英国将依照法律和命令的条文行事。

然而，商业活动的普遍瘫痪正在逐渐波及整个帝国，这将会剥夺大众的生计。而且，如果革命不马上停止的话，我们预料到一定会有暴乱和困境。在我写这些的时候，这种迹象并没有立即呈现。据报道，日本将采取暴力手段，保卫他们拥有抵押权的汉阳铁厂。

广州地区的违法问题，尤其是西江的海盗问题日益严重了。一艘英国江轮被中国领航员故意引到泥岸搁浅，然后立即遭到了海盗的攻击。他们用现代步枪开火。船上的大副有枪，打死了他们当中的5个人。船长发现弹药已经全部被偷走了，而且操舵室里那些枪上的子弹都已被取走，这表明他们在船上有同伙。不幸的是，在进行了英勇的抵御后，大副被杀害了，还有3名乘客受伤。他们拿走了暴露出来的一切有价值的东西，包括船上的货物。海盗们离开之后，这艘轮船返航，并驶往香港，向舰队司令报告了这一事件，他马上派了3艘鱼雷艇、4艘汽艇以及一艘载有6挺机关枪的拖船。对西江上的海盗来说，这将在一段时间里吸引他们的兴趣。

我很惊讶地看到有许多中国人剪掉了自己的辫子，广州城整整三分之二的人都剪了。粗暴的人在街上手持剪刀游行，并剪掉了毫无戒心的所有过路人的辫子。他们声称那是一个标志，即如果辫子没了，他们就是起义者。

在读香港报纸的时候，其语调是非常的悲观。人们认为中国已经走到了末路，而且新政府毫无希望。然而，在真正发生动乱的华北和华中，报纸对最后的结果满怀希望，即我们将会有一个新的进步的中国。与北方的商人和银行家们谈论时，他们全都表达了和他们的报纸一样的观点。另外，在香港和广州，每个人看起来都认为所有的东西已经走到了尽头。而且，说来也怪，北方的商业活动实际上已经停止了，而在南方，商业被大大地削减了，但并没有停止，因为南方人不仅依靠中国。

（柳浩　译）

◎十五、S. S. 哈夫记述的辛亥革命[①]

（一）新的中国

1911年10月，当我离开美国前往中国、菲律宾和日本考察传教工作时，日报都在用醒目的大标题报道着中国正处在一场大内战的苦苦挣扎中。当我到达檀香山后，来自中国的报道表明革命已经取得惊人的进展。11天后，当我们的满洲号轮船在日本横滨停靠时，我们了解到数以百万计的中国人已经剪掉了辫子。辫子是顺从满族的标志。然后，仅仅用了两个晚上，我们船上的175名中国服务人员的辫子在乘客们的热情鼓舞下也消失了。

当我们到达中国中部时，情况变得很明显，即革命不会像大海潮汐退回去那样地被镇压下去。外面的

① S. S. 哈夫（S. S. Hough）：美国基督同寅会海外传教会总干事，1911年10月至1912年4月曾到日本、中国、菲律宾访问。本书选译自他的访问报告中的部分内容，即《对中国与岛国的访问》（G. M. Mathews，S. S. Hough. The call of China and the islands：report of the foreign deputation，1911—1912，for Every Member of the United Brethren Church. Dayton［R］. Ohio：Foreign Missionary Society United Brethren in Christ，1912.）一书的第11～25页。

世界并没有认识到：中国已经为一场彻底的革命做了充分的准备，她像一片巨大的干燥森林，在任何地方仅仅划动一根火柴，就能引起全面的大火。意想不到的事情发生了。就像一场燎原大火，革命从一个城市接着一个城市、一个省接着一个省地席卷过去，在不到两个月的时间里，革命力量就夺取了18个省中的15个省。一个新的共和国建立了，于是占世界人口四分之一的中国因此突然经历了历史上已知的最巨大的变革。真的，上帝实现他预言的时刻来临了："一个国家在一天之内诞生。"

105年前，当马礼逊作为第一位新教传教士前往中国时，纽约的一位著名人物嘲笑着对他说："因此，马礼逊先生，你真的期望能影响中国的偶像崇拜吗?""不，先生，"他回答道，"我期待上帝的意志。"

从那天起，光明与黑暗的冲突已经持续了一个世纪，而且洛厄尔的重要诗句再一次起作用：

> 漫不经心似乎是最大的复仇者；
> 历史篇章仅记录
> 死亡在黑暗之中格斗
> 于旧制度和福音之间；
> 真理总是在断头台上，
> 邪恶总是在宝座之上，
> 但是那断头台影响着未来，
> 而且在看不清楚的未知的背后
> 上帝站在阴暗处，
> 正在空中注意着他的子民。

在革命的危急时刻，北京的皇帝在迷惘之中前去祭拜了他的祖先，并请求他们神灵的帮助，而革命军的首领黎将军却恳求活着的上帝；我们的主听到了，并致力于为那些为了正义和自由而战的人服务，在我们的眼前以一种精彩的方式实现了第二赞美诗：“外邦为什么争闹，万民为什么谋算虚妄的事？世上的君王一齐起来，臣宰一同商议，要敌挡耶和华，并对他的受膏者，说，我们要挣开他们的捆绑，脱去他们的绳索。那坐在天上的必发笑，主必嗤笑他们……你必用铁杖打破他们。你必将他们如同窑匠的瓦器摔碎。现在你们君王应当醒悟。你们世上的审判官该受管教。”

（二）革命爆发的原因

在正在变化的条件中，我经过实地研究形势后，认为以下是引发革命的几个重要原因：

第一，中国因其地理位置，一直与世界的其他部分是隔绝的，并因此成为一个封闭的国家。270 年前，满人从北方南下，并帮助中国赢得一个军事上的胜利。然后，他们就自己占据了皇位，因此从那时起，中国就一直被一个异族统治着。满人采取了致命的政策，坚决地反对基督教和西方教育。他们到处限制有才华、有能力的汉人从事他们因专门的训练而适合做的工作。

皇帝和他的大臣们积聚了大量的财富。安全感使他们好逸恶劳、奢侈享受和道德败坏。满人当中出现了敌对的两派，即红、黄两派之争。他们在执行国家政策上相互反对，因此也就表现出了一个分裂家族的弱点。

第二，基督教会已经进入中国，建立起了学校和教堂。许多青年男女已经接受了耶稣基督的精神，并且正在接受西方教育原则的培养。福音正默默但是有力地渗透到新的中国的领导者们的生活之中。他们当中的许多人除了在中国接受教育外，还在耶鲁大学、哈佛大学、哥伦比亚大学以及美国和英国的其他大学学习研究生课程。

第三，传教士和觉醒的中国人领导的反对鸦片运动，第一次向中国揭示了演讲的力量。演说对中国来说是一个新的和巨大的进步。许多熟悉情况的人说，如果数以千计的中国人没有在反鸦片运动中接受锻炼的话，革命是不可能取得成功的。这场运动惊人的成功使中国的领导者们对他们做事的能力充满了信心。

然后，他们组织了反对合法赌博的运动，合法的赌博在中国长期都是一种祸害。在广东及其附近地区，有两千赌馆一直以来为每年的许可证付150万元，他们迫使它们在1911年3月29日午夜关闭，而且次日，赌徒们参加了胜利的庆祝活动。通过这些反赌博和反鸦片的运动，年轻的中国人开始发现他们自己，并且他们感到取得更大的胜利是可能的。

广州庆祝关闭赌馆的游行

第四，中国在1894、1895年的对日战争以及1900年义和团起义中所遭受的耻辱，不仅向外部世界，而且向中国的领导者自己暴露了它的衰弱。日本在1905年战胜俄国，使中国增强了一定要变革的信念。大约15000名中国最进步的青年已经看到了他们国家可能的前景，他们离开中国前往日本学习这个"扶桑之国"强大的秘密。其他一些学生则前往美国和英国进行专门的学习。

第五，在这些重要的运动和事件发生之际，上帝已在准备让一位叫孙中山的青年人成为中国新时代的建设性的领导者和组织者。当他还是一个少年的时候，他就皈依了基督教，接受了改革思想，并开始在日本、美国和英国的中国留学生中宣传他的观点。他的新思想在各地被热心地接受，而且这些留学生已经准备回到中国，在行动的时间到来时，投身革命队伍。从某种重要意义上讲，这些留学生使中国成为共和国。

（三）华盛顿与美国独立战争

中国一直在认真地研究乔治·华盛顿的一生和美国独立战争的历史。看到华盛顿在中国的巨大影响，我一直很惊奇。多年前，在宾夕法尼亚州公立学校，我们经常读爱德华·埃弗雷特①如下的关于华盛顿深远影响的话："越过俄亥俄州，越过密西西比河，沿着从东部到西部移民的了不起的足迹，随着向西行进，华盛顿的名字和记忆进入各州，将和银白色的天后一起，穿过60度经度，没有人伴随她，直到她在自己的光亮中走过金色的大门。而在蛮荒的群岛，由于尚未有文明人踏足，那里，而且仅有那里，华盛顿的名字不被人知；而且，也是那里，当它们聚集了数以百万计的文明人时，我们的新荣誉将献给对他的记忆。"

---

① 爱德华·埃弗雷特（1794—1865），美国学者、政治家。

我看到这个预言在夏威夷群岛、日本、菲律宾实现了，而且在中国是以一种最意想不到的方式实现的。当革命从华南横扫满人之际，杰出的中国人说道："是乔治·华盛顿做的。"许多人说："在新的中国，没有人会投票选举一位不了解乔治·华盛顿一生的人。"我被告知：四位人物最近出现在中国中部的公立学校的一份读物中，他们是华盛顿、林肯、罗斯福和孔子。

中国的报纸强力支持为自由而战，并很好地利用了美国独立战争，正如经历了一个暂时的挫折之后印刷的一份上海报纸中的下面这段话将要说明的：

"如果我们有成功，我们也必然会有失败。现在，很不幸，我们得到了汉阳失败的消息。我们失去的仅仅是一个小角落。新大陆在赢得独立之前，浴血奋战了7年。殖民地人民在他们摆脱英国殖民者的枷锁之前时败时胜，然后他们建立了一个伟大的共和国，它已经成为世界列强之一。如今他们的人民享受着平等的福祉、呼吸着自由的空气。这是通过他们先辈们的铁与血而为他们赢得的。假如美国人在残酷的7年的斗争中因为不断的失败而丧失信心，开始低下他们的头颅而乞求和平，或者说如果他们退却，并拒绝前进，那么今天他们会发现自己处在辉煌的境地吗？他们不屈不挠的力量中的英雄特质使我们尊敬他们，并向他们鞠躬。现在，我们正在为自由、为共和而战。我们希望被纳入地球上的大国行列，我们拒绝成为牲畜和奴隶。"

（四）基督教顾问拯救中国

因为北京和南方的冲突越来越尖锐，中国的完整统一在几个星期里都悬而未决。一场令人苦恼的饥荒以及盗匪抢劫盗窃的报道，使这种形势变得更加复杂和困难。那时，俄国人变得具有侵略性，并以维持秩序为借口有计划地控制了蒙古。与此同时，日本在满洲增强了自己的兵力。

基督教政治家们认为，形势有这样的一个特征，以至于肯定会导致列强的干涉和中国的分裂，除非在北京采取强有力的和迅速的行动。对中国来说，非常幸运的是，她拥有诸如柏赐富主教、中国万国改良会总干事丁义华先生以及尚贤堂总理李佳白博士这样的人，这已经被中国政府所认识到。双方的领导人都向这些人以及其他人咨询。柏赐富主教使当局确信：起义来自上帝，并且不能被镇压下去。他促使双方的领导人聚集到一起，并阻止分割中国。

丁义华先生将下面的电报发给了在北京的皇太后和亲王们："我在中国已经居住很多年了，而且期望中国改革，并变得富裕和强盛。我曾经南下，并了解南部省份的人民的要求，他们期望给皇室以优待，并且转向共和国。我同汉人、满人都有很好的关系，不忍坐视他们毁灭自己。所以，正如传统中所说的'鹬蚌相争，渔翁得利'。我希望中国将会很快将共和国之福赐予人民，以便不但可以避免对生命的摧残，而且不会给其他国家利用这一形势的机会。"

李佳白博士亲自拜访了北京的官员，并提出皇帝迅速退位的强有力的理由。在那个危急时刻，没有一个知晓内部形势的人会怀疑这些基督教政治家的能力。

（五）从旧到新

就在我们的中华年会在广州即将结束之际，电报公布了这样一个事实，即中国皇帝将要退位。我取出美国的星条旗，将它放在新的中华民国旗帜旁边。你们应该已经看见了中国基督徒们脸上焕发的热情，那时我一起挥舞着这两面旗帜，庆贺在场的每个中国人有幸生活在这样一个时刻，即上帝为将人们引进他的王国而正在中国创造奇迹。

2月12日，皇帝退位的诏书正式发布。而且，孙中山为了统一整个国家，辞去了临时大总统职务以支持袁世凯，此举将不仅使他永远被铭记在中国的大众心中，而且将被铭记在整个文明世界的心中。经过无数次会议，国会接受了孙中山的辞呈，并选举袁世凯为中华民国总统；而且，会议通过了有56个条款的临时宪法，其第五、六条规定："中华民国的国民将不分种族、阶级或宗教信仰，人人平等。人民享有宗教信仰自由。"

3月10日，袁世凯总统宣誓如下："我将忠实地努力发展民国，清除君主专制的弊端，遵守宪法，增加国家的福祉，凝聚一个将包括所有五族的强大国家。当国会选出正式大总统时，我将退职。"

袁世凯总统虽然不是一个公开宣誓入教的基督徒，却使人们知道，就他所理解的基督教教义而言，它们是他在新政府中正努力寻求的。他已请求新教教徒们到处传递宗教自由一词。

（六）中国的华盛顿

中国革命引起世界注意的一个非常有趣的伟大人物是孙中山，他是广为人知的"中华民国的乔治·华盛顿"。

孙先生出生于中国广州附近，是一个农民的儿子。他在年轻的时候就从一位叔父的榜样和教导中接受了革命精神，这位叔父大约在50年前参加了试图将中国从满人统治中解放出来的太平天国起义。大约14岁的时候，他接受了上帝作为自己的救世主。由于信奉基督教，孙先生招来了他的哥哥的反对，其兄想尽办法让他放弃基督教信仰。但是，他的朋友们的强迫与劝说都不能使他改变。他告诉他的哥哥："我从内心相信这个信仰，因此我不能放弃。"他研究地方和省政治，并且很早就成为村里议事会的公认领导，他为自己的社区进行了许多的改革。他在香港和广州的教会学校学习，然后成了一名医科毕业生。

（七）呼唤解放中国

大概在20年前，孙中山深深地确信，上帝召唤他为中国的巨大转变而努力。他攻占广州的计划泄露，被迫离开中国；而且，多年来他都在欧洲与美国流亡，他的人头遭到高价悬赏。这些年间，他的信仰、执着以及长远计划看起来是惊人的。当他沦为中国驻伦敦使馆的一名囚犯时，他在最黑暗的时刻说："我彻底绝望了，而且只有通过向上帝祷告，我才能获得一些安慰。我永远都不会忘记看起来占据了我的那种感觉。那是1897年[①] 10月16日即星期五的早上，当双膝跪着的我站起来时，一种平静、希望与自信的感觉使我相信自己的祈祷被听到了，而且它使我充满希望，即一切都会好的。"

在中国为自由而斗争之际，孙中山回到了他的祖国，并且很快当选为新的中华民国的第一任总统。几个月后，为了实现南北统一，他辞去了总统职位，他的这种自我牺牲的行动展现了他真正的伟大。

辞去总统后，孙中山在为他举办的告别宴会上，发表值得注意的演讲。他说："中国现在建立了共和国，而我虽辞去了临时总统一职，这并不意味着我将停止为这个事业而奋斗。中国已经被满人统治了270年。在那个时期，为重获独立而进行了许多次尝试。50年前太平天国起义就是这样的一次尝试，但那仅仅是一场汉人反满的种族革命。假若那场起义成功了，国家仍然是处于专制政府之下，这不能算作是成功。几年前，我们当中的一些人在日本成立了革命团体。我们确定了三大原则：1. 汉人作为一个种族是地位最高的，而且不受一个异族的统治；2. 人民在政府中至高无上；3. 人民在财富生产中至高无上。"

自从辞去总统职位后，孙中山就一直奔走在没有安定下来的省份，解

① 应为1896年。

释新的共和国的意义和重要性。全世界没有人能像他正在做的那样，有效地从事这种重要的工作。

（八）重建是一项巨大的任务

没有生活在中国正在变化的形势中，就很难想象新的共和国的领导者和基督教工作者现在所面临的任务的艰巨。汉族、满族、蒙古族、回族和藏族这五族将要团结在一个共和国之中。官员们的迷信和腐败一直是令人震惊的，地方和各省大量存在着猜疑，到处都有非法团伙抢劫和绑架，仅有大约10%的人口能读书和写字。政府完全没有必需的资金从事自己的事务，更不用提有足够的经费用于创办学校。

现在新的中国领导人面对的严峻现实是“人民的政府本身不是灵丹妙药，它不是比任何其他的形式更好，除非人民的道德和智慧让它成为那样的一个政府”。

新共和国的确立需要时间、耐心与智慧。美国革命之后花了六年时间制定我们的宪法。在最有利的条件下，拥有数亿人口以及复杂问题的中国需要更长的时间来制定她的新的政府制度。

一个非常熟悉整个形势的人写道：“我们对新时代的独特机会感到惊奇，前所未有的责任与危险让我们感到困惑。如果曾经有请求在人类的历史上帮助一个国家脱离困境，那么美国就被请求去帮助目前处在危机中的中国。”摆在基督教会面前的是这样一个无法形容的机会，以便在此时向中国宣扬上帝的真理和光明，这一定会与共和国的精神结合在一起，以向其确保使自治的实验成为幸福而非祸害所必需的是稳定和智慧。

（陈琳　译）

◎ 十六、弗里德里克·麦考密克记述的辛亥革命[①]

（一）与一名起义将军在沿海

广州是它所在的广东省的省会，管理该省以及与之西部相邻的广西省。8 个主要的海盗首领控制着整个西江和珠江流域以及从广州向内地延伸 50 英里的地区，他们正相当成功地管理着这个地区。形似“玻璃灯罩”的地势正穿过河南岛，而且在镇压海盗的过程中确实杀掉了一些人。在广州，新政府里共和主义的领导人和政府官员中可能有 70% 是基督教徒，而且除了海盗队伍外，这部分在全省各地都是最重要的。

在广西省，最高掌权者却相反，该省已崛起的那种领导代表的是三合会的首领，或是最大的勒索者以及强盗。那里的一个领导者将一群麻风病人引诱到他

---

① 弗里德里克·麦考密克（Frederick McCormick）：美国著名记者，他在著《中华民国》（Frederick McCormick. The Flowery Republic［M］. New York：D. Appleton and Company，1913.）一书前已在中国有 12 年的经历，曾亲历辛亥革命，他所著的《中华民国》一书对辛亥革命的发生、发展有详细的叙述。本书内容仅选译了该书的第二十二章《与一名起义将军在沿海》、第二十七章《革命的老朋友》、第二十八章《我对孙中山的采访》、第三十三章《在南京的熬夜战》。

的控制之下，并假装供给饭食，将他们的头砍下以便处理掉他们，这位领导者就表现了统治着那里的一帮人的统治方式。在一些地方，这种掌权者受到已成立的民军的反对，并在其他地方遭到了革命组织的反对；他们各据一方，控制着城镇，拥有自己的税关，并对所有的交通运输征税。

在广州东部，海盗团伙正企图控制面向大海的要塞来扩大它的势力。一旦其企图实现，它将进一步胁迫广东的民国政府，并且将会威胁南京的临时政府。

在离开广东之前，一个背着小孩的船娘划船，送我到珠江上游，一路迎着潮水，听着盐船上的晚祷之声——即向水鬼击鼓的晚祷。在经过这支锚泊的船队时，我们遇到了其他的由淘气的船姑们划的船。我们经过了帆船最多的地方，在快乐的船尾下，整个船村都是欢笑声，旗幡飘荡，水上漂浮着小红纸片。广州准备好了它自己的新年的欢庆。

第二天，我在新年难以计数的鞭炮声中离开广州。对我这个美国人来说，广州就变成了一个像是 7 月 4 日百年纪念的城市。这是对英国给沙面所留悲哀的一个快乐的斥责，在这一悲剧事件上，严肃而保守的英国领事杰弥逊先生承受着他的国际同行们温和的嘲笑。他们正准备看他出丑，那时英国的恶犬会被从沙面牵走，而且士兵们和枪炮也将在广东共和主义者的嗤笑声中撤离。但是，游戏还没有结束。“七十二行和九善堂”以及“海盗”正开始试图在彼此之间达成结果。这位老领事正在等着看最后的结果。河岸上的每个庭院和水上的每个甲板上都是爆竹在膨胀、爆炸和飞溅，似乎每一个甲板、每一家都有一只基尔肯尼猎。这庆典已经隆重得足以适合庆祝新年和开创整个中华民国。

我们出航是在民国的海域。这个襁褓中的“民国”并没有拥有他的海域，甚至看不见一艘帆船。当我向岸上望去时，我自己想：“我正沿着一块有着 3 亿人民的土地航行——那是新生的共和国的 3 亿国民。”其中，广州有 125 万人。继续往北走，我看到了几千万人更加热情地欢度传统节日，那和我们与生俱来的传统是一样的。

我想象着：在阳光下、在雾里，在夜里、在白天，那里有数以百万计的这样的人。但是，这并不是他们的全部。想象和现实让我知道：在这3亿人或更多的人中，有一个人在船上——他是一个瘦小、近视的中国人，像是广东人，穿着外国服装，戴着英国旅行帽子和眼镜。我必须提到他，因为他与“吉普赛女皇”这个故事有关联。他是南京临时政府的一个将军，他刚刚从香港与广东之间的海盗首领那里经历了一次亦庄亦谐的冒险活动。他正向南京带去建议，镇压那些正在压制广东民国政府的海盗。他是石墙·杰克逊①曾经受训的弗吉尼亚州军事学院、西点军校的学生，并且是一名真正的西点军校的校友。海军准将卡尼以及第一个联合英国人打击广东海盗的美国印第安分遣舰队的那种精神，又从卡尼的故乡回来了，并为他以及英国的水兵而战，而他们的事迹被刻在了香港欢乐谷的同一个纪念碑上。利用中华民国提供训练有素的士兵的这一机会，他升任为广东的一名将军，并且指挥通向九龙的虎山炮台——一个重要的战略要地。海盗已同他洽谈过，要他交出自己的炮台，并由他们控制，然后正规武装与海盗势力之间的关系达到了决裂的地步。

我将称呼他为平（Ping，音译）将军。他说：“王和顺将军是主要的海盗领导②，他正是在起义时，从惠州带领了3000人进入广州。”

“所有强盗首领中最坏的”，他说，“是杨万夫，王和他是一伙的。”杨万夫来找我，并要求拥有虎山炮台的指挥权。我没有准备好同他作战，所以我就谈判，告诉他说，没有上级的命令，我不能交出指挥权，并且我一定会跟上级协商。他自己很满足地拿走了我的4门山炮以及大约100发榴霰弹，对此种举动我无法阻止。我的部下是新式军队，能够对付他们强盗人

---

① 石墙·杰克逊（Stonewall Jackson），即托马斯·乔纳森（Thomas Jonathan），美国内战期间著名的南军将领。

② 实为会党首领。

数3倍的力量。但是，现在作战将意味着炮台的破坏。

“海盗或者说强盗的部队总共有5万人，”他说，“在有的情况下，他们的首领是根据一个整营600人从省里拿军饷，而他们每个营事实上只有100人左右。通过这种方式，一个首领一个月就可以侵吞3000银圆。他们将会受到惩罚，而且他们的手下将会被缴械。如果临时政府接受我的计划，这是能够做到的。林将军在广州统率着有3000或4000人的新式军队，而且我自己可以集结10000人的可靠军队。我的计划是这样的：广东的陈都督①不敢把握局势，最好是取代他。我将建议新派一个人到广州，这将必然会使海盗首领去拜访他以示敬意。当他们来访问这位新都督时，我们的军队就以强取敲诈、压制人民和官员等罪名，将他们逮捕并加以处罚。我们的军队到那时将有足够的力量处决最坏的首领，并将他们的手下缴械。

“在中国，那是个老把戏”，我说，“由一个官员替代另一个官员，目的是让敌人前来，并表示他们的忠诚，因此也就将他们骗进了圈套中，抓住他们，并将之判刑，然后将其处死。这些海盗们肯定知道你的意图，因为他们之前用过这种把戏，并且不会忽视如此简单的骗局。”

“那也是。他们怀疑我，并且监视着我，但是他们又能怎样呢?”

这计划是无懈可击的。作为东亚官场牌盒中的一个谋略，其古老性已证明了这一点。一个中国叛徒可能会拒绝对其新上司表示敬意，但是不会承认他的不忠。随着时间的流逝，将会有许多关于民国的讨论。看起来有预兆的是：在广州，新的中国将以同样的旧谋略开始，而且民国将用海盗过去使用的同样方法来解决自己的问题。

就我在中国的观察，少有重大的国内或国际问题的出现不在某种程度上与广州人——中国最早的共和主义者——的古老的、习惯性的处境有关系，并受其影响。

---

① 即陈炯明。

在这种情况下，外国人和中国人一样会卷入进来，那里有一个关于民国的未来将会是什么的图卷。从书本中，我获得了对这个拥有政治、社会传奇的地区的第一印象。虎门、黄埔、蒲州、关卡、炮台和沙面等神奇的名称，现在都是真实的。

在这些名称中描绘出的中国人独立精神的论争主题，即时地引发了现在特殊的远东政治形势，将种族与国家卷入了所有带有东亚生活主要特色的国家的猜忌与冲突之中。

由于在广州看到和听到当地民国政府这种充满危机的外交的一面，以及英国领事的处境及其评论——这是与整个民国密切相关的一部分，而且，我直接听说了中国人的内幕，所以现在我个人对它自身的发展方式是有兴趣的。平将军在南京将他的建议呈给孙中山。南京临时政府不愿意在当时对海盗力量采取高压政策，因为这种力量声称是民国的代表。平将军的计划没有得到总统孙中山的批准，于是他回到广东，去见证更糟糕的事情发生。

海盗首领们意识到了让他们缴械的阴谋，于是他们组织了一次造反。都督陈炯明将他们招集起来，并提出逐渐削减他们的部队。他告诉他们，民国建立了，人民已经回归到了社会生活，而且接下来的事情就是解散军队。他一个接一个地问那些指挥官，他们能解散多少军队。有几个同意将自己的兵力减少 300 或 500 人，等等，这大概是根据每个人指挥的总人数的比例而定的。广州东门外掌权的是海盗首领王将军，平将军称他是那批人中最坏的。当问到他可以裁掉多少人时，他回答说："500 人。"

"但是，你有 5000 人马，难道你裁掉的人不能超过 500 人吗？"他被这样问道。

平将军预料到的事情发生了。这一提议遭到了王将军的严词拒绝，他反驳道："是的，我将把他们全部解散。"然后，在被拦住之前，他怒气冲冲地离开了都督府。

事情已严重到难以挽回的地步。

1912年3月8日，主要的共和主义者因都督府的统治所面临的困难以及其无能力处理局势而感到气馁。3月9日，当王将军走出都督府时，据说广州所有的商店都关门了。3月10日，都督派出自己的士兵去接替将要被解散的那些军队。市民们都逃离了这座城市。陈都督的部下被派去接替预计王将军可能会裁撤的海盗士兵，当他们来到广州东门时，不被允许通过。他们被告知“这里被王将军指挥，”而且说，“任何试图进来的人将被杀死。”

8000人的海盗部队和反叛者正在叛乱，而且整个有20000人的海盗部队是不可靠的。4天的动乱和游击战随之发生，使该地区成了战场，同时也进行了戒严。广州的民国政府现在有了真正的血的洗礼，而且看起来它应当得到像过去总督任上所拥有的一样好、一样多的血的洗礼。外国的炮舰，特别是英国和法国的，已“准备好战斗”——在一颗流弹击中了沙面的英国军营后，一艘英国炮舰占据了离外国电灯厂最近的位置。正规军或忠于政府的部队与海盗部队之间设置了路障。海盗部队是由其主要的首领陆兰清负责指挥的，他的势力正在得到加强。海盗将动乱推向海军部的邻近，而且3月12日陆兰清的部队占据了蒲州炮台，炮台是由其他反叛者投降献给他们的。随后由于从兵工厂武装自己，他们占据了海军部的建筑。

3月10日，当都督陈炯明的部队行军到东门外时，他们当中有3名士兵被杀。3月13日，即都督的部队沿着路障攻击3天之后，那里有数百人伤亡。

兴奋之下，在沙面防卫的和在保护外国人的地区的外国游击队已经忘记了他们的区别。3月12日，来自循道会的63名当地女孩在英国炮舰的帮助下逃到了佛山号轮船，然后去了香港。英国领事向香港报告蒲州炮台被占据，并采取措施保卫所有的英国臣民。传教士们被命令撤离广东。河南号和佛山号轮船运载了3000名各国乘客到了香港，还有几艘轮船准备好即时通知离开。所有外国战舰准备好行动，其士兵装备的样子非常像实行肉搏战的一个世纪以前全世界海盗猖獗时的样子。

晚上，英国领事建议本国战舰在蒲州炮台重新开始射击时，关掉所有的灯光。

3 月 13 日，400 名印度士兵和约克郡的英国兵以及 100 名法国水兵在沙面扎营，12 艘国际战舰可能有 1000 名水兵，还有一艘德国战舰正从香港开来。受到射击损害的英国战舰金沙号（音译）改变了它的碇泊处，水鸡号在停泊处控制电厂时，它的天篷和轻甲板遭到枪击，几名传教士差点被射中。3 月 14 日，子弹打到了沙面。在外围地区的教会房子都被击中，有两名美国妇女企图乘摩托艇离开广州，结果没成功。美国战舰威尔明顿号派出的一艘汽艇试图营救她们，但是由于密集的射击，它未能前往。包括副领事汉密尔顿·巴特勒先生在内的 3 位男士加入了她们的行列，而且他们都得到了安全。

据说 5 名海盗首领联合起来反对解除武装，他们的军队估计有 28000 人。陆兰清直接控制的军队有 10000 人，他通过控制着整个城东端、蒲州炮台以及河南岛而控制了形势，而且被形似“玻璃灯罩”的地势坚固地保护着。有了这些军队和优势，陆通过公开宣战向都督挑战。都督大概有林（Ling，音译）将军指挥的 20000 名由外国人训练的广州军队，还有一支舰队的支持，在广九火车站附近击退了陆的阵线。此时王将军因神秘的原因逃避到了香港，但是都督并没有得到具有决定性意义的东西。

3 月 15 日，都督的部队在沙面附近将 200 个海盗分子处以死刑。3 月 16 日，当两派对峙时，都督坚持要辞职。陆兰清从站在自己的一面向商人们发表演说，他说如果“民军”不能取得对广州掌权政府的胜利，那么他将炮轰沙面，并引发国际干涉。这是广东革命者的真正的品质和性格。3 月 17 日和 18 日有一些炮击．而 3 月 19 日都督的军队攻击了陆兰清，他有力地予以回应。他们占据了江上 3 个地方所有的炮台——鱼珠、黄埔、虎门——这是在长时间的轰击之后取得的，炮轰主要是通过中国炮舰进行的。林将军统率的都督的部队现在控制了广州。

3 月 26 日，英国撤回了他们包括炮兵在内的援军，留在沙面的仅有原来的 100 名俾路支步兵。广州的民国政府证明了只有自己拥有统治权。

保守的英国领事是对的。

通过给引发叛乱的王将军的士兵们发钱，现在恢复和平了；那些士兵是每人发 10 银圆，以换取他们手中的枪。一个月后，即 1912 年 5 月 25 日，平将军预测的结果实现了，当时孙中山来广州调和战争分子。都督陈炯明偷偷地在夜间逃到香港，仅留下一封给陆、海军将领以及省议会议长的辞职信。他说自己并不是追求都督的位置，而且认为自己不适合这一重任。除非在军中有一点权力，否则他不会回来。他看准机会，将职位转移给他的前任——现在是孙中山秘书的胡汉民，逃离了广州的阴谋网。

胡汉民被 160 名城中父老任命为都督，他们代表着“七十二行和九善堂”，而且陈炯明被任命为军队的统帅。对于执行平将军的计划来说，这是迟来的机会，而且至少有两名叛军首领被抓获并被处死。

孙中山到达广州后，广州人盛宴招待他，在那个宴会上任何庆祝袁世凯总统的话都免掉了。孙中山对这些骄傲的南方人指出，如果广东的动乱不解决好，北方人就将会使用武力，并向广州进军。

所有这些都说明了我的观点，即几乎没有哪个在中国发生的重要问题不受广州的影响。广州拒绝承认袁世凯总统、公然反抗南京当局，这与南、北统一是相冲突的。在统一的民国开始之时，它就因地方的战事而有引发外国干涉的危险。最重要的是，它强调这一事实，即中国革新和改革的障碍是汉人。满人是障碍的这种谬见早已被忘掉。

（二）革命的老朋友

在那种环境里，我十年来一直因为情感的原因而期待访问，我深深地理解了园林与文学、战争与金钱之间的区别。南京是黄思永①阁下的家乡，我一直称黄为我的中国父亲，他一直是我亲爱的赞助者。当他还是一个12岁左右的孩子时，他与他的兄弟为躲避太平军的屠杀而上吊自杀。太平军把他们都救了下来，但是他的兄弟却死了。年幼的思永被一位好心的士兵救活了，并将之作为俘虏。后来，他作为一名儒生走遍了这些田园，直到被召到北京。在那里，皇帝因为他的学识而赐给他一处宅院，并打开前门迎接和护送这位文雅的学者。

黄思永成了公众的恩人，他一直为进步事业而努力。作为他的家庭成员之一，我常常听到这非凡的传奇故事的回忆。南京就是它的背景。自从他被俘获以及太平军被驱逐的那些日子开始，南京就一直没有受到战鼓和军号角的骚扰。我的拜访某种意义上是对黄阁下故乡的朝拜。

水鸟在竹叶轻柔的沙沙声下懒洋洋地游着，现在又受到了造访军队的惊扰。那是民国的军队，庭院中的学者让位给了士兵、阴谋者和政治家。

2月初，我到达这个都城，所到的地方以其向徐绍桢将军投降以及张勋将军出逃而出名。我在下关下火车，那里是当选总统孙中山参加其就职典礼路上的第一站。对我来说另一个有趣的事情是，我与特使坦尼博士是一同到达的，他是美国国务院的特使，也是肯尼迪先生的特派员，他在这里目睹了很多重要的事件。

我们在马丁先生的惠龙公司住下来之前，夜幕已经降临，街上和长江

---

① 黄思永（1842—1914），1880年中状元，曾先后任翰林院修纂、军机处章京等职，后曾办实业。

的前滩上都被匆忙挂上的灯笼照亮了，此时江中则是商船和外国战舰的灯光。惠龙公司是现在南京具有历史意义的建筑之一，这旦有很多革命组织，是长江流域所有谋反者会面的地方。我们没有留下来吃晚餐，而是到“彩虹号”旗舰同美国海军上将默多克共进晚餐。

旗舰上的军官们讲述了他们作为革命战争的旁观者所经历的故事，以及在和平的间隙他们猎捕水禽，给他们的客人们准备美味的鸭子。外国海军的指挥官们正关注着民国的洗礼。他们不会对总统和各部部长进行官方性质的拜访，因为民国还没有得到他们国家的承认。他们不得不设计非官方的聚会，通过这种会议他们可以与民国正在做的一切保持联系，并将之报告给他们的政府。

离开南京北郊的下关，我沿着一条长长的路，或者说是大街走，它穿过北门，到总督衙门几乎有5英里。南京面粉厂每天所需的小麦都要经过这里。这里是看南京——展示民国的地方。从这里经过的有各种活动的东西，从共和主义者的驮骡到陆军部长的马车以及临时总统的汽车，从革命的新兵到外国的使节，应有尽有。在这条大街上，穿过一班一班的接踵而至的义勇兵、本地的轿子、手推车、骑马的人、步兵、运输的队伍、搬夫、步行者，迎来的是孙中山就职典礼上的人群，他们挤满了庭院和两旁的小巷。

剪辫子本身使“新的中国”在一个方面与西方的思想是相同的。没有了辫子，街上的苦力看上去像是美国亚利桑那州和新墨西哥州的印第安人。

“这是日本零售商人多么好的一个机会啊！”我的瑞士同伴说，“新的中国人所戴的所有这些新帽子和穿的其他服装在西方看来都来自日本。”

现在所有的人都奉行礼拜天，正如半个世纪前“天王”和他的太平军一样。所有的人用的都是人力车，并且都有着这样或那样的外国手帕、帽子、袜子、鞋子、衬衫甚至整套服装。我们遇到中国的军官坐着周围堆满行李的敞篷马车，前往浦口以及安徽饥荒区以外的前线。有些人是“敢死队”的成员，他们穿黑色的裤子、有黄色条纹的鲜红色外套。他们像鼓乐队那样活跃，并像义勇军那样有活力。他们的旗帜用耀眼的字表明了自己的目标和重要性。

士兵们正拉着窄轨轻便铁路上的一辆货车前往驳船，这些驳船是与通往前线的铁路相联系的。他们在长长的绳子顶端拖拉着，慢慢地在碎石铺成的路上行进，那条路是满族总督端方为他们建的。其他人拉着炮车和军火拖车。除了那些长着粗毛的小马驮着军官和一些传令兵跑来跑去外，军队好像没有马。人们会想着这些炮车和拖车所属的炮在哪里。现在外国的通讯记者已经开始大批地与有特许权的人以及各种外国代表一同居住在南京。他们乘着雇来的最好的马车前往总统的住处，那里正是我将要去的地方。

在这条5英里长的大街上，所有的外国领事馆现在都开着。它们的右侧和后面都是驻兵营和阅兵场，新兵们正在那里训练。新兵是从两旁的小巷出现的。有整整一个连明显是由流浪者和乞丐组成的，在我的前面瘸着腿走近。左边是荷马李①将军的住所，那是一栋有着宽门廊的外国式的两层砖楼。在相邻的庭院里是一栋平房，那是"民国参议院"开会的地方。东边更远的地方是南洋劝业会的建筑和解散了的无线电报站、阅兵场，南洋劝业会的建筑也是由端方建造的，那里是民国议会所在地；美国机械师威尔考克斯在阅兵场有一所飞行学校，而且热心的中国飞行家们正在面临破产。再看右边，那里是正在为民国外交部准备的现代的官邸。这条大街上在贴满日本广告的、破旧的鼓楼那里，离开田野和乡村，向左拐弯，最终进入汉人城区的市区。有着现代教堂和学校建筑的教会位于右边，与它们周围的一切形成了很大的反差。

我现在是在城墙有23英里长的南京城南地区。城南几乎全部给了军队，他们在一个个牢固的庭院里训练，并在街上练习行军。我遇到过一个军阶

---

① 荷马李（1876—1912），又译李何默，1911年以军事顾问身份随孙中山来华，次年病重返美。

不高的军官坐在马车里，有25个人护卫着他，其中有两个人骑马走在前面，两个人作为侍从坐在车后，10个人坐在人力车里跟着，另有11个人步行——民国的一个小军官尚且如此，想想一个有上尉军衔的西方军官才能被这样护卫着！

这个地区的东部是满城，那里发生了意外的爆炸，被毁灭了。那里确实仅留有灰烬，因为革命者劫掠并焚烧了它。这是我在中国见过的最彻底的掠夺——比整个满城经历了一次巨大的火葬还要彻底。真的除了灰尘还是灰尘。它有一个明显的千年古迹的样子，因为它在无情的阳光照射下，没有树，也没有遮盖。砍柴的人先把树枝砍下来，然后砍下柳树的树干，劈开树桩直到地下，再之后就把树根都挖起来。当我回来的时候，我在汉人城区入口处看到人们在门内把树皮从这些青树根和树枝上敲打下来，并把那些碎片烘干，用来烧火。

稍远处是中国的“白宫”——改造过的总督衙门，孙中山在这里已做了5个多星期的民国总统。“白宫”的警卫在几百码远的阅兵场上训练，他们行进时穿过了牌楼和大门，到了第二个庭院的角落里。一长排一长排的旗帜在牌楼上飘扬，常青树和装饰灯都不见了。那门卫允许我从三个门房中的右边那个进去，然后我进入了警卫司令部的庭院。衙门的所有木构件的部分通常是刷成红色的，现在都用民国的颜色——白色粉刷。正门上悬挂着国旗——五色旗。所有的门房和建筑都一样，到处是白色的，象征着复兴。民国正在为人民做出榜样和说明。

我要去看那个政府——在他们的头脑中是以汽车和长礼服为特征的，批评者对此大声地予以否认，认为其不是本国的东西，而是比法国贵族的铺张浪费更外国的一种铺张浪费——门卫们带我进了正门房的一间办公室，我在那里把自己的姓名、地址、职业都做了登记，而且通过他们，我的名片被送给外交总长，之后我又穿过了两个庭院，来到接见室，那里还有其他的拜访者。我在那里等了几分钟，呷着茶，内心理解了这种改变，它使一个中国衙门看上去如此奇怪。墙上和柱廊上没有足够的颜色，给我的印象是仅有白色。唯一使南京看起来是中国的一部分的是风，那就是仍在梁上、地面及老椽子之间刮过的风，虽然它们并不知道自己。

这个奇怪的旧地方我以前没有看到过，对我来说有些惊奇。当我进入外交总长办公室的时候，王景春①接待了我。他是在美国公使康格先生的指导下在北京长大的，而且他是在那里准备到美国读大学。现在，他是南京外交总长的秘书。在北京那段时间里，我认识了他，而且当他有了关于我们共和国的最初了解时，我也有了关于他的国家的了解。那时他只是一个穿着蓝色长袍和便鞋的中国职员，留着长辫，戴着顶帽子。现在，他是“穿着长礼服，戴着大礼帽”的年轻的共和主义者之一，而批评者也将那视为是外国的东西。他满怀希望和欢乐，而这就是美国所熟知的“大学精神”。他对领导者很钦佩，并对革命有很大的信心。如果有人要我给中华民国下个定义，我不知道能不能比王先生做得更好。对他来说，他的外国朋友们为他打开了新世界的大门，而他将他们的光明和精神带回了祖国。

外交总长王宠惠也穿着长礼服。他是一位个高而修长的男士，有一种学者的谦恭，而且更和南京人及南京的文学传统相一致。他担任这一职位的资格来自他的外国法律知识。这个领域，他是将德国刑法典译成英文的权威译本的译者。我对此人感到惊讶，所有外国人都是如此。对于旁观者来说，一个人对不是自己母语的语言以及中国所不知道的科学有如此强的能力，这是不可想象的。

没有得到列强的承认，民国没有正式的外交事务，外交总长主要忙于在避免外国纠纷的事务上向革命的领导者们建议、在同外国领事召开的非正式会议上做解释，并设法从列强那里获得对民国迫切需要的承认。

---

① 王景春于1900—1904年在美国驻华使馆任书记和翻译，1912年任南京临时政府外交部参事。

"噢，麦考密克先生，"一个熟悉的声音说道。有一只手放到了我肩上，让我停下来，然后我看到了我的恩人黄思永儿子的面孔。我和王先生都沉浸在了北京的往事以及讨论民国之中，这时我被自己的北京老同伴的出现吓了一跳，他是刚刚从总统府来的。与政府的其他成员不一样，他穿的是南京文人的服装——他的父辈们的服装。他是最受喜爱的儿子，继承了他父亲的文学才华、能力和思想，我应当忽略花园里的紫藤花而看到他从亭子走过，那花园是总督衙门所有庭院里改变最少的。他住在自家的祖宅里。但是，尽管他拥有出于虔诚的保守和那样的装束，但他却是一位革新者，并且是民国一位重要将军的秘书。

两年前，我们在北京分别，之前和我一起生活在那里的一帮年轻的改革者中有的被驱逐，有的被迫逃离——被迫因他们的自由观念和革新活动而到外国租界避难——并且都开始走上与同时代的人不同的陌生道路，正如革新运动给中国所带来的那种道路。

当民国还是一个美丽梦想的时候，我们就已经相互认识了——那时我们在冬天饮酒共坐，夏日在月光下的庭院里品茗，而且他们已听过我所讲的我们共和国的故事。当他们在有着热气腾腾的饭菜、点燃的蜡烛、柔和的灯笼光的气氛中争论一个又一个问题的时候——像杜雷①的蚀刻画一样的百幕场景——有一个模糊不清的名字像飘荡的鬼魂似的重复出现，它就是革命者孙中山的名字。

几年前我们在北京因改革集团的变故而分离，现在当我们站在南京的这个花园里的时候，我们很像狄更斯《双城记》中的那些人物——在那里面，我们都是"圣母的孩子，也是那样的分离并有着差别"，与远方一个又一个的团体相会，仍然怀着在北京的日子里的许多梦想。

同时，民国总统孙中山在隔壁的庭院里，并且正在等我。

---

① 杜雷，法国画家。

（三）我对孙中山的采访

此时，这位总统的时间太宝贵了，以至于不能讨论未来的问题，时间和外交事务的问题因耽搁而特别严重。为他们的民国谋划的革新者们寻求并期望获得美国的承认和支持。财政、列强对民国的承认以及日本将其所置于的那种特别险恶的处境，使中国所有的革新问题都以改革中起支配作用的那个意味深长的词——“日本”为开始和结束。

“11 年来，我一直对您所有的问题都有浓厚的兴趣，”我对孙中山总统说，“您和那些帮助您的人实现了世界上最需要实现的事情——清除这里的清朝统治。这是世界上要做的最重要的事情。

“现在，您想知道我们是怎样看待您的重大问题的——那就是消灭清政府，并在各国当中建立起你们自己的国家。清政府统治者们在外国没有朋友，并且不是他们的原因而使列强不承认民国。就我们的政府而言，它可能是最后一个承认您的。它的政策是用这样一种方式实施的，即与列强一同对中国的利益实施最大的影响。就最近的葡萄牙新共和国而言，它是最后一个承认的。”

“但是，它在三天之内就承认了巴拿马。”孙总统说道。

“然而，与巴拿马不同的是，中国是外国的掠夺对象，并且因外部的复杂事情而受到束缚。美国政府过早的行动会给您增加新的困难。我们的政府为自己的地位感到自豪，但是有困难。我们的人民对中国了解得不多。他们对本国在这里的地位和政策感到自豪，但是即使如此，我们的政府在自己的位置上还是走在人民的前面。不用说对其他国家的影响，与它曾经不会冒对国内影响的危险而行事相比，它不可能走得更远。所有的人对您都是友好的，当然所有讲英语的民族都是这样，同时正如您所知道的，所有的人都渴望民国证明自己的稳定。”

“但是，我们是不合法的。这里有三亿六千万人。我们在 15 个省拥有权力——直到缅甸边境。我们有一个政府，但是我们是不合法的。我们不能这样继续下去，人们已经在给我们施加压力，他们不理解为什么列强不承认我们。他们不明白我们的外交问题。您知道各地都有一种排外的情绪，它可能会上升，我们无法抗拒它——我们无法回答这些向我们施加压力的中国人。每个人都是友好的——所有欧洲人都是朋友——我们到处都有朋友。但是，我们需要被承认，你们应该承认我们。”

“如果中国能够证明自己有能力管理本国，”我说道，“并且通过解决内部的纷争来保护外国的利益，那就不会有承认方面的麻烦了。在当前的情况下，承认民国并给它贷款，或是贷款给北京政府，都将会支持某一方。另一方面，如果您同北方达成协议将中国分裂，每一边都有各自的政府，那么您将会得到承认。”

“不，那是不会发生的。这个国家在情感上是统一的。所有的人都反对满人，并且站在我们这一边。北京是没有政府的。”

当我们在总统的房间里讨论的时候，外交总长王宠惠和美国特使坦尼正在别的地方讨论着同样的承认民国和中国国际地位的问题。

总统看起来最担心的两件事是日本以及中国人民放弃对南京政府支持的可能性。退位的诏书已经写好，并且只是中国南、北方统一的方式拖延了它的发布。如果民国将自己移交给赞成君主制并且发誓要做皇帝的袁世凯，那么民国将会失去自己的目标。如果它能够移交给一个是“民国”保护者的袁世凯，那么它就能够实现自己的目标。

“您怎样评价袁世凯？”总统问我，“他行事的动机是什么呢？”

“我认识他已有多年，而且正如许多其他的人一样，我对他一直有很好的印象。自从任山东巡抚和直隶总督以来，他一直是一个能干的人，我的观察一直是：他是为这个国家的最大利益而行事，而且肯定真实的是，他是一个可以为自己确信的改革而牺牲的人。”

袁世凯（北京）

“您认为他现在正在为革新还是在为朝廷的利益而活动呢?”

“他不得不为朝廷尽他所能地充分利用这次交易，但是他的真正利益是属于帝国的——即国家本身，而不是任何个人利益。我相信他不可能仅以个人利益行事。”

“如果我相信这些的话，那么我将从大量的焦虑中解脱出来。”

秘书们和部长们正在等着见总统的时间到来，于是这个持续了近一个小时的采访结束了。总统不得不停下来，去与民国的议长商议。

在前往采访途中，我发现孙中山总统住在一个与衙门本身分开的庭院里，他住的是由端方修建的外国式的建筑，而现在的端方已身首异处；后来它为总督张人骏所有，而此人现在成了流亡者。我到这个庭院来时，经过的那个古老的中国花园是我所看到的当中最漂亮的一个，在花园的小湖里有一座亭子，并且可以通过回廊到达，它就像是忽必烈赐建的“长乐穹宫”。我由一名士兵护卫着，他没有带武器，上衣佩戴着一个白色的徽章。我走进了正门厅左边的房间。在门廊，或是说大厅门口，没有人迎接我。在没有任何人出来之前，那个士兵敲了右边的房门。我惊奇地发现外面没有卫兵，没有看门的人，也没有引导者。

大约过了两分钟，总统进来了，跟随他的有一名秘书和一名侍从武官。我们握了手，他让他的随从们离开，然后我们在壁炉（顺便说一下，那里面的火已经熄灭了）前的圆桌边坐下。那房间里很冷，所以我一直穿着大衣。总统穿着像日本军官穿的那种冬天的卡其布军服，那是没有徽章的军装。他有一点不自信，我认为那是由于自身民族的含蓄与外国教育融合的原因。他男孩似的笑了一下，而且有点儿忧伤。他 47 岁了。他看起来像那个年纪，而且我一直在想，他在外表、才能方面，有多少与“天王”或者明朝的建立者以及和他一样创造了奇迹的东亚其他革新者和侵略者相像。他的嘴边挂着半愚半忧的笑容——与中国人相比，他看上去更像泰国人或缅甸人——而且，他那不高的身材没有给他增添任何有影响力的东西。这有些奇怪——半带失望，半带奇妙。就是出现在此的这个人做出了全世界最需要做的一件事情。他周围的一切都是简朴的，而且他的行为方式让我放松了警惕——他非常像一个单纯的年轻人。他似乎在梦想着某个更伟大的事业，可能是他朦胧看到的一个更重要的结果，并且正努力实现它。它就像是他感觉到而没有完全意识到正笼罩在他身上的一种牺牲。我不希望离开他。他的魅力是毋庸置疑的，这常常为如下事实所证明，即当他在最遥远的地方时，他的追随者们都是最忠于他的。

虽然他如此长期地思考政治问题，但是他对于其他中国人的利益并不是毫无感觉的，而且除民国命运外，我们也抽时间至少谈了一个话题。他问我有关中国的伟大历史遗迹的事情，以及我组织的一个关注这一主题的中国历史遗迹协会的工作。他问我这个协会有多少成员。我告诉他大约有200人，并列出了其中一些人的名字，以便证实。我告诉他，学者们对中国古代文物是有兴趣的，而且世界上很多有影响力的人因了解这些东西而对中国产生了崇高的敬意和赞美之情。我抓住时机说，这种赞美的继续将取决于中国人民对他们自己的文物古迹所表现出来的持续的尊重。不幸的是，中国军队选择古迹作为他们炮兵的目标，这同外国人在中国破坏文物是一样的糟糕。在1843年左右，英国人摧毁了南京的瓷塔①，这是一个最难以辩解的行为，难以理解。现在，中国历史遗迹协会已获得了外国政府的支持，有的已使它们的军事部门防止此类事情的发生。现在，我们特别感兴趣的是，由于列强的军队在中国登陆时的周围情况，应当不会有外国故意破坏文物的行为发生。如果中国人表现出相似的精神，那么这种保护将会更加有效。

就兴趣和重要性而言，我的南京之行不能更好地安排好时间。北京的退位即将发生，而且这是一种危机，它存在于南京的民国政府的生命与生存之中，以及革命者、革新者——孙中山的目标的生命与生存之中。此人

---

① 该塔是太平军入南京时所毁。

经过考虑，将把临时总统的位置让给袁世凯，事件将表明这种考虑对于最强的人是最难受的，并且它在经历了一连串的事实后在世界历史上会是值得记忆的。对于这个人来说，这些事件或事实开始于民国在武昌的肇建，并且为总统职位做了准备。

我在美国恰好与孙中山穿过美国大陆之行同时，并且因为革命的迅速发展而对他的行动很感兴趣。他依次访问了以下城市：旧金山、西雅图、波特兰、斯波坎、丹佛、堪萨斯城、圣路易、芝加哥、纽约，他在纽约住在麦迪逊广场旁的一家旅馆里。这些都是中国人革新的中心。过去，他们在孙中山的外国助手和顾问荷马李将军设计和执行的一个计划的领导之下，一直保持着一个团结的军事组织，列名其中者总数有4000人。

孙中山在芝加哥时正是武昌宣布光复之时，他为了西方的利益发布了一份声明，宣告了正在将革命向前推进的原则。美国的报纸完全不能确定孙中山所在的地方，虽然他在纽约错过了“毛里塔尼亚”号轮船，而不得不等随后到来的一艘轮船。他在英国一直使用化名，直到他到了巴黎，由于他作为革命领导者的使命为人所知，他说出了自己的真实身份，而且他经由印度回中国对世界是公开的。在美国，他非常秘密地与革新的领导者们谈话，并就他们参与创建一个统一中国各省的共和国做了最后的安排。

在新加坡，他第一次受到来自其同胞的热烈欢迎，他离开那里时，特别的是有中国女孩们为他献上鲜花。在中国香港，他停留了足够长的时间，以便就华盛顿的美国国务院的信息发表一个声明。当他到达上海时，他是一位名扬海外的领导人，并在国内没有派系的牵连。而且，正是由于这些原因，他才能安全地当选临时总统。伍廷芳已经断定：在中国安定下来，拥有一个稳定的政府之前，中国将要经历许多变化，并且相信对公众人物的暗杀可能会持续一代人，就像日本改革之后出现的那样。这样的历史可以提供连续不断的总统职位，可能会满足许多人的渴望。他说这些危险并不合他的心意，如果首都将在北京，当然也是不合他的心意的。

伍廷芳把孙中山列为总统的第一人选，因为他是值得认同的。他把袁世凯列在第二位。最重要的事情是使皇帝退位，并通过选一个为大多数人接受的人将国家团结起来，这一事情就要求孙中山辞职。孙中山看到这是很明显的，是必须的，并且同意了。他是正式选出来的总统。

孙中山选举的方式证明了伍廷芳所担忧的条件。有关一些“选民”身份的个案表明了他所建立的临时政府或民国的实质。此处谈论的“选民”代表的是四川省。那里的军政府发生了变化，而且后一个掌权的军政府授权两名年轻人到第一个宣布建立民国的武昌去代表本省，二人当中一位26岁，另一位23岁。当这两名代表到达武昌时，汉口已经陷落，而后汉阳被帝制主义者占据，于是他们前往上海。到上海时，他们才知道指派他们的都督仅使他们的任命存在了四天，他就被砍了头，然后他的继任上台了。但是，这两个“选民”到了南京，并作为有着4500万人民的整个四川省的代表，支持“选举”孙中山为总统。来自其他省份参加此次“选举”的代表中有许多人具有同样的资格。

正是在这种条件下，孙中山将南方各省联合起来。

现在，他已使民国临时政府面临它的考验，那就是关于它将北方合并的能力。正是由于这个方面的原因，所有曾经聚集在北京的国际纠纷一定会表明它们的威胁，并且会在南京表现出来。它们的表现是通过地位最高的军事和外交上的国家——日本而出现的，它几乎要颠覆民国的计划以及孙中山在就职宣誓中的个人誓言。

（四）在南京的熬夜战

3月3日早晨，在南京，所有关于发生在清政府的首都北京、直隶省会保定府以及作为北京门户与华北大都市的天津的骚乱他们都知道了，骚乱是在南京代表到达北京后发生的。

很多代表没有任何消息。上海收到的电报重复着以前的报道，即袁世凯已经被暗杀。随后而来的新闻报道说，他已经到了外国公使馆去寻求庇护。代理总统孙中山没有从候任总统袁世凯那里得到任何消息，也没有从唐绍仪那里得到任何消息，他知道唐绍仪已经与南京代表分离开了。但是，孙中山现在收到了在北京的南京代表发来的密电，请求迅速派遣民国的军队到北京，以支持袁世凯。

因此，南京的疑问是：为什么北京会发生骚乱？这是不是来自外部的政治意外事件呢？而外部因素是中国内部的不和从一开始就招致的吗？难道外人要抓住这短暂的机会——其分裂中国的最后机会？这种苗头会不会毁掉统一呢？

我永远不会忘记1912年3月3日在南京的这一天。它驱使中国的算命先生得出令人沮丧的预言，悬在心里，就像那些罗马占卜者所说的“小心3月15日”。天上正下着蒙蒙细雨，街上没有马车，而且为了能到达代理总统的“白宫”，我叫了一辆破旧的人力车，车子由两个衣着破烂、不整洁的穷人拉着。我没有任何围毯。人力车的顶上有一个洞，漏下来的雨打在了我的脸上。我在外交部新启用的大楼停下来，然后发现外交总长王宠惠已经到了总统府。

我又开始出发了。路上的有些地方到处是稀泥，而且这是一个能引起疼痛、风湿的天气。陆军总长黄兴坐在马车里和他的护卫队从我身边快速过去，卫队的斗篷在风中飘扬，他们挥舞着自动左轮手枪，不时地注意着路边上的假想目标。

我最终也到达了，却发现了那是一个被叫作参谋部的地方。陆军总长的护卫队走在庭院里抬高的行人道上，因他们的刀剑和靴刺而发出叮当的响声，此时他们的水汽腾腾的矮马在门房下面被前前后后地牵着，我们不得不躲闪着经过那里。

在里面的门房，我的名字和住址都被记下了，然后一名门卫带我进了接待室。他们告诉我，总统的秘书马苏不在。我们不能找到他。最后，当他回来时，他告诉我，内阁会议刚刚开始，到晚上7点或者8点才能结束。那时还不到下午5点。据马苏说，会议的召开是因为北京事态的变化。会议一直拖延到了整个晚上。唐绍仪发来的一份电报请求派军队，内阁着手处理候任总统袁世凯和唐绍仪的个人处境，并计划营救他们，而他们被认为是在使馆区避难。

孙中山计划亲率20000人去营救袁世凯。北京的地位被接受，而且他被劝告不要实施这项决定。理由是：南京是首都，是事实上的政府所在地，政府的成员不能移到一个地方去。北京的骚乱是地方性的、孤立的情况，不影响国家的其他地方；因为国家以南京为中心，承担了所有的责任，并且将采取相应的行动。在此前提之下，一项救援计划达成了。驻扎在烟台的有3000人的民国远征部队被派往天津。这支在津浦路上的军队将经过山东和直隶到达北京。副总统黎元洪将从武昌派出一支大部队北上。向天津进发的命令立即发给了在烟台的军队，同时与之配合的命令发给了在北方的军舰。副总统黎元洪被致电要求量力配合。

这次会议直到天亮才结束。那时已是3月4日早上5点钟以后了。大约早上11点，马苏起床了，刚刚穿好衣服。他说总统还没有起来，他们因为内阁会议都睡得很晚。然而，我们可以进去了。我们朝院子里走去，碰见了另外一位秘书，他停下来说，总统还没有起床。我们通过一条经常走的路，继续穿过花园，经过警卫，最后到达了总统的门边。马苏加快了步伐，而我则跟着他。我们和往常一样走进了西边的房间。它只有些微的变化。上次我在这里喝咖啡的那张圆桌不见了，取而代之的是一张小圆桌，房子的四周放置了一些小茶桌——按照中国的方式，每张桌子都配有两把椅子。但是，这个地方严格地讲是外国的样式，窗户上悬挂的是苏州窗帘。

马苏请我坐下，并从一张小桌上拿出两张总统准备为我签名的照片。“看，”他说，“这些从昨天以来都没有被动过。”然后走出了总统的房间。孙中山在两张相片上签了名，一张是用英文签的，一张是用中文签的，而且两张是一起拿回来的，整齐地放在一起。孙中山和我握了手，然后我们坐了下来。我如此详细地提及这些事实，因为这是我最后一次见到作为中华民国首脑的孙中山，而且因为他出现和生活在其总统任期的最后日子里。

那名勤务兵在总统座椅三英尺内注意着。当我们在交换初步意见时，马苏在门口站了一会儿，然后走了出去。

尽管总统刚刚起床，但是与平常相比，他没有更加从容自若。当我们谈话的时候，来自北方的电报不断地到来，而且都送给了他。他告诉我丰台和天津所发生的事情，以及北京被认为是什么样的情况。

“这是十分严重的。”他接着说。

我回答说，这看似是一个地方性的事件，就我在新闻报道以及中国暴乱上的经验来看，它并不像电报中所声称的那样广泛和危险，而且它毫无疑问地将会平息下去。

总统摇了摇头，并说道：“这些军队在丰台攻击英国人，而且这些都是袁世凯自己的士兵。”秘书们进进出出，送来了新到访问者的名片，并带走了同意发出的电报。一份送进来的电报明显来自北方，然后又被拿了出去。我问关于外国人在北方被杀的报道是否属实。他说，一个外国人，一个德国人，已经被杀了。我说，我认为外国人在直隶铁路沿线以及北京、天津的生命和财产所面临的危险是很小的，因为在那里有大量的外国军队。

“这正是那份电报所说的，袁世凯的士兵已经在天津攻击了奥地利租界。”

总统长期以来的怀疑源于经历了与袁世凯 14 年的对立，这种怀疑很明显又回到了他的思想当中，但是他对此并没有表现出来。他知道在某种意义上电报都是不可靠的。

就个人而言，我认为不可能的是：袁世凯对北京的暴乱负有责任，或者他的派系试图制造政治上的意外事件。但是，我在那个主题上没有更多要说的了。

“现在最重要的事情，”我说，“看起来是就职的计划。如果说这比地方上的麻烦更重要，那么改变您在此就职的计划将是必然的了。”

“我们已经提出反对那样做。”他回答说。

“您会派军队到北京吗？”

“我们大约有 3 万人的部队可以派到那里，在烟台的 3000 人的部队正在开赴天津，剩下的开赴到这里以北的地方。”

“他们什么时候可以到达？”

“他们必须经过山东，那将要 10 天时间。”

“这是一次大规模的行动，”我说，“我希望这将是不必要的。从一开始，我相信，中国的真正革命将是中国人民的革命，满人将会离开，但是那时革命本身将会开始。我不能确信的是，这一切就是开始，正如它应该的那样。我不会立即预言会有一场战争，而将之仅作为将要到来的变化的结果。”

“我不这样认为，”总统立刻回答说，“我不认为将会有一场中国人民的革命。”

在离开之前，我问孙中山总统是否有我能为他做的事情，因为我将要去北京。

“最重要的事情是一笔借款，”他回答说，“我们必须得到一笔借款，财政是最重要的。”

“其他的借款都落空了吗？”

“是的，那笔日本借款。但是，我们已经有了一笔借款。”

“你们想要多少？”

总统犹豫了一下，然后说道：“5 千万美元，或者 1 亿美元。”

“那是当初四国银行借款的数额，”我说，“这些钱将不得不来自四国银行团，是吗？”

“是的，或者来自其他的。如果他们不借给我们的话，我们必须从别的地方得到。”

孙中山（南京，1912 年 2 月）

“最终，”我解释说，“一大笔借款必然来自资本主义国家——即法国、英国、德国和美国。如果我在这件事上对您有用的话，我将很乐意帮助您。但是，我认为，现在中国获得借款如同以前一样，取决于抵押、还款的方式、钱的使用以及对外贸易的繁荣。当民国政府得到承认，借款肯定是没有困难的；借款能够实现，而且事实上，钱肯定会预付给中国，以缓解当前的困窘状况。”

孙中山总统仅仅对此表示赞同。我站起身来——秘书们仍然是进进出出，而且外面还有一些访问者正在等着。我走到房间北边的沙发旁，那里放着总统签名的两张照片。他跟着我走了过来，站在沙发的旁边，这时我用照片旁边的一张旧报纸把相片包了起来。十分奇怪而且疑惑的是，他不自信地站在沙发的另一端一言不发，因此我不得不说起话来。他是某种巨大力量的化身。与其说是他自己，还不如说是像我一样的那些人，认为他是任何需要中心的力量的人中一个活动的、可靠的中心。当我低头看这些照片时，我想：他是否知道这些事情，并且自己知道在像革命这样的伟大任务中，单独一个人什么都不是，真的什么都不是，除非是作为大众的一个显著的目标，或者是作为一个流动的、敏感的媒介感触到所有的个体。

我对照片做了些评论，并表达了对他中文签名的钦佩，尽管我觉得自己应该恭维他的英文签名，也许他对英文签名更欣赏些。

但是，我用草绳把包系上，说了声再见，然后就离开了。总统走到房间的中间，而且当我出门时，他正在浏览秘书已经送到他手中的一张名片——那可能是他下一位拜访者的。我们在一起交谈了45分钟。这是我最后一次见到他。

（姜志华　译）

◎十七、《教务杂志》所刊传教士经历的辛亥革命[①]

（一）意想不到的革命[②]

中国这场革命的发展再次印证了一句俗语：世事难料。这种难以预料的事在1900年发生过一次，今年又惊人地突然发生，中国的整个政治形势都发生了改变。10月10日，即星期二的晚上，武昌的新军发动起义，烧毁了总督衙门，并屠杀清朝军队以及他们的家眷和追随者。在撰写之际，从西边的宜昌到芜湖间的长江流域都落入了民军之手。而且，人民对于新政权是如此无法抗拒、如此热心，可能除了北京外，少数卫兵几乎能占领帝国的任何一座城市。政府好像认识到了抵抗是没有希望的，并且已委派湖广总督袁世凯处理和平事宜。

---

① 《教务杂志》（*The Chinese Recorder*）是西方在华新教传教士1868年创办的期刊，一直持续到1941年。本书选译内容来自该刊1911、1912、1913年中与辛亥革命有关的几篇报道或文章。

② 选译自：Editorial［J］. The Chinese Recorder，1911，42（11）：61.

（二）安心于革命已经取胜①

为取得这些决定性的成果，已经发生了一两次小规模的战斗，而且可能有不少于200名士兵已经失去了他们的生命。宪法的自由很少能如此便宜地买来，革命士兵在他们胜利的时刻已经表现了相当大的自我节制。已经发生的最遗憾的事件是在武昌对满人的屠杀。那里不分年龄、不管性别，均未能幸免，可能有1000人丧命。然而，这肯定没有考虑到，士兵受制于狂乱的情感，并且陷入了杀戮和抢劫之中，更有远超过于此的。军官和士兵似乎认为他们的职责是消灭统治阶级，而且屠杀之中有司法处置的某种坚定的沉着。一旦起义的领导者认识到杀害没有武器的人，而且更多的是妇女和儿童——并且抗议不仅来自外国人，还来自在外国的中国人——他们被打上了野蛮人的烙印，引起了世界的责备，屠杀就立即停止了。没有什么能够更加清楚地描绘的是：士兵们绝不是无法控制，他们的所作所为是在这种信念下进行的，即除了消灭满人外，没有别的办法可以彻底地清除清政府。

（三）固有的自治素质②

在杭州城被革命军队占领几个小时后，同业公会就开会，并命令组织一支警察力量以维持城中的秩序。在24小时之内，新组织的一队队的警察就在街上巡逻，他们穿着整洁的制服，并装备着警棒以示权力。在官员逃走和人们的代表行使权力的间隙，虽然有一些抢劫和许多火灾发生，但是如果它们被认为是一个国家所要经历的阵痛，那么这些事情的爆发相对而

---

① 选译自：Editorial [J]. The Chinese Recorder，1911，42（11）：611－612.
② 选译自：Editorial [J]. The Chinese Recorder，1911，42（11）：612.

言就不重要了。在其他的城市，如九江和宜昌，这些完全是没有的。显然，同以前所给予的认识相比，中国人管理自己地方事务的能力应当得到外国观察员更多的认可。对于这个国家的未来而言，它所预示的是好的，即甚至在一场革命的阵痛中，帝国也少有混乱发生。

（四）回　顾[①]

过去的这一年对中国来说意义重大，进步的浪潮达到了一个前所未有的高度。发生在满洲的致命鼠疫在中国第一次以科学的方式得到了处理。在通过其代表表达出来的人民的迫切要求下，立宪政府的事业因为提前开始立宪的日期而被向前推进了。在与鸦片的罪恶进行斗争中，中国人的诚意得到了公开的认同——这是非常重要的一点。一场反对吸食香烟的运动开始了，并且有效地影响了某些地方的舆论。饥荒再次可怕地影响了大片地区。在制订救助由此引起的灾难的计划上，中国人和外国人在组织永久的救济工作上都抱着坚定的态度，以便至少发起这样一项任务，即在消除导致灾难经常性重复发生的原因上有所举措。随后，发生了革命，它是这一年发生的所有重大事件的高潮，也是几十年持续宣传的结果。这场革命不仅是政治动荡不安的表现，而且是精神觉醒的象征。就与任何有战争的国家相一致的真正的文明而言，它是沿着文明的路线进行的。去年极其突出的事实就是新的思想观念出现并引领潮流。在很多的悲伤以及有时的担忧中，许多真正热爱中国的本国人和外国人都努力地播种这些能使中国真正强大起来的思想观念。

这一年，这些辛劳者在小规模上看到了他们的第一批劳动果实。因为1911年作为新的中国走向光明的一年，在中国历史上将是引人瞩目的。事实是斗争还没有结束，但是反动思想和中世纪精神现在保卫的是一个迅速

---

① 选译自：Editorial［J］. The Chinese Recorder，1911，42（11）：1－2.

缩小的领域。新的中国终将夺取政权！面向未来，我们的心中比以往更加自信的是，光明将战胜黑暗，正义将压制强权。

（五）避难者的记录①

从帝国更远的传教站，基督会的奥格登夫妇、哈迪医生以及中国内地会的叶长清夫妇、克列门斯先生由西藏的巴塘到达了上海。由于通常经过四川的通信中断了，所以他们不能得到供给。地方的动乱以及理塘士兵的起义，使他们必须沿着湄公河谷南下找一条出路，进入云南的西北角，经维西到大理府。巴塘的官员出于好意给了他们1000卢比用，并派了一名卫兵。在这些相对来说人迹罕至的偏僻地区，他们遭遇了粗暴的对待，而且在有的情况下是公开的敌视。维西城仅在他们离开后三个小时就关闭了。到达大理，他们听说了敌对派系士兵之间的纷争，以及腾越发生的骚乱，后者使内地会的传教士弗雷泽在该城度过一个激动的时刻后穿越国界到了缅甸。正是在大理，他们第一次有了革命进展的某种观念，但是，真正的消息十分少。英国总领事不能允许他们继续停留在云南府，因此他们必然经东京前往上海，而这得到了英国和法国领事当局以及一些革命军官很大的宽容。

奥尔森夫妇在川西的邛州被隔绝了约两个月，他们所在的城市相继被保路会、强盗、革命者以及帝国官员所占据，他们大约在12月中旬到达上海。他们被提供了保护，并被护送到成都，然后才能经长江前往沿海。

瑞华内地会的布洛姆夫妇，在河南府15里以内的地方遭遇了十分悲惨的经历。当时他们在从晋南运城来的相当大的一队人的带领下行进，并有14名士兵护卫着。一帮盗匪的成员化装成士兵遇到了这队人，并在他们靠

---

① 选译自：KMissionary News［J］. The Chinese Recorder，1912，43（1）：56－58.

近河南府时攻击了他们。布洛姆夫人被打倒在地，并且头上三处受伤，而她的丈夫则被抓住，而且盗匪们在抢走了正要送给城里工人的1100银圆后，抓走了布洛姆先生。盗匪们为了使士兵们不能向他们开枪射击，将布洛姆先生向山上带走了一段距离，以确保自身的安全，最终在到达射程以外后，他们释放了布洛姆先生。河南府的官员派兵抓获了这些匪徒中的部分人，布洛姆夫人现在正在上海接受治疗。

陕南凤翔府的史蒂文森夫妇得到了警报，得以在他们的居住地被暴徒烧毁之前几个小时离开，他们安全地到达了甘肃秦州。

川西北威州（Weikui，音译）的科茨夫妇被隔绝了一段时间，并且在一个山谷中的部落民族中寻求庇护。然而，他们坚持要离开，于是他们不得不经过圣公会传教区北部的传教站，在强盗们抢劫并占据兰县（Lanshien，音译）的前一天离开了该城。他们也安全地到达了沿海。

潘乐德及其一行人是这样描述他们走出云南的：

“根据领事的命令，我们尽可能长地停留在阿迷州，并被命令与铁路保持联系。”蒙自的士兵发生了兵变，烧毁了几个洋行，从海关盗窃了25000元，并且打伤了几名外国人。那天晚上，我们预料着这些阿迷州的起义士兵，而奇怪的是却得到一大帮其他士兵的保护。甚至这些也是分两派的，一派害怕另一派。在我们前面离开的第一列列车被子弹打得布满窟窿，但是我们的列车安全地通过了。当我们今天到达海防时，我们可能会遇到其他来自云南省的人。云南将军李①和云南都督蔡②之间有很大的猜忌。后者在三天之内遭到三次暗算，但是他是一个强人，并且坐稳了。

回族和土著居民起义了。在腾越和大理，汉人在一场战役中一直是胜利的。就我所知，当我们离开时，所有在云南的传教士都是安全的。

---

① 原文如此，即原清政府的云贵总督李经羲。

② 即蔡锷。

（六）中国革命与人类进步的关系①

中华帝国的这种巨大的王朝更替已成为一种事实上不变的模式。一个统治家族经过兴起、繁荣后开始衰落，直到——作为一种对苛政的反抗——人民在古代圣贤的教导下，开始发动或多或少的公开举义。渐渐地，整个帝国都燃烧起来，起义发展成了战争，直至战火使土地一片荒芜。

最终在混乱之中产生出了某些领导人物，他们当中的某个人获得了优势地位，他与自己的对手达成协议——或者消灭他们——建立起一个新的王朝，并依据“天命”的授权而登上皇位。无法控制的混乱逐渐消退，无数的死者被埋葬和遗忘，然后中国开始进入另一个不断演进的竞技场。

1911 年 10 月 10 日，武昌爆发了反对清王朝的第一个公然的起义行动。次年 2 月 12 日，清廷发布了退位诏令，其真实性和确定性是很明白的。中国和中国人民一定发生了某种变化。太平天国起义被认为直接或间接导致 8000 万或 1 亿人口损失，而且它毕竟没有获得什么永恒的东西。在新近的革命中，特别是有零星发生的对那些没有防御能力的满人的攻击，在遥远的西安府更为突出。由于作为各地战争特征的那些凶恶激情的突然迸发，那里有 10000 或 15000 名满人被屠杀。一定有几千人在战争中被杀，也可能是几万人。与中国以前的经历相比，新近的革命所付出的生命代价要小一些，持续的时间更短一些，在区域上比任何一次都更有限一些，中国事务专家应该相信其可能性。

在 1900 年义和团起义期间，大约 200 名外国人在中国的暴乱中丧命。他们当中的一些人处在极度野蛮的环境之中，并且处于高官们的指令之下，而所有这些高官依据的都是帝国的命令。在新近的革命中，外国人的生命

---

① 这是明恩溥（A. H. Smith）发表在《教务杂志》上的文章。（A. H. Smith. The relation of the Chinese revolution to human progress [J]. The Chinese Recorder, 1913, 44 (1): 9 – 13.

和财产几乎得到了普遍的保护，不幸的例外则形成了巨大的反差。这种转变不是因为没有抢掠的欲望，而是因为它被控制住了。在以前反对王朝的战争中，中国和其他的东方国家一样，其规律是剥夺以前的统治者，然后斩草除根，那就不会有支持他们的反应了。在这次革命中，为清廷和满人慷慨地提供一种优待的制度被制定出来，并被接受（在强大的压力之下）。因此，在1912年2月11日早上还是中国理论上的不受约束的统治者，第二天就变成了与普通居民无异的中国公民，他们没有丧命，也没有明显地对抗新政府。这种情形一直持续到现在。不仅如此，而且当革命的主要领导者、临时总统的首选孙中山几个月后访问北京时，前清朝廷派出了他们最有才智和能耐的亲王（溥伦）主持，在一位前清高官的府邸里举行盛宴，以向这位推翻清王朝的人表示敬意。某种变化已经来到了中国！

大约在一年以前，一个令人吃惊的消息开始在海外散布，即中国将会成为一个“共和国”。可能是有许多中国的热心朋友，他们像本文的作者一样，感受到并说出了一种见解，即处于现在这种演进状态的中国能够成为一个共和国。这种见解就是“瓶中酒之精华”。在这种观点中仍然有重要的真理，而且将持续一个不确定的时期。但是，鉴于过去12个月中所发生的事件，有必要通过限定从句对这一陈述进行修改，即虽然中国人现在不可能有一个“共和国”，但他们可以有他们称之为“共和国”的某种东西，而且它最后可能发展成为共和国。而且，其中间阶段一定是共和国形式与名号下的一个“寡头政治”。

在为他们广阔、分裂的国家慎重地采用共和制的过程中，革命的领导者们实现了将中国引入世界潮流的精神奇迹。无论是不是真的，据说亚历山大·洪保德①曾说过，在这个世纪的中期，世界上将不再有国王，不会弄错历史的趋势——国王们正在“消逝”。最明智的中国人现在越来越了解整个世界的形势，而且越来越受到世界情感的影响。去年，据说一名军官通

① 亚历山大·洪保德（Alexander von Humboldt），德国科学家。

过指责其部下说外国将视他们为野蛮人，从而阻止了他们的劫掠。中国报纸作为公众舆论的代表变得越来越具声望，以前公众舆论这种东西在中国是不存在的，而且没有表现出来。现在它越来越受到重视，而且迫切需要启蒙和教育。人们日益认识到，不仅上帝教导的四海之内皆兄弟是真理，而且在那些神圣的水域之外也遵循着同样的伟大法则。

这部分是不断坚持和提出基督教思想的结果，部分是整个世界日益发展的普遍主义的结果，而中国是整个世界必不可少的一个组成部分。

这种统一感不仅是广泛的，而且是强烈的。共同危险的压力使中国人结合成了一个前所未有的理论上的统一。新的习惯用语“四万万同胞”——然而，迄今为止，仅是一个习惯用语——在它里面蕴含着统一行动的希望和力量，这是中国从未经历过的。这一旦获得，就不可能再失去，因为它演进的根源是根深蒂固，而且是永恒的。中国现在正体验着伟大希望所带来的巨大鼓舞。对那些能够理解它的人来说，在坚持追求“民国”，或者说人民的政府这一设想中，是有一种精神和道德的动力的。正是创造出来表达这种观念的这个词，与该观念本身一样是新的。“王国”一词在简写形式中，有表意的“王”在中间。中国人认识到了这种联合的不相称，所以删去王，写成了“民”，或者说是人民。

非常清楚的是，在这种观念融入国家生活当中之前，一定要经过几十年，也可能是几代人的时间，但那不是根本的事实。根本的事实是，这种观念已深深扎根于中国人当中最见多识广和最进步的人的头脑中。在适当的时候，它一定会结出果实。中国人已经接受了中国是中国人的这一概念，而且不像以前那样怀疑每一个外国的构想。许多时候都表明了这种情感是幼稚的，当别的国家对中国最大的利益造成危害时，他们表现出了——以前从未实行过的——一种新的民族团结。对年轻的中国来说，一个财富就是像孙中山这样的一个人在他们面前所做出的榜样，他一直坚持不懈地、无私地将自己奉献给了解放自己的国家，而且他已获得了最高的荣誉，并坚决放弃了这些荣誉。其他的任何共和国能够有这样的榜样吗？孙中山访问北京和北方的主要城市，已经将中国南、北带入了一种新的、和谐的关系之中。无论未来出乎意料的事情是什么，都会有一种新的精神存在于这个国家。

那里有一种对个性的新的尊重，就此而言，我们到最近还没有一个词来表达这种观念，任何一个词都用不上。

中国妇女可能获得解放，是当今历史上最伟大的事件之一，其重要性是人们无法估计的。它意味着彻底的改变，影响深远而永久。

显而易见的是，与之相伴随的是严重的危险。在所有先例当中，另一个势不可挡的转变就是各省的省政府及其所有下属部门的职位都由本省人担任。旧的闲差消失了。例如，通过闲差，来自安徽的人利用指定的权力而管理山东省。这些最大的垄断即使明智的康熙帝坚决反对也徒劳无益，原因之一就是在衙门里普遍聘用浙江籍的幕僚，没有他们的应允什么都做不了，有了他们的协助做什么都没问题。这已经像古老的蜘蛛网一样被清除掉了。经常谈论到的是，与在清朝的君主专制政体下一样，腐败同样在所谓的共和国盛行。此外，投票的采用给中国人提供了一种展现贿赂的新方式。世界上的每一个共和国现在已经——或者说曾经——将这些内在的弊病克服了，而且可能有些国家不是共和国。那里没有现存事实上的争论，但问题是关于未来的，而且过去一年里发生的事件已表明，据预测没有比中国更不安全的国家了。缓慢发展的公众舆论可能会以新的并且有效的方式攻击这些弊病，否则，现在的所得将不能持久。在这个关键时刻，中国与其说需要尖刻的批评，不如说需要同情性的帮助。

在中国反鸦片的斗争中，道德可能充当一种榜样，我们希望能在其他战线上也看到它。一旦开始，就没有什么能阻止这种运动。甚至过去的清廷在新的条件下，正在废除太监制度。一夫多妻制将更难消除，但是它注定要被废除。“没有一个伟大的国家曾经是实行一夫多妻制的”，而且我们可以补充说，它永远是不会的。那里将会有司法方面的新理论与实践，并以新型法院作为其表现形式。然而，某种方式将会被发现用来统治中国人，而不必使用酷刑。

对教育的新关注仅处于初期。在几十年内，它将彻底改变整个中华民族。

在中国疆域广阔的各地，我们正处在事实上的宗教信仰的边缘。没有一个出生并只生活在基督教国家的人知道——或者曾经知道——这意味着什么。

社会变革将不能落后于那些更引人注目的变革，特别是当时由孙中山推动的革命。他的铁路网也许在当代任何一个人的一生中都不能实现，但是中国人正在明智地为一个长远、辉煌的未来而计划，那标志着一个新的时代。让我们珍惜现实吧。

中国的政治、知识、社会、道德的革新以及其3亿人口是任何民族所曾经承担的最伟大的任务，它将不会在一年或一代人当中实现。它仅仅存在于天方夜谭里，我们在那里面发现了成群的人乘着魔毯悄无声息地、迅速又安全地飞向天堂。但是，如果过去的历史本身不是一个巨大的幻象，那么中国通向新的国家生活具有深远的意义，不仅仅是针对远东，也不是仅针对亚洲，而是针对整个人类居住的世界。

（七）在华南①

1911年11月10日是广东省新的民国政府成立的日子。在9日，直到几乎半夜时分，革命的领导者还在与总督②讨论他们与他共命运的问题，并保留他的职位和他的许多部属。最后，他签订了一纸协议允诺此事。但是，第二天早上衙门里已不见他的踪影。他悄悄地溜走了，而且很快传来消息

---

① 这是亨利·V. 诺伊斯（Henry V. Noyesrn）所撰写的有关辛亥革命后中国广东发展变化的情况，是《教务杂志》第44卷第1期《进步的表现——评论集》中的一篇。（Henry V. Noyesrn. In South China [J]. The Chinese Recorder, 1913, 44 (1): 21 –26.）

② 即张鸣岐。

称他安全地待在香港。

在帝国最混乱的地区之一，那里现在不得不面对在旧政府毁灭的基础上建立起一个新政府的庞大工作。

那些被置于权力地位的人，绝大多数都少有处理政务的经验，他们是如何履行自己的艰难职责的，而且又有什么样的后果呢？“华南进步的表现”是什么呢？

政　治

这场革命得到了人民的支持。从新政府宣布成立的两个星期里，临时理发师们在广州从大约50多万人的头上剪掉了辫子。没有什么比新政权受欢迎给人的印象更深了。那个已经顽固地留了250多年、象征着忠于清王朝的标志，已经消失了，而且是永远消失了。另一方面，在这个不稳定的过渡时期，来自山区的土匪和来自江河的海盗都利用此机会从事他们的不法活动。这部分地是通过买通首领们，并将其下属征入急需的志愿部队实现的。他们中的一些人是勇敢的士兵，但是当不再需要他们之际，麻烦就来了。他们抱怨政府所能给的军饷太少。当解散他们的命令发布时，有些人拒绝交出自己的武器，并列阵反抗试图执行命令的正规部队。在这些对抗中，其中有一次是由一个大胆的首领发动和领导的，并在广州的街上打起仗来，有2000人被杀。在城里，每天都有抢劫发生，而且无论谁反抗，都会被残忍地击毙。全省大部分地区，劫掠和谋杀都十分猖獗，而且整个整个的村庄都被烧毁。

这是一个难以处理的形势，但是新政府以决心和力量努力解决它。他们公布了军法，而且几乎通过任何形式盗窃的人都要被处以死刑。每天，犯法者都20人一批地被枪决。这些措施对有些人来说似乎太严厉了，但是最后，广州以及全省大部分地区恢复了秩序。民政取代了军事统治。官员们维护了自己的权威，并且因他们在一年当中取得的进步而获得了信任，他们从混乱当中给广东省带来了秩序，并为该省建立了一个稳定的共和政府。

法律的执行不仅仅是镇压盗窃与抢劫。政府费了很大的力气打击赌博，禁止销售和吸食鸦片，关闭臭名昭著的妓院。

很少有人会怀疑这种声明，即远在迄今为止之前，最高官员们已努力地寻找廉正的人担任官职，并停止过去一直盘旋在官场的上空、使之蒙羞的行贿与腐败。虽然根深蒂固的传统不可能立即被完全根除，但是那里无疑有一次激进的变革。一个衙门里的熟人告诉我说，过去那里号称有 100 名与之相关的雇员，现在所有的工作正由 20 个人在做。

政府正在考虑改善和美化省城。老城墙将要被推倒，在原地修一条大马路，公园也将为人民设计出来。更好的建筑正在被修建，而且有点外国的样子，前面设有阳台。贸易的繁荣看起来正在来临。整个城市都是新开的店铺，有裁缝店、鞋店以及帽店等，可以满足对外国式样服装的需求，而且还有供应生活用品的百货商店。所有这一切的影响都传递到了全省的其他地方。贸易的复兴将逐渐地解除政府现在的财务危机。

教　育

教育司司长是一名优秀的中国学者①，而且有西学知识和西方的教学方法。他是岭南学堂的教务长，多年来一直与那个机构保持联系。他现在正在该省建立一套从幼稚园到大学的学校体系。他正在进行一些根本性的变革。首先，学校不再要求崇拜孔子。这项法令遭到了激烈的反对，但是这位教育司长态度坚定，坚持自己的立场。他建议使教育更实用些，不仅仅开设文学与历史，而且要增加将来为学生预备不同实业的课程，教授农业、机械学以及各种制造技艺，这样文人在找不到与文学相关的职业时，将不会为养活自己而处于过去他们所处的那种无助的地位。

师范学校已经复兴，而且现在大概有 1000 名学生。有一项计划已经被

① 此人即钟荣光。

采纳，即寻找受过教育的有能力的人，将他们训练一段时间，然后派他们去城镇与乡村演讲，解释新政府的原则，并且特别向父母们极力说明把自己的孩子送到学校去的重要性，同时也力劝他们自己建立学校，直至政府有足够的资金在全省创办学校。与普遍增强的教育关注相关的一切都涌向我们的教会学校，因此那里不再有是否将会有学生的任何问题，而仅是如何为那些急切想入学的人做准备的问题。父母要让自己的孩子接受教育以及年轻人想接受教育的愿望，都是那样普遍与强烈，这是以前从未有过的。

宗　教

就官员、绅士和普通民众而言，没有比对待基督教的态度变化更显著的“进步表现”了。官员们的态度不只是简单的宗教宽容。在旧统治之下，教会学校的学生和传播福音的牧师在选举谘议局议员上甚至没有发言权。现在，他们不仅成了省议会的议员，而且许多人被任命为高级官员。做过调查的人告诉我们，广东省现任官员中的65%要么是教会成员，要么与教会有相当密切的关系，以至于自称是基督教徒。以前曾是牧师的一名地方行政官员说，他的衙门在安息日不办理任何事务。他坚持宗教仪式，而且当有机会时仍然进行传教。有一名传教士是民国第一任都督的最高顾问之一。花地神学校的三位毕业生一直从事传教大约有 15 年了，并且他们都是连州本地人，被要求处理那里的难以控制的土匪。这些土匪来自他们在山上的巢穴，正把整个省的西北部弄得不得安宁，而他们成功地清除掉了该地区的这些不法分子。他们当中有一人曾是同一个衙门的官员，在超过 12 年以前，他因为与传教工作相牵连而被打了 500 下板子。我们已经提到，教育司长是岭南学堂的教务长。省里的大法官是一名基督徒，并是一名传教士的儿子。他在教会学校学习 4 年后，去了加拿大，在一所高中就读，然后自己挣钱在麦吉尔大学的法学院学习英语课程。他在班上名列第二，随后他花了一年的时间在哥伦比亚大学学习法律。在那所较大的师范学校的两位校长中，有一位是从花地神学校调任过来的，另一位是牧师的儿子。外务部里负责与外国领事处理事务的人是南浸礼会所办高中的校长。这份名单可以扩展，但是上面这些已经充分地显示了现在与不远的过去存在着多么不可思议的区别，过去除了在这个国家有一些不重要的邮政官员外，你几乎不能在任何地方看到一名基督教徒担任官职。

普通民众的态度发生了类似的变化。传教士和中国人一起乘船旅行，在村庄里遇到民众，并在教堂里传教，二者都表明：民众的情绪异常友好，而且那里有许多人对宣讲的福音给予了注意，这与以往仅有好奇是不同的，表明了他们真正渴望知道这种新的教义是什么。很明显，那里有一种普遍的印象，即许多旧的东西正在消失，而许多新东西正在来临。

还有一个“进步的表现”可以提及，即建立和发展慈善机构。几个月前，警务司司长还在下令把小偷和强盗们成批地加以枪决，那看起来骇人听闻，现在正是这个人在照顾被遗弃的受难者。他是疯人院的一位热心朋友。许多从前被关闭起来和用锁链锁起来的不幸的人，现在由政府出资在这所医院里得到很好的照顾。盲女是一个可怜又无助的群体。他将其中大约 70 名盲女送进了教会的盲人学校，直至他能为更多的盲人提供永久的保障。他聚集了 500 名婢女，为她们建了一所学校，学校有来自不同教会的基督徒教师，她们在学校里接受的教育有书本知识的学习、音乐以及各种行业。那些愿意的可以参加临近教堂的安息日仪式。这些女孩中有的已经被他们的主人自发地释放，其他的是被强制带走的。警察局接到命令进行监视，发现哪里有婢女被虐待，就要强行营救。

写下基督教教会中的“进步的表现”将会是很有意思的，但是篇幅所限不允许再写下去了。说如下的就足够了：“中国南方进步的表现”确实足够引导我们都“感谢上帝，并获得勇气”。

（简文　译）

◎十八、吴板桥记述的辛亥革命的影响[①]

宣告光复——光荣的恢复！“光复！”这个惊人的口号各方面都可以听到，到处都在印刷。它展示在了旗帜和标语上，它成为报纸上文章的标题，它被聚集在大城市和附近地区的数以百万计的中国人口口相传。“光复！”几天前说这样的话，将会被认为是对皇帝的背叛，但是现在鞑靼人已无可奈何，而且人民胜利地取得权力。老百姓都疯狂了。在最古老居民的记忆当中，从未有如此的激动和骚动。以前中国从来没有电报和报纸把帝国崩溃的消息传播开来。整整一天，尤其到了晚上，激动的中国人聚集在山东路——上海的“舰队街”[②]，那里是数家报社的所在地。随着一座座城市落入胜利的汉人手中，新闻稿立即发来。“光复！”我们的祖辈、父辈和我们，如此长时间地处在鞑靼人残忍的统治之下，终于回到了自己的统治之下！

---

① 吴板桥（Samuel Isett Woodbridge，1856—1926）：美国南长老会传教士。本书内容选译自吴板桥所著《在华五十年》（Samuel Isett Woodbridge. Fifty years in China［M］. Richmond，Va：Presbyterian Committee of Publication，1919.）一书的第四章《中国革命的影响》（“Effects of the Chinese Revolution”）。

② 弗利特街（Fleet Street）是伦敦一条街道，旧译舰队街，过去是英国报馆的集中地，上海的山东路因有多家报社，旧称报馆街，所以作者称山东路为上海的舰队街。

接下来我们应当做什么？要求是“杀死鞑靼人！”而且，他们这样做了。在首先爆发风暴的武昌，在南京，在杭州，以及许多其他的满城里，毫无自卫能力的男人、妇女和儿童被残忍地屠杀。传教士们用他们的力量和影响阻止汉人的报复，于是大量满人被拯救。但是，满城被劫掠或焚烧，不幸的居民被迫逃亡。冬季就要来临了。主要是通过传教士们的慈善机构，他们临时的住所才得以找到，并且募捐的单子也被散发出去以筹集善款和物品。

年幼的皇帝被赦免——据称出于汉人的信用，北京没有发生对鞑靼人的屠杀。甚至那个小皇帝及其朝廷里所有的人都被赦免了，仅仅在几天前他还宣称统治着这个拥有超过 3 亿人口的帝国。这是一个多么大的转变！“当那些被压制的人民获得权力时，鞑靼篡夺者的头面人物，即伟大的忽必烈的代表，活着保全了下来！真是从未听说过的仁慈！”

难道历史和传统没有告诉对压迫者的毁灭吗？有的，但是上一个世纪另一种原则被介绍到了中国，即恩威兼施的原则。引发辛亥革命的人当中，有些人是基督教徒，而且其他人是与那些深受耶稣基督精神影响的人有联系的。更明智和更安全的忠告占据了上风。

皇帝和追随者被优待——皇帝及朝廷立即退位了，而且鞑靼人被给予优待而不是被杀掉。通过一项协议，皇帝每年可以得到一大笔钱，以维持体面的生活。

剪掉辫子——在处理完现在已完全被制服的以前的统治者后，汉人采取了下一个步骤。“那个令人厌恶的辫子在如此长的时间里像一个黑色恶鬼般追逐着我们，给我们打上了满人奴隶的标记，必须剪掉！”并且，也照做了。数以百万计的辫子被剪掉，并被堆积在一起。在有的情况下，辫子被卖掉了，而且据说巴黎的发型师从中国人的头发上赚了一大笔钱。

凿掉“大清”——当满人征服中国时，他们以“大清”为国号。这两个字的意思是“伟大的纯洁”。然而，不管这个名称起初的意思是什么，现在它必须和其他所有的垃圾一起被清除掉。这个令人反感的词语在邮局和其他公共建筑上是那样显眼。它们也出现在钱币、邮票上以及官方的笺头、布告上。这些“奴役”的标志必须被永远清除！但是，“大”的意思是“伟大”，而且新的共和国难道不是伟大的吗？保留下“大”，而毁掉“清”！

不久，工人们用凿子和锤子凿去这个令人恼怒的象征，它长期出现在公共建筑上以及遍及全国的邮箱上。漂亮的上海邮政大楼门上面的石头上刻着的这两个字，同样被凿掉了。

天生的节约措施——但是，大量的大清邮票已经花费了一大笔钱，而且如果这些邮票被毁掉的话，新的民众将不得不买其他的邮票。一个产生于中国人的节约的巧妙想法打动了新政府的领导者。为什么不能把代表中华民国的“中”“华”“民”“国”四个字印在“大清”上面呢？而且，这是用红色印上去的，于是这种邮票一直用到存货用完为止。

两个伟大帝国的垮台——紧随清王朝的垮台而来的是俄国的崩溃，它使爱好和平的中国人感到不可思议和惊奇。同时，它留给他们很少的资源去处理自己的事务。在惊愕和迷惑中，他们就像世代被圈养在笼子里的鸟儿，现在突然摆脱鸟笼获得了自由。

民众政府不稳定之基础——体现在中国经典中的民主观念长满了几个世纪的苔藓，将它们清理出来并付诸实际工作并不是件容易的事。中国人曾被告知：西方政府的基础深深扎根于《圣经》的教导之中。维多利亚女王所说的《圣经》是英帝国的基础，已经被新觉醒的中国人反复引用。如果英国政府建立在《圣经》的真理和正义之上，为什么新的中国政府不能建立在相同的基础之上呢？但是，有一个困难。被新秩序唤醒的中国人的民族意识并没有充满知识，也不受《圣经》教义的控制。只有当人们忏悔自己的罪过并求助于作为救世主的基督时，基督才会予人以自由。《圣经》不是为了组建共和国的特殊目的而被给予人类的。许多中国人有这种观念，即接受《圣经》的直接结果是“强”和“富”，即“强大”和“富裕”。统治美国人的法律是经过大英帝国产生出的杰出制度，从罗马人那里传下来的。那种制度教导人们：自由服从于立宪的权威。当清朝皇帝被废黜，中国人既没有权威，也没有宪法。一切都处在杂乱状况，爱国者中少有人有资格将之聚集起来，并制定一部合适的宪法。

一些领导者就像刚刚到达纽约的野蛮爱尔兰人，这些爱尔兰人用橡树棍猛击店主的头部，并夺取他们的财物。当被捕并被送上法庭时，他被严厉地问到是否喝醉了。“不，阁下，”爱尔兰人以一种惊讶的语调回答道，“但是，我认为美国是一个自由的国家。”在这种意义上，一些领导者认为中国是自由的。以后，他们会从痛苦的经历里学得更好。迅速的变革被制定了出来。与太平军将庙宇付之一炬不同的是，革命者们在给那些黑暗的、滋生病菌的建筑的墙壁添上窗户后，将之转变成了小学。

新国旗——共和国采用了新的国旗，它由红、黄、蓝、白、黑五种相同宽度的平行条带组成，分别代表中国本部（18 个省）、满州、蒙古、新疆、西藏，五个民族团结在一个共和国里。在临时宪法被制定出来后，袁世凯正式就任民国总统。

中国的国家航船——当然，那里是有麻烦的。帝国的船是一艘腐烂的、鼠虫横行的旧帆船，附带的有活动船板，桅杆上挂着破帆，船头挂着龙旗。但是，甚至这都比根本没有船要好，而且新的共和国的领导者们被迫使某种形式的“政府”继续存在。他们降下龙旗，并取而代之地升起五色旗。船上有的是没有经验的船长和船员，还有不同的航海图和指南针，船尾有一个最新的发动机，这艘船于 1912 年在内政、外交都是未知数的海洋上启航了。除了灾难，还有什么可以期待呢？如果美国革命的爱国者发现在组织我们的共和国时遇到了困难，那么中国人在他们的道路上将会发现多少更严重的障碍呢？这些爱国者中大多数都是年轻人。许多人从来没有出过国，并且他们关于立宪政府的知识是纯理论的，不能满足时代的严格要求。中国人并没有为变革做好准备。他们中的大多数人通过继承，在一生当中仅仅是独裁专制的鞑靼统治的消极反对者。他们定期纳税（他们的统治者关注于此），但是他们得到很少的回报。在一种奇怪的良知驱使下、在希望从看不到的世界里获得充足回报中，他们处理自己的争端，教育自己的子女，照顾一些穷人，修整公共道路。革命者发现他们没有一个自由国家的被解放的公民所拥有的权利与义务的观念。外国正在要求履行鞑靼人轻率允诺的特许权和协定。强加给旧政府的拳乱赔款，是由于太后及其党羽的疯狂所致，并非改革者所为，这些数以百万美元计的赔款必须年年支付。从北方的蒙古、满洲到云南，外国都拥有开矿权和铁路特权，通过义和团暴乱，它们对中国的控制加强了，而不是被打破了。有的外国人认为中国的再造几乎是不值得的。但是，革命所暴露的国家困境，并不是由于那些开始执政的人。

辫子的影响——新的中国理应鄙视“中国佬”和“辫子”这样的话语。这些话语在一些美国人的头脑中似乎难以分离地同愚蠢和无知联系起来。今天，这些话语对于所有受过良好教育、懂英语的中国人来说都是无礼的，而且它们应当从我们的词汇中剔除。辫子永远消失了，但是任何一个出于权宜或被迫留辫子的人都见证了它令人沮丧的影响。长长的头发，甚至虽然从只有4平方英尺的头皮上长出，对男人来说从来都不是想要的。当鞑靼人强迫汉人留辫子时，一定是有来自撒旦的别有用心的目的，以消除被征服种族的敏感，并使辫子不仅成为服从的外部标志，而且成为意志力被征服和摧残的原因。中国人似乎被恐吓和驱赶向了一个小小的没有必要的骗人诡计。在一条乡村道路上，陌生人不会说出他的真实名字。一个不认识的人打探不到他想要看望的人的家所在的方向。沉默不语是更安全的。

某个传教士的家里有一名保姆，她的丈夫姓王。她勤奋、忠诚，工作有效率，赢得了所有家庭成员的信任。几年过后，他们十分偶然地发现那个男人原来不姓王。像这样的事情到处都有。

留辫子的感觉如何——对于一个刚刚走出大学的美国人来说，独自生活在一座拥有20或30万人的中国城市里是非常孤独的，他的衣服和短发会引起嘲笑。他出门时基本都会招引一大群好奇的人围观，成群的孩子跟在他的脚后。很快，这些孩子开始大叫，并喊出坏名字。在50英里之内，没有其他美国人。这位传教士累了，因为他整天都在布道。当那些小暴民们向他投掷石块时，他希望至少有一只以利沙的熊，就能帮助他摆脱困境。甚至肮脏狭窄街道里的身上长满疥癣的流浪狗都在冲他吠叫，而且几乎要使他发疯了。但是，这个传教士爱这些人，因为基督是为他们而被钉死在十字架上的。他如何帮助他们呢？是他的美国服装冒犯了中国人吗？穿上中国人的服装不会更好些吗？但是，有服装而没有辫子将会是有悖于常理的，而且可能会比以前更奇怪。所以，他决定把事情做到底。在一个中国人的理发店里，他发现了长头发，将它买下来，煮过后，编成一束。他花了几美元买到一整套中国人的服装、无脚跟的布鞋以及所有的东西。25美分买了一顶瓜皮帽，这样就有了全套的装备。辫子被缝在了帽子上。他剃去了他所能够看到的头发。他戴上了帽子，说变就变，这就是一个中国人！就是鼻子太高了，皮肤太白了，眼睛太深了，但是他可以从人群中走过了。多么大的一个变化！他自己的孩子们说："爸爸死了。"但是，中国朋友和邻居都冲他点头，报以完全赞许的微笑。那些无拘无束的孩子们在街上不再注意他了，而且那些狗也不冲他叫了。他在内心感觉好极了。尽管那双粗糙的鞋弄伤了他的脚，衣服也没有"背带"，但是，他觉得自己与中国联系在一起。

一年年过去了，他的头发长长了，假发被扔掉了，于是他变成了一个真正的中国绅士。但是，辫子开始使他精神沮丧，而且他并不觉得自由。

一个令人吃惊的改变——数以百万计的辫子被剪掉了，然后中国人夹杂着担心、惊讶和快乐相互看着对方的脸。当一个人从城市的街道上走过时，他可以注意到这种变化。在乡村，人们起初太恐惧和害怕鞑靼人，以至于不敢剪掉辫子。短头发看起来很奇怪，并且使人想起太平军叛乱。但是，在非常短的时间里，风气就变成了把辫子称作“愚蠢”。

传教士们被邀请在公共场所演讲。庙宇没有被拆毁，而且佛像也没被破坏。通常这些佛像被放到后面，并被遮盖起来，无知而虔诚的妇女照看着那些东西。会讲中国话的外国人被邀请向受过教育的人演说。以前从来没有像在革命刚刚过后这样的机会，以便宣传福音。随着时间的推移，这种机会多了起来。啊！上帝的美国教会知道中国那可怜的数以百万计的人的思想饥荒和灵魂饥饿！

扬州的“老虎”——在中国，盐是政府专卖的，并且对其征税正像威士忌在美国被征税一样。我们的一个传教站在盐城，其意思是盐的城市。在其附近，大量的盐被政府晒干，然后运到镇江上游的长江边上的一个大仓库里。盐税是最有利可图的收入来源。在中国，走私盐的人比美国走私威士忌的人要更多一些。在扬子江或“长江”沿岸的这些走私者中，有一个著名的胆大的人，此人叫徐宝山，他的那些鲁莽的行为使他赢得“老虎”的绰号。官员们要么接受贿赂而听之任之，要么害怕因干涉而招致他的报复。革命使他成为拥有25000人的军队的首领，控制着扬州。扬州是长江对岸一座富有的城市，拥有25万人口，距镇江12英里。不久，“老虎”统治了半个江苏省北部。他任命自己的军官，安置自己的士兵，并用一种最值得称赞的方式维持这一地区的和平。

连续的公开讲演——“老虎”认识我们在镇江的一些传教士，而且毫无疑问在清政府倒台以前听到过福音。当他掌权以后，他渴望听到他们所有要说的东西。应他之邀，那座城市中的几位传教士，以及其他几位来自上海和南京的传教士，连续举办了以基督教为主题的讲演。这些聚会是在中国人的一个大戏院里举行的，大约有1500名经过挑选的军官和士兵参加。“老虎”主持，并介绍讲演者。

简直无法形容——那是一种奇怪的情况。著名的意大利旅行家和作家马可·波罗曾经是扬州总管，富有、保守、排外的文人已经在不受干扰的闭塞状态下在这里居住了几百年；50 年前，戴德生和他的同伴被一帮激动的暴民从这个城市驱赶了出去，而且现在万佛寺仍然存在，就像一座撒旦的堡垒，成功地阻止了福音；这座城市却成为一个亡命之徒安排被强迫的听众听讲福音的地方。

大批听众被保卫着，哨兵被安置在门口，以防某个满人的同情者投来致命的炸弹。扔炸弹蔚然成风，并且是除掉不受欢迎的人的一种方便而安全的方式。外面的人群惊呆了。台子上有一架教堂的风琴，由一位中国基督徒演奏，并有六把准备给演讲者坐的椅子。

“老虎”的出场——他是一位大约 40 岁的果断男人，穿着普通、几乎破旧的衣服，那服装半是中国的，半是外国的。在戏院温暖的房间里，他被介绍给了这一行人。他没有为自己的烟枪和吸烟用具表示歉意，也没有为一支大左轮手枪而表示歉意。事实上就安慰而言，那支枪很危险，离得很近，太近了，但他没有客套地愉快闲谈起来，说他很高兴见到传教士们，并将乐意听他们讲话。他有敏锐的眼光，尽管他穿着一般、行事懒散，但是他的所有出席者都对他怀有敬畏之心，因为“老虎”会毫不客气地立即枪毙人，并且没有良心上的不安。“是的，姓徐，是父母的宝山。”他说，同时把他的名字写在一位客人的笔记本上，“我正在本省的不同地方布置军队，你们能帮我戒掉鸦片烟瘾吗?”“会的，我们将试一试，”这一行人中的一个说道，“因为我们当中有一位是医生。”经过进一步交谈后，演讲者在“老虎”的带领下出现在戏台上。唱诗班唱了《耶稣爱我》《有一片乐土》《皈依耶稣》。多么特别的一个集会！这位新市长穿着外国人的制服，他的手枪清楚可见，那些高级军官们吸着有害的香烟，当“老虎”介绍演讲者时，他们专心地注视着他的一举一动，而且数以百计的士兵准备好了执行“老虎”的一切命令。

将自己置于传教士的位置——读者，你将会对这样一个集会说些什么呢？你可能会毫不犹豫地请求圣灵的指导。而且，传教士们正是这样做的。

福音被传布给那些刚刚从清政府的奴役中解放出来的人。在那个不惯于做祈祷的戏院里，“老虎”和他的部下通过我们的主耶稣从罪过中听到了神圣的自由真理。

“几天前，如果我们被发现在这里的话，那么我们会遭到枪击。”一个演讲者用英语向身边的人低声说道。“我们肯定会的。”来自上海的主教用同样的语言——英语回答道。“我们不再需要任何儒家的道德，”这位市长在仪式结束后，向其中一位传教士说道，“我们打算清除掉所有的旧书。”就在回到那个温暖的房间吸另一口鸦片烟之前，“老虎”宣布“礼拜仪式明天还要进行”，“而且，你们都必须要来，”他指着其中一名演讲者说，“我想让您讲有关基督的道。”

妇女要出席——在这个戏院里，“老虎”为扬州的中国妇女们安排了一场特别的集会。戏院里坐满这个人文都会的精英，由于邀请是表示敬意的，谢绝将会是不安全的。

“老虎”的悲惨结局——在1914年的三月过去之前，至少有30次暗杀民国总统的企图。据说第二任总统每次会见陌生人，总是站在房间的一个角落，即使他们有可信的证明。虽然“老虎”竭尽所能地进行防范，最终他还是被炸弹炸死了。他是中国古瓷行家，选中了一件古瓷。这正是那个密谋者的机会。他挑了一个最具爆炸威力的可恶装置，怀着险恶的用心将之装在箱子里，贴上写有“徐宝山，扬州”的标签。“老虎”的一位亲密的私人朋友的名字被写在了这个致命的箱子上。一个可靠的密谋者的同伙将这件恶毒的礼物从上海运来，并将之投递给了“老虎”。这个圈套设计得很好。受害者急切地想得到这个箱子，并认为那里面有一只贵重的花瓶，并将它拿到了自己的内室。随后不久就听到了可怕的爆炸声，这位请传教士给他讲授基督的“老虎”完全被炸成了碎片。

中国的基督徒有资格布道——同时，中国的教堂尽管有许多变化，但是取得了相当大的进步。这次革命造就了许多勇敢、无畏的精神领袖。他们中的一些人已经预见到了清王朝的垮台，并且为他们预见的将要出现的结果做准备。几名中国基督徒担任了地方法官和其他官职，他们当中有一些传道者在有合适的人接替他们的职位后就辞去了官职。

被革命击碎的误解——魔鬼阻止将基督的福音传入这世上之国的每一个努力。传播福音一直都伴随着危险、困难和苦难。我们的救世主亲自“到他自己的地方来，自己的人倒不接待他”。使徒保罗在马其顿人的紧急召唤下，进入欧洲，但是迎接他的却是囚禁和鞭笞。就在极端个人危险的情况下，所有的信徒都背弃耶稣，并逃走了。有一个人以诅咒的方式背弃了他；另一个人出卖了他，并使之落入敌人之手。一些早期的基督徒，尤其是那些在科林斯的，一直过着堕落的生活。

传教士们被派向与他们自己的风俗、语言和历史不同的人。如果早期教会里的基督徒被引诱以他们的宗教做商品，甚至背弃他们的主，那么一些早期的中国皈依者被引入歧途，这是奇怪的吗？多个世纪以来，中国一直是魔鬼的堡垒。它那丑陋的象征——在黄土地上猖獗一时的龙，被织上了国旗，并飘扬在帝国的每一座建筑上。没有一种强大的力量诱惑他们离开真理而回归到以前的奴役状态，这些基督的孩子们应当长成强壮的男、女基督教徒，而这并不是撒旦的意愿。

吞药丸——以前华中地区流传着一种看法，即一种药丸形状的药给中国人吃了，能影响他们相信所谓的“洋教”。这种想象的东西被称作“迷药”。在边远的传教站，甚至现在都很难让一位来访者在外国人家里吃任何东西，因为他担心饮食里藏有“迷药”。“迷药”被认为有如此大的力量，以至于它甚至能使一个中国人变心，并使之成为一个欧洲人。传教士宣扬的是改变心灵。人们都害怕一个外国人拿来的任何东西进入他们身体里。难道传教医生们没有给一种可以使人入睡的东西吗？难道这些传教士没有一台非同寻常的设备，如果你被举起双手，它就会使你的灵魂跳出来吗？所以，人们的理解是：当一个皈依者加入教会，这样的一粒药丸就给了他，这就导致了他变心！

当一个中国人成为佛教僧侣时，据说他“轻信了教义”，他终身为僧侣，并得到寺庙主事者们的供养。“收入”随着他就任职位而来。在英格兰，牧师的薪俸称作“收入”。与一名牧师的授职相随而来的是一种供养的观念，因为“一分辛劳，一分收获”。受某些坏人或者他的代理人的欺骗，这种观念被中国人非常错误地理解为每个皈依者进入教堂时都可以获得大量的费用。这些被欺骗的人一直假装成为基督徒以寻求个人的报酬，当他们了解到并不是这样时，许多人被“触怒”了，就像耶稣的假追随者那样。革命所唤醒的民族的独立精神正在纠正这种观念。

仗势，“依靠势力”——必须要记住的是，早期的中国基督徒都很穷。因为富人和有学识的人都不需要传教士或者是他的说教，我们所有的传教工作起初几乎都限于那些人，即受贫穷驱使而寻求仁慈的外国人帮助的人。中国人需要食物、衣服和药品，而且政府很少系统地救济受苦受难的数以百万计的人。我们苏北教会的勇敢无畏、有献身精神的成员们，数年来一直忍受着可怕的饥荒这种“无声的战争”的冲击，而且他们坚定的勇气在喧嚣的战场上都不会被超过。那些受人爱戴的医生耐心地努力医治病体，同其他类别的传教士相比，他们将更多的人吸引到了福音上来。许多穷人因为恰好需要衣服和药膏，他们得到了比自己期待的更宝贵的某种东西，甚至是我们的主耶稣基督的拯救恩典。“穷人有福音传给他们，”就是弥赛亚的证据之一，而那是我们的主给施洗者约翰的。在中国，这种证据因我们派到那里的耶稣的追随者而变得“显而易见”。

传教士的动机被误解——刚刚被从异教最为严重的黑暗中引向光明的中国基督徒，常常被引诱怀疑他们外国教师的使命。所有邪恶的力量都引向对皈依施加压力。他从自己的祖先们那里继承下来了思想和心灵上的迷信倾向。他被异教徒的亲戚和朋友们包围着，或者有可能被排斥在家庭之外。很少有基督教的环境和联系，周围都是强烈的诱惑，当他开始怀疑时，有什么值得奇怪的呢？他从街上的乌合之众那里听到有关传教士的可怕故事，而且这些故事得到他的朋友和邻居们的主张的支持。这些传教士有不可告人的秘密吗？传教士的动机不为未皈依的中国人所理解，在中国贩卖鸦片多年的邪恶的欧洲商人也是一样的。

奇怪地使用名片——当中国政府给我们传教士政治地位时，中国的基督徒也被提升到一个在民众看来较高的地位。这些皈依者大多数来自下层社会，突然被和那些曾经被鄙视而现在被提升到官员地位的传教士划为一类，这是一个值得拥有的极有价值的东西。传教士不接受政府的提议是无关紧要的。事实上，对于地位低下的中国基督徒来说，这里有一种诱惑。但是，他们经受住了考验。那不是虚荣和自夸。在义和团运动前的岁月里，一些未受到全面教育的中国基督徒通过获得传教士的名片，并因此接近地方官员以推动某个法律诉讼，这确实是利用了政府的恐惧和愚蠢。传教士的名片保证持有者处在正义的一边。很多这类事情都是由于外国人和中国人的无知。传教士很快认识到要藏起他的名片。

有一个中国人通过送给传教士的一份报纸上的英文标记，获准去见城里的一名官员，这是在我们的一个传教站发现的事情。

严重的后果——滥用这种权力导致了严重的后果。不讲道德的人借助无可置疑的传教士的影响从事推动法律纠纷的事务。这些人在精神上就像西门·马格斯一样，声称自己是基督徒，恫吓地方官，并在许多不正当的诉讼中强迫其作出对他有利的判决。这种事情流传开来。地方法官比以前任何时候都感到害怕，而且教堂被怀疑从事着一项极其可疑的事情。在这些无耻的人中，有些人通过假宣誓实际上加入了教会，然后在我们的教会没有开拓到的不同地方开设小教堂。一旦发现他们依靠传教士的影响在法律诉讼中获得有利的判决，从而获取钱财，那么这些小教堂就会被关闭。

矫正沮丧的方法——通过研究基督，我们教会的在华传教士能够做到不会“在他们的思想上颓废”。或许，一个传教士一生中遭受的最沉重的打击就是发现某个热心而有前途的洗礼候选人被证明是纯粹的唯利是图者，或者是发现一位具有无可置疑的诚实和长期地位的工作人员，表面上诚挚，却以教会的名义卷入可疑的法律案件中。

中国人的极端贫穷——每年冬天，因饥饿和寒冷带来的死亡就摆在中国人的面前。我们华中教会所处地方的条件要好一点，但是，当冬天来临时，英语中没有词汇来描述苏北农村的可怕情景。周期性的饥荒就像一个祸害降临了下来。成千上万的男人、女人和儿童在“收成好”的时候，几乎都不能保证一日三餐。当洪水来时，或者干旱的土地没有迎来降雨时，随后瘟疫发作，痛苦的父亲眼泪模糊地看着自己微不足道的家庭粮食。甚至在最节约的情况下，小米和小麦都将不够维持。有的人必定会饿死，或是出走到另一个地方谋生。

节约——当然，这是一个相对的术语。当这位父亲看着他的妻子和孩子们时，他细心地估量每个人将要吃多少，或许要算到最后一匙。外面或许有少量的青菜可以和小米或小麦一同煮饭吃，但是没有肉。柴禾很少，可能只有小米秆。中国的书籍教育他，而且他从痛苦的经历中认识到，即使是浪费一粒麦子或是丢弃一片旧布都是一种罪过。他的邻居和他一样穷，任何地方都找不到帮助。所以，这位父亲小心谨慎地计算着他手中的食物和布的数量。包括妻子和他，家里共有七口人。最精打细算，也只能供养四个人。强壮的必须离家出走，弱的留下来。谁将留下，谁将走呢？这位父亲和长子、长女必须要走。后者可能会在路上不得不被卖掉。经过几天的准备后，三个人推着独轮车出发了，整个冬天都要在长江以南气候较为温暖的地方乞讨。路程有200英里远，而且一路上经常下雨下雪，但是他们仍然艰难跋涉着。这位父亲，或是儿子推着吱呀作响的独轮车，希望马上死在一个习惯了上帝保佑的美国大片土地的人的怀中。

大约在我们的小孩子们庆祝耶稣降临节时，从宿迁和清江浦到长江的大运河的两岸，人们会见到数以百计像这样的父亲，有时是推着独轮车，有时拄着棍子，几乎都是由妻子或孩子们陪伴着，费力地向更有希望的南方地区跋涉。雨、雨夹雪和雪经常无情地打向他们毫无保护的头部。

可怕的情景——在这样不幸的人当中，有许多会在路上因寒冷和饥饿而死去。大量的人挤在如此不干净、不卫生的稻草房里，以致连一条美国人的狗在里面都会感到不舒服。在扬州、镇江和南京这三座城市，有时这样的人有3万之多，他们以乞讨过着不稳定的生活。一次，在一个异常寒冷的冬天，仅在南京就有4万难民。为了防止骚乱，官员们被迫开设免费的粥棚，以使这些可怜的不幸者至少每天有一顿饱饭。他们拿着碗和筷子涌入粥棚，真是令人同情的景象。士兵拿着长杆在入口处警卫着，以阻止这群被饥饿逼疯的人冲过来。尽管有这些预防措施，蜂拥有时还是会发生，而且弱者会被其余那些极度渴望得到食物的人踩死。

中国基督徒虽然不是处于这样糟糕的环境，但是非常可怜，他们会偷偷使用传教士的名片去威慑地方官，我们会对之感到奇怪吗？

对于教堂的更好的理解——随革命而来的是一种有关基督教会目标更加清晰的观念。这个神圣的机构曾被看作一个受外国资金赞助的社团，并且作为一种为外国企业的促销而存在的机构，其成员们被怀疑、蔑视和担忧。中国的基督徒被称作是“小洋鬼子”。

但是，最终真相大白。通过饥荒救济的工作者、医生和教师们持续不断的努力，这种醒悟的过程已经开始，他们所有人都是福音的热心使者。这场革命的许多其他影响应当被提及，但是对于心中怀着中国人的幸福和快乐的人来说，中国革命最好的、影响深远的结果就是消除了对基督教会的怀疑，并且在中国人的头脑中形成了一种信念，即教会代表着真理、正义与和平。

（张洁　译）

◎附录　专有名词英汉对照表

A Kim	阿金
A Lim	阿林
A. R. Saunders	桑德斯
Admiral Sah	海军上将萨
Admiral Murdock	海军上将默多克
Admiralty	金钟
A. G. Shorrock（Arthur Gostick Shorrock）	邵涤源
Agassiz	阿格兹
A. H. Smith	玥恩溥
Ahlstrand	阿尔斯特兰德夫人
Alexander von Humboldt	亚历山大·洪保德
Alexander Hamilton	亚历山大·汉密尔顿
Alfred Pearce Gould	阿尔弗雷德·皮尔斯·古尔德
AlfredTzee（Alfred Sao-ke Sze）	施肇基
Anhwui	安徽
Anna KayScott	苏亚拿
Andrew Young	荣安居
Annam	安南
An Q'u	安丘

Arthur Jacson	嘉克森
Amichow	阿迷州
Associated Chambers of the Pacific Coast	太平洋海岸联合商会
Astor House	礼查饭店
Backhouse (Edmund Trelawny)	巴克斯
Ballantyne	巴兰坦
Baluchistan	俾路支
Baillie-Hamilton	贝利·汉密尔顿
Batang	巴塘
Beckingsale	贝琴塞尔
Benjamin Franklin	本杰明·富兰克林
Bethlehem	伯利恒
Bettine	贝婷
Bishop Bashford	柏赐富主教
Bland (John Otway Percy Bland)	濮兰德
Boca Tigris	虎门
Bogue	蒲州
Borgen	伯尔根
Borst-Smith	司慕德
Browne	布朗
Bruce	卜道成
Burgoyne	伯戈因
Burmah	缅甸
Burt	伯特
Butterfield and Swire	太古洋行
C. C. Wang	王景春
C. F. Blom	布洛姆

C. H. Stevens	史蒂文森
C. I. M	内地会
CMS	英国圣公会
C. R. Hager	喜嘉里
Caesar	凯撒
Canton	广州
Cape of Good Hope	好望角
Cecil Robertson	罗德存
Chao Er Sun	赵尔巽
Chapei	闸北
Charlotte	夏洛特
Chang Ching-yau	张敬尧
Chang Chung-ch'ang	张宗昌
Chang Feng-hui	张凤翙
Chang Hsi Lan	张锡銮
Chang Hsun	张勋
Chang Jen-chun	张人俊
Ch'ang Loa	昌乐
Chang Pei-ying	张伯英（即张钫）
Chang Su Ho	张叔和
Chang Su Ho's Gardon hall	"张氏味莼园"（简称张园）
Chang Sze	仗势
Chang Tso Lin	张作霖
Changwo	"长武"号
Chang Yun-sen	张云山
Changteh	常德
Che Hwang-te	始皇帝

Chefoo	烟台
Chekiang	浙江
Chelsea Hospital	彻西残废军人休养院（即秦军恤伤院）
Cheltenham College	乔丁汉学院
Chen Chun-ming	陈炯明
Chen Yu-liang	陈玉良（音译）
Chengdu	成都
Cheng-ting-fu	郑定府
Chi-wa	赤娃（音译）
Ch'i Hua Men	齐化门
Chicago	芝加哥
Chien Men	前门
Chihi	直隶
Chihli	直隶
Chih liang ti	吃粮的
Chin Shih Hwang	秦始皇
The Chinese Company of Shanghai Volunteer Corps	万国商团中华队
The China Medical Missionary Association	中国博医会
The China Medical Missionary Journal	《博医会报》
The China Press	《大陆报》
Ching-King	重庆
Ch'ing Chowfu	青州府
Chinkiang	镇江
Chou Hsian-cheng	周宪臣（音译）
Christina Literature Society	广学会

Chuchow	滁州
Chungpu	中部
Chungking	重庆
Church Missionary Society	英国圣公会
The City Volunteer and Fire Brigade	上海志愿救火队
Cleveland	克利夫兰
Coates	科茨
Comerford	科默福德
Commercial Press	商务印书馆
The Companionship of "The most Distinguished Order of Saint Michael and Saint George"	最卓越的圣米迦勒和圣乔治大十字勋章
Confucius	孔子
Congo	刚果
Corinth	科林斯
Cowles	考利斯
Creasey Smith	德弥士
Cromwell	克伦威尔
D. G. Kerr	嘉约翰
David Murray Anderson	大卫·默里·安德森
Denver	丹佛
Donald Smith	唐纳德·史密斯
Dora Yu	余慈度
Dorothy Charter	多萝西·查特
The Dragon Valley	龙谷
Dr. Ellerbek	安乐克博士
Dr. Cantlie	康德黎医生

Dr. Daly	戴利医生
Dr. Goteburg	戈白医生
Dr. Hardy	哈迪医生
Dr. Hobart	霍巴特博士
Dr. Macklin	马林医生
Dr. Mole	毛乐尔医生
Dr. Moorshead	穆尔黑德医生
Dr. Morrison	莫理循博士
Dr. Tenney	坦尼博士
Dr. Westwater	韦斯特沃特医生
Dr. Worley	沃利医生
Dwight Edwards	艾德敷
E. S. Little	李德立
E. W. Thwing	丁义华
Edward Everett	爱德华·埃弗雷特
Edward Payson Scott Hospital	益世男医院
E. J. Dingle	丁乐梅
E. J. Ellison	艾里森
E. J. Mattox	王令赓
E. W. Clements	克列门斯
Elder Brethren Secret Society	哥老会
Elder Chang	老张
Eleanor	埃莉诺
Elisha	以利沙
Elizabeth	伊丽莎白
Elliot L. Osgood	师顾德
Ellison	埃里森

Emperor Kwang-hsu	光绪皇帝
Emperor Kwang Su	光绪皇帝
Evan Morgan	莫安仁
Everard Fraser	法磊斯
F. B. Meyer	迈尔
Fan - T'ai	藩台
Fati Theological Seminary	花地神学校
Fatshan	佛山
Fei Chi Pao	费起鹤
Feng Kwoh-chang	冯国璋
Fengsiangfu	凤翔府
Fengtai	丰台
Feng Yu-hsiang	冯玉祥
Fisk	菲斯克
Fitz Maurice	斐茨莫理斯
Foochow	福州
Frank Chalfant	方法敛
Fraser	弗雷泽
Frederick McCormick	弗里德里克·麦考密克
Fu	富
Fu Hsi	伏羲
Fumun	虎门
Fu Ping	富平
Fu Yin Ts'un	福音村
G. A. Charter	贾尔德
Garibaldi	加里波第
Garrett	加勒特

Gaul	高卢人
General Ch'in	秦将军
General Yv	于将军
George Fitch	费启鸿
George Ernest Morrison	莫理逊
George Washington	乔治·华盛顿
Gilbert Reid	李佳白
Giuseppe Mazzini	马志尼
Grace	格瑞斯
Great Han	大汉
Grimes	格兰姆斯
H. B. Morse	马士
Hakkas	客家
Haifong	海防
Han River	汉江
Han-Chwang	韩庄
Hankow	汉口
Hanhsienchung	汉显冲（音译）
Hanyang	汉阳
Hanyang Iron Works	汉阳铁厂
Hangchow	杭州
The Harmonies Pagoda	六和塔
Harbin	哈尔滨
Havilland de Sausmarez	哈维兰·德·索斯马兹
Henne	汉尼
Henry V. Noyesrn	亨利·V. 诺伊斯
Henty	亨蒂

Hill	希尔
His Majesty Hsuan Tung	宣统帝
Ho kai	何启
Hodder and Stoughton	霍德和斯托顿
Homer Lea	荷马李（李何默）
Honanfu	河南府
Hongkong	香港
Honan	河南
Honam Island	河南岛
Hongkong	香港
Honolulu	火奴鲁鲁
Houghton	胡恒德
Howard Smith	霍华德 · 史密斯
Hsiakuan	下关
Hsien Yang	咸阳
Hsu-chow-fu	徐州府
Hsu pao shan	徐宝山
Hsu Shao-cheng	徐绍桢
Hsu Shih-chang	徐世昌
Hupeh	湖北
Hu Han-wen	胡汉民
Hu Wei Te	胡维德
Hua Chou	华州
Hua Yin Hsien	华阴县
Huang Hsing	黄兴
Huang Sze-yung	黄思永
Hudson Taylor	戴德生

Hume（Edward H. Hume）	胡美
Hunter Corbett	郭显德
Ichang	宜昌
Ichun	宜君
Ili	伊犁
International Institute of China	尚贤堂
International Reform Bureau of China	中国万国改良会
Irwin	伊尔文
Isaiah	以塞亚
J. B. Neal	聂会东
J. H. Edga	叶长清
J. R. Mott	穆德
J. S. White wright	怀恩光
Jamieson	杰弥逊
Jardine Matheson	怡和洋行
Java	爪哇
J. C. Keyte（John Charles Keyte）	祈仰德
J. Macgowan	麦高温
Jenkins Robertson Memorial Hospital	广仁医院
Jimpse	吉姆普斯
John Jordan	朱尔典
John Wanamaker	约翰·沃纳梅克
Jonathan	约拿单
Joyce	乔伊斯
Judson	贾德森
Jui Cheng	瑞澂
Jules Verne	儒勒·凡尔纳

Jung Lu	荣禄
Kaiyuan	开原
Kakchich	碧石
Kalgan	张家口
Kansu	甘肃
K'an Tzu Cave	龛祖洞
K'ang Hsi（Kanghi）	康熙
K'ang Yu Wei	康有为
Kansas City	堪萨斯城
Karuizawa	轻井泽
Kassar	喀什
The Ke Ming Tang	革命党
Kiachow	开州
Kian	“吉安”号（音译）
Kiangnan	江南
Kiangnan Arsenal	江南制造局
Kiangsu	江苏
Kilkenny Cat	基尔肯尼猫
Kinsha	金沙号（音译）
Kit Yang	揭阳
Kiukiang	九江
the Ko Lao Hui	哥老会
Kowloon	九龙
Kuo-ming Party	国民党
Kucheng	谷城
Kuling	牯岭
Kwang Yu-wei	康有为

Kwangtung	广东
Lanchoufu	兰州府
Lanshien	兰县（音译）
Lao-ta	老塔（音译）
Lao-tse	老子
Laverie	拉维瑞
Lewis Jones	刘易斯·琼斯
Li Chun Hsien	醴泉县
Li Hung Chang	李鸿章
Li Lich-chun	李烈钧
Li Yuan-hung	黎元洪
Liang Ch i-chao	梁启超
Lienchou	连州
Lincoln	林肯
Lin T'ung	临潼
Lin Ying	灵隐
Litang	理塘
Liu	刘
The Lockart Medical Faculty	雒魏林医学院
Logan	罗感恩
London	伦敦
London Missionary Society	伦敦会
Loongwo	“隆武”号（音译）
Lord Charles Beresford	贝思福勋爵
Lord Salisbury	索尔兹伯里勋爵
Lowell	洛厄尔
Luchunhsuetang	麓村学堂（音译）

Lucy Gaynor	露西·盖娜
Luk Lam-ching	陆兰清
Lwangchow	滦州
Ma Su	马苏
Macao	澳门
Macedonia	马其顿
Manchu	满人
Mark Williams	马为力
Martha Thresher Hospital	益世女医院
Mattocks	马托克斯校长
Max Muller	麻木勒
May Corbett	梅·N. 科贝特
McGill University	麦吉尔大学
McOwan	麦克欧文
Mekong Valley	湄公河谷
Mengtse	蒙自
Meredith	梅瑞狄斯
Mi yoh	迷药
Mildred Scott	米尔德丽德·斯科特
Min Kuo	民国
Miss Bowden-Smith	鲍登—史密斯小姐
Miss Miner	迈因纳小姐
Miss Read	里德小姐
Miss Vanderslice	范德斯里斯小姐
Miss. Watt	瓦特小姐
MissWeld	威尔德小姐
Moorshead	穆尔希德

Moses	摩西
Mount Asama	浅间山
Mr. Calhoun	嘉乐恒先生
Mr. Howe	豪先生
Mr. Kennedy	肯尼迪先生
Mr. Kwok	郭先生
Mr. Beckman	贝克曼先生
Mr. Martin	马丁先生
Mr. Shih	施先生
Mr. Watney	沃特尼先生
Mrs. Ament	阿门特女士
Mrs Calhoun	嘉乐恒夫人
Mrs. R. Mateer	狄乐播夫人
Mrs. Saunders	桑德斯夫人
Mrs. Stelle	斯戴尔夫人
Mrs. Waters	沃特夫人
Mrs. Worley	沃利夫人
MuiKok	美国
Mukden	奉天
Mulock	莫洛克
Munson	曼森
Nanking	南京
Nan K'ou	南口
Nan K'ou Pass	南口关
Nellie	内莉
New South Wales	新南威尔士州
Newchwang	牛庄

New York	纽约
Nichols	尼科尔斯
Nieh Shih-cheng	倪嗣冲
Nietzsche	尼采
Ningpo	宁波
Norwegian	挪威
O Yang Tai	欧阳泰（音译）
Oberlin University	欧柏林大学
Ogden	奥格登
Ohio	俄亥俄州
Olsen	奥尔森
Pachiao	灞桥
Pao fu	包袱
Paotingfu	保定府
Paul. D. Bergen	柏尔根
Pearl River	珠江
Pei Yang University	北洋大学
PeiTungkuan	北潼关
Peking	北京
Pennsylvania	宾夕法尼亚州
Pin Chou	邠州
Ping Liang Fu	平凉府
P'ing Shan Pa	平山坝
Ping-yang	平壤
Pittsburg Mission	匹兹堡教会
Pity the Wounded Hospital	恤伤院
Port Arthur	旅顺港

Portland	波特兰
Presbyterian Mission	长老会
Prince Ch'un	醇亲王
Prince Heinrich	海因里希亲王
Prince Henry	亨利亲王
P'u-kai	铺盖
Pukow	浦口
Pu Lun	溥伦
P'u Yi	溥仪
Quaker Hospital for Women	贵格女医院
Rabshekah	拉伯沙基
Ralph C. Wells	拉尔夫 · C. 威尔斯
Richard Strong	理查德 · 斯庄
Rob Roy	罗布 · 罗伊
Robert Fitch	费佩德
Robert Gailey	格林
Robert Hart	赫德
Robert Mateer	狄乐播
Roosevelt	罗斯福
Russell	拉塞尔
S. Pollard	潘乐德
S. S. Hough S. S.	哈夫
Sah Kow	闸口
Samuel Isett Woodbridge	吴板桥
San Francisco	旧金山
San Yuan	三原
Seattle	西雅图

Seven Mile Creek	七里河
The Seventy-two Guilds and Nine Charitable Institutions	七十二行和九善堂
Shameen	沙面
Shasi	“沙市”号
Shanghai	上海
the Shanghai Christian Literary Society	上海广学会
Shantung	山东
Shantung Christian University	山东基督教大学
Shekleton	谢尔顿
Shen K'an Tzu	神龛祖
Sheng Kung Pao	盛宫保（即盛宣怀）
Sheng Yun	升允
Shensi	陕西
Sherwin	舍温
Shi Kwei Biao	史奎标
Shihlipu	十里铺
Shui Lu Chou	水陆洲
Sianfu	西安府
Siangtan	“湘潭”号
Siangyin	湘阴
Simon Magus	西门·马格斯
Singapore	新加坡
Society of Progress	联合急进会
Sokhi	索克海（音译）
Sollman	索尔曼
Somerville	萨默维尔

Soochow	苏州
Sphere of Influence	势力范围
Spokane	斯波坎市
St. Louis	圣路易
St. Olaf	圣·奥兰夫
Stanley	斯坦利
Stewart	斯图尔特
Student Volunteer Movement	学生志愿布道运动
Sugden	萨格登
Suite-chow	绥德州
SummerPlace	颐和园
Sun	孙
Sun Wen	孙文
Sun Yat Sen	孙中山
Sung Chiao-ren	宋教仁
Sutsien	宿迁
Swasey	斯韦思
Swatow	汕头
Szechuen	四川
Ta Tsing	大清
Taiyuanfu	太原府
Talifu	大理府
Tang Shao Yi	唐绍仪
T'ang Sz-fu	唐师傅
Taotai	道台
Tartar	鞑靼
Te Chang	德昌

Temple of Heaven	天坛
Temple of Ten Thousand Buddhas	万佛寺
Teng Shih K'ou	灯市口
Tengyueh	腾越
Thai Yong	大阳山
Thistle	蓟花号
Thistledown	蓟花种子号
Thomas	托马斯
Thomas à Kempis	耿稗思
T'ien yu	天佑（音译）
Thunder Peak Pagoda	雷峰塔
Tiger Hill Fort	虎山炮台
Thyra	赛拉
Ting Li Mei	丁立美
Tibet	西藏
Tientsin	天津
Tientsin-Pukow Railroad	津浦路
Timothy Richard	李提摩太
Tongking	东京
Topsy	塔西
To-tzu	驮座
Traver	特拉弗
T. R. Jernigan	佑尼干
Tsai Ao	蔡锷
Ts'ao	曹（音译）
Tsiang	强
Tsinchow	秦州

Tsinan	济南
Tsingkiangpu	清江浦
Tsingtau	青岛
Tsung li Yamen	总理衙门
Tuan Fang	端方
Tuan Chi-jui	段祺瑞
T'ung Kuan	潼关
Tung	童
Tung An Shih Chang	东安市场
Tungting Lake	洞庭湖
Tungchow	通州
Tungchow Congregational College	通州潞河书院
Turner	特纳
The Union Theological Seminary at Ch'ing Chowfu	共和神道学堂
The Union Medical College at Chinanfu	共和医道学堂
Universal Religious Society	万国宗教协会
Vehen	韦汉姆
Villalobos	韦拉纳波士
Union Medical College, Peking	北京协和医学院
Wai Wu Pu	外务部
Walter Clennel	乐民乐
Wan Sui Yeh 万	岁爷
Wang Ch'ung-huei	王宠惠
Wang Ho-tsun	王和顺
Warren	华伦
Washington	华盛顿

Water Gate	广渠门
Watson	沃森
Webster	韦伯斯特
Weisi	维西
Wei Hsein	潍县
Weikui	威州
Weinan	渭南
West Lake	西湖
West River	西江
Whallon	惠伦
Whampoa	黄埔
Whampoa river	黄浦江
White Lily	白莲教
Wilcox	威尔考克斯
Wilson	威尔逊
Wilmington	威尔明顿号
Wilson	威尔逊
Wing Nang	文王
Wm. Ashmore	耶士谟
Wm. P. Chalfant	方伟廉
W. M. Hayes	赫士
Woodson	伍德森
Woodcock	“山鹬” 号
The Woosung Forts	吴淞炮台
The World's Students Federation	寰球中国学生会
Wuchang	武昌
Wu Lien-Teh	伍连德

Wuhu	芜湖
Wu Ting-fang	伍廷芳
Yachow	耀州
Yale Mission	雅礼会
Yangchow	扬州
Yale Mission Hospital	雅礼医院
Yamen	衙门
Yang Man-fu	杨万夫
Yangtze (Yangtse)	长江
Yenanfu	延安府
Yen Ch'ang	荫昌
Yencheng	盐城
Yeh-Ma-tsu	叶麻子（即叶德辉）
Yihsien	掖县
Yokohama	横滨
The Young Men's Christian Association	基督教男青年会
Yuan Shih Kai	袁世凯
Yuncheng	运城
Yung Shou Hsien	永寿县
Yunnanfu	云南府
Zacharias	扎卡赖亚斯